法|学|研|究|文|丛
——— 刑法学 ———

揭开刑法的斯芬克斯之谜
——犯罪主观要件论

李永升　张瑜　苏雄华　龚义年 ◎著

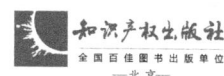

知识产权出版社
全国百佳图书出版单位
—北京—

图书在版编目（CIP）数据

揭开刑法的斯芬克斯之谜：犯罪主观要件论／李永升等著．－－北京：知识产权出版社，2025.9．－－（法学研究文丛）．－－ISBN 978－7－5245－0089－6

Ⅰ．D924.04

中国国家版本馆 CIP 数据核字第 20258ZL549 号

责任编辑：彭小华　　　　　　　责任校对：王　岩
封面设计：智兴设计室　　　　　责任印制：孙婷婷

揭开刑法的斯芬克斯之谜
——犯罪主观要件论

李永升　张　瑜　苏雄华　龚义年　著

出版发行：知识产权出版社有限责任公司		网　　址：http://www.ipph.cn	
社　　址：北京市海淀区气象路 50 号院		邮　　编：100081	
责编电话：010-82000860 转 8115		责编邮箱：huapxh@sina.com	
发行电话：010-82000860 转 8101/8102		发行传真：010-82000893/82005070/82000270	
印　　刷：北京中献拓方科技发展有限公司		经　　销：新华书店、各大网上书店及相关专业书店	
开　　本：880mm×1230mm　1/32		印　　张：15.375	
版　　次：2025 年 9 月第 1 版		印　　次：2025 年 9 月第 1 次印刷	
字　　数：400 千字		定　　价：108.00 元	
ISBN 978-7-5245-0089-6			

出版权专有　侵权必究

如有印装质量问题，本社负责调换。

序

犯罪的主观要件在刑法学界素有"刑法的斯芬克斯之谜"之称，如何破解这一谜题，中外学者对此均进行了大量的探讨，尤其是对犯罪故意与过失、期待可能性、严格责任、刑法中的错误等问题的探讨相当细致和深入，但是将整个犯罪主观要件所涉及的全部内容融为一体、自成体系，目前在刑法学界尚无此类著作问世。本书作为第一部涉足这一领域并对其进行专门研究的著作，是对犯罪主观要件进行系统研究的集大成之作。因此，本书的出版，不仅为刑法理论工作者如何进一步研究犯罪主观要件的理论问题提供了大量宝贵的资料，也为司法实务工作者如何运用犯罪主观要件的基本理论解决司法实践问题提供了良好的思路。从总体上来讲，本书不仅具有重要的理论价值，更具有重要的实践价值。

通览本书所研究的全部内容，作者认为，它有以下五个方面的特色和创新之处：

第一，本书对犯罪主观要件的理论研究体系非常完整、细致周密。与其他研究犯罪主观要件的专题著作相比，本书在研究体系上可谓十分完整、浑然一体。其研究的内容不仅有犯罪主观要件的总体概述，还有犯罪主观要件所涉内容的具体分述，从犯罪故意、犯罪过失到与罪过相关的几个特殊问题以及刑法中的认识错误，基本上全面涵盖了犯罪主观要件所涉的全部内容，这在我国当前对这一问题的研究领域，不仅开先河，而且独树一帜。

第二，对犯罪主观要件的研究内容在诸多理论观点上打破常规，具有独到的见解和创新精神。例如，在故意的类属方面，本书认为，行为人对自己的行为是否具有犯罪故意决定了行为人责任的有无，亦即对行为人能否进行责任上的非难。虽然随着主观违法论的出现和渐进发展，对故意仅属于责任要素的观点产生了动摇，故意的违法要素说、构成要件要素说、双重地位说等都在冲击着故意仅属于责任要素的体系地位，但是本书作者认为这些学说与故意的责任要素说相比都存在不足，故意的责任要素说更具优越性。在违法性认识方面，本书认为，在判断明知的过程中需要考虑违法性的认识问题，具体理由如下：一是违法性认识符合罪刑法定原则的思想基础。二是违法性认识是犯罪行为法益侵犯性及程度的法律表现。三是违法性认识不会成为刑事犯罪人逃避惩罚的借口。四是违法性认识可使定罪思维方式的确立更加准确。又如，在认识因素与意志因素的关系方面，传统刑法理论认为，任何罪过心理都是认识因素与意志因素的统一，缺少其中之一都不可能构成犯罪。就二者的关系而言，一般认为认识因素是意志因素的前提，意志因素是认识因素的发展，认识因素先于意志因素。本书认为，在承认意志自由的前提下，人有选择和控制自己行为的能力。犯罪人实施犯罪的意志过程，充分反映了行为人的主观恶性，是行为人承担刑事责任的主观基础。再如，综观世界各国的刑事立法和刑法理论，有关间接故意的概念可谓众说纷纭。归纳起来，主要有放任说、同意说、容忍说、不违背本意说、明知说、冒险说这六种观点。本书提出了最新的"有意纵容说"的观点，并认为间接故意的概念应当这样表述：行为主体明知自己的行为会发生危害社会的结果，而有意纵容这种结果发生的心理状态。这种表述的科学性有以下四点：一是它明确了间接故意与直接故意在认识因素上的一致性。二是更符合间接故意犯罪行为人的主观心理特征。三是更能反映行为主体的主观恶性和行为的社会危害性。四是用"纵容"取代"放任"更符合我国的文化传统和语言习惯，使人更容易理解和接受。最后，在犯罪过失的研究方面，犯罪过失作为主观罪过的具体类型，不像故意那样外显而为人们所认识，从各国发现过失的历程考察，基本上都是在与故意的区分中逐渐为人们所认识到的。时至今日，学界存在过无认识说、不注意说、能预见说、义务违反说、希望避免说和综合说等观点。结合犯罪过失的体系性地位和相应的概念法则，本书作者认为，犯罪过失的概念可定义为：行为人在行为时能够认识、应当认识但没有正确认识自己行为的危害性质及其避免措施的心理状态。其合理性主要表现在以下五点：一是此概念确定了考察犯罪过失的时点是行为时，即从行为人开始实施行为到行为实施终了的过程，而不是行为前，也不是行为后，因为行为前的认识完全可能已经被自己否定，而行为后的认识又无法改变已经发生的事实。二是本概念既承继无认识说和不注意说的成果，坚持犯罪过失的实体特征，也继受了义务违反说的内容，彰显了犯罪过失的价值特征；既以犯罪过失的心理结构为基础，也能有效地实现过失犯的刑法机能。三是该犯罪过失的概念在一定程度上超越了前述各学说的主张，明确指出了行为人能够认识、应该认识但没有认识的内容，即除行为的危害性质外，还应包括相应的避免措施。四是这里的犯罪过失概念一直将犯罪过失限定在主观范畴之内，即只需考察行为人是否预见、能否预见、应否预见即可，而无须考察行为人客观上采取了什么行为，这有利于防止犯罪过失的概念中渗入客观的要素，不至泛化为过失犯罪的概念。五是本概念认为犯罪过失最终是一种"状态"，而非通说中的"心理态度"，因为心理态度是以存在相应的心理认识为前提的，既然犯罪过失在刑法评价的方向上并不存在与之对应的认识内容，当然也不存在所谓的心理态度。

第三，对犯罪主观要件的理论研究采用了刑法教义学的研究方法，这是本书的又一方法论创新。德国刑法学者罗克辛认为，刑法教义学是一门研究法律规定的解释、体系化和发展以及刑法领域的各种科学理论的学科，规范、解释和体系是刑法教义学的核心。刑法教义学提倡根据案件事实与刑法规范之间细小的差别对案件的定性和处理进行教义学上的阐释，而非泛泛采用社会危害性之有无与主客观构成要件是否相统一。本书在采用刑法教义学的研究方面，主要集中在犯罪过失的特征和构成要素等方面，例如，本书作者认为，犯罪过失的特征应当是以下三个方面：一是没有预见是犯罪过失的心理特征；二是能够预见是犯罪过失的伦理特征；三是应当预见是犯罪过失的规范特征。从这一特征出发，本书作者认为，犯罪过失作为罪过的一种形式，对其进行刑事考察的时点应该是行为时，而非行为前或行为后。知、情、意虽是一个统一的心理过程，但在规范的意义上，情感不应成为刑法规制的对象。犯罪过失的意识状态表现为对行为的危害性质及其避免措施没有正确认识，犯罪过失的意志态度是没有形成能够避免法益侵害的意志态度。但这两个心理状态在实体上都是无的范畴,仅以这种心理关系上的消极因素,是难以为过失的规范责难提供基础的。要对"无"的状态进行否定、谴责的规范评价,必然要从是否能够、是否应该的层面找寻评价的依据,进而对犯罪过失进行理论构造,以形成科学的犯罪过失理论。对犯罪过失的归责既要考虑行为人形成这一意志控制的可能性,也要存在规范期待形成这一意志控制的必要性。在犯罪过失的情形下,必须假定行为人正确认识行为的危害性质后,一定会形成避免法益侵害的意志控制,否则对其归责就不具有合理性。据此,犯罪过失的构成要素应体现在以下三个方面:一是注意能力是犯罪过失的伦理要素,指排除不应有的缺陷以后,行为人在行为时认识行为的危害性质及其避免措施的能力;二是注意义务是犯罪过失的核心要素,指行为时被规范期待发挥自己注意能力、正确认识行为的危害性质及其避免措施的义务;三是不注意是犯罪过失的心理要素,指在具有注意义务的前提下,没有认识到行为的危害性质及其避免措施的事实状态,主要表现为没有注意、注意的不良转移、注意的分配不当、注意力不集中等情形。

第四,本书贴近司法实践,对于司法实务工作具有一定的指导意义。这不仅表现在本书所研究的理论问题绝大多数是与司法实践相关的问题,而且在研究刑法理论问题的过程中极力贯彻"理论联系实际"的精神,从而很好地解决了司法实践中存在的诸多疑难问题。诸如直接故意与间接故意的区分,犯罪动机与犯罪目的的关系,犯罪过失与犯罪故意的区分,犯罪过失与犯罪故意的转化,意外事件与疏忽大意过失的界分,意外事件与犯罪过失界分的典型案例分析,期待可能性的判断,期待可能性的司法运用,等等,都很好地体现了理论联系实际的写作风格,从而在很多方面为司法实践部门解决实务问题提供了有益的借鉴与参考。

第五，本书体系完整、结构严谨、逻辑自洽、写作规范。本书以我国现有的刑法理论为基础，在结构体例上基本涵盖了犯罪主观要件论的全部知识体系，从犯罪主观要件论概述到犯罪主观要件论分述，向读者全面地展示了犯罪主观要件论的基本内容，克服了其他学者在这一方面研究上的碎片化、零散化的缺憾，在内容结构上非常紧凑，给人以强烈的系统性、完整性的整体感受。全书从篇章结构、体系安排、引文注释到参考文献均符合写作要求，从中不难看出作者在治学方面的严谨态度和务实作风。

综上所述，本书可以说是师徒数人呈现给读者的一部力作，体现了诸位作者深厚、扎实的刑法理论功底与严谨、求实的学术品格。当然，如同所有的论著都存在着缺陷与不足一样，本书之中难免也有某些遗憾之处。比如有的观点还有待商榷，某些论证还有不尽如人意之处等。但瑕不掩瑜，总的说来，本书不失为一本系统研究犯罪主观要件论问题的好书，对于全面理解和正确适用我国犯罪构成四要件中的犯罪主观要件的基本理论问题具有非常重要的参考价值。希冀刑法学界的同人对本书研究存在的不足之处多提宝贵意见，以便对这一方面问题的研究日臻完善。

西南政法大学李永升谨识
2025 年 5 月

前　言

　　犯罪主观要件是我国犯罪构成四要件中的核心要件之一，是行为人对自己所实施的危害行为负刑事责任的主观基础。根据我国刑法的规定，任何犯罪的构成都是主客观因素的统一，缺少犯罪的客观方面，就会导致主观归罪，而缺少犯罪的主观方面，就会导致客观归罪。因此，犯罪主观要件在犯罪构成要件中占有非常重要的地位。犯罪主观要件包括的内容有犯罪的主观罪过（即犯罪的故意和过失）以及犯罪的目的和动机等因素，它们不仅对于认定某种行为是否构成犯罪具有重要的作用，而且对于量刑也有一定的影响。犯罪主观要件作为行为人实施某种犯罪的内在心理活动，一般是看不见、摸不着的，但只要司法工作人员深入实际调查研究，全面地、历史地、辩证地分析案件的各种具体情况，就能够查明行为人是否具有主观罪过，是何种罪过，以及有无特定的目的，犯罪的动机如何，从而对其主观心理态度作出符合客观真实的判定结论，进而正确地定罪量刑。

　　本书以《揭开刑法的斯芬克斯之谜——犯罪主

观要件论》为书名，其目的在于对我国现有的犯罪构成的核心要件——犯罪主观要件作进一步系统的梳理和深入的思考，从而对我国刑法理论与司法实践中所涉的犯罪主观要件都形成一定的真知灼见，借以更好地为刑事立法与刑事司法工作服务。虽然本书是以专章形式对犯罪主观要件各方面内容进行探讨，但是就其整体而言，本书在很多方面突破了现有的刑法理论中关于犯罪主观要件的研究框架，从而对我国现有的刑法理论研究和司法实务操作具有参考价值。

本书在整体研究内容上分为五章，分别为犯罪主观要件概述、犯罪故意、犯罪过失、与罪过相关的几个特殊问题、刑法中的认识错误。各章的大致内容如下。

第一章是犯罪主观要件概述。该章除了对中华人民共和国成立以来，特别是改革开放以来，我国犯罪主观要件的研究发展历程进行了回顾总结，还对犯罪主观要件的概念和特征作了较为详细的研究，认为犯罪主观要件是指刑法规定成立犯罪必须具备的、犯罪主体对自己实施的行为及其危害结果所持的心理状态。其特征包括以下五个方面：一是犯罪主观要件是刑法规定的必备构成要件；二是犯罪主观要件是行为主体实施犯罪行为时的心理态度；三是犯罪主观要件是支配行为者实施危害行为的心理状态；四是犯罪主观要件是具有特定内容的一种心理状态；五是犯罪主观要件具有客观性。在此基础上，对犯罪主观要件所包括的内容，即犯罪故意、犯罪过失、犯罪的动机与目的作了较为概括性的总结，此外还对与主观罪过形式有关的不可抗力、意外事件、期待可能性问题、严格责任问题以及刑法中的认识错误都进行了介绍。最后针对犯罪主观要件的理论意义与实践意义作了较为细致的探讨。

第二章是对犯罪故意的研究。该章首先对犯罪故意概念的应有之义、犯罪故意的本质、犯罪故意的理论分类进行了必要的分析。然后从犯罪故意的认识因素和意志因素两个角度分别论述了什么是明知、明知的体系定位、明知的具体内容、明知的标准和程度、故意的内容是否包括违法性认识以及对希望与放任的理解等内容。紧接着对犯罪故意的法定类型、直接故意与间接故意的概念、类型和构成因素、直接故意与间接故意的区别进行了较为深入的考察和分析。随后对犯罪动机的概念、特征、性质、功能、类型、犯罪动机在我国刑法中的体现，犯罪目的的概念、特征、表现形式，以及犯罪动机与犯罪目的的联系与区别，进行了较为具体深入的探讨。

第三章是对犯罪过失的研究。该章首先在对犯罪过失的概念进行介评的基础上，指出了犯罪过失的特征，即没有预见是犯罪过失的心理特征，能够预见是犯罪过失的伦理特征，而应当预见则是犯罪过失的规范特征。然后从注意能力、注意义务和不注意等三个方面对犯罪过失的伦理构成要素、规范构成要素、心理构成要素进行了较为详细的解读。紧接着对犯罪过失的法定类型与学理类型进行了较为深入的探究，其中在法定类型中对疏忽大意过失与过于自信过失的概念和构成特征进行了较为具体细致的研究和分析，在学理类型中对监督过失、超越承担过失、假定过失、阶段过失与共同过失等方面的问题进行了较为概括的分析和研究。随后，在对犯罪过失与犯罪故意的区分学说进行介评的基础上，提出准确区分犯罪故意与犯罪过失，应抛弃假定的分析进路，从实存的分析进路出发，在最终的认识阶段上，结合行为人行为时的认识状态与意志状态整体地予以考察。最后在关于犯罪过失向犯罪故意转化问题上，本书指出犯罪过失不可能为犯罪故意提供心理基础，犯罪故意也不是犯罪过失的心理升华，所谓犯罪过失向犯罪故意的转化恰好是行为人另起犯罪故意的过程，在主观上与之前的犯罪过失毫无关联。在关于犯罪故意向犯罪过失转化问题上，本书指出"令人称奇"的不是司法实践，而是自己拟制的理论本身，犯罪故意与犯罪过失间的转化不过是幻象而已。

第四章是与罪过有关的几个特殊问题的研究。该章首先从不可抗力的概念、特征、主要来源以及不可抗力与犯罪构成、不可抗力与犯罪故意、不可抗力与胁从犯之间的关系，对不可抗力问题进行了较为详细的研究。其次，从意外事件的概念与特征、意外事件在刑法中的体系性地位、意外事件与疏忽大意过失的界分、意外事件与犯罪过失界分的典型案例分析等方面对意外事件问题进行了较为详细的解读。再次，从期待可能性的概念、判断标准和判断过程、地位、启示与借鉴、司法运用等方面对刑法中的期待可能性问题进行了较为深入的分析。最后从严格责任的概念、我国刑法中是否存在严格责任的争议、严格责任的启示等方面对刑法中的严格责任问题进行了具体细致的探讨。本章所写的内容既避免了一般教科书式的简练，也避免了一般专著式的烦琐，为刑事立法与刑事司法提供了极大的参考价值。

第五章是对刑法中认识错误的研究。该章除了对刑法中认识错误的定义和范围进行了介绍，还指出了刑法中认识错误的四个主要特征：一是刑法中的认识错误是行为人的主观认识与客观现实不一致；二是刑法中的认识错误是行为人对自己行为的主观认识与客观现实不一致；三是刑法中的认识错误是行为人对自己所实施的与犯罪相关的行为的主观认识与客观现实不一致；四是刑法中的认识错误是行为人对自己所实施的与犯罪相关的行为的法律意义和事实情况的主观认识与客观现实不一致。紧接着本章对行为人对法律认识错误的概念、行为人对法律认识错误的分类、国外刑法和国内刑法对行为人对法律认识错误的处理原则等方面的问题进行了较为具体细致的解读。继此之后，对行为人对事实认识错误的概念、特征、种类、国外与国内关于行为人对事实认识错误的立法及理论研究进行了较为深入的研究和分析，最后对我国刑法关于行为人的事实认识错误论的构建提出了本书的设想，从而对完善我国刑法理论关于行为人对事实认识错误的研究增添了浓墨重彩的一笔。

目录
CONTENTS

第一章　犯罪主观要件概述 ‖ 001
第一节　犯罪主观要件的研究历程回顾 / 002
一、中华人民共和国成立初期至1979年《刑法》颁布之前 / 002

二、1979年《刑法》颁布之后至1997年《刑法》颁布之前 / 003

三、1997年《刑法》颁布之后至今 / 007

第二节　犯罪主观要件的概念和特征 / 017
一、犯罪主观要件的概念 / 017

二、犯罪主观要件的特征 / 020

第三节　犯罪主观要件的基本内容 / 026
一、犯罪故意 / 027

二、犯罪过失 / 032

三、与罪过相关的几个特殊问题 / 036

四、刑法中的认识错误 / 042

第四节 犯罪主观要件的研究意义 / 044
　　一、犯罪主观要件的理论意义 / 044
　　二、犯罪主观要件的实践意义 / 046

第二章　犯罪故意 ‖ 050

第一节 犯罪故意的概念 / 051
　　一、故意的概念 / 051
　　二、犯罪故意的本质 / 056
　　三、犯罪故意的理论分类 / 059

第二节 犯罪故意的构成要素 / 077
　　一、犯罪故意的认识因素 / 078
　　二、犯罪故意的意志因素 / 107

第三节 犯罪故意的类型 / 121
　　一、直接故意 / 121
　　二、间接故意 / 127
　　三、直接故意与间接故意的区别 / 139
　　四、犯罪故意的认定需要注意的问题 / 141

第四节 犯罪的动机和目的 / 146
　　一、犯罪动机 / 147
　　二、犯罪目的 / 161
　　三、犯罪动机与犯罪目的的关系 / 171

第三章　犯罪过失 ‖ 178

第一节 犯罪过失的概念 / 180
　　一、犯罪过失的概念介评 / 180
　　二、犯罪过失的概念和特征 / 193

第二节 犯罪过失的构成要素 / 204
    一、伦理的构成要素：注意能力 / 205
    二、规范的构成要素：注意义务 / 236
    三、心理的构成要素：不注意 / 262

第三节 犯罪过失的类型 / 273
    一、法定类型 / 274
    二、学理类型 / 291

第四节 犯罪过失与犯罪故意的关系 / 306
    一、犯罪过失与犯罪故意的区别 / 306
    二、犯罪过失与犯罪故意的转化 / 326

第四章 与罪过相关的几个特殊问题 ‖ 330

第一节 不可抗力 / 331
    一、不可抗力的概念与特征 / 331
    二、不可抗力的主要来源 / 335
    三、不可抗力与相关情形的关系 / 337

第二节 意外事件 / 343
    一、意外事件的概念与特征 / 344
    二、意外事件在刑法中的体系性地位 / 347
    三、意外事件与疏忽大意过失的界限厘定 / 351
    四、意外事件与犯罪过失界限的典型案例分析 / 357

第三节 期待可能性问题 / 358
    一、期待可能性的概念 / 359
    二、期待可能性的判断 / 362
    三、期待可能性的地位 / 366
    四、期待可能性对我国刑法的启示与借鉴 / 370

五、期待可能性的司法运用 / 373
    第四节 严格责任问题 / 378
            一、严格责任的概念 / 380
            二、关于我国刑法中是否存在严格责任的争议 / 384
            三、严格责任的启示 / 389

第五章 刑法中的认识错误 ‖ 392
    第一节 刑法中的认识错误的概念 / 393
            一、刑法中认识错误的定义和范围 / 393
            二、刑法中认识错误的特征 / 399
    第二节 行为人对法律的认识错误 / 402
            一、行为人对法律认识错误的概念 / 402
            二、行为人对法律认识错误的分类 / 403
            三、行为人法律认识错误的处理原则 / 405
    第三节 行为人对事实认识错误 / 409
            一、行为人对事实认识错误概述 / 409
            二、国外关于行为人对事实认识错误的立法及理论研究 / 414
            三、我国有关行为人对事实认识错误的理论研究 / 430
            四、构建我国刑法关于事实认识错误论的设想 / 433

主要参考文献 ‖ 458

后　记 ‖ 469

CHAPTER 01 >> 第一章
犯罪主观要件概述

犯罪的主观要件是我国犯罪构成理论的四大要件之一，是行为人对自己所实施的危害行为负刑事责任的主观基础。根据我国刑法的规定，任何犯罪的构成都是主客观因素的统一，缺少犯罪的客观方面，就会导致主观归罪，而缺少犯罪的主观方面，就会导致客观归罪。因此，犯罪的主观方面在犯罪构成中占有非常重要的地位。犯罪的主观方面包括的内容有犯罪的主观罪过（即犯罪的故意和过失）以及犯罪的目的和动机等，它们不仅对于认定某种行为是否构成犯罪具有重要的作用，而且对于量刑也有一定的影响。我国刑法以处罚故意犯罪为基础，以处罚过失犯罪为例外，正因为这样，《中华人民共和国刑法》（以下简称《刑法》）第十五条第二款规定："过失犯罪，法律有规定的才负刑事责任。"犯罪的主观方面作为行为人实施某种犯罪的内在心理活动，一般是看不见、摸不着的，但只要司法工作人员深入实际调查研究，全面地、历史地、辩证地分析案件的各种具体情况，就能够查明行为人是否具有主观罪过，是何种罪过，以及有无特定的目的，犯罪的动机如何，从而对其主观心理态度作出符合客观真实的判定结论，进而正确地定罪量刑。

第一节 犯罪主观要件的研究历程回顾

中华人民共和国成立以来，特别是改革开放之后，我国对犯罪主观要件的研究取得了丰硕的成果，不仅数量多，而且质量也不断提高，实现了在传承的基础上不断开拓创新。这与我国老中青三代刑法学人的辛勤耕耘是分不开的，他们不仅注重犯罪主观要件的理论研究，而且更加重视司法实践中出现的具体问题，不断探索用犯罪主观要件的理论去解决司法实践中所出现的问题；反过来，又以司法实践作为检验自己理论正确性的标准，不断完善自己的理论，从而使我国犯罪主观要件理论和实务的研究得以不断丰富和发展。与此同时，我们也应当看到，我国犯罪主观要件的研究也存在一些薄弱环节，对许多问题的认识都还有待于进一步深化，这也是我们今后在这一领域的问题研究中值得加以重视的地方。

从中华人民共和国成立至今，关于犯罪主观要件的研究，从学术研究的发展历程来看，主要可以分为三个不同的阶段。

一、中华人民共和国成立初期至1979年《刑法》颁布之前

我国刑法学界历来注重对犯罪主观要件的研究，早在中华人

民共和国成立后的20世纪50年代中后期,就有学者撰写了犯罪主观要件的专题论文,其代表性的论文有史言的《过失罪》(《政法研究》1957年第2期);刘焕文的《犯罪动机与刑事责任》(《华东政法学院学报》1956年第1期);欧阳涛等人的《关于犯罪的动机和犯罪的目的》(《教学简报》1957年第7期);张春宝的《关于犯罪动机、目的的研究》(《政法教学》1958年第2期)等。然而,由于众所周知的原因,自20世纪60年代中后期,中国的刑法学研究近乎停滞。一直到改革开放前,我国刑法理论界关于犯罪主观要件方面的研究成果可以说是一片空白。从这一阶段刑法学界对犯罪主观要件的研究来看,不仅论文数量极少,而且研究的深度也非常有限,除对犯罪过失、犯罪目的与动机有所涉猎以外,对于犯罪主观要件其他方面的内容几无涉及。因此,这一阶段,中国刑法学界对犯罪主观要件的研究可以说仅仅是一个起步,并没有取得应当取得的研究成果。

二、1979年《刑法》颁布之后至1997年《刑法》颁布之前

20世纪70年代末期,随着党的十一届三中全会的召开以及1979年《刑法》的颁布实施,我国刑法理论界对于犯罪主观要件的研究逐渐恢复且研究的力度不断加大。这一时期,关于犯罪主观要件的研究论文逐渐增多,还出版了一些有关犯罪主观要件的专著。这一时期的论著所研究的内容主要涉及刑法中的罪过、犯罪故意、犯罪过失、犯罪的目的与动机、意外事件以及刑法上的认识错误等方面。这一时期的代表性论文主要有罗平的《论故意罪》(《江汉论坛》1979年第3期);杨敦先的《刑法上的意外事件问题》(《人民日报》1980年2月15日);江英杰的《浅谈犯罪

的目的和动机》(《法学研究》1981 年第 1 期);夏卫民的《犯罪动机、目的、手段的区别和联系》(《西南政法学院学报》1981 年第 3 期);金凯的《略论犯罪目的》(《法学杂志》1982 年第 1 期);夏卫民的《间接故意浅析》(《法学季刊》1982 年第 3 期);王新华的《浅谈犯罪的目的与动机》(《江西司法》1982 年第 4 期);江任天的《论间接故意与犯罪动机》(《法学研究》1983 年第 2 期);张智辉的《试论过失犯罪负刑事责任的理论根据》(《法学研究》1982 年第 2 期);赵秉志的《谈谈犯罪的动机与目的》(《河南司法》1983 年第 5 期);邱国梁的《犯罪动机与犯罪目的的心理学意义》(《法学研究》1983 年第 6 期);刘作明、段立文的《试论犯罪动机与犯罪目的的联系》(《西北政法学院学报》1984 年第 1 期);朱华荣的《略论我国刑法中罪过的内容与形式》(《法制建设》1984 年第 1 期);姜伟的《复杂罪过定罪刍议》(《法学季刊》1984 年第 2 期);力康泰的《关于间接故意犯罪中几个问题的研讨》(《法学研究》1984 年第 3 期);邱兴隆的《过失犯罪刑事责任的主客观基础》(《法学评论》1984 年第 3 期);陈明华的《刑法上认识错误的概念及分类》(《西北政法学院学报》1985 年第 1 期);李鑫、张明乃的《论间接故意犯罪》(《法学杂志》1985 年第 2 期);吴凤跃的《过失犯罪中"能够预见"与"应当预见"的异同》(《浙江法学》1985 年第 2 期);罗正德的《刑法上的事实错误及其刑事责任的探讨》(《法学学刊》1985 年第 3—4 期);李茂勋的《行为是辨别犯罪故意的主要依据》(《法学杂志》1985 年第 4 期);杨万明的《犯罪目的的特征与认定》(《河北法学》1985 年第 5 期);顾肖荣的《我国刑法中业务上过失犯罪的特征》(《法学》1986 年第 4 期);李靖选的《论过失犯罪"预见"的标准》(《西北政法学院学报》1987年第2期);刘兆棋的《过失犯罪的特征》(《中国人民警官大学学报》1987年第4期);顾肖荣的《过失犯罪理论的比较研究》(《法学研究》1988年第5期);张明楷的《论疏忽大意的过失》(《法律学习与研究》1989年第1期);吉罗洪、何通胜的《试论间接故意犯罪与过于自信过失犯罪的异同》(《法学杂志》1989年第1期);戴绍泉、田禾的《析刑法中的期待可能性》(《四川大学学报(哲学社会科学版)》1989年第2期);侯国云的《完善过失犯罪立法的三点思考》(《法学研究》1990年第1期);王晨的《当代过失犯罪立法若干趋势研究》(《法律学习与研究》1990年第1期);阮方民的《试论我国过失犯罪刑法规范的完善》(《杭州大学学报(哲学社会科学版)》1990年第1期);李心鉴的《刑法中违法性错误与故意的关系》(《政治与法律》1990年第5期);胡鹰的《刑法理论上应当建立"不可抗力事件"概念》(《江西法学》1991年第5期);陈兴良的《论主观恶性中的规范评价》(《法学研究》1991年第6期);姜黎艳、孟庆华的《论疏忽大意过失的预见标准》(《法学》1991年第8期);张明楷的《监督过失探讨》(《中南政法学院学报》1992年第3期);张明楷的《德、日刑法中的过失》(《法律学习与研究》1992年第4期);胡鹰的《关于过失犯罪的若干基本问题》(《法学评论》1993年第6期);姜伟的《期待可能性理论评说》(《法律科学》1994年第1期);李昌林的《论共同过失犯罪》(《现代法学》1994年第3期);林亚刚的《对"明知必然发生而放任发生"的再认识》(《法学评论》1995年第2期);贾宇的《直接故意与间接故意的新探讨》(《法律科学》1996年第2期);林亚刚、贾宇的《犯罪过失新探》(《检察理论研究》1996年第2期）；杨新培、陈昌的《社会危害性不是犯罪故意的认识内容》（《政法论坛》1996年第3期）；贾宇的《论犯罪故意中的犯罪意志》（《中央检察官管理学院学报》1996年第3期）；赵秉志、刘志伟的《海峡两岸过失中注意能力和注意义务问题的比较研究》（《中央政法管理干部学院学报》1996年第3期）；刘志伟的《海峡两岸犯罪过失中"应当预见"问题的比较研究》（《河北法学》1996年第2期）；林清州的《略论过失犯罪刑事责任的根据》[《武汉大学学报（哲学社会科学版）》1996年第6期]；李安的《论过失犯罪的主观特征》（《法学与实践》1996年第6期）等。这一时期的代表性著作主要有：李韧夫撰写的《犯罪过错论》（吉林大学出版社1983年版）；张炳明、熊志海、孙渝、吴中林撰写的《过失犯罪的理论与实践》（中国人民公安大学出版社1988年版）；邱国梁撰写的《犯罪动机论》（法律出版社1988年版）；孙国祥、余向栋、张晓陵撰写的《过失犯罪导论》（南京大学出版社1991年版）；姜伟撰写的《犯罪故意与犯罪过失》（群众出版社1992年版）；陈忠槐撰写的《过失犯罪研究》（中国社会科学出版社1995年版）；胡鹰撰写的《过失犯罪研究》（中国政法大学出版社1995年版）；侯国云撰写的《过失犯罪论》（人民出版社1996年版）；刘明祥撰写的《错误论》（中国法律出版社、日本成文堂联合出版1996年版）；刘明祥撰写的《刑法中错误论》（中国检察出版社1996年版）等。综观这一时期的学术研究成果，虽然在理论研究上对犯罪故意、犯罪的目的与动机等方面的研究有一定的进展，但相对而言，偏重过失犯罪方面的研究成果较为多见，从总体上来讲，真正有分量的、具有开拓性、创新性的研究成果不是太多。尽管如此，这一阶段的研究成果依然可圈可点，值得珍视，因为这不仅体现了我国刑法学者在这一研究阶段艰难的心路历程，也为我国后来的刑法学对犯罪主观要件的理论研究奠定了十分重要的基础。尤其是李韧夫撰写的《犯罪过错论》，张炳明、熊志海、孙渝、吴中林撰写的《过失犯罪的理论与实践》，孙国祥、余向栋、张晓陵撰写的《过失犯罪导论》，姜伟撰写的《犯罪故意与犯罪过失》，邱国梁撰写的《犯罪动机论》，以及刘明祥撰写的《刑法中错误论》，作为犯罪主观要件各个研究领域的开山之作，既填补了我国刑法学的研究空白，同时也为我国后来的刑法理论研究提供了不可多得的研究基础，从而充分发挥了其应有的作用，具有一定的学术地位和较大的学术影响力。

三、1997年《刑法》颁布之后至今

20世纪90年代末期，随着我国1997年《刑法》的颁布，我国的刑法理论对于犯罪主观要件的研究进入了一个比较繁荣的时期，这一时期的研究成果不仅数量较多，而且在论文和专著的研究质量上也有明显的提高，出现了一大批具有我国研究特色且有分量的优秀学术成果，尤其是一大批中青年学者在借鉴国外的刑法理论研究的基础上，对于刑法中的犯罪故意与犯罪过失问题的研究比较深入，为我国刑法学者对于这一方面问题的研究提供了较为广阔的视野和研究资料，从而使我国的刑法理论研究也取得了较大的进展。这一时期的代表性论文主要有侯国云的《过失犯罪法定刑的思考》（《法学研究》1997年第2期）；贾宇的《论犯罪故意中的事实认识》（《法制与社会发展》1997年第3期）；贾宇的《论违法性认识应成为犯罪故意的必备要件》（《法律科学》

1997年第3期);陈国柱的《故意犯罪与过失犯罪之比较》(《青海社会科学》1997年第4期);杨兴培的《疏忽过失的认定依据及心理本质》(《法律科学》1997年第5期);刘仁文的《过失危险犯研究》(《法学研究》1998年第3期);李卫红、孙政的《过失危险犯》(《中国刑事法杂志》1998年第6期);储槐植、杨书文的《复合罪过形式探析——刑法理论对现行刑法内含的新法律现象之解读》(《法学研究》1999年第1期);李立众、刘代华的《期待可能性理论研究》(《中外法学》1999年第1期);林亚刚的《试论危险分配与信赖原则在犯罪过失中的运用》(《法律科学》1999年第2期);刘海勃的《浅谈犯罪的故意》(《法学杂志》1999年第3期);俞利平、王良华的《论过失危险犯》(《法律科学》1999第3期);邵维国的《论间接故意的本质及其犯罪构成特点》(《吉林师范学院学报》1999年第4期);陈兴良的《故意责任论》(《政法论坛》1999年第5期);周光权的《过失犯罪法定刑配置研究》〔《四川大学学报(哲学社会科学版)》1999年第6期〕;刘为波的《放任包括不希望的态度》(《法学》1999年第11期);杨书文的《刑事古典学派的罪过形式学说管窥》(《中央政法管理干部学院学报》2000年第2期);杜澎的《间接故意犯罪形态论》(《法学家》2000年第2期);张波的《对"客观的超过要素"的质疑——兼谈犯罪的故意》(《中央政法管理干部学院学报》2000年第2期);储槐植、杨书文的《英国刑法中的"轻率"》(《比较法研究》2000年第4期);马松建的《过失危险犯比较研究》〔《郑州大学学报(社会科学版)》2000年第4期〕;康均心、董邦俊的《罪过责任之思考——兼评严格责任之冲突》(《法学评论》2000年第5期);欧锦雄的《期待可能性理论的继承与批判》(《法律科学》2000年第5期);赵秉志、刘志伟的《犯罪过失理论若干争议问题研究》(《法学家》2000年第5期);熊春泉、牛晓鹏的《海峡两岸犯罪过失理论中若干问题的比较研究》(《江西社会科学》2000年第12期);单民、史卫忠的《论行为犯主观方面的特征》(《中国刑事法杂志》2001年第1期);李兰英的《对"放任"的考究》(《中国刑事法杂志》2001年第2期);张锋会的《试论间接故意》(《濮阳教育学院学报》2001年第2期);王秀莲的《浅议犯罪过失》(《河南商业高等专科学校学报》2001年第2期);屈耀伦的《论过失犯罪中的注意义务》(《甘肃政法学院学报》2001年第3期);庙宇红的《期待可能性理论》(《黑龙江省政法管理干部学院学报》2001年第3期);张玉珍的《论过失犯罪的心理结构》(《人民检察》2001年第4期);谢文钧的《论职务过失犯罪的因果关系》(《当代法学》2001年第4期);史立忠的《试论游离常态的罪过形式:混合罪过》(《公安大学学报》2002年第1期);张弛、俞亮的《香港、澳门、台湾与大陆刑法犯罪构成比较——故意之比较》(《行政与法》2002年第2期);王群、杨月斌的《论间接故意与过于自信的过失——理论与实际的矛盾》[《齐齐哈尔大学学报(哲学社会科学版)》2002年第2期];贾宇的《犯罪故意类型新论》(《法律科学》2002年第3期);刘为波、牛克乾的《放任的心理定性》(《政治与法律》2002年第4期);贾宇的《刑法学应创制行为故意概念》(《法学》2002年第7期);牛忠志、刘俊英《间接故意与过于自信过失的区别与认定》(《山西高等学校社会科学学报》2002年第8期);崔正军的《与业务过失犯罪主体有关的几个问题的探讨》(《法商研究》2002年第1期);马长生、蒋兰香的《论职务过失犯罪》(《华东政法学院学报》2002年第1期);周其华的《刑法规定的过失犯罪的认定与论证》(《法学家》2002年第5期);李希慧、廖梅的《共同过失犯罪若干问题研究》(《浙江社会科学》2002 年第 5 期); 童德华的"共同过失犯初论"(《法律科学》2002 年第 2 期); 吴利华的《试论业务过失犯罪》(《山东公安专科学校学报》2002 年第 6 期); 高艳军、杨立新的《疏忽大意过失犯罪主观责任的认定》[《东北大学学学报(社会科学版)》2003 年第 1 期]; 刘艳红的《过失犯的构成要件构造及其适用》(《政治与法律》2003 年第 1 期); 李浩的《单位过失犯罪探讨》(《政治与法律》2003 年第 2 期); 李居全的《论英国刑法中的犯罪冒失——兼论第三罪过形态》(《法学评论》2003 年第 2 期); 张明楷的《共同过失与共同犯罪》(《吉林大学社会科学学报》2003 年第 2 期); 辛忠孝、赵静的《论共同过失正犯》(《天津市政法管理干部学院学报》2003 年第 2 期); 袁登明、吴情树的《论竞合过失与共同过失》[《云南大学学报(法学版)》2003 年第 2 期]; 刘基、屈耀伦的《论过失危险犯》[《兰州大学学报》2003 年第 2 期]; 柳忠卫、王晶的《犯罪过失概念比较研究》(《中国刑事法杂志》2003 年第 3 期); 杨兴培的《论犯罪过失的形式与内容》(《河南公安高等专科学校学报》2003 年第 3 期); 李朝霞的《犯罪过失构成要素比较研究》(《安徽警官职业学院学报》2003 年第 3 期); 马琳的《论共同过失犯罪》[《山西师大学报(社会科学版)》2003 年第 3 期]; 李韧夫、张英霞的《论英美刑法犯罪故意观》(《吉林大学社会科学学报》2003 年第 3 期); 刘梅芳的《试论共同过失犯罪》(《上海公安高等专科学校学报》2003 年第 4 期); 周其华的《关于刑法条文规定的过失犯罪的认定》(《国家检察官学院学报》2003 年第 5 期); 谢文钧的《论影响职务过失犯罪刑事责任程度的因素》(《河北法学》2003 年第 5 期); 马荣春的《论共同过失犯罪》(《河北法学》2003 年第 5 期); 郑赫南的《试论过失共同犯罪及其相关问题》(《山东公安专科学校学报》2003年第6期);崔正军的《关于业务过失犯罪主体的探讨》(《法学评论》2004年第2期);彭清燕的《论单位过失犯罪》(《河南省政法管理干部学院学报》2004年第2期);蒋兰香的《论职务过失犯罪的主观特征》(《中南林学院学报》2004年第3期);贾宇、怯帅卫的《论法定犯罪目的的实质——兼论犯罪目的与犯罪故意的关系》(《法律科学》2010年第4期);陈和华的《犯罪动机理论问题之再思考》(《华东政法大学学报》2010年第5期);樊崇义、吴光升的《论犯罪目的之推定与推论》(《国家检察官学院学报》2012年第2期);刘军的《犯罪动机如何影响量刑——兼论同罪亦当不同罚》(《中国刑事法杂志》2012年第7期);王新的《我国刑法中"明知"的含义和认定——基于刑事立法和司法解释的分析》(《法制与社会发展》2013年第1期);欧阳本祺的《论危险故意》(《法学家》2013年第1期);冯亚东、叶睿的《间接故意不明时的过失推定》(《法学》2013年第4期);易益典的《监督过失犯罪中主体范围的合理界定》(《法学》2013年第3期);蒋铃的《论刑法中"非法占有目的"理论的内容和机能》(《法律科学》2013年第4期);蔡桂生的《论故意在犯罪论体系中的双层定位——兼论消极的构成要件要素》(《环球法律评论》2013年第6期);黎宏的《单位犯罪中单位意思的界定》(《法学》2013年第12期);陈璇的《论过失犯中注意义务的规范保护目的》(《清华法学》2014年第1期);张小虎的《论期待可能性的阻却事由及其在我国刑法中的表现》(《比较法研究》2014年第1期);皮勇、王刚的《我国刑法中"兼有型罪过"立法问题研究》(《法商研究》2014年第2期);周啸天的《目的犯共犯教义学原理的再建构》(《清华法学》2014年第3期);刘艳红的《主观要素在阶层犯罪论体系的位阶》(《法学》2014年第2期）；李永升的《间接故意犯罪的概念新探》［《河南大学学报（社会科学版）》2014第3期］；李森的《反思间接故意犯罪的存在范围》（《政治与法律》2014年第4期）；陈兴良的《过失犯的危险犯：以中德立法比较为视角》（《政治与法律》2014年第5期）；车浩的《过失犯中的被害人同意与被害人自陷风险》（《政治与法律》2014年第5期）；周光权的《客观归责与过失犯论》（《政治与法律》2014年第5期）；刘红艳的《短缩二行为犯目的要素研究》（《政治与法律》2014年第7期）；车浩的《法定犯时代的违法性认识错误》（《清华法学》2015年第4期）；钱叶六的《期待可能性理论的引入及限定性适用》（《法学研究》2015年第6期）；李永升、周其玉的《论期待可能性的体系定位及运作机理》（《社科纵横》2015年第6期）；孙国祥的《违法性认识错误的不可避免性及其认定》（《中外法学》2016年第3期）；蔡仙的《防卫动机不必要论之提倡》（《甘肃政法学院学报》2016年第5期）；李永升、张平寿的《严格责任与推定责任之争下的第三条路径——亦论性侵未满12周岁幼女的责任类型》（《河北法学》2016年第9期）；付玉明、杨卫的《犯罪故意的规范释明与事实认定——以"复旦投毒案"为例的规范分析》（《法学》2017年第2期）；樊建民的《论违法性认识错误的罪责效果》［《河南大学学报（社会科学版）》2017年第5期］；劳东燕的《过失犯中预见可能性理论的反思与重构》（《中外法学》2018年第2期）；劳东燕的《责任主义与过失犯中的预见可能性》（《比较法研究》2018年第3期）；李世阳的《故意概念的再定位——中国语境下"盖然性说"的展开》（《政治与法律》2018年第10期）；蔡仙的《过失犯中风险升高理论的内在逻辑及其反思》（《清华法学》2019年第4期）；王钢的《动机错误下的承诺有效性问题研究》（《中外法学》2020年第1期）；蔡仙的《论过失犯中结果避免可能性的判断方法》[《苏州大学学报（法学版）》2020年第4期]；张明楷《论过失犯的构造》（《比较法研究》2020年第5期）；陈兴良的《过失犯的规范构造：以朱平书等危险物品肇事案为线索》（《比较法研究》2020年第5期）；邹兵建的《过失犯中结果回避可能性的混淆与辨异》（《中外法学》2021年第4期）；曾文科的《犯罪故意概念中的"危害社会"：规范判断与归责机能》（《法学研究》2021年第5期）；江溯的《论犯罪故意在三阶层体系中的地位》（《法学论坛》2022年第1期）；张明楷的《论故意的体系地位》（《法商研究》2022年第2期）；孙运梁的《非法占有目的的两个侧面及其功能》[《上海政法学院学报（法治论丛）》2022年第5期]；金燚的《论过失犯注意义务的具体化》（《清华法学》2022年第6期）；江珞伊的《违法性认识错误的司法困境与判断方法——以936份裁判文书为样本》（《中外法学》2023年第1期）；童伟华的《刑法规范二重性视阈下犯罪故意的认定》（《法学》2023年第3期）；柏浪涛的《过失犯的行为不法与注意义务的功能分析》（《中外法学》2024年第4期）等。这一时期的代表性著作主要有周光权撰写的《注意义务研究》（中国政法大学出版社1998年版）；刘仁文撰写的《过失危险犯研究》（中国政法大学出版社1998年版）；田宏杰撰写的《违法性认识研究》（中国政法大学出版社1998年版）；刘仁文撰写的《严格责任论》（中国政法大学出版社2000年版）；孟尧撰写的《论共同犯罪故意的一般原理及运用》（吉林大学出版社1999年版）；林亚刚撰写的《犯罪过失研究》（武汉大学出版社2000年版）；高铭暄、赵秉志主编的《过失犯罪的基础理论》（法律出版社2002年版）；张永红撰写的《普通过失犯罪的认定与处理》（人民法院出版社2004年版）；刘志伟、聂立泽主编的《业务过失犯罪比较研究》（法律出版社 2004 年版）；童德华撰写的《刑法中的期待可能性论》（中国政法大学出版社 2004 年版）；杨书文撰写的《复合罪过形式论纲》（中国法制出版社 2004 年版）；刘明祥撰写的《刑法中错误论》（中国检察出版社 2004 年版）；陈忠林主编的《违法性认识》（北京大学出版社 2006 年版）；杨芳撰写的《犯罪故意研究》（中国人民公安大学出版社 2006 年版）；李兰英撰写的《间接故意研究》（武汉大学出版社 2006 年版）；王雨田撰写的《英国刑法犯意研究——比较法视野下的分析与思考》（中国人民公安大学出版社 2006 年版）；袁益波撰写的《英国刑法的犯罪论纲》（知识产权出版社 2007 年版）；赵慧撰写的《刑法上的信赖原则研究》（武汉大学出版社 2007 年版）；姜伟撰写的《罪过形式论》（北京大学出版社 2008 年版）；胡鹰撰写的《过失犯罪的定罪与量刑》（人民法院出版社 2008 年版）；付立庆撰写的《主观违法要素理论——以目的犯为中心的展开》（中国人民大学出版社 2008 年版）；陈琴撰写的《刑法中的事实错误》（中国人民公安大学出版社 2008 年版）；李永升撰写的《犯罪论前沿问题研究》（中山大学出版社 2009 年版）；程皓撰写的《注意义务比较研究——以德国刑法理论和刑事判例为中心》（武汉大学出版社 2009 年版）；刘丁炳撰写的《监督管理过失犯罪研究》（中国人民公安大学出版社 2009 年版）；欧阳本祺撰写的《目的犯研究》（中国人民公安大学出版社 2009 年版）；刘远主编的《期待可能性》（北京大学出版社 2009 年版）；李立丰撰写的《美国刑法犯意研究》（中国政法大学出版社 2009 年版）；刘明祥主编的《过失犯研究：以交通过失和医疗过失为中心》（北京大学出版社 2010 年版）；刘士心撰写的《美国刑法中的犯罪论原理》（人民出版社 2010 年版）；王海涛撰写的《过失犯罪中信赖原则的

适用及界限》（中国人民公安大学出版社 2011 年版）；袁雪撰写的《共犯认识错误问题研究》（中国人民公安大学出版社 2011 年版）；苏雄华撰写的《犯罪过失理论研究：基于心理本体的三维建构》（法律出版社 2012 年版）；陈磊撰写的《犯罪故意论》（中国人民公安大学出版社 2012 年版）；袁宏山撰写的《犯罪故意与犯罪过失适用》（中国人民公安大学出版社 2012 年版）；肖晚祥撰写的《期待可能性理论研究》（上海人民出版社 2012 年版）；薛瑞麟撰写的《昨天·今天：俄罗斯刑法中的罪过学说》（中国政法大学出版社 2013 年版）；尹东华撰写的《刑法中的放任论研究》（中国人民公安大学出版社 2013 年版）；桂亚胜撰写的《故意犯罪的主观构造及其展开》（上海人民出版社 2014 年版）；张异撰写的《犯罪动机研究》（法律出版社 2014 年版）；张波撰写的《罪过的本质及其司法适用》（法律出版社 2014 年版）；童德华撰写的《刑法中的期待可能性论》（修订版）（法律出版社 2015 年版）；石奎撰写的《集资诈骗罪"非法占有目的"司法认定的实证研究》（法律出版社 2016 年版）；刘明祥、张天虹主编的《故意与错误论研究》（北京大学出版社 2016 年版）；金华捷撰写的《我国刑法中的目的犯问题研究》（法律出版社 2018 年版）；李世阳撰写的《共同过失犯罪研究》（浙江大学出版社 2018 年版）；刘期湘、刘练军撰写的《高危行业监督过失犯罪研究》（中国社会出版社 2020 年版）；贾宇撰写的《犯罪故意研究》（商务印书馆 2020 年版）；王东明撰写的《共同过失犯罪理论争鸣与探索》（法律出版社 2021 年版）；张健一撰写的《犯罪故意概念与内容体系研究》（中国人民公安大学出版社 2021 年版）；刘纯燕、陈立撰写的《业务监督过失犯罪研究》（武汉大学出版社 2022 年版）等。综观以上研究成果不难看出，自从 1997 年《刑法》颁布以来，我国刑法理论界对于犯罪主观要件的研究取得了很大进展，尤其是在犯罪故意与犯罪过失的研究方面更是取得了重大的历史性突破。如在犯罪故意方面，不仅对国内的犯罪故意的前沿理论作了更为深入的研究和介评，而且对俄罗斯、美国、英国的犯罪故意理论也作了较为深入的研究和介评，尤其是在犯罪过失的理论方面，更是在以往的基础上有了更为深入的研究，所有这些都充分反映了我国中青年刑法学者的学术探索精神与创新精神。另外，在注意义务研究方面，周光权教授开先河，对这一问题进行了较为深入的研究，继此之后，我国刑法学者更是突破了传统的理论与方法，不仅在注意义务的构造上有所创新，而且在注意义务的分类上也取得了重大进展。如程皓博士通过对注意义务的比较研究，不仅突破了传统的研究范式，而且开创了我国注意义务研究的新局面。此外，随着大陆法系期待可能性理论与英美法系严格责任理论的引进，我国刑法学者童德华教授与刘仁文教授等一大批学者在相关问题的研究上也取得了重大成就，获得了一大批研究成果，这为我国刑法理论与实践如何更好地面向世界与走向世界打开了新的突破口。更值得一提的是，对于过失犯罪中的信赖原则与监督管理过失，我国也有一批学者对此进行了较为深入的研究，诸如赵慧博士对信赖原则基本理论的研究，王海涛博士对信赖原则的适用及其界限的研究，刘丁炳博士对监督管理过失基本理论与司法实践的研究，这些研究都有自己的独特之处，颇为可圈可点。以上这些研究成果都充分说明我国对犯罪主观要件的研究已经取得了突破性的进展，从而为我国刑法学者对这一问题的研究奠定了良好的基础。作为一名刑法研究工作者，我们应当为我国刑法学者在犯罪主观要件研究领域所取得的突破性进展而感到自豪。

第二节 犯罪主观要件的概念和特征

一、犯罪主观要件的概念

关于犯罪主观要件的概念,从1979年我国第一部刑法颁布以来,刑法学界对犯罪主观要件的定义颇多,归纳起来,其具体观点主要有以下五个方面。

第一种观点认为,所谓犯罪的主观要件,是指犯罪主体在进行犯罪活动时的思想意识活动,此即思想意识活动说。该说认为,在心理学上,人的心理活动由两大部分组成:一是意思、意向活动;二是认识活动。同一般的犯罪心理活动一样,犯罪的主观方面也包括认识因素和意志因素,其中认识因素是产生犯罪的前提和基础,但并不直接反映行为主体的主观恶性的大小有无,只有与意志因素有机结合,才能形成罪过心理。[1]

第二种观点认为,犯罪主观要件就是指犯罪主体对自己行为的危害结果所持的心理态度,此即结果标准说。例如,有的学者认为,犯罪主观方面,是指我国刑法规定的、行为主体对其危害行为必然或者可能引起的危害社会的结果所具有的心理态度。[2] 又如,有的学者认为,犯罪主观方面就是指犯罪主体对自己行为的危害结果所持的心理态度。[3] 又如,有的学者认为,犯罪的主观方

---

[1] 高铭暄、赵秉志主编:《犯罪总论比较研究》,北京大学出版社,2008,第78—79页。

[2] 赵秉志主编:《刑法总论(第二版)》,中国人民大学出版社,2012,第137页。

[3] 高铭暄主编:《刑法专论》,高等教育出版社,2002,第244页。

面,是指犯罪人实施犯罪行为时对其行为引起的危害社会的结果所持的心理态度——故意、过失(刑法理论上合称"罪过")以及动机和目的。❶

第三种观点认为,犯罪主观要件是指犯罪主体实施犯罪行为时的心理态度,此即行为标准说。例如,有的学者认为,犯罪构成的主观要件,是指刑法规定的支配犯罪主体实施犯罪行为的心理状态。具体来讲,是指刑法规定的犯罪主观方面必须具备的行为人对于犯罪行为的认识状态和控制状态。❷ 又如,有的学者认为,犯罪主观方面,是指支配或影响犯罪主体实施犯罪行为的心理状态。❸ 又如,有的学者认为,犯罪的主观要件,是指决定和影响行为人实施犯罪行为的心理态度。❹

第四种观点认为,犯罪主观要件就是犯罪主体对自己的行为及其危害社会的结果所持的心理态度,此即"双重标准说"。在我国刑法理论中,双重标准说目前居于主流地位。例如,有的学者认为,犯罪主观要件是行为人对自己实施的行为及其危害社会的结果所持的心理态度,是刑法规定犯罪成立所必须具备的要件。❺ 又如,有的学者认为,犯罪主观方面,是指我国刑法规定的、行为主体对其危害行为及其已经或者可能造成危害社会的结果所具有的心理态度。❻ 又如,有的学者认为,犯罪主观要件是指犯罪主体对自己行为及其危害社会的结果所抱的心理态度。它包括犯罪

---

❶ 马克昌主编:《犯罪通论》,武汉大学出版社,1999,第304页。
❷ 陈忠林主编:《刑法学(上)》,法律出版社,2006,第117页。
❸ 赵长青主编:《中国刑法教程》,中国政法大学出版社,1994,第84页。
❹ 王作富:《中国刑法研究》,中国人民大学出版社,1988,第154页。
❺ 李晓明主编:《中国刑法基本原理》,法律出版社,2005,第272页。
❻ 陈明华主编:《刑法学》,中国政法大学出版社,1999,第130页。

的故意和犯罪的过失（又称罪过），还包括犯罪的目的和动机。❶又如，有的学者认为，犯罪主观要件，是指刑法规定成立犯罪必须具备的，犯罪主体对其实施的危害行为及其危害结果所持的心理态度。❷又如，有的学者认为，犯罪主观方面，是指犯罪主体对自己危害行为及其危害社会的结果所抱的心理态度。❸又如，犯罪主观方面是指刑法规定成立犯罪必须具备的、犯罪主体对自己实施的行为及其危害结果所持的心理态度。❹

第五种观点认为，犯罪主观要件就是犯罪主体实施犯罪行为的过程，是行为人在认识自己行为性质的基础上，用这种认识来控制自己行为性质的过程，此即认识控制行为性质过程说。该说认为，在犯罪主体实施犯罪行为的过程中，犯罪主体的认识能力和控制能力具体化为有一定内容的心理状况——行为人对于自己行为性质的认识状况和控制状况。在实施具体行为时，由于行为人运用自己的认识能力和控制能力的状况有差异，体现在犯罪行为中的心理状况也具有不同的特征和表现形式——故意和过失，即犯罪构成的主观要件。

我们认为，第一种观点将犯罪的主观要件表述为一个思想意识活动的过程，太过于抽象，因为一个人的思想意识活动的过程若不通过一定的外在形式表现出来，是很难把握的，因此，这一观点不可取。而第二种、第三种观点以行为或者结果为标准，要么强调以行为的心理态度为标准，要么强调以结果的心理态度为标准，这两种定义的界定既不符合刑事立法的实际情况，又显得

---

❶ 陈忠林主编：《刑法（总论）》，中国人民大学出版社，2003，第157页。
❷ 张明楷：《刑法学（上）》，法律出版社，1997，第189页。
❸ 高铭暄、马克昌主编：《刑法学（上编）》，中国法制出版社，1999，第196页。
❹ 齐文远主编：《刑法学》，北京大学出版社，2007，第122页。

过于片面，同样也不可取。这是因为，根据我国刑法的规定，单一的行为标准说虽然解决了行为犯的主观心理态度问题，但不能解决结果犯的主观心理态度问题；而单一的结果标准说虽然解决了结果犯的主观心理态度问题，却不能解决行为犯的主观心理态度问题，因此它们都带有一定的片面性。而第五种观点虽然具有一定的新意，但与我国的刑事立法状况相距甚远，也与刑法通说的观点相悖，因此亦不可取。只有第四种观点比较全面地表达了犯罪主观要件的内涵，将刑法中所规定的各种犯罪的主观心理态度都能够包容进来，克服了单一的行为说与单一的结果说所存在的片面性弊端，因此是可取的。

二、犯罪主观要件的特征

关于犯罪主观要件的特征，从我国刑法学界研究现状来看，主要有以下四种不同的观点。

第一种观点是二特征说。例如，有的学者认为，犯罪主观要件有以下两个特征：其一，它是人的心理态度，这是犯罪主观方面的表现形式；其二，它以行为所发生的危害结果为内容，这是犯罪主观方面的法律含义。❶ 有的学者认为，犯罪主观要件有以下两个特征：其一，它是人的一定的心理状态。通常包括意识因素即"明知"、"认识"或"预见"一定的行为及其结果，和意志因素即"希望"、"放任"或"不希望"一定结果的发生，有"目的"地追求一定结果，以及出于内心的某种动因等。没有这种心理学上的内容，也就没有犯罪的主观方面。其二，它以行为发生危害社会的结果为内容。犯罪主观方面虽然是人的一定的心理态

---

❶ 高铭暄、马克昌主编：《刑法学（上编）》，中国法制出版社，1999，第196页。

度,但不能把它仅仅归结为人的心理过程。因为犯罪主观方面是法律概念,它具有与普通心理学不同的内容。即它是人对所实施的危害社会行为及其危害结果的心理态度,而不是对日常生活中某种行为和结果的心理态度。❶

第二种观点是三特征说。例如,有的学者认为,犯罪主观要件有以下三个特征:其一,犯罪主观要件是犯罪主体实施犯罪时的心理状态。其二,犯罪主观要件是支配行为人实施犯罪行为的心理状态。其三,犯罪主观要件是具备刑法所规定的心理状态。❷又如,有的学者认为,犯罪主观要件有以下三个特征:其一,它是行为人危害社会的一种心理态度。其二,它具有法律要求的特点。其三,它与客观方面具有不可分割的联系。又如,有的学者认为,犯罪主观方面有以下三个特点:其一,犯罪主观方面体现的是行为人在行为时的心理态度。其二,犯罪主观方面体现的是行为人的主观恶性。其三,犯罪主观方面是成立犯罪的法定条件。❸又如,有的学者认为,犯罪主观要件有以下三个特征:首先,犯罪主观方面的内容是犯罪的意识即罪过心理,一方面是犯罪人对自己的行为及其危害结果的认识,即对犯罪事实的认识;另一方面是犯罪人的违法意志。其次,犯罪主观要件是犯罪主体实施犯罪行为时的罪过心理,罪过的心理(故意或者过失等)与犯罪行为必须具有同时性。缺少这个特征,就不属于犯罪构成的主观要件。最后,犯罪主观要件是刑法规定的成立犯罪必须具备的要件。《刑法》总则第十四条、第十五条规定了故意和过失两种心理态度,刑法分则对每一种犯罪规定具体犯罪的主观要件。行

---

❶ 高铭暄主编:《中国刑法学》,中国人民大学出版社,1992,第122页。
❷ 陈忠林主编:《刑法学(上)》,法律出版社,2006,第118—119页。
❸ 齐文远主编:《刑法学》,北京大学出版社,2007,第122—123页。

为人具有故意或者过失以及具有分则对犯罪心理的特定要求,是成立犯罪的要件。❶

第三种观点是四特征说。例如,有的学者认为,犯罪主观要件有以下四个特征:其一,犯罪主观方面是支配危害行为时的心理状态。其二,犯罪主观方面是对危害社会的结果的心理状态。其三,犯罪主观方面是刑法明文规定的行为人所具有的心理状态。其四,犯罪主观方面是一切犯罪都必须具备的要件。❷ 又如,有的学者认为,犯罪主观要件有以下四个特征:其一,犯罪主观要件的内容是心理态度。其二,犯罪主观要件是刑法明文规定的行为人所具有的心理状态。其三,犯罪主观要件是说明行为人主观恶性的特征。其四,犯罪主观要件是一切犯罪都必须具备的要件。❸ 又如,有的学者认为,犯罪主观要件有以下四个特征:首先,犯罪主观要件是刑法规定的要素。其次,犯罪主观要件的内容是心理态度。再次,犯罪主观要件是说明行为人主观恶性的特征。最后,犯罪主观要件是一切犯罪都必须具备的要件。❹ 又如,有的学者认为,犯罪主观要件有以下四个特征:其一,犯罪主观方面是指犯罪人的心理状态。其二,犯罪主观方面是支配犯罪人实施犯罪行为的主观心理状态。其三,犯罪主观方面是指行为人对其行为引起危害结果所持的心理状态,而不是指行为人对其行为本身持何种态度。其四,犯罪主观方面的内容是通过故意或过失表现出来的。❺

第四种观点是五特征说。例如,有的学者认为,犯罪的主观

---

❶ 阮齐林:《刑法学》,中国政法大学出版社,2008,第129—130页。
❷ 赵秉志主编:《刑法总论(第二版)》,中国人民大学出版社,2012,第138页。
❸ 陈忠林主编:《刑法(总论)》,中国人民大学出版社,2003,第157—158页。
❹ 张明楷:《刑法学(上)》,法律出版社,1997,第189—190页。
❺ 马克昌主编:《犯罪通论》,武汉大学出版社,1999,第304—308页。

要件有以下五个方面的特征：（1）法定性。犯罪主观要件由刑法规定，具有法定性。（2）危害性。犯罪主观要件表述犯罪的主观社会危害，具有危害性。（3）主观性。犯罪主观要件表述危害结果的心理态度以及其他有关心理状态，具有主观性。（4）时间性。犯罪主观要件表述构成要件行为时的心理态度，具有时间性。（5）必要性。犯罪主观要件是犯罪成立所必须具备的主观条件，具有必要性。❶

综上所述，我们认为，犯罪的主观要件主要有以下五个方面的特征，具体内容如下。

（一）犯罪主观要件是刑法规定的必备构成要件

我国《刑法》第十四条、第十五条所规定的"故意犯罪""过失犯罪"的定义中，分别包括了犯罪故意和犯罪过失的心理内容；而在《刑法》分则条文中，更是以"明知""意图""以……为目的"和"过失……"来表明所列各条犯罪的特定心理态度。《刑法》第十六条又从反面强调，行为虽然在客观上造成了损害结果，但不是出于故意或者过失的心理态度的，就不构成犯罪。从而在法律上确认，犯罪的主观方面是一切犯罪构成的必备条件，罪过是认定行为者构成犯罪和对犯罪应负刑事责任的主观根据。立法之所以如此，是因为只有在罪过心理支配下实施的危害行为，才具有刑法上的社会危害性，国家对这种行为者实施的刑事追究和刑罚惩罚才具有合理性与有效性。

（二）犯罪主观要件是行为主体实施犯罪行为时的心理状态

这种心理活动同普通心理学中所说的一般心理活动有共同点

---

❶ 张小虎：《犯罪论比较与建构》，北京大学出版社，2006，第264—269页。

但也有区别。二者的共同点在于它们都是客观现实在人们头脑中的反映,都是客观事物通过感官作用于人脑而引起的人脑的活动,各种不同的反映现实的心理活动形式都是人脑活动的结果。但是,犯罪心理活动不同于普通人在日常生活中对待一般事物的心理活动,它仅仅是指那些足以说明行为人的主观恶性,并和刑事责任有关的具有刑法意义的心理活动。这种心理活动包括犯罪的故意、犯罪的过失、犯罪的认识、犯罪的意志、犯罪的目的和犯罪的动机等。这种犯罪心理同普通心理是特殊与一般的关系,二者既有联系,又有区别。即使同属故意、过失、认识、意志、目的、动机,但一个是犯罪的,另一个是非犯罪的,二者不能互相混淆。有些人对间接故意有无犯罪的目的、动机,以及过失犯罪有无犯罪的目的和动机等问题长期争论不休,重要原因之一就是混淆了犯罪心理与普通心理的界限,缺乏统一的探讨问题的前提。因此,明确犯罪主观方面指的是实施犯罪行为时的心理活动,对统一认识、正确执法是有益的。所以,我们确定罪过的有无、罪过的形式与内容如何,都应以行为者实施行为时为准,而不能以行为前或者行为后为准。

(三)犯罪主观要件是支配行为者实施危害行为的心理状态

犯罪的主观方面是行为主体对自己实施的危害行为及其危害结果所持的心理状态,也就是说,这一行为是在行为者的主观心理状态支配下实施的。这就表明:一方面,行为者客观上危害社会的活动,只有受到其主观故意或过失的心理状态支配时,才可能是刑法中的犯罪行为;另一方面,行为者危害社会的故意或过失的心理状态只有表现为外在的危害行为时,才具有刑法上的意义,才能成为该行为构成犯罪的必备条件。犯罪心理状态永远只能表现在刑法所规定、所禁止的危害社会的行为中。如果某种心理状态尚未表现在外在的行为，或者尚未对危害行为起到直接的支配作用，说明它仍属于单纯的思想活动范畴，不能将其作为犯罪的主观方面。

（四）犯罪主观要件是具有特定内容的一种心理状态

犯罪主观方面是行为主体对自己的行为及其已经或者可能造成的危害结果所持的心理状态。其具体内容包括犯罪故意与犯罪过失（统称为罪过❶）、犯罪的目的与动机。其中，行为者的罪过是一切犯罪都必须具备的主观要件，因而也被称为犯罪主观方面的必要要素；犯罪目的只是某些犯罪构成所必备的主观要件，因而也被称为犯罪主观方面的选择要素；犯罪动机不是犯罪构成的主观要件，它一般不影响犯罪的成立，但会影响量刑。至于"意外事件""不可抗力""认识错误"等，则不是犯罪构成的要件内容，只是由于它们或与犯罪主观方面相关或可能改变行为者故意或者过失的心理，从而影响行为者的刑事责任，才有必要将其纳入犯罪主观方面予以研究。

（五）犯罪主观要件具有客观性

犯罪主观要件，不管是犯罪的故意、过失，还是犯罪的动机、目的，都是行为主体的主观心理状态。但这种心理状态并不是单纯的主观性、完全停留于行为主体头脑中的东西。在支配行为主体实施危害行为的过程中，其内容能动地转化为外在的、客观的危害行为，表现于危害行为及其危害结果之中，从而成为一种可

---

❶ "罪过"这一术语源自苏联刑法理论；大陆法系国家的刑法对犯罪故意和犯罪过失有的统称为责任意思或责任条件，有的统称为责任形式或责任种类；英美法系国家的刑法则将其统称为犯意。参见马克昌主编：《犯罪通论》，武汉大学出版社，1999，第312页。

以通过相应证据予以证明的客观存在。它既不以司法工作人员的意志为转移，也不以行为主体事后心理态度的变化而改变。所以，它具有客观性，是完全可以为人们（包括司法工作人员）所认识和认定的。当然，在司法实践中准确认定犯罪的主观方面并不是一件容易的事，但只要努力全面掌握与案件有关的各种情况，并适用正确的方法，在大多数情况下都能得出正确的结论。应特别注意的是，不能简单地以客观上发生危害结果逆推行为者的主观心理状态。因为结果并不能决定行为的性质，也不能决定行为者的主观罪过形式。

第三节　犯罪主观要件的基本内容

关于犯罪的主观要件的基本内容，从法律的规定上看，可以分为两种：一种是一切犯罪构成都必不可少的，即基本要素，其表现形式即犯罪的故意和犯罪的过失。另一种是除要具备基本要件之外，有的犯罪构成还要求具备特定的主观因素。主观因素只对少数犯罪是必要的，对其他犯罪不是必要的，所以称为选择要素。如刑法分则条文上规定的"目的犯"，诸如"以非法占有为目的""以牟利或者传播为目的""以营利为目的"等就是这样的要素。除主观罪过（即犯罪的故意与犯罪的过失）之外，犯罪的主观要件的内容还包括不可抗力、意外事件、期待可能性、严格责任等这些与犯罪主观要件有关的内容。此外，刑法中的认识错误也是犯罪主观要件不可或缺的内容。下面我们分别就以上内容作简要介绍。

一、犯罪故意

（一）犯罪故意的概念

根据我国《刑法》第十四条规定："明知自己的行为会发生危害社会的结果，并且希望或者放任这种结果发生，因而构成犯罪的，是故意犯罪。"据此，所谓犯罪故意，是指行为人明知自己的行为会发生危害社会的结果，并且希望或者放任这种结果发生的心理态度。犯罪故意与故意犯罪是两个具有密切关联的概念，犯罪故意是指一种罪过心理，故意犯罪是一类犯罪的统称，是在犯罪故意的罪过心理支配下实施的犯罪行为。犯罪故意也不同于一般生活意义上的"故意"，犯罪故意具有社会危害性的特定内容，即以对行为结果危害性的明知为基础，以对行为危害结果的希望或放任发生为核心；而一般生活意义上的"故意"只是表明行为人有意识地去实施某种行为，即只要求行为人与行为之间存在一般的心理联系，并不要求具有犯罪故意的特定内容。

（二）犯罪故意的构成要素

犯罪故意作为一种罪过，包含以下两个要素：一是认识因素；二是意志因素。

1. 犯罪故意的认识因素

犯罪故意的认识因素，是指行为人明知自己的行为会发生危害社会的结果，也称为意识因素，是一切故意犯罪在主观认识上必备的因素。如果一个人的行为虽然在客观上会发生甚至发生了危害社会的结果，但其在行为时并不知道自己的行为会发生这种结果，则不构成犯罪的故意。关于犯罪故意的认识因素，应特别注意弄清楚认识内容与认识程度两个方面的问题。

（1）关于认识的内容。认识的内容，亦即"明知"的内容。

对此问题,我国《刑法》第十四条只是简略表述为"明知自己的行为会发生危害社会的结果",刑法理论界对此一直众说纷纭❶。通说认为,根据犯罪主观方面与犯罪客观方面、犯罪客体的联系,明知的内容应当包括法律规定的构成某种故意犯罪所必需的危害事实,即作为犯罪构成要件的客观事实,具体包括三项内容:一是对行为本身的认识,即对刑法规定的危害行为的内容及其性质的认识。二是对行为结果的认识,即对行为产生或者将要产生的危害社会结果的内容与性质的认识。由于具体犯罪中的危害结果就是对直接客体的侵害,所以这种对危害结果的认识,也就包含对直接客体的认识。三是对与危害行为和危害结果相联系的其他犯罪构成要件事实的认识,这主要包括对法定的犯罪对象、行为的手段或方式、犯罪的时间与地点等要素的认识。

(2)关于认识的程度。认识的程度,也就是行为人明知自己的行为会发生危害社会的结果。所谓"会发生",通常包括两种情况:一是明知自己的行为必然发生某种特定的危害结果,即认识到了这种危害结果发生的必然性;二是明知自己的行为可能发生某种特定的危害结果,即认识到了这种危害结果发生的可能性。但不论行为人是认识到危害结果发生的必然性还是可能性,都不影响犯罪故意的认识因素的成立。

2. 犯罪故意的意志因素

犯罪故意的意志因素,是指行为人对自己的行为将要引起的

---

❶ 对此争议最大的要数是否包括对违法性的认识。关于违法性认识问题,可参见姜伟:《犯罪故意与犯罪过失》,群众出版社,1992,第140—147页;[日]大塚仁:《犯罪论的基本问题》,冯军译,中国政法大学出版社,1993,第37—49页;田宏杰:《违法性认识研究》,中国政法大学出版社,1998;陈忠林主编:《违法性认识》,北京大学出版社,2006。

危害结果所持的希望或者放任的心理态度。所谓希望，就是行为人在对自己的行为性质有明确认识的基础上，努力运用自己的意志来协调决定自己行为性质的各种主客观条件，使自己对行为的认识按照自己的意愿转化为客观现实，促使危害结果发生的意志活动。所谓放任，就是行为人在实施行为时，明知自己的行为会发生危害结果，虽然行为人不希望、不是积极追求危害结果的发生，但也没有设法改变自己行为的性质或方向以避免这种结果的发生，而是听之任之，继续运用自己的意志控制决定行为性质的各种条件，最终导致危害结果发生的心理过程。

认识因素和意志因素作为犯罪故意内容的两个方面，是密切联系、有机统一的，对犯罪故意的成立具有各自的重要作用。其中，认识因素是意志因素存在的前提与基础，也是犯罪故意成立的基础；意志因素是在认识因素基础上的发展，是犯罪故意中具有决定性作用的因素，它对于将犯罪故意转变为犯罪行为具有重要的主导作用。

（三）犯罪故意的类型

依据行为人对危害结果所持的心理状态即犯罪故意的意志因素的不同，可以将犯罪故意分为直接故意与间接故意。我国刑法第十四条明确规定了这两种不同的意志形式。这也是我国刑法理论界最常见的一种分类，被称为犯罪故意的法定类型。

1. 直接故意

犯罪的直接故意，是指行为人明知自己的行为必然或者可能发生危害社会的结果，并且希望这种结果发生的心理态度。它有两个特征：一是明知自己的行为必然或者可能发生危害社会的结果。这是直接故意的认识因素必备的内容。二是行为人希望危害结果的发生，即危害结果是行为人行为时所追求的直接目的。这是直接故意的意志因素必备的内容。

根据行为人的认识程度不同，我们可以将犯罪的直接故意分为以下两种表现形式：(1) 行为人明知自己的行为必然发生危害社会的结果，并且希望这种结果发生的心理态度；(2) 行为人明知自己的行为可能发生危害社会的结果，并且希望这种结果发生的心理态度。

2. 间接故意

犯罪的间接故意，是指行为人明知自己的行为会发生危害社会的结果，并且放任这种结果发生的心理状态。它也有两个特征：一是行为人明知自己的行为会发生危害社会的结果。这是其认识特征。二是行为人放任危害结果的发生。这是其意志特征。在间接故意中，危害结果的发生不是行为人所追求的直接目的，而是行为人在实施追求其他目的或者无目的的行为时，对自己的行为可能引起的危害结果持容忍的态度，即有意放纵，无意制止。

在司法实践中，犯罪的间接故意大致有以下三种情况：(1) 行为人为了实现某种犯罪意图而放任另一危害结果的发生；(2) 行为人为了实现某种非犯罪意图而放任危害结果的发生；(3) 行为人没有明确的行为目的，在突发性情绪的支配下，实施危害行为，放任危害结果的发生。

（四）犯罪的动机与目的

在现实生活中，一切主体的故意行为都是在一定动机支配下，为追求一定的目的而实施的。通常认为，动机就是推动主体以一定行为去追求某种目的的内在动力或者说内心冲动；目的就是主体在一定动机的推动下希望通过实施一定行为实现某种结果的心理愿望或者说心理态度。刑法上所讲的动机、目的，是专指行为主体在直接故意犯罪活动中的犯罪动机与犯罪目的。

1. 犯罪动机与目的的概念

犯罪动机，是指刺激、促使犯罪人实施犯罪行为的内心起因。它常常表现为行为人希望得到满足的愿望或者要求。如某国家工作人员为了追求奢华生活而贪污公共财物，其追求奢华生活就是贪污的动机。

犯罪目的，是指行为人希望通过实施犯罪行为以实现某种危害结果的心理态度，或者说心理愿望。它是危害结果在行为人主观上的表现。如某国家工作人员在实施贪污行为时，就有非法占有公共财物的目的；某人在实施诬告陷害行为时，就有使被害人受到错误的刑事追究的目的。

2. 研究犯罪的动机与目的的意义

犯罪的动机与目的，作为直接故意犯罪主观方面的重要内容，对于直接故意犯罪的定罪量刑，有着重要的影响，因而，研究它们有重要意义。

（1）研究犯罪目的的意义。犯罪目的作为犯罪主观方面的选择要件，对于定罪具有突出的影响。这主要表现为：第一，在刑法明确规定犯罪目的的犯罪中，特定的犯罪目的是犯罪构成的必备条件。此时，特定的犯罪目的就可以成为区分罪与非罪、此罪与彼罪的一个标准。第二，对刑法没有明确规定犯罪目的的直接故意犯罪来讲，犯罪目的也是其直接故意中必然存在的一个重要内容，而且各种直接故意犯罪都有其特定的犯罪目的。所以，在分析具体犯罪构成的主观要件时，明确其犯罪目的的内涵并予以确切查明，也有助于正确区分罪与非罪、此罪与彼罪的界限，从而正确定罪。

（2）研究犯罪动机的意义。犯罪动机作为直接故意犯罪主观方面的构成因素，不仅对量刑有突出的影响，而且对定罪也有一定影响。第一，犯罪动机侧重影响量刑。犯罪动机是犯罪的一个重要情节，根据刑法规定和刑事审判实践经验，量刑要考察犯罪的各种情节，所以，犯罪动机对量刑有重要意义，它既可能影响到对不同量刑幅度的选择，也可能影响到在某一量刑幅度内轻重刑罚的确定。第二，犯罪动机对定罪也有一定的意义。根据《刑法》第十三条规定的"情节显著轻微危害不大的，不认为是犯罪"的内容，以及刑法分则某些条文所规定的"情节犯"（如第二百四十六条规定的侮辱罪、诽谤罪）的要求，某些行为是否构成犯罪，除了须具备犯罪构成的其他条件，还须视其情节是否严重、恶劣。这样，作为犯罪重要情节之一的犯罪动机，自然在一定程度上，尤其是对这些"情节犯"而言，成为影响犯罪成立的一个因素。

二、犯罪过失

（一）犯罪过失的概念

根据我国《刑法》第十五条规定："应当预见自己的行为可能发生危害社会的结果，因为疏忽大意而没有预见，或者已经预见而轻信能够避免，以致发生这种结果的，是过失犯罪。"据此，所谓犯罪过失，是指行为人应当预见自己的行为可能发生危害社会的结果，因为疏忽大意而没有预见，或者已经预见而轻信能够避免，以致发生这种结果的心理状态。

一般而言，犯罪过失具有以下两个特征：一是在认识方面，行为人的实际认识状况与认识能力不一致，具体表现为行为人具有认识自己的行为可能发生危害社会结果的能力，但实际上在行为时却没有认识到，或虽然已经认识到，却对危害结果发生的现实可能性作出了错误的判断，误以为危害结果可以避免。二是在意志方面，行为人的主观意愿与客观后果不一致，具体表现为行为人对某种危害结果的发生既不希望也不放任，而是持反对、排斥的心理态度；而客观上某种危害结果在行为人缺乏应有的注意、轻率行事的情况下发生了，与行为人的主观意愿相违背。

从犯罪过失的概念和特征可以看出，犯罪过失的成立是以某种危害结果的发生为必备条件的，且这种危害结果的造成并不是行为人自觉自愿的。既然行为人并不是自觉自愿地去危害社会，为什么还要追究行为人的刑事责任呢？这是因为，人是具有相对的意志自由的，任何正常人都可以凭借自己对客观事物的正确认识，在客观条件许可的范围内自由地选择自己的行为。而在过失犯罪的情况下，行为人本来能够正确地认识到自己的行为与危害社会结果之间的客观联系，并进而正确地选择自己的行为，避免危害结果的发生，但是，行为人却在其意志的支配下，对国家、社会利益与他人权益的安危采取了严重不负责任的态度，以致自己的行为造成了严重危害社会的结果。所以，国家就有充分的理由要求行为人对自己严重不负责任的态度支配下的行为所造成的严重危害社会的结果承担刑事责任。也就是说，过失犯罪行为人的过失心理态度，是其承担刑事责任的主观根据。

（二）犯罪过失的类型

依据行为人的过失心理态度内容的不同，可以将犯罪过失分为疏忽大意的过失与过于自信的过失。我国《刑法》第十五条明确规定了这两者的内容，因而这也是我国刑法理论界最常见的一种分类，也称为犯罪过失的法定类型。

1. 疏忽大意的过失

所谓疏忽大意的过失，是指行为人应当预见自己的行为可能发生危害社会的结果，因为疏忽大意而没有预见，以致发生了这种结果的心理态度。在疏忽大意过失中,由于行为人对危害结果的发生没有预见,因此这种过失亦被称为无认识的过失。它具有两个方面的基本特征。

(1)疏忽大意的过失的认识因素。疏忽大意的过失的认识因素就是行为人应当预见自己的行为可能发生危害社会的结果。这里所说的应当预见,是指行为人在行为时对危害结果的发生既有预见的义务,又有预见的能力。这是疏忽大意的过失有别于意外事件的关键之所在。在这里,所谓预见的义务是指行为人在行为时对危害结果的发生负有预见的责任,如果行为人对危害结果的发生没有责任预见,即使在当时的情况下能够预见,也不能认为是应当预见。预见的义务一般是由法律或者规章制度规定的,在没有相应的法律或者规章时,一般应根据共同生活准则或生活经验来确定。所谓预见的能力则是指行为人在行为时对危害结果的发生有预见的现实条件和实际可能性。一般来讲,预见的义务与预见能力是有机的统一,法律只能对有条件可能预见的人才会提出预见的义务。因此,即使行为人对危害结果的发生负有预见义务,但在当时的情况下不具有预见的条件,不存在预见的能力,不可能预见,即使发生严重的损害结果,也不能要求行为人对此负刑事责任。

(2)疏忽大意的过失的意志因素。疏忽大意的过失的意志因素就是行为人由于疏忽大意没有预见到自己的行为可能发生危害社会的结果。所谓"没有预见到",是指行为人在实施行为的当时没有想到自己的行为可能发生危害社会的结果。这种主观上对危害结果的无认识状态,是疏忽大意过失心理的基本特征和重要内容,也是行为人在毫无警觉的情况下引起危害社会的结果发生的根本原因。刑法之所以对因疏忽大意的过失构成犯罪的行为人予以刑罚处罚，首先是由于行为人主观上的过失造成了危害社会的严重后果。其次是通过惩治这种对国家和社会利益严重不负责任的行为，可以促使行为人和其他人消除疏忽大意的心理，谨慎行事，从而达到防范过失犯罪发生的社会效果。

2. 过于自信的过失

所谓过于自信的过失，是指行为人已经预见到自己的行为可能发生危害社会的结果，但轻信能够避免，以致发生这种结果的心理态度。由于行为人事先已经预见到自己的行为可能发生危害社会的结果，因此这种过失又称为有认识的过失。它具有两个方面的基本特征。

（1）过于自信的过失的认识因素。过于自信的过失的认识因素就是行为人已经预见到自己的行为可能发生危害社会的结果。这是过于自信的过失成立的前提。对于过于自信的过失来说，行为人对自己行为的危害结果的预见，只能是预见到这种结果可能发生，而不能是预见到这种结果必然发生。因为过于自信的过失的特征是轻信能够避免这种结果发生，而只有在预见危害社会结果可能发生的条件下，才会轻信能够避免这种结果发生。否则，如果预见危害结果必然发生即不可避免地发生，那么行为人就没有理由相信能够避免这种结果发生了。过于自信的过失的行为人对危害结果的发生的预见可分为两种情况：一是认识到了自己行为发生危害社会结果的抽象危险。即行为人根据常识或经验已经认识到了自己的行为可能产生危害结果，只是这种预见比较抽象，尚未具体化到特定的犯罪样态。二是认识到自己的行为可能发生危害社会结果的具体危险。即行为人在实施某种行为时，已经预见到危害结果的具体形式，并指向特定的对象。

（2）过于自信的过失的意志因素。过于自信的过失的意志因素就是行为人轻信能够避免但未能避免，以致发生了危害结果。所谓轻信能够避免，一般包含着以下三方面的意思：一是行为人相信危害结果不会发生，即对危害结果的发生，行为人是持否定态度的，是希望能够避免危害结果发生的。二是相信能够避免危害结果的发生有一定的实际根据。这就是说，行为人不是毫无根据地认为不会发生危害社会的结果，而是有实际的根据才相信可以避免，行为人为避免结果发生所采取的积极行动，可能是行为人本人的熟练技巧或较强的体力，也可能是行为人对客观环境或自然规律的熟悉。三是相信能够避免危害结果的发生的根据并不可靠。这就是行为人过高地估计了能够避免危害结果发生的根据，实际上这些根据并不足以避免危害结果的发生，以至于最终还是发生了危害结果。正因如此，这种过失才叫作过于自信的过失。

三、与罪过相关的几个特殊问题

（一）不可抗力

所谓不可抗力，是指行为人的行为在客观上虽然造成了损害结果，但不是出于行为人的故意或者过失，而是由于不能抗拒的原因所引起的情形。不可抗力不认为是犯罪。它也具有以下三个基本特征：（1）行为人的行为在客观上已经造成了损害结果。（2）行为人在主观上对自己的行为造成的损害结果没有任何过错。行为人对自己的行为所引起的损害结果既非出于故意，也非出于过失，即无罪过。（3）损害结果的发生是由于行为人不能抗拒的原因引起的。所谓"不能抗拒的原因"，是指超出行为人控制能力的原因。在存在不可抗拒的原因的情况下，即使行为人认识到了自己的行为会引发损害结果，但由于受当时主客观条件的限制，行为人也无法排除这种原因,从而无法避免损害结果的发生。

(二)意外事件

所谓"意外事件",是指行为人的行为在客观上虽然造成了损害结果,但不是出于行为人的故意或者过失,而是由于不能预见的原因所引起的情形。意外事件不认为是犯罪。它也具有以下三个基本特征:(1)行为人的行为在客观上已经造成了损害结果。即某种损害结果的发生,是行为人的行为所造成的,如果不是行为人的行为造成的,而是由于地震、洪水等自然原因造成的,就不能称之为刑法中的意外事件。(2)行为人在主观上对自己的行为造成的损害结果没有任何过错。行为人对自己的行为所造成的损害结果,主观上既无故意,也无过失,即无罪过。(3)损害结果的发生是由于行为人不能预见的原因引起的。所谓"不能预见的原因",是指行为人对其行为所引起的损害结果不仅没有预见到,而且根据行为人的实际认识能力和其行为当时的具体条件,其根本不可能预见。

(三)期待可能性问题

1. 期待可能性的概念与理论溯源

期待可能性一词是由德文"zumutbarkeit"而来的。在刑法上,它通常是指从实施行为时的外部情况看,可以期待行为人不实施违反刑事义务的行为❶。具体而言,从实施行为时的外部情况看,如果行为人有选择不实施违反刑事义务行为的可能性,就是有期待可能性;如果行为人没有选择不实施违反刑事义务行为的可能性,就没有期待可能性。它的有无,反映了行为人的意志自由程

---

❶ 冯军:《刑事责任论》,法律出版社,1996,第234页。

度,进而直接影响着行为人的主观恶性与人身危险程度,从而影响行为人的刑事责任。

2. 期待可能性的理论基础

关于期待可能性的理论基础,部分现代刑法理论认为包括规范责任理论、刑法的谦抑性思想、刑法的人性基础以及形式理性与实质理性的融合❶。实质上,其根本性的依据就是人类,对人性中普遍存在的脆弱性应有的尊重和怜悯之心。

3. 期待可能性的判断标准

期待可能性的有无及程度,会直接影响行为人的刑事责任,因而明确判断期待可能性的标准十分重要。然而,对此至今仍众说纷纭、莫衷一是。主要有三种主张❷。

(1) 行为人标准说。此说主张应以行为人的能力为标准,在其具体行为情况下,能否期待其实施合法行为。

(2) 通常人标准说,亦称平均人标准说。此说主张应将通常人(平均人)置于行为者实施犯罪的情况之下,看能否期待通常人实施合法行为,并以此来判断能否期待行为人实施合法行为。

(3) 国家标准说,亦称法规范标准说。此说主张对行为人有无期待适法行为的可能性不能以被期待的方面为标准,而应以国家或法秩序期待的方面为标准,以在该行为情况下国家或法秩序期待什么来决定。

对于上述三种主张,理论界都进行了批评。有的学者认为,行为人标准说不仅有违公平原则,而且如果贯彻行为者标准说,结果会是"理解一切就允许一切",使责任判断成为不可能,且对

---

❶ 孙国祥:《刑法基本问题》,法律出版社,2007,第197—200页。
❷ 马克昌、杨春洗、吕继贵编:《刑法学全书》,上海科学技术文献出版社,1993,第645页。

确信犯也不能处罚，因而此说是不恰当的。有的学者认为，通常人标准是不恰当的，首先，"通常人"（平均人）的概念不明确，判决标准也就不明；其次，对通常人有期待可能，对直接行为人不一定有期待可能。有的学者认为，国家标准说也是不恰当的，因为它是以问答问，没有提供任何实质的标准，结果在法规之外就不能承认期待可能性。

应当说，这三种判断标准各有其道理，但又都存在如上述批评所指出的缺陷，因而都失之偏颇。期待可能性问题实质上就是在非常规情况下行为人是否有选择的可能性问题，确认与运用这一理论，就是为了实现具体正义，将不幸陷于某种具体恶劣境况中的行为人从刑事责任的追究中解救出来，以在法律上尊重人类普遍的脆弱人性。所以我们赞同综合标准说，即以具体行为人的状况为基础标准判断期待可能性的有无，也适当考虑平均人标准说和国家标准说在判断期待可能性有无上的意义。❶

4. 期待可能性理论的适用

期待可能性理论，曾经在德国、日本等国都得到了适用，但是现在德国已严格地限制了它的使用。在我国的刑事立法上，虽然没有明确使用"期待可能性"一词，但我国刑法中的一些规定与司法实践中的某些做法却有着期待可能性理论的影子，只有运用期待可能性理论才能得到充分有效的解释，例如，关于"不可抗力"事件的处理规定，司法实践中对已婚妇女因逃荒为求生存又与他人结婚而不以重婚罪追究该妇女刑事责任。正因如此，我们有必要借鉴期待可能性理论，并适当地运用这一理论，以使我们的刑法更人性化。

---

❶ 冯军：《刑事责任论》，法律出版社，1996，第248页。

（四）严格责任问题

在英美刑法中，有一种不以行为人的主观罪过为犯罪成立要件内容的所谓严格责任犯罪（strict liability crimes）。因其与现代刑法学所坚持的"无罪过即无犯罪"的主客观相统一原则相悖，它一产生即备受争议与批判，但至今仍保留着。

1. 严格责任概述

关于严格责任（strict liability）的含义应当如何界定，目前在英美国家没有形成统一的认识。其中有代表性的观点有以下三种：一是英国学者克罗斯、琼斯所主张的，即"在某些特殊的犯罪中，即使被告的行为不具有对被控犯罪必有后果的故意、放任或过失，即使被告对必要的犯罪条件没有犯罪意思或者行为过失，即使被告的行为是基于合理的错误认识即自己认为自己具有犯罪定义所规定的某个特殊的辩护理由，他也可能被定罪。在这种情况下，被告人本人虽然没有过错，却要承担刑事责任，这种责任称为严格责任。"❶ 二是英国学者史密斯、霍根所主张的，他们认为，某些对于特定行为的一个或者多个行动要件不要求故意、轻率甚至疏忽的犯罪就是严格责任的犯罪，但这绝不意味着对构成该犯罪的其他要件也不要求犯意，某一罪行属于严格责任并没有完全排除主观要件；其责任是严格的，但不是绝对的。❷ 三是美国学者胡萨克所主张的，他认为严格责任应分为实体性的与程序性的。他言道："由于两种不同的原因，不必要求有犯罪意图的证据。第一，犯罪意图可能与定罪完全没有关系；无论如何，有犯罪意图

---

❶ ［英］鲁珀特·克罗斯、菲利普·A. 琼斯：《英国刑法导论》，赵秉志等译，中国人民大学出版社，1991，第67页。

❷ ［英］J. C. 史密斯、B. 霍根：《英国刑法》，李贵方等译，法律出版社，2000，第114—115页。

或者无犯罪意图对责任来说可能都不是实质性的问题，我们把这称为严格责任的'实体性'解释。第二，起诉不要求有犯罪意图的证据，尽管被告提出的无犯罪意图的证据可能排除他的责任。按照第二种'程序性'的解释，如果把有关犯罪意图的举证责任加给被告，这种犯罪属于严格责任的情况。"❶ 关于严格责任的界定虽有分歧，但严格责任的基本内涵是明确的，它是一种适用于特定犯罪的不问主观过错的刑事责任，即对特定犯罪的成立不要求一般犯罪成立所要求的主观要件，只要行为人的行为符合法律规定或导致了法定结果，就可以追究其刑事责任。可以说，严格责任与英美刑法精神及刑事法制度体系是相契合的。时至今日，它虽仍然存在并时有适用，但已看不到其生机与活力。

2. 严格责任与我国刑法

我国刑法学界，对严格责任几乎一直持批判与否定态度。这也是与我国刑事立法所确立的基本原则及刑事诉讼体制相适应的。我国刑法坚持主客观相一致的刑事归责原则，这也是当今世界刑事法治普遍遵循的一般原则。虽然学界有人认为，我国刑法中关于持有型犯罪、奸淫幼女犯罪实行的是严格责任，还曾于2003年针对我国《最高人民法院关于行为人不明知是不满十四周岁的幼女双方自愿发生性关系是否构成强奸罪问题的批复》（已废止）是否否认了我国刑法关于奸淫幼女犯罪的严格责任问题展开了争论，但仍普遍认为，我国刑法没有关于严格责任的规定，而且仍然毫不动摇地坚持主客观相一致原则❷。近年来，也有个别学者认为，

---

❶ ［美］道格拉斯·N.胡萨克：《刑法哲学》，谢望原等译，中国人民公安大学出版社，1994，第137页。
❷ 陈兴良主编：《中国刑事司法解释检讨——以奸淫幼女司法解释为视角》，中国检察出版社，2003，第134页。

从发挥刑法的预防功能、有利于保护被害人的权益、提高司法效率等方面作价值判断,将严格责任作为我国坚持主客观相一致原则的例外,有其存在的空间与合理性。❶

四、刑法中的认识错误

刑法中的认识错误,是指行为人对自己的行为在法律上的意义或者对有关客观事实存在的不正确认识。由于这种认识错误关系到行为人刑事责任的追究问题,因而值得认真对待。根据行为人认识错误产生的原因不同,在刑法理论上通常将这种认识错误分为两种情况:一是行为人对法律的认识错误;二是行为人对事实的认识错误。

行为人对法律的认识错误,是指行为人对自己的行为在法律上是否构成犯罪,构成什么罪或应当受到怎样的刑罚处罚的不正确理解,也就是行为人对自己行为的法律评价产生了不正确的认识。这类错误通常表现为以下三种情况:(1)误无罪为有罪。这种情况是指行为人的行为在刑法上本来不构成犯罪,但行为人错误地认为构成了犯罪。也有人称之为积极错误。这种认识错误不影响对该行为认定为不构成犯罪。(2)误有罪为无罪。这种情况是指行为人的行为在刑法上构成犯罪,但行为人错误地认为不构成犯罪。也有人称之为消极错误。由于刑事违法性不是犯罪故意的认识内容,因而这种认识错误通常不影响定罪量刑。但是,在某些极为特殊的情况下,行为人的这种错误认识有合理依据,并且足以影响到行为人对自己行为危害社会性质的评价,就应实事求是地进行处理。(3)对定罪量刑的误认。这种情况是指行为人

---

❶ 孙国祥:《刑法基本问题》,法律出版社,2007,第213—215页。

认识到自己的行为构成了犯罪，但对其行为触犯了刑法规定的何种罪名，应当被处以什么样的刑罚，产生了不正确的认识。由于这种认识错误并不影响行为人犯罪的性质与危害程度，因而既不影响定罪，也不影响量刑。

行为人对事实的认识错误，是指行为人对与自己行为有关的事实情况的不正确理解。这类认识错误是否影响行为人的刑事责任，要区分情况，分别处理：如果是对属于犯罪构成要件的事实情况认识错误，就要影响行为人的刑事责任；如果是对犯罪构成要件以外的事实情况认识错误，就不影响行为人的刑事责任。对事实认识错误，主要表现为以下五种情况：（1）对象认识错误，是指行为人主观上所认识的行为对象与其行为实际作用的对象不一致的情形。（2）客体认识错误，是指行为人对其行为侵害的社会关系产生的不正确认识，即行为人意欲侵害的社会关系与实际侵害的社会关系不一致的情形。（3）手段认识错误，也叫工具认识错误、方法认识错误，是指行为人对自己所使用的手段（工具）是否会发生危害结果存在不正确的认识。（4）行为性质认识错误，指行为人由于对某种客观事实产生误解，而导致对自己行为的实际性质产生的不正确理解。如假想防卫、假想避险等。在这种情况下，由于行为人主观上没有犯罪的故意，因而不能认定为故意犯罪，而应根据实际情况，判定为过失犯罪或者意外事件。（5）因果关系认识错误，是指行为人对自己所实施的行为与所造成的结果之间的因果关系的实际情况的不正确认识。对这种认识错误，要按照主客观相一致的原则来确定其是否影响行为人的刑事责任。

第四节　犯罪主观要件的研究意义

犯罪主观要件是犯罪构成的重要内容，它既是连接犯罪主体与犯罪客体的纽带，又是认定犯罪客观要件的主观依据。它不仅为我们在司法实践中如何准确地定罪提供了重要的主观基础，而且为司法工作者适当地量刑提供了非常重要的标尺。因此，犯罪主观要件具有十分重要的理论意义和实践意义。作者认为，这一方面的意义主要有以下两点。

一、犯罪主观要件的理论意义

马克思主义认为，犯罪是主观因素与客观因素的统一，犯罪构成应该是犯罪客体和客观方面与犯罪主体和主观方面有机的统一体。任何犯罪都是犯罪主体实施的危害社会的行为。因此，任何犯罪构成必然包含那些对于表明主体和行为特征必不可少的主观要件和客观要件。主体和行为永远不能分离，主观要件和客观要件也应永远结合为一个整体。缺少其中任何一个，便丧失了作为犯罪构成要件意义上的利益损害，而且因为这种利益的损害是在行为人的故意或过失的心理状态下造成的客体利益的损害，所以行为人才应对自己的行为承担非难的后果。马克思主义的犯罪构成理论，既反对在认定犯罪中忽视、否定客观方面，片面夸大主观方面作用的主观归罪，又反对忽视、否定主观方面，片面强调客观方面作用的客观归罪，而是主张在承认、强调犯罪客观方面在犯罪构成中的地位和作用的前提下，同时强调犯罪的主观方面也是犯罪构成中不可或缺的要件。也只有在马克思主义的犯罪构成理论中，犯罪主观方面才得到了应有的重视，找到了适当的位置。

犯罪主观方面是犯罪构成不可或缺的要件之一。某种行为之所以被认为是犯罪行为，不仅因为它在客观上已经或足以对统治阶级的利益造成损害，而且因为它是在行为人的故意或过失的心理态度支配下实施的，是行为人主观恶性的外在表现。马克思主义认为，社会存在决定社会意识，人们的意识是由社会生活条件决定的。但是，当人们认识了客观事物的发展规律以后，便可以根据这种认识决定自己的行为，从而给客观世界以积极的影响。这就是自由意志的能动作用。也正因如此，国家才有可能要求人们按照一定的社会标准，选择和决定自己的行为，并以此为度，对人们的各种行为作出肯定或否定的评价。行为人明知自己的行为会发生危害社会的结果，他有能力、有可能按照社会的要求，放弃实施这种行为，但是，他却希望或放任这种危害结果的发生，并进而实施了危害行为，或者行为人应当预见自己的行为可能发生危害社会的结果，但因为疏忽大意而没有预见，或虽然已经预见，但轻信这种结果可以避免，因而实施了危害社会的行为。这都表明他们具有主观恶性，有必要用刑罚手段予以惩罚。

犯罪构成的其他要件离开了犯罪主观要件便不复存在。犯罪客观的存在必须以某一社会关系确已受到或确实可能受到犯罪主体的故意或过失行为的侵害为条件。被认为是犯罪主体的人，除具有责任能力外，还必须故意或过失地实施侵害犯罪客体的行为；某种行为之所以被认为是犯罪行为，除对社会造成危害之外，还必须是由行为人故意或过失实施的。因此，犯罪主观方面是犯罪构成的必备要件，是行为人对其危害社会的行为承担刑事责任的主观基础。不具备这一基础，便不能认为是犯罪，更不能让行为人承担刑事责任。

犯罪主观要件只有在与其他犯罪构成要件结合为一个整体，才能发挥其揭示犯罪的社会危害性以及危害程度的功能。如果只是单纯的心理状态，而不通过危害社会的行为表现出来，那就不能成为犯罪的主观要件。犯罪主观要件与客观要件的统一，是辩证统一。这种统一是在犯罪主体实施犯罪行为的过程中实现的。一方面，犯罪主观要件赋予行为人进行犯罪活动的自觉性，犯罪行为是主观因素向客观现实的伸展；另一方面，没有犯罪行为，也就不存在犯罪的主观方面。犯罪主观要件要能够影响或实现犯罪事实，并在客观现实中得到体现，离开犯罪行为等客观要件犯罪主观要件便无从谈起。任何犯罪的故意或过失，都是以它具体指向的客体为内容，并以它具体指向客体的性质来决定行为人的主观恶性程度的。而作为主体基本要件的刑事责任能力，则说明行为人实施刑法所禁止的行为时可能存在罪过的前提。

二、犯罪主观要件的实践意义

（一）犯罪主观要件对定罪的意义

第一，犯罪主观要件有助于区别罪与非罪。犯罪主观要件是犯罪成立的必要条件之一。其中，犯罪故意或者犯罪过失在犯罪的成立中居于必不可少的地位，任何具体行为倘若缺乏犯罪故意或者犯罪过失，就不可能成立犯罪。某些具体犯罪以特定目的、特定明知、特定动机为犯罪成立的必备要素。例如，对于故意杀人罪与过失致人死亡罪的成立来说，主观上须具有杀人的故意或者致人死亡的过失，倘若引起他人死亡的行为，行为人对于他人死亡的结果，既不是出于故意，也不是出于过失，即主观上缺乏罪过，则不构成犯罪。就盗窃罪的成立来说，主观上必须具有非法占有公私财物的目的，如无此目的，则不构成犯罪。

第二，犯罪主观要件有助于区别此罪与彼罪。犯罪的性质决定于犯罪构成要件（犯罪成立条件）的有机整合。犯罪构成要件中的某一个构成要件的变更将影响到整个犯罪的性质。犯罪主观要件是犯罪成立的一个必备条件，也是决定犯罪性质的一个重要因素。例如，故意泄露国家秘密罪与过失泄露国家秘密罪，两者的客观要件均表现为违反保守国家秘密法的规定，实施泄露国家秘密且情节严重的行为；主体要件均为一般主体；犯罪性质均是对国家保密制度的侵害。两罪的根本区别在于主观要件不同：故意泄露国家机密罪的主观要件是故意；而过失泄露国家秘密罪的主观要件是过失。收买被拐卖的妇女、儿童罪与拐卖妇女、儿童罪，主观目的是区别两罪的重要标志之一：收买被拐卖的妇女、儿童罪，必须是不具有出卖的目的；而拐卖妇女、儿童罪，必须具有出卖的目的。因此，以出卖为目的，收买妇女、儿童的，构成拐卖妇女、儿童罪；并非以出卖为目的，收买被拐卖的妇女、儿童的，构成收买被拐卖的妇女、儿童罪。

第三，犯罪主观要件有助于区别一罪与数罪。犯罪行为是一种复杂现象，不是一般意义上的动作、举动，而是在罪过心理支配下实施的危害行为。因此，只能以罪过为标准确定行为的数量，即一个罪过支配下实施的一系列举动就是一个犯罪行为。行为人可能以多种具体动作实现一个罪过内容，在这种情况下，只能认定为一个犯罪行为。由此可见，罪过的个数是确定犯罪的罪数的一个重要依据。根据我国刑法通说的基本观点，行为者在一个罪过支配下所实施的一系列活动，在刑法上只能认定为一个犯罪行为，构成一个犯罪；而行为者在数个罪过支配下实施的数个行为，通常以数罪论处。因此，犯罪主观要件对于区别一罪与数罪也具有十分重要的意义。

第四，犯罪主观要件有助于区别重罪与轻罪。罪过的形式与内容不同，可反映出不同的主观恶性，因而使犯罪行为的社会危害性产生差异。就犯罪主体主观上对合法权益的威胁来看，故意较之过失、直接故意较之间接故意，前者的主观恶性显然要大一些。例如，同样是致人丧命的行为，如果是故意杀人，则为性质严重的犯罪；如果是过失致人死亡，则为性质较轻的犯罪。与此同时，即使罪过形式相同而内容不同时，其反映的社会危害性也不相同。例如，故意伤害行为与故意杀人未遂行为，故意伤害致死行为与故意杀人既遂行为，虽然罪过形式有时相同，但由于行为人的主观故意内容不同，所以其犯罪性质的轻重也有明显的差异。由于不同的罪过反映的社会危害性不同，故罪过对区别重罪与轻罪也具有十分重要的意义。

（二）犯罪主观要件对量刑的意义

犯罪主观要件不仅对犯罪的认定具有非常重要的意义，对于刑罚的裁量也具有十分重要的意义。一般来说，刑罚的裁量涉及法定刑与宣告刑。法定刑、宣告刑的轻重直接决定于犯罪的社会危害程度。犯罪的社会危害程度，由犯罪构成要件有机整合而决定。其中，主观要件是决定犯罪的社会危害程度的一个重要因素。就法定刑而言，犯罪主观要件不同，将影响到对具体犯罪的定性，而不同的具体犯罪，其社会危害性不同，法定刑也有所差异。例如，犯罪主观要件的不同，使故意杀人罪与过失致人死亡罪成为两种不同的具体犯罪，总体上此两罪的社会危害性也有所差异，各自的法定刑也不同。与此同理，故意伤害罪与过失致人重伤罪之所以成为两种不同的具体犯罪，总体上此两罪的社会危害性有所差异，各自的法定刑也不同。从宣告刑来看，在同一具体犯罪内部，犯罪主观要件的不同也在一定程度上影响到具体犯罪的社会危害程度的量的差异，从而适用轻重不同的刑罚。例如，故意伤害罪的主观要件是故意，包括直接故意与间接故意。在其他构成要件相同的情况下，直接故意犯故意伤害罪与间接故意犯故意伤害罪，前者比后者的量刑要重。与此同理，间接故意犯故意伤害罪与过于自信过失犯过失重伤罪，前者比后者的量刑要重。

CHAPTER 02 >> 第二章
犯罪故意

无论是从规训与惩罚的角度还是从教育与预防的角度,犯罪故意在对犯罪的评价中都占有举足轻重的地位,现代刑法也是以惩罚故意犯为原则,以惩罚过失犯为例外。❶ 而且,对犯罪故意的认定与否,在绝大多数情况下都会决定刑事可罚性,并且在任何情况下都会决定刑罚的幅度。❷ 也就意味着是否存在故意是认定犯罪与否、判处刑罚轻重的重要判断依据。因为刑法中绝大多数罪名在主观方面的要求是故意,因此对故意犯罪的研究就成为刑法理论中特别重要的问题。而考察行为人的主观心态,早在西周时期,就有"……人有小罪,非眚,乃惟终,自作不典……乃有大罪,非终,乃惟眚灾……"的记载,通过"眚"与"非眚"来划分过失犯罪与故意犯罪,从而确定犯罪的性质。近代以来,人们

---

❶ 张明楷:《外国刑法纲要》,清华大学出版社,2007,第212页。
❷ [德]克劳斯·罗克辛:《德国刑法学总论》(第1卷),王世洲译,法律出版社,2005,第285页。

对犯罪行为内在主观内容的了解更是不断加深,各国纷纷明确界定了故意犯罪的概念与处罚原则,而且在理论研究上,有关故意犯罪的成果也极为丰富。因此,只有彻底弄清犯罪故意的概念、基本类型与内部构造以及与之相关的其他问题,才能够做到准确地定罪与量刑,从而实现刑法的公平与正义。

第一节 犯罪故意的概念

概念是研究一切问题的逻辑起点,认真厘清某一问题的概念、性质、特征有助于对问题的深入研究。如果概念混乱,其研究的起点就会存在问题,从而进一步影响论证过程以及正确结论的得出。对于犯罪故意的概念亦是如此,只有弄清犯罪故意概念的基本内涵与外延,才会对这一问题的解决有所裨益。

一、故意的概念

关于故意的概念,国内外学者在理论上有很多说法,例如,德国学者布莱认为故意是对法定构成要件之行为的情状的知与欲;威尔泽尔则认为故意是构成要件实现之知与欲;克莱姆认为故意是对属于法定构成要件的客观要素的知与欲;马拉哈、齐普夫认为故意是对为认知所支配的现实客观构成要件的意欲。[1] 虽然概念表述有差异,但是其中的核心问题就是如何理解"意"与"欲"。日本学者也有形形色色的定义,大谷实认为存在"形式的故意"概念与"实质的故意"概念,进而认为通说主张故意的认识对象

---

[1] 张明楷:《外国刑法纲要》,清华大学出版社,2007,第212页。

是符合构成要件事实即犯罪事实这种形式的犯罪概念。❶ 大塚仁将故意分为构成要件的故意与责任故意,认为故意是具有对犯罪事实的表象和容认。❷ 中国刑法学者结合我国刑法的规定,对犯罪故意作出如下定义。张明楷教授结合我国《刑法》第十四条第一款的规定认为,故意犯罪就是故意实施犯罪。故意,是指明知自己的行为会发生危害社会的结果,希望或者放任这种结果发生的心理态度。❸ 陈兴良教授认为,故意作为一种责任形式,不仅是一种心理事实,而且包含着规范评价,由此形成统一的故意概念,并介绍大陆法系的刑法理论将故意分为事实性故意、违法故意、责任故意,分别在构成要件的各个环节进行研究。❹ 其他学者也结合我国刑法的基本规定作出了类似的定义。

(一)日常生活与刑法意义上的故意

根据上述罗列的概念,可以看出故意的概念本身很难界定,对故意的内涵可谓仁者见仁,智者见智,与此同时,还有一个重要的问题就是判断行为人的行为是否存在故意一直是司法实践中存在的难题。原因很简单,用一句话去总结复杂多变的人心,其难度是可想而知的。而犯罪故意又是一个必须界定的概念,故意与犯罪故意不同,故意具有多种语境选择,如善的故意、恶的故意、生活意义上的故意、事实意义上的故意、规范意义上的故意,等等,因此故意概念的外延非常宽泛。倘若我们要进一步明确犯罪的故意,就必须弄清故意与犯罪故意之间的关系,而其中生活

---

❶ [日]大谷实:《刑法总论》,黎宏译,中国人民大学出版社,2008,第150—151页。
❷ [日]大塚仁:《刑法概说(总论)》,冯军译,中国人民大学出版社,2003,第139页。
❸ 张明楷:《刑法学(上)》,法律出版社,2021,第331页。
❹ 陈兴良:《本体刑法学》,商务印书馆,2005,第331—332页。

意义上的故意与犯罪故意之间的关系是最先应该予以关注的。

首先，按照是否存在外部价值可以将故意分为无外部价值的故意和有外部价值的故意。无外部价值评价的故意我们大抵可以称之为事实层面的故意，一种没有经过任何加工的绝对的故意或者说是价值判断的故意，亦即是没有经过加工的一种纯天然的故意。而有价值评价的故意则是在事实故意的基础之上进行价值评价得来的，是一种相对意义上的故意。两者是对立统一关系，任何有价值评价的故意都必须以事实故意为基础，只有将事实上的故意加以价值评价才能得到有价值评价的故意。因此，只有在有价值的故意的基础上才能进行规范意义上的判断，才能将其作为犯罪构成要件要素的内容进行判断。

其次，正如上文所述有价值的故意需要进行评价，而价值评价的方式有很多种，但总体而言可以分为规范意义上评价与非规范意义上评价两类，因此按照价值评价方式的不同，可以将有外部价值评价的故意分为规范意义上的故意与非规范意义上的故意两种。那么规范意义上的故意最典型的代表就是刑法规范中的犯罪故意，是故意的事实与刑法规范评价的统一。非规范意义上的故意典型的是生活意义上的故意，是故意的事实与人们基于生活意义上的非刑法规范评价的统一。它们二者之间是对立关系，属于不相容关系，但二者都是在事实性故意基础上进行价值评价得来的，因此规范意义上的评价与非规范意义上的评价虽不同质，但当规范意义上的价值选择与非规范意义上的价值选择趋同时，两者会得出类似的结论。然而类似不等于相同，规范的概括性、普遍性、严谨性、强制性、明确性等特征决定了其价值选择具有不可替代的作用，犯罪故意绝不应当由非规范价值进行评价。

生活意义上的故意具有多种截然不同的含义，从行为人、受害人、社会公众等角度出发得出的故意的结论完全不同。如果从行为人的角度出发，故意大多意指希望某种结果发生，且此种希望结果是在其意志范围内的，结果超出的部分则不认为是故意；如果从受害者的角度出发，结论则完全不同，因为在他们那里，只要此行为是行为人在有一定认识或者有一定认识可能的情况下实施的，其就是故意的，结果是否超出预期不影响故意的成立；而从社会公众的角度出发，则又是另外一种不同的情况，社会公众一般会认为基于一定目的，且此种目的直接或间接引导行为结果的情况下，行为人的主观心态才是故意。如行为人在一旁抽烟，有小孩在草堆上玩耍，行为人以戏耍心态点燃某地一小草堆，但随后火势不可控而造成小孩烧伤，此时，行为人认为自己并无放火的故意，只是一时戏谑，小孩受伤并非其本意，因此行为人认为无烧伤小孩的故意；但被害人一方则会认为，行为人作为成年人，无故点燃小草堆即有放火故意，那么对小孩烧伤结果的出现也应当在其意料之内，其应当预见到可能引起火灾，所以不仅有放火的故意，甚至有烧伤小孩的故意；而社会公众的理解可能是，行为人可能具有放火的故意，因为行为人是成年人，对于自己行为可能出现的结果是可以预料的，但由于其与小孩往日无冤、近日无仇，因此也可能会得出行为人并未有烧伤小孩的故意的结论。

生活意义上的故意可能因为行为主体的认识以及行为人所处的角度不同，具有一定的不确定性。而刑法规范本身要求符合刑法规定的内容具有一定的严谨性，则要求刑法规范意义上的犯罪故意更应当具有确定性的内容。犯罪故意是故意的事实与刑法规范评价的统一，作为一种无外部价值评价的故意，事实意义上的故意包含目的、认知、情绪、情感、意志、欲念、动机等多种要素。❶ 由于故意的构成要素有许多，而对哪些是认定故意的必备要素存在众多争议，刑法规范由此从最符合大众认知及情感的角度选取了其中的认识与意志要素。因此，在犯罪故意的概念中，必然涉及认识因素的内容以及意志因素的内容。

(二) 犯罪故意概念的应有之义

就目前研究的结果及立法实践来看，认识因素与意志因素的统一已经成为各国刑事法律关于犯罪故意界定的立法例典型，将犯罪故意构成要素分为认识要素与意志要素则是当今世界刑法学理论及司法实践中通行的做法。如德国刑法中虽未有明确的关于犯罪故意的概念，但司法实践中仍以认识与意志要素为必要，德国刑法学上的故意通常被划分为三种形式：犯罪目的（无条件故意第一级），直接故意（无条件故意第二级）和有条件故意（间接故意）。简单地说，犯罪目的的概念包含了行为人所追求的；在直接故意中所包含的一切结果，虽然不是行为人所追求的，却是他已经预见到一定会发生的；间接故意的行为，是指一个结果虽然不是行为人所追求的，但是行为人不是预见到这个结果的必然发生，而是仅仅预见到它的可能发生，并且仍然在自己的意识中接受了它的出现。❷《俄罗斯联邦刑法典》也规定，直接故意是犯罪人意识到自己行为（不作为）的社会危害性，预见到可能或必然发生危害社会的后果并希望这种后果发生的心理状态；间接故意是犯罪人意识到自己行为（不作为）的社会危害性，预见到可能发生危害社会的后果，虽不希望，却放任这种后果发生或对这种后果采取漠不关心的态度。《意大利刑法典》也规定，行为人对引

---

❶ 陈磊：《犯罪故意论》，中国人民公安大学出版社，2012，第13页。
❷ [德] 克劳斯·罗克辛：《德国刑法学总论（第1卷）》，王世洲译，法律出版社，2005，第285页。

起的危害结果有所预见,并且希望这样的结果的,是有意的。我国《刑法》第十四条第一款规定:"明知自己的行为会发生危害社会的结果,并且希望或者放任这种结果发生,因而构成犯罪的,是故意犯罪。"据此,故意犯罪是故意实施的犯罪。故意,是指明知自己的行为会发生危害社会的结果,并且希望或者放任这种结果发生的心理状态。司法实践中对其进行判断的核心依然是认识因素与意志因素。围绕犯罪故意的研究而引发的讨论也是围绕在认识因素与意志因素的相关内容之中进行的。

虽然将犯罪故意的构成要素分为认识要素和意志要素,以及将意志要素作为是否构成犯罪的主观方面考察之重心的观点存在一些难以解释的问题,但它却是最迎合当今社会价值取向的理论。在界定犯罪故意时,不仅要考虑行为人是否认识到自身所实施的行为以及外部客观状况,更要考虑其内心的主观倾向,考虑其对实施该种行为进而造成法益侵害结果的内心意向,经过此双重考量的行为人的主观心理状态,我们才可以将其上升为刑法规范评价的犯罪故意。因此,作者认为,如果要给犯罪故意下一个合适的定义,那就是:在刑事法律范畴内,行为人对其所实施的行为及其外部状况存在认识,且容忍法益侵害结果发生的主观心理状态即为犯罪故意。

二、犯罪故意的本质

关于犯罪故意的本质,目前在刑法学界并没有形成统一认识,学者们虽有不同的认识,但是认识说(表象说)与意志说(希望说)的观点基本分歧,其他诸多学说均是以此两种学说为基础的衍生与发展。

认识说(表象说)认为,只要对构成要件的事实有认识就成立故意，而无须意志因素的介入。如行为人甲为骗取保险金而纵火烧屋，明知好友乙在屋内，但只是在纵火后大声呼叫乙，意图使乙逃出，不料乙未逃出而被烧死，对乙死亡的事实，按认识说的观点，行为人甲的主观心态即为故意。按照认识说的观点，行为人只要对构成要件的事实有认识而实施行为的即构成故意，这样就把过于自信的过失也纳入故意的范畴之中，而现实生活中，民众普遍的情感反应以及过于自信过失行为人的主观恶性均与民众对故意犯罪的评价相距甚远，将过于自信的过失纳入故意的范畴显然不合情理。

意志说（希望说）认为，除对构成要件的事实有认识之外，在主观心理或者客观行动上还应表现出意欲实现构成要件的内容才能成立故意。上述案例中，按意志说的观点，行为人甲只有放火的故意，而无杀人的故意，因此对乙的死亡只承担过失致人死亡的责任。彻底的意志说观点将间接故意以及行为人实施行为时虽不愿结果发生但完全认识到结果必然发生的情况排除在故意之外，也就是说，当行为只有在极度希望犯罪结果发生时，意志说才将其评价为犯罪故意，这显然也不合理。事实上，无论是认识说还是意志说，均被认为是从一个方面去区分故意与过失的，并且不恰当地扩大或者缩小了故意的范围。

从目前研究的现状来看，主张彻底的认识说或者彻底的意志说的学者寥寥无几，伴随着认识说与意志说的相互影响，两种学说也在一定程度上相互借鉴吸收以谋求进一步的发展，事实上两者均存在一定的合理性，又都有一定的不足。现今大多数刑法学者主张的是一种修正的认识说或意志说。

盖然性说是主张认识说观点的学者在借鉴意志说某些观点的基础上发展而来的，盖然性说立足于认识说（表象说），并加入盖然性的概念,认为行为人对结果发生的认识达到盖然性(较大的可能性)时是故意,对结果发生(或构成要件实现)的认识只是可能性时是过失。❶ 这种认识以结果发生的盖然性为判断逻辑起点,虽然排除了意欲的要素,但事实上并未实现盖然性说想要达到的限缩认识范围的目的。有认识不一定有意志,没有认识不一定没有意志。虽然盖然性说是认识说在一定程度上向意志说妥协的结果,但盖然性说也并未解决认识说的根本缺陷,正如意志说所批判的那样,只有意志上的恶,才是刑法所否定的,认识说无论怎样修正都无法否认意志因素客观合理性的存在,盖然性说向意志说妥协的做法事实上已经承认了意志要素的客观合理性,因此,其从一开始就走错了方向。可以说,盖然性说已经一只脚踏入了意志说的阵营。

容忍说立足于意志说(希望说),其观点是,当结果发生时行为人既应当对此有一定认识,同时还应从意志要素的内容出发来判断故意还是过失,即对结果发生持容忍态度的是故意,对结果发生没有容忍态度的是过失。❷ 容忍说在我国刑法理论界处于通说地位,也就是说,犯罪故意即明知而希望或者放任的主观心理状态。容忍说综合了认识因素与意志因素的内容,并将意志要素的内容做扩大解释,将意志要素理解为容忍,即希望或放任的都是故意,只要行为人对可能发生的结果不介意,即使发生法益侵害或者违反规范这样的结果也持有一种无所谓的态度,即表明其容忍结果的发生,这样的心理状态,刑法理论也将其规范化为故意。

我们认为,就犯罪故意的本质而言,无论是采取认识说还是意志说,都失之偏颇,而盖然性说由于未能正确地划定犯罪故意

---

❶ 张明楷:《外国刑法纲要》,清华大学出版社,2007,第216页。
❷ 张明楷:《外国刑法纲要》,清华大学出版社,2007,第216页。

的边界，也显得有些笼统模糊，因此都无法正确地把握犯罪故意的本质，只有容忍说既克服了认识说和意志说的偏颇，又克服了盖然性说的模糊，明确界定了犯罪故意的范围和边界，因此是一种比较科学的理论学说。本书赞同在我国刑法学界处于通说地位的容忍说，因为它不仅没有扩张或者限缩犯罪故意的范围，而且正确地划清了犯罪故意与犯罪过失的边界，因而显得非常科学合理，应当认定为犯罪故意的本质。

三、犯罪故意的理论分类

传统理论中，犯罪故意按认识因素中认识形式的不同分为确定的故意和不确定的故意；按意志因素中意志形式的不同，分为直接故意与间接故意。另外，犯罪故意除以上四种基本分类外，还存在按照不同认定标准进行的分类，主要包括开始故意、伴随故意、事后故意；预谋故意、突发故意；事前故意、事后故意；行为故意、结果故意；实害故意、危险故意；目的故意、非目的故意等。由于我国刑法中明确规定了直接故意与间接故意两种法定类型，本书将在后续章节中专门对这两种故意进行探讨，在此暂且不论。

（一）确定故意与不确定故意

1. 确定故意

确定故意是指行为人明知自己的行为一定会发生某种具体的危害结果，并希望或放任这种结果发生的心理态度。[1] 确定故意区别于其他故意形式的最显著特征在于认识因素的确定性，所以确定故意的确定性则主要体现在认识内容的确定性和认识程度的确

---

[1] 姜伟：《罪过形式论》，北京大学出版社，2008，第153页。

定性上。

首先是认识内容的确定性,即行为人对其实施的具体危害行为的性质、行为的对象、行为可能造成的危害结果及其范围都有非常明确的认识。其次是认识程度的确定性,即行为人明知危害结果必然发生。世界上不存在绝对必然的事物,一切事物的发展均具有偶然性,在这一点上大家达成了共识。所以我们在此只需要考虑按照事物一般、正常的发展规律而发生的概率去具体判断,也就是在进行判断认识的有无时,必须排除对偶然事件因素的考虑。并且作者在此讨论的必然性应该是行为人自己的主观判断而非客观的判断,所以在此来用结果准必然性说来描述最为恰当妥帖。所谓结果必然性说是指行为人只要认识到行为发生结果的绝对必然性,并故意实施了该行为就属于犯罪故意。而结果准必然性说与结果必然性说的区别主要在于对必然性认识程度的不同,前者对必然性的认识程度较浅,只认识到了结果发生的客观必然性;而后者对必然性的认识程度较深,已经认识到了绝对发生的必然性。❶ 作者认为,世界上不存在绝对必然的事物,所以只要认识到结果发生的客观必然性,就达到了认识程度的确定性。

2. 不确定故意

不确定故意是指行为人明知自己的行为可能会发生某种具体的危害结果,却对其发生程度认识不明确,或者明知自己的行为一定会发生危害结果,却对具体危害结果认识不明确,并希望或放任这种结果发生的心理状态。不确定故意的不确定性主要表现在认识内容的不确定和认识程度的不确定。

---

❶ 李韧夫、张英霞:《论英美刑法犯罪故意观》,载《吉林大学社会科学学报》2003年第3期。

首先，对故意的具体内容认识不明确主要包括如下三方面：第一，对行为的性质认识不明确，对该行为是构成犯罪还是不构成犯罪，认识不清；第二，对行为的对象认识不明确，对自己行为直接作用的人或者物究竟是谁认识不清；第三，对行为危害结果范围认识不明确，行为人对自己的行为可能会产生什么后果、涉及多少人以及后续会有何种影响认识不清。其次，对故意的认识程度不确定，也就意味着行为人已经充分认识到自己行为的发展趋势具有多种可能性，但对危害结果是否发生处于不确定状态，即危害结果可能发生，也可能不发生。❶

我国学术界通说主要根据认识内容的不确定，将不确定故意进一步分为择一故意与概括故意；而根据认识程度的不确定，将不确定故意又区分出未必故意。但是在日本，对于是否有必要划分概括故意与择一故意，学术界则存在不同意见。一种观点认为概括故意与择一故意的场合都存在未必故意，因而这两个概念是没有必要存在的；另一种观点则认为，概括故意与择一故意都是涉及结果确实会发生的情况，与未必故意属于不同的问题领域，因而具有独立论述的意义。❷

我国有学者认为概括故意的本质在于对认识内容的不明确，而认识内容的不明确，既包括对行为认识的不明确、对危害结果认识不明确，也包括对行为对象认识不明确。而择一故意的本质在于行为人对侵害对象认识不明确，而概括故意已经包括了这种情形，所以没有必要将侵害对象认识不明确这种情况单独列出作为不确定故意的一种分类。即该学者主张将不确定故意直接根据

---

❶ 姜伟：《罪过形式论》，北京大学出版社，2008，第154页。
❷ 马克昌、卢建平主编：《外国刑法学总论（大陆法系）》，中国人民大学出版社，2009，第135页。

认识内容的不明确和认识程度的不明确分为概括故意和未必故意。❶

一般认为,不确定的故意包括三种形式:概括故意、择一故意、未必故意。下面作者将从这三者的含义、特征与相互之间的关系这三个方面,分别对其内容进行阐释。

(1) 概括故意。概括故意是一个复杂的概念,可以在三个意义上加以理解:一是作为不确定故意的一种,此意义的概括故意就是本书要叙述的概括故意;二是指连续犯的主观条件,此意义上的概括故意是指行为人虽然没有明确具体的犯罪计划,但是有一个概括的犯罪意向,有一个总的犯罪意图;三是指韦伯的概括故意,此意义上的概括故意是指行为人实施了两个行为,但是存在认识上的错误,对具体是哪个行为导致结果的发生存在认识上的错误。由于对概括故意的概念内涵认识有别,本书不一一展开论述。本书所要研究的仅仅是作为不确定故意意义上的概括故意。

首先,我们先来看一下中外学者对概括故意的定义,然后总结出概括故意的特点。马克昌教授认为,概括故意是指行为人认识到结果发生是确实的,但结果发生的对象不特定,即对象的个数以及哪个对象发生结果是不确定的。❷ 其关注重点在于结果发生的对象上。陈兴良教授认为概括故意是指行为人明知或者预见自己的行为会发生危害结果,但又不确知这种结果发生在什么对象上的犯罪心理,即只要行为人对犯罪的事实有概括的认识就足以构成犯罪故意,不要求行为人明确犯罪结果发生在什么客体上。❸

---

❶ 张永红:《概括故意研究》,载《法律科学》2008 年第 1 期。
❷ 马克昌、卢建平主编:《外国刑法学总论(大陆法系)》,中国人民大学出版社,2009,第 134 页。
❸ 陈兴良:《刑法适用总论(上卷)》,中国人民大学出版社,2006,第 145 页。

其落脚点也是结果发生的对象是什么。姜伟教授则认为，概括故意是指行为人明知自己的行为会发生危害社会的结果，只是对侵害范围与侵害性质的认识尚不明确的心理态度。❶ 其关注的重点在于行为侵害的范围与性质不确定。大塚仁认为，概括故意是诸如认识到有人会受伤而仍然向群众中投掷炸弹，犯罪结果发生在一定范围内的某个客体上是确实的，但是，其个数和具体哪个客体不确实。❷ 他关注的重点在于结果发生的数量与作用的对象不确定的问题上。野村稔认为，概括故意是指该行为会引起结果的发生虽然可以肯定，但在一定范围的多个客体中会引起哪个客体发生该结果却不能确定。❸ 他关注的也是结果究竟发生在哪个客体上不确定。

从以上概念的罗列与简单分析可以看出，学者们对概括故意的理解并没有太大的出入，都承认概括故意首先要认识到结果发生的肯定性；其次是对犯罪事实要有一个概括性的认识。学者们的分歧仅在于概括故意的认识内容，即对具体犯罪事实的认识。有的认为是对侵害对象的不确定，有的认为是对侵害客体的不确定，有的认为是对侵害范围与侵害性质的不确定。但是这些关于认识内容方面的分歧并不会影响对概括故意本质的理解。概括故意的本质特点应该在于其概括性认识，即在认识到犯罪结果发生的肯定性的基础上，概括地认识到自己的行为会造成数结果。即对将要发生的结果范围有一个概括性的认识前提下，对具体的侵害对象或者侵害性质抑或侵害客体没有确定性具体认识，仅需要对可能会侵害的客体、对象抑或性质有一个概括性认识即可。例

---

❶ 姜伟：《罪过形式论》，北京大学出版社，2008，第154页。
❷ ［日］大塚仁：《刑法概说（总论）》，冯军译，中国人民大学出版社，2003，第211页。
❸ ［日］野村稔：《刑法总论》，全理其、何力译，法律出版社，2001，第171页。

如，行为人甲为报复乙，准备将其烧死，深夜向乙的房子放火，在实施放火行为的过程中甲认识到自己的这一放火行为，不但会将乙烧死，还可能会波及周边邻居以及可能会造成巨大的财产损失，即对于该结果的发生范围有一个概括性的认识。另外，概括性的认识意味着对于可能受到侵害的客体、对象是人还是物，这些问题都不能有完全的、清楚的认识。也就意味着甲虽然对乙房屋内具体有谁、有什么东西，没有清晰明确的认识，但是由于其概括性地认识到了房屋内有人或者物这些客体，所以只要是在概括认识范围内的结果，甲就应该承担责任。在故意伤害的案件中也会经常出现类似的判断，行为人对于伤害结果不明确，亦未采取明显地防止结果发生的措施，而严重的结果产生，则行为人一般都会按照所造成的结果来承担相应的刑事责任。其在考虑主客观相一致的基本原则时，危害结果已经既定，主观方面论证的逻辑基础大多在于此。

（2）择一故意。马克昌教授等认为，择一故意是指确实会针对数个对象中的某一个对象发生结果，但结果发生的对象不特定。❶ 陈兴良教授认为，择一故意是指行为人不确知自己的行为会对数个客体中的哪一个发生危害结果，但明知或者预见必有其中之一会发生此种结果，并且实施时希望这种结果发生的犯罪心理。❷ 日本刑法学者大塚仁认为，择一故意是诸如以杀害甲、乙中的一人的意思开枪，犯罪结果发生在数个客体中的某一个上是确定的，但是，发生在哪一个上不明确。❸ 日本刑法学者野村稔认

---

❶ 马克昌、卢建平主编：《外国刑法学总论（大陆法系）》，中国人民大学出版社，2009，第134页。
❷ 陈兴良：《刑法适用总论（上卷）》，中国人民大学出版社，2006，第149页。
❸ [日] 大塚仁：《刑法概说（总论）》，冯军译，中国人民大学出版社，2003，第211页。

为，择一故意是指该行为虽然会引起结果发生，但在两个客体中到底会引起哪个客体发生该结果却不能肯定的场合。这种场合下，至少对于发生结果的客体的故意可以予以认定。❶ 日本刑法学者大谷实认为，择一故意是指认识到肯定会发生结果，但是结果发生在一定范围内的哪一个对象上，只能选择性地确定的场合。❷

分析以上概念可以看出，学者们也都承认择一故意需要认识到结果发生的肯定性，并且认识到结果发生的唯一性。分歧在于侵害范围，有学者认为对象仅有两个，非此即彼；有的学者认为对象的范围不局限于两个，可以是两个甚至是多个，只要对象的范围是确定的即可，而且对象不论是两个还是多个，必须是确定的范围中的一个。所以择一故意的本质就在于其择一性。即对于特定范围的客体均有可能，认识到结果肯定会发生在特定范围客体中的一个上，但具体发生在哪一个上不确定，而仍追求或者放纵这一结果的发生。同时，本书认为，认识内容既可以是侵害对象，也可以是侵害客体，还可以是侵害性质，只要明确认识到结果是这些认识内容中的一个就构成择一故意。❸

（3）未必故意。陈兴良教授认为，未必故意是指行为人明知或者预见自己的行为可能发生危害结果，并且放任这种结果发生的犯罪心理。并且认为未必故意之所以被认为是不确定故意，主要在于以下三点：第一，行为人对行为所发生的结果不确定；第二，行为人对行为所发生结果的认识限于有发生可能的情况，即结果可能发生，也可能不发生，因而具有不确定性；第三，行为

---

❶ ［日］野村稔：《刑法总论》，全理其、何力译，法律出版社，2001，第171页。
❷ ［日］大谷实：《刑法总论》，黎宏译，中国人民大学出版社，2008，第157页。
❸ ［日］西田典之：《日本刑法总论》，刘明祥、王昭武译，中国人民大学出版社，2007，第170页。

人对危害结果发生的心理态度的不确定。❶ 而姜伟教授认为，未必故意是指行为人明知自己的行为或许会发生危害社会的结果，并希望或放任这一结果发生的心理态度。并指出未必故意是指行为人的认识程度，行为人对危害结果是否发生的认识处于不确定状态，即危害结果可能发生也可能不发生。并且在意志因素上主张，希望意志与放任意志都可以构成未必故意，不能把未必故意视为间接故意。❷ 日本刑法学者野村稔认为，未必故意是指对结果的发生并不能确定，因此行为者所表现的仅仅是对于结果发生的可能性，并因此被认定为具有故意。❸

可以看出，学者们对"未必故意"都认识到其最大的特点就是认识程度的不确定性。但是分歧点在于，有的学者认为未必故意的不确定不仅在于其认识程度的不确定，而且其意志程度应该也是不确定的；而有的学者则认为意志程度的区别不会影响对未必故意的认定。本书作者认为，作为不确定故意的下属概念，未必故意的本质特征应该在于其认识程度的不确定，由于作者坚持认为确定故意与不确定故意的认定标准仅在于"认识因素"，所以意志因素方面二者没有不同，均应该包括希望的意志和放任的意志。所以未必故意的不确定性不应该包括意志因素的不确定性。

(二) 预谋故意与突发故意

预谋故意是指行为人在实施犯罪行为之前经过反复思考、深思熟虑，甚至进行了周密计划之后产生的犯罪故意。突发故意与预谋故意相对，也称之为非预谋故意、一时故意、单纯故意，是指行为人在实施犯罪行为之前没有经过预谋，而是临时起意产生

---

❶ 陈兴良：《刑法适用总论（上卷）》，中国人民大学出版社，2006，第149页。
❷ 姜伟：《罪过形式论》，北京大学出版社，2008，第154页。
❸ [日] 野村稔：《刑法总论》，全理其、何力译，法律出版社，2001，第171页。

的犯罪故意。

预谋故意与突发故意的概念本身较为清晰且没有太多争议，但是区分预谋故意与突发故意的标准问题在理论上有不同的观点：马克昌教授认为，二者的区别在于故意形成时间的长短；❶ 甘雨沛、何鹏教授认为，区别在于故意形成时间的长短和过程的繁简；❷ 姜伟教授则认为，区别二者的标志应该着眼于产生犯罪故意与实施犯罪行为之间相隔的时间长短；❸ 郑健才教授以故意是否成立于行为当时为标准，认为凡故意成立于行为当时的是突发故意，非成立于行为当时的是预谋故意。❹

本书认为，以上各种观点均存在问题，不具有说服力。前两种观点无本质的差异，以故意形成的时间长短为区分标准，来区分预谋的故意和突发的故意。问题是，时间长短判断的标准与依据是什么？在什么情况下认为是长时间、在什么情况下认为是短时间，这是一个难以判断的问题。就实践操作而言，以此为标准也无法进行具体操作。例如，甲长期饱受乙的欺辱，在这个过程中甲早有杀乙之心。但迫于乙的淫威且一直认为时机不成熟，甲一忍再忍，终于在两年后的某日，在乙再次欺辱甲的情况下，甲忍无可忍，一怒之下将乙杀死。就甲想要杀死乙的故意形成的时间而言，甲杀乙的故意形成时间长达两年，但最终动手杀乙仍然是两年后的某一日的决定，这应该被认定为一种突发的故意。后两种观点均以故意的产生与行为的实施之间的间隔作为标准，尽管从表述上比前两者更为严谨，但仍然围绕着时间的长短做文章，

---

❶ 马克昌主编：《犯罪通论》，武汉大学出版社，1999，第321页。
❷ 甘雨沛、何鹏主编：《外国刑法学》，北京大学出版社，1984，第364页。
❸ 姜伟：《犯罪故意与犯罪过失》，群众出版社，1992，第186页。
❹ 郑健才：《刑法总则》，三民书局，1985，第100页。

同样无法区分预谋故意和突发故意。

我们认为,区分预谋故意与突发故意(非预谋故意)的关键在于对预谋的认识与理解。就文义解释而言,所谓"预"即预先、事先之意;所谓"谋"即谋划、策划之意。所以预谋就是指行为人在行为之前已经经过了充分的谋划、考量,亦即预谋故意。反之,如果没有经过事先的谋划、考量,则为突发故意。也就印证了部分学者提出的:"预谋故意系行为人在意志心理中经过长期的反复的衡量、选择、策划的故意,行为人有足够多的时间进行自由意志上的选择,而行为人竟仍然选择了犯罪行为,从这个意义上说,预谋故意在主观上具有比非预谋故意更严重的可责难性。另一方面,预谋故意的犯罪由于经过行为人长时间的预谋策划,其犯罪目的更容易实现,犯罪后更容易逃避法律制裁,因而在客观上对社会具有更大的危险性。基于这两方面的考虑,一般认为预谋故意比非预谋故意更应受到严厉的责难。"❶

(三)事前故意与事后故意

根据犯罪故意产生的具体时间,犯罪故意可分为事前故意和事后故意。所谓事前故意,是指行为实施完毕后,预想的犯罪结果实际上并没有按照计划发生,没有发生结果的状态行为人并不知晓,而行为人误认为已经发生了,并在此状态下又实施其他行为,导致出现了原本预计的结果。例如,某甲欲开枪杀某乙,子弹击中乙导致乙昏迷,某甲误认为此时某乙已经中弹身亡,为了毁尸灭迹又将某乙推入河中,最终导致乙被河水淹死。对这种情况,究竟如何定性,理论界争议较大。本书作者整理了德日刑法学者的基本观点,大致有三种解决问题的学说。其一是观念竞合

---

❶ 贾宇:《犯罪故意类型新论》,载《法律科学》2002年第3期。

说。迈耶、泷川幸辰认为应该将前后两个行为分别看待，对其分别进行评价，前一个开枪杀人的行为构成故意的未遂，后一个将乙推入河中的行为其主观方面是过失的既遂，两者属观念竞合。其二是并合说，德国学者弗兰克持此说，他认为在实施第二个行为时，行为人错误地认为死亡的结果已经发生，在此情境下，应当认为是故意的未遂与过失的既遂的并合。其三是故意既遂说。日本刑法学者木村龟二、团腾重光、大塚仁等认为这本质上属于因果关系的错误，在此错误场合，需要判断导致错误的原因是否起到决定性作用，亦即该错误是否重要。进而依据法定符合说，行为人关于因果关系的事前认识，与其实际经过，符合相当因果关系的范围，应以故意既遂认定。日本司法实务也采取同样的立场。❶

我国台湾地区刑法学者对该问题也有三种不同的观点：一是相当因果关系说。该说认为前一个行为系故意的未遂，后一个行为系过失的既遂，行为人实施了两个行为，两个行为分别造成了两个结果，实际上具有两个因果关系。所以根据我国台湾地区所谓"刑法"第五十五条牵连犯所谓的相关规定从一重罪处断。二是概括故意说。该说认为行为人实施行为时的目的最终得以实现，虽然犯罪过程存在错误认识的相关问题，但是最初行为所意图之结果，在进行具体判断的时候，前后两个行为不应分割，后行为从某种程度上说是前行为的延续，可以认为后行为对于死亡有概括的故意。三是一个故意说。持该说的学者认为，结果的发生是两个相关联的行为共同作用的结果，因此前后两个行为共同构成一个杀人故意，后行为乃依据前行为而为之。不过前行为所希望

---

❶ 马克昌：《比较刑法原理——外国刑法学总论》，武汉大学出版社，2002，第244—245页。

之结果，由后行为完成而已，故只定一个故意杀人的既遂，我国台湾地区的司法实务采用该观点。❶

我们认为，上述案件以故意杀人既遂定性是准确的。在这种情况下，行为人有杀人的故意，实施了杀人的行为，结果得以实现，其故意杀人已经既遂。至于被害人是被枪击而死，还是被水淹而死，过程并不重要。并且行为人的后行为与前行为之间存在不可分割的关系，其本质是在一个杀人故意支配下的完整的故意杀人行为，故而某甲应负故意杀人既遂的刑事责任。如果按照其他观点对该案进行定罪处刑，则可能出现罪刑不均衡的局面，无法实现公平正义。

所谓事后的故意，是指行为人开始并没有犯罪的故意，只是在某种特殊事实发生以后，才产生犯罪故意。例如，医生给病人做手术，本无杀人的意图，但在手术过程中，发现病人竟是自己的仇人，遂起杀人之意，故意不给病人必要的治疗，致其死亡。❷

我们认为，就刑法理论而言，考察行为人是否具有犯罪故意时，其关注的焦点实际上是以行为人行为当时为准，也就意味着在考察行为人实施行为的时候，重点考察的是行为时的主观心理状态。而罪过实际上是行为人行为时主观心态的反映，所以故意应当都是事中。因此，事前故意和事后故意这一分类并不科学，对于司法实践也没有太多的指导价值。在上述案例中，能够在刑法上进行评价的行为是故意不给病人治疗的行为，正是因为没有正常履行职责造成了严重后果，才构成刑法上的犯罪，至于之前的手术行为在刑法上并没有评价的价值。故意杀人的行为与正常的手术行为同时空存在，其本是事中，而不是事后。

---

❶ 黄村力：《刑法总则比较研究（欧陆法比较）》，三民书局，1995，第140页。
❷ 马克昌主编：《犯罪通论》，武汉大学出版社，1999，第322页。

（四）行为故意和结果故意

根据成立犯罪故意所要求的认识与意志的不同，贾宇教授认为可以将犯罪故意划分为行为故意和结果故意。所谓行为故意，是指明知自己的行为属于违法的、构成要件的事实，而决意并以意志努力支配实施该种行为的心理状态。所谓结果故意，是指行为人明知自己的行为会导致违法的、构成要件的结果，而决意实施该种行为并希望、容忍或者放任这种结果发生的心理状态。其中，行为故意是行为犯的故意，结果故意是结果犯的故意。之所以提出这样的分类，贾宇教授详细阐述了其中的根据：第一，犯罪故意作为行为人决意和支配整个犯罪行为的意志心理过程，必须首先包括对行为本身的认识及决意。行为人故意责任的成立，第一位的、普遍的根据是"明知是违法的、构成要件的行为而决定实施"，第二位的、对部分犯罪而言的根据才是"明知是违法的、会导致构成要件的结果，而仍决定实施行为使该结果出现"。否定犯罪意志对犯罪行为的选择和努力过程，是对犯罪故意本位内容的忽视。第二，我国刑法中结果犯的故意，必须具备对法定的构成要件结果的认识与意志。无论在刑法理论中，还是在司法实践中，在认定结果犯的犯罪故意时，事实上都是紧紧围绕构成要件的结果而展开的。明确提出结果犯的故意以对构成要件结果的认识与意志为要件，在理论上更明确，在操作上更简便。第三，对于刑法中行为犯故意的成立，既不应当，也无必要以行为人对构成要件以外的某种"危害结果"的认识和意志作为必要的要件。第四，刑法中结果犯故意的成立，有着不同于行为犯的条件要求，即行为人除具备对于行为本身的认识与意志外，还必须对于构成要件的结果具有法定的认识与意志。由于对构成要件结果的认识与意志，系以对于构成要件行为的认识与意志为前提，因此在考察结果犯故意的成立时,重点应在于考察行为人对于构成要件结果的认识与意志。第五,行为人对于行为的意志态度,与对于构成要件结果的意志态度有所不同,需要分别加以表述。行为人对于行为的意志态度均是积极的,不可能存在对于行为本身的消极、放任的意志态度,否则行为就不可能实施。因为行为犯的行为就是其目的行为,其故意不可能再分出间接故意、放任故意,既然不存在间接故意、放任故意,也就没有必要把行为犯的故意称为直接故意、希望故意。直接与间接、希望与放任等概念,只能用于区分结果犯的故意,因为结果犯的结果不一定是行为人的目的结果,根据行为人对于结果的意志心理过程和意志态度,自然可以分出直接故意与间接故意、希望故意与放任故意等类别。第六,行为故意与结果故意的分类,可以解决关于意志态度认定等方面的一些理论争议。❶ 在此基础上,贾宇教授又进一步对结果故意进行划分,将结果故意按不同的标准再分为直接故意和间接故意,确定故意和不确定故意,实害故意和危险故意。❷

根据我国刑法的规定,犯罪故意是以行为人明知自己的行为会发生危害社会的结果,知道结果发生是前提。也就是说,如果不知道或者无法预见到危害社会的结果,也就不可能有希望或者放任的故意心态。然而,是否一切犯罪故意都要求行为人认识到某种结果,理论上存有争议。肯定说认为,一切故意犯罪必然要有对结果的认识,结果犯自不待言,行为犯也不例外。对此可以对结果做扩大认识与理解,结果的发生也是在实施行为过程中必须伴随的某种状态,而这种状态可能停滞在某一点,显现出能够看到的客观事实。也有可能这种事实没有及时显现,但是我们能

---

❶ 贾宇:《刑法学应创制行为故意概念》,载《法学》2002 年第 7 期。
❷ 贾宇:《犯罪故意类型新论》,载《法律科学》2002 年第 3 期。

够感受到其存在的危险,而这种危险从某种意义上说也是结果。既然如此,一切故意均为结果故意,将犯罪故意分为结果故意和行为故意就没有道理。否定说认为,结果不是所有故意犯罪的认识内容,在行为犯的场合,行为人无须认识到自己行为的结果,只要对自己的行为本身有认识就足够。由此,行为犯和结果犯的故意并不完全相同,区分行为犯的行为故意与结果犯的结果故意也就有一定必要。

  本书认为,在对危害结果是否必须有故意犯罪的认识内容的问题上,肯定说是妥当的。所以我们认为,划分行为故意和结果故意意义不大。纵然是行为犯和结果犯的犯罪构成要素不同,但是,不可否认的是,在故意的范畴讨论行为与结果其指导意义不大。我国刑法把犯罪故意的认识内容聚焦于危害社会的结果,不加区别地要求所有犯罪,不管是结果犯还是行为犯,都以认识到危害社会的结果为必要。然而在行为犯的犯罪构成中,危害结果并不是其中的构成要素,既然不是构成要件要素,又如何要求行为人对此有认识、希望或者放任的心态呢?这也就进一步印证了行为犯依然是要有结果的,而该种结果可能是存在发生某种结果的风险,在论及预见可能的时候,要求对于某种结果是否发生的风险应该有所预见。反观大陆法系其他国家和地区关于犯罪故意的界定,往往都是围绕着犯罪构成这一核心要素,从形式上来界定故意的认识内容,把犯罪故意界定为对构成要件的知与欲。并且在立法上已有所体现。如《奥地利刑法》第 5 条第 1 款规定:"行为人有意实现法定之构成事实,且明知可能实现而予以认许者,为故意。"我国台湾地区所谓"刑法"第 13 条规定:"行为人对于构成犯罪之事实,明知并有意使其发生者,为故意。行为人对于构成要件之事实,预见其发生而其发生不违反其本意者,以故意论。"比较而言，这种定义有一定的科学性，更为可取。

（五）实害故意和危险故意

根据行为人对构成要件结果认识的不同要求，部分学者将故意分为实害故意与危险故意。日本刑法学者大谷实认为，故意可以分为侵害故意和危险故意。所谓侵害故意，是指对侵害法益的结果有认识并追求实现该结果的意思。所谓危险故意，是指认识到会对法益造成危险，却有意引起该危险状态发生的意思。❶

我国刑法学者贾宇教授也提出实害故意和危险故意的概念，认为构成要件的结果可以分为实害结果和危险结果两种。相应地，结果犯的故意也可以分为实害故意和危险故意两种。实害故意，是指行为人明知自己的行为会导致构成要件的实体的、具体的结果，而希望、容忍或放任这种结果发生的心理态度。危险故意，是指行为人明知自己的行为会导致构成要件的某种危险状态，而希望、容忍或放任这种危险状态出现的心理态度。❷

但是，在实害故意与危险故意的划分上，学界有不同的观点，如有学者认为，危险故意是不存在的。任何故意犯罪都是为了一定的目的，并在客观上表现出行为人对行为的危害结果的心理态度，尽管这一结果并不一定会发生。某罪的构成不要求发生实际损害结果，并不意味着行为人在主观心理上不追求或不放纵实际损害结果的发生，只能具有危险的认识，没有实害的认识。破坏交通工具的行为人肯定会认识到自己的行为会使交通工具倾覆、毁坏，而不是仅仅足以使交通工具倾覆、毁坏，或有倾覆、毁坏的危险。所以，任何故意都是实害故意，尽管犯罪构成的结果要

---

❶ ［日］大谷实：《刑法总论》，黎宏译，中国人民大学出版社，2008，第131—132页。
❷ 贾宇：《犯罪故意类型新论》，载《法律科学》2002年第3期。

件有着种种形式上的差异。❶

那么如何看待实害故意与危险故意,或者说危险故意有无存在的必要呢？我们认为,要搞清楚这个问题,必须首先搞清楚危险犯、实害犯、结果犯等相关概念及其关系。在理论上,什么是危险犯,危险犯与实害犯、危险犯与结果犯、危险犯与行为犯的基本内涵及其关系的讨论一直存在,甚至可谓众说纷纭。该问题不是本书研究的重点,因此作者不准备进行详细叙述,但就危险犯、实害犯、结果犯的关系的处理,通说的观点是可取的。即危险犯与实害犯相对应,二者都属于广义上的结果犯,其中,结果犯以实际发生损害结果为必要,危险犯以危险状态的出现为必要。即危险犯在构成要件上有相对特殊的要求,结果不一定出现,但是需要有危险,意味着在客观方面有特殊的构成条件,相应地,其主观故意也应该具有特殊性,即特殊的主观方面的构成要件也需要进行判断。正如前面所陈述的观点,行为人实施某种故意犯罪,其一定是具有某种目的,而不是把危险状态的出现作为其故意的内容,但是实践中确实存在一些特殊的案件,行为人实施某种犯罪行为,其追求的恰恰就是某种危险的结果而不是实害的结果,出现某种实害结果不是其想要达到的目的。例如,某火车站与当地农民发生纠纷,一农民为了让车站方妥协,决定让火车停开,于是拆下了火车的转向器,当司机启动火车后,该农民与其他人一起在火车前挥动红旗并高喊"火车没有转向器,不能开车",司机听到后,停止了列车的运行。所以,行为人希望发生某种危险结果,不等于希望发生相应的实害结果,但反过来,如果希望发生某种实害结果,必然包含希望发生某种危险结果。❷ 正是

---

❶ 姜伟:《犯罪故意与犯罪过失》,群众出版社,1992,第199页。
❷ 鲜铁可:《新刑法中的危险犯》,中国检察出版社,1998,第91—92页。

在这样的基础上，本书认为区分实害故意与危险故意还是有必要的。

（六）目的故意和非目的故意

有学者根据犯罪故意中是否要求具备构成要件的目的，将犯罪故意分为目的故意和非目的故意。所谓目的故意，是指行为人必须具备某种构成要件的犯罪目的，才能成立犯罪故意。目的故意特指目的犯的故意。非目的故意，是指其成立不以具备某种具体目的为必要条件的犯罪故意。❶ 还有些学者提出了一般故意和特定故意的概念，认为一般故意是指法律上对某些犯罪的故意内容没有特别规定的心理态度，而特定故意是指法律对某些犯罪的故意内容有特别规定的心理态度。根据刑事立法的规定，某些犯罪故意的成立，不仅要求行为人具有故意的心理，还要求行为人具有特定的目的。❷

本书认为，以特定目的的有无把犯罪故意分为目的故意和非目的故意（或者一般故意和特定故意）有一定的价值。在刑法规定中存在大量的目的犯，因此考虑行为是否具有一定的犯罪目的，具有非常重要的意义。但需要注意的是，这与直接故意中行为人希望发生某种结果的目的还是有所不同的。直接故意中的目的是其意志因素的体现，是直接故意的重要内容。但目的犯中的目的，一般属于主观超过要素，不是犯罪故意的内容。但是就需要有特定目的才能够构成犯罪的故意犯罪而言，特定目的与故意之间的关系就是一个非常敏感的话题。有学者认为它与犯罪故意同属于犯罪主观方面的要素，与犯罪故意相并列，而不是包含在犯罪故

---

❶ 贾宇：《犯罪故意类型新论》，载《法律科学》2002年第3期。
❷ 姜伟：《犯罪故意与犯罪过失》，群众出版社，1992，第196页。

意当中。换句话说，目的犯的目的并不影响犯罪故意的成立，它作为一个独立的要素，影响目的犯整个主观要素的符合性，进而影响目的犯本身是否成立。但是本书作者认为，二者关系并不是单纯的并列关系，目的犯基于某种特殊的目的而实施某种犯罪，目的是故意的具体内容。如行为人实施绑架妇女的行为，自然是出于绑架妇女的故意，至于行为人出于何种目的绑架，对此故意并无影响。如果没有特定目的的主观方面的考量，则对是否构成绑架本身存在疑问。有学者认为绑架罪是单一行为，因此在此基础上对绑架罪与非法拘禁罪进行比较，实际上是非常困难的。只有承认该故意的分类，才可以对行为人的行为进行认定。这种特定目的（目的犯之目的）既是犯罪故意的要素，同时也是犯罪故意的认识内容，有没有这种目的以及有何种特定目的，均与犯罪故意有着直接的关系。因此在理论上故意犯罪可以分为目的犯和非目的犯，因此将犯罪故意分为目的故意和非目的故意。

第二节 犯罪故意的构成要素

针对国内外刑法中关于犯罪故意的基本概念及其内涵进行分析之后，在批判地借鉴了西方学者提出的关于故意的概念的学说，并在参考借鉴了世界各国刑法关于犯罪故意立法的有益经验的基础上，我国《刑法》第十四条第一款规定："明知自己的行为会发生危害社会的结果，并且希望或者放任这种结果的发生，因而构成犯罪的，是故意犯罪。"从该条文所规定的内容来看，我国刑法中关于故意的要素主要包括两个方面：一是认识因素，即明知自己的行为会发生危害社会的结果；二是意志因素，即希望或者放任危害结果的发生。这两个因素必须是现实的、确定的。易言之，在没有认识的情况下，不管具有怎样的认识可能性，都不能认为存在认识因素；如果行为人还没有确定实现何种内容，就缺乏故意的意志因素。认识因素与意志因素的有机统一才是犯罪故意。这里的有机统一包含两层含义：一是任何犯罪的故意都必须同时存在认识因素与意志因素；二是认识因素与意志因素之间具有内在联系，突出地表现在行为人所认识到的结果与所希望或者放任发生的结果必须具有法定的同一性，这里的同一性是指刑法规范意义上的同一性，而不是具体的同一性，而且意志因素以认识因素为前提。因此，认识内容不同，故意的内容就会不同。本节将结合相关理论对犯罪故意的认识因素与意志因素展开讨论。

一、犯罪故意的认识因素

认识因素是成立犯罪故意的前提条件。人的行为之所以在刑法上有被评价的可能，除了考察行为本身带来的社会危害的大小，还需要考察行为人在行为之时对于该行为有无认识、认识的程度、是否明知等。亦即意味着人的任何行动都是基于对客观事实的认识，从而进一步通过意志，确定行为的方向，选择行为的方式和进程，直至达到行为的结果。❶ 故意犯罪也应该遵守上述规律。如果行为人根本不知道也不可能知道自己的行为可能会带来什么后果，对行为可能带来的结果的客观事实缺乏认识，也就当然不能认定是故意犯罪的行为。根据我国《刑法》第十四条的规定，故意犯罪的认识因素就是指行为人明知自己的行为会发生危害社会的结果。其中"明知"与"会"，即"明知"的基本内涵、认识

---

❶ 马克昌主编：《犯罪通论》，武汉大学出版社，1999，第328页。

内容和程度、是否包括违法行为认识等问题在故意的认识因素中非常重要,也是容易引起争议的话题,在实践中也是比较难把握的问题,本节将对该问题进行详细的论述。

(一) 明知的理解

"明知"在日常生活中是一个常用的词汇,一般而言,在理解上不存在太多的困难,不会产生太多的歧义,也就没有人对其含义进行系统的分析与解读,而刑法学研究的逻辑起点就是概念,概念一定要非常清晰,因此为了正确理解犯罪故意中的"明知",就需要准确理解"明知"的含义。

根据《现代汉语词典》对"明知"的解释,其含义是"明明知道"❶。而"知道"在《现代汉语词典》中的解释是"对于事实或道理有认识"❷,"明明知道"与"知道"两个词本质上都是讲知道,在内涵上并没有实质差异,其区别仅仅在于"明明知道"一词感情色彩更强,在"知道"前面加上"明明"二字会加重句子的语气,起到一定的强调作用。例如,"你知道这件案子不是他干的,为什么还要把他抓起来?"与"你明明知道这件案子不是他干的,为什么还要把他抓起来?"这两个句子的含义没有任何区别,都是说这件案子的真凶另有其人,可是显然这两句话的语气并不完全相同。第一句话仅仅表达了提问者的一种疑问的语气,其落脚点在于为什么还要抓他,而第二句话不仅表达了提问者的疑问为什么要抓他,还隐约表达了一种不赞同的态度,因为你明知另有他人。但是,法律用语与日常生活用语不同,我们平时使

---

❶ 中国社会科学院语言研究所词典编辑室编:《现代汉语词典》,商务印书馆,2005,第957页。

❷ 中国社会科学院语言研究所词典编辑室编:《现代汉语词典》,商务印书馆,2005,第1745页。

用日常生活用语时的语气可以表达我们对问题的看法，但是在使用法律用语时是不需要考虑说话者是持赞同还是持反对的态度。因此，一般而言，"明知"就是"知道"。

在我国刑法理论界，对"明知"的理解可谓众说纷纭。归纳起来，主要有以下四种观点。

第一种观点是"确定知道说"，该说认为明知就是行为人确定知道。该说就是简单地从字面来理解明知的含义，认为"明知"就是"明确意识到""明确知道"。持这种观点的学者认为，这里的明知是对某一事物或者行为具有非常确定的认识，对于过程中的不确定性以及带有模糊性色彩的因素的认识均不在明知的范畴之内，也就是说，明知是包含行为人确定知道这一种意思的。换言之，只有行为人对成立犯罪故意的相关事项具有确定性认识，不存在任何不确定因素的时候，才能认定行为人具有犯罪故意。

第二种观点是"知道或可能知道说"，该说认为明知指的是行为人知道或可能知道。持这种观点的学者认为，这里的明知是指，认定行为人对成立犯罪故意应当明知的各种事项而不要求行为人确定无疑地知道，对于构成犯罪的各项因素可能知道的也可以认定为明知。也就是明知包含两层含义，一是确定无疑地知道，二是可能知道。但是总地来说，持这种观点的学者不多，司法实践中将明知包括"知道"与"可能知道"的司法解释、司法解释性文件和规范性文件数量较少。

第三种观点是"知道或应当知道说"，该说认为，明知指的是知道或应当知道。也就意味着"明知"包含两个方面的内容，一方面是"知道"，另一方面是"应当知道"。这种观点在我国相关司法解释与规范性文件中出现频率较高，采用"明知是指知道或者应当知道"或者"有证据足以认定行为人应当知道的，也可以认定其为明知"的表述方式。❶ "知道"与"应当知道"虽说是两层含义，但是实际上"应当知道"意味着"知道"是应有之义。这一观点可以认为是我国刑法理论界对明知含义理解的通说，为大量的司法解释、司法解释性文件、规范性文件以及 2014 年全国人民代表大会常务委员会发布的《关于〈中华人民共和国刑法〉第三百四十一条、第三百一十二条的解释》所肯定。

第四种观点是"知道或推定知道说"，该说认为明知指的是行为人知道或推定知道。"应当知道"的实质就是"推定知道"。例如，陈兴良教授认为"应当知道"容易被误解为不知，因此应当引入推定故意的概念。❷ 张明楷教授也认为应当将司法解释和立法解释中的"应当知道"理解为根据相关事实推定行为人知道。❸ 正是因为"应当知道"的含义存在这样的争议，陈兴良教授认为"应当知道"是推定的"明知"，是推定故意的应有之义。❹ 实际上，通过对上述不同学者的观点进行分析可以看出，"知道或推定知道说"与上一种观点"知道或应当知道说"在本质上并没有什么不同。

综合分析考察以上四种观点，本书认为第一种观点"确定知道说"不具有科学性。我们认为该观点对"明知"一词进行了字面解释，且字面解释过于片面、狭隘，没有全面理解"明知"的含义。如果按照这种学说来指导司法实践就不具有可操作性，可能导致司法认定过于绝对、过于严厉。对于行为人的故意中明知的内容要求过高，就可能出现主客观不能统一的现象，不能有效

---

❶ 皮勇、黄琰：《论刑法中的"应当知道"——兼论刑法边界的扩张》，载《法学评论》2012 年第 1 期。
❷ 陈兴良：《"应当知道"的刑法界说》，载《法学》2005 年第 7 期。
❸ 张明楷：《刑法学（上）》，法律出版社，2021，第 338—339 页。
❹ 陈兴良：《教义刑法学》，中国人民大学出版社，2014，第 477 页。

地处理我国司法实践中遇到的与犯罪故意中的明知问题相关的各类案件，不利于对犯罪进行有效打击，进而出现放纵犯罪的现象，将本来属于故意犯罪的行为判断为过失犯罪或者无罪，不利于刑法的正确适用，也不利于刑法发挥惩罚犯罪的功能，因此"确定知道说"不是对明知含义的正确理解，所以，本书并不赞同该观点。

第二种观点"知道或可能知道说"，本书认为该观点存在逻辑上的矛盾。根据词典中"知道"的含义可知其就具有确定之意，而将"知道"与"可能"进行组合，词义就会发生变化，而"可能"一词本身就具有较为复杂的含义，因此二者之间存在矛盾。例如，甲问乙："明天去不去旅游？"乙回答："可能去。"这里的"可能去"意味着"乙明天可能去旅游"也"可能不去旅游"两层含义。"去"还是"不去"，在这句话中不能确定，而这两种情况明天都有可能发生。进一步而言，这里的"可能知道"是一种不确定的或然状态，即行为人可能知道也可能不知道，所以用"可能知道"来表达"明知"的含义存在逻辑上的错误。行为人到底知不知道并不明确，存在理解上的分歧，因此用该说不能指导司法实践，会导致故意的内容具有一定的不确定性。在认定犯罪需要具体明确的前提之下，用一种模糊的、有矛盾的观点去理解构成要件中非常重要的要件要素，显然不具有科学性。除此之外，司法实践中需要以行为人的视角去认定其实施行为时是否明知、明知到何种程度。行为人是否明知这一问题只能有两种答案，知道或不知道，除此之外没有"可能知道"的存在空间。如果行为人的主观方面被相关证据证实是"可能知道"，则从刑事诉讼法对证据的基本要求而言也是不满足其要求的，根据《中华人民共和国刑事诉讼法》第五十五条之规定，证据要作为定罪之依据除证据确实充分等条件之外,还必须排除合理怀疑。如果在认定行为人是否具有犯罪故意中的明知时,行为人对成立犯罪故意应当明知的对象所持有的主观心理态度是可能知道,那么在这种情况下必须思考存不存在行为人可能不知道成立犯罪故意应当明知的对象这种情况,这时主观方面对于故意认识的内容就存在疑问,没有排除合理的怀疑。如果这种情况可能存在,就不能仅仅根据行为人"可能知道"这种不确定的或然状态,而草率地认定行为人对成立犯罪故意应当明知的对象确已明知。就刑事诉讼法的基本理论而言,存疑也应该有利于被告,主观方面的认定存在重大瑕疵,显然构成要件之一无法满足,也就无法对其行为进行定罪处刑。因此,本书认为"明知"包含"知道和可能知道"的观点不可取。

第三种观点"知道或应当知道说",这一观点支持者众多。前述已经将"知道"和"应当知道"的基本内涵予以明确。这一观点指明了明知认定的两个角度:一是从行为人的角度认定行为人知道,二是从司法机关的角度认定行为人应当知道。行为人在实施犯罪行为之后,一种可能是主动交代作案细节,如实供述包括主观方面、客观方面的相关内容。而更多的犯罪分子在被抓获之后可能会从客观方面和主观方面对相关事实予以否定,这时就需要考虑其主观方面知道的内容。将犯罪故意中的"明知"含义理解为"知道或应当知道"的观点并不是对明知含义的完美理解,依然存在不足与缺陷,但是相较于第一种、第二种观点有一定合理性。

第四种观点"知道或推定知道说",在刑法理论界对"应当知道"一词存在一定的争议,如前述陈兴良教授就认为"应当知道"犯了词不达意的错误,容易造成理解上的偏差,所以主张"应当知道"与"推定知道"在本质上并没有什么不同，所谓的"应当知道"就是"推定知道"的意思。认定行为人是否具有犯罪故意中的明知存在两种截然不同的形式，其一是司法工作人员通过在案件侦查过程中收集掌握的证据证明行为人明知，其二是司法工作人员通过在案件侦查过程中收集掌握的相关证据推定行为人明知。推定行为人明知是指在行为人的主观心理状态不明、证据不足，无法通过掌握的证据证明行为人的主观心理状态的情况下，推定行为人知道。推定行为人知道必须根据已经掌握的证据进行，对行为人是否具有犯罪故意进行合理的推定，从而得出结论，这一过程不能背离明知推定应遵循的规则，肆意进行明知的推定。可以说，到目前为止，对应当知道就是推定知道的观点，支持者众多。本书认为该种观点本质上与第三种观点没有差异，但是本观点具有更强的可操作性，原因在于：第一，对"知道"之意不需要再作进一步分析，而"应当知道"的内涵丰富，将知道以外的其他可能的情节已经包含其中，不存在除"知道与应当知道"以外的其他情形。第二，在司法实践中，我国的部分司法解释、司法解释性文件和规范性文件对应当知道的具体情形进行了相应的规定，为司法实践指明了方向，这些在司法实践中遇到的问题，被规定的情形可以直接根据相关事实认定行为人具有犯罪故意中的明知，而这些规定实际上就是"应当知道"在法律层面的反映，具有极强的可操作性。第三，不可否认的是，在明知的认定中，这种直接认定的明知只占很少的一部分，推定明知才是主要的明知认定方式，部分事实需要通过严密的论证与推理来认定是否知道。鉴于上述原因，加之"知道"本身内涵丰富以及实践中对于推定知道的具体可操作性，本书作者认为第四种观点是较为科学的。

（二）明知的体系定位

明知的体系地位，不管是传统的大陆法系国家还是我国都是随着故意地位的变化而变化的，我国的传统四要件体系决定了故意是犯罪不可或缺的要素，而故意在犯罪论体系中的地位随着犯罪论体系的变化而变化。

目前学界对于故意的体系地位问题的观点，大体分为三种不同的学说：责任要素说、构成要件要素说、双重地位说。责任要素说是传统刑法理论的通说，该说认为犯罪故意是行为人承担刑事责任所必须具备的主观恶性形态，属于责任要素。❶

责任要素说支持者众多，持该说的学者认为故意属于责任要素，就犯罪构成的基本逻辑来看，行为是否发生、结果是否存在是首先要考虑的问题，而主观方面则是行为人需要承担责任及其大小的重要判断依据，但是行为人在实施行为过程中也是基于主观意识支配所实施的，某种意义上讲，二者实际上是不能完全分开的。但是就判断的先后顺序而言，先客观后主观是应有之义，同时行为人的行为是否符合构成要件的判断属于客观的判断，故意作为主观的要素，在犯罪构成要件中是没有存在的位置的。从本质上理解该观点的内涵，就是主张故意只与责任要素相关。

构成要件要素说直接否定了故意是责任要素的观点，该学说的出现源于目的行为论的兴起。目的行为论认为实现构成要件结果的目的是行为的本质要素，如前所述，故意是构成行为的核心要素，行为是基于一定的目的而实施的客观外在表现。因此，构成要件要素说认为故意是行为的要素，已经在犯罪构成要件中有所体现。由于构成要件是违法性判断的对象，因此故意也是违法

---

❶ 张小虎：《犯罪论的比较与建构》，北京大学出版社，2014，第269页。

性的要素。也就是说，故意虽然是行为人的心理事实，但其与责任要素无关，属于只影响违法性的构成要件要素，应当将故意从责任要素中剔除。

双重地位说综合了上述两种学说，认为故意具有双重地位，分别是构成要件要素意义上的故意和责任要素意义上的故意，即构成要件故意和责任故意。就世界各国犯罪类型的划分而言，故意与过失犯罪是其中一个重要的分类形式，这就决定了在构成要件中就需要考虑行为构成什么形式的犯罪，我国的刑法也不例外。德国学者罗克辛以客观归责理论为中心构建的目的理性体系实际上也承认了故意、过失的双重地位。该说认为如果故意不属于构成要件要素，有关未遂犯的相关问题就不能得到妥善处理，不仅如此，与故意犯罪相对应的过失犯罪，也无法进行有效的处理。但是如果把故意放到构成要件层面判断行为人的行为是否符合构成要件，则会架空有责性判断的内容，使有责性的判断失去意义。所以故意具有双重地位。

当故意只有一重地位时，明知在犯罪论体系中的地位依附于故意在犯罪论体系中的地位；当故意在犯罪论体系中具有双重地位时，明知在犯罪论体系中的地位就不可避免地出现了争议。认识因素与意志因素是构成犯罪故意的两大要素，当故意在犯罪论体系中具有双重地位后，出现了二者即明知与意欲相分离的学说，该学说认为明知与意欲在犯罪论体系中的地位不同。有的认为明知是责任要素，意欲是构成要件要素；有的则认为明知是构成要件要素，意欲是责任要素。由此可见，明知的体系地位是随着故意地位的变化而变化的。

故意的体系地位除了受犯罪论体系的变化影响，在客观方面的本质问题上是坚持结果无价值论还是行为无价值论，也会影响故意的体系地位。结果无价值论采取法益侵害说,对行为人的行为是否违法进行判断只需要基于客观事态,判断行为人的行为是否违法只需要对行为人的行为是否对法益造成侵害或危险进行判断即可。因此,故意属于责任要素。❶ 但是这种观点存在缺陷,无法妥善处理未遂犯的问题,因为要想认定未遂的行为人是否构成犯罪,必须考虑行为人的主观心理态度即是否具有犯罪故意,在此基础上认定行为人的行为是否构成犯罪。为了妥善解决好未遂犯的问题,有部分学者主张结果无价值论,例如,刘艳红教授认为站在结果无价值的立场上应该承认未遂犯的故意是主观违法要素。❷ 这就意味着未遂犯中的故意与既遂犯中的故意分属于不同的阶层,前者属于主观违法要素,后者属于责任要素。❸ 但是,作者认为这种区别对待在逻辑上存在不足。因为"如果说故意在未遂犯中属于构成要件,而非责任,那么当未遂犯转入既遂阶段时,故意也必定保有这项功能。"❹ 行为无价值论与结果无价值论不同,其在违法性本质问题上持不同看法。一元的行为无价值论立足于规范违反说,认为违法性的本质是违反规范。但是这种观点忽视了行为人的行为对法益所造成的侵害或危险,过于看重行为人违反规范的内心意思表示,可能会使处罚范围不断扩大。正是基于此缺陷,现在的学者大都立足于行为无价值二元论的立场,对于违法性本质的问题,不仅考虑规范违反,也看重行为人的行为对法益所造成的侵害或危险,所以认为故意既是构成要件要素,也

---

❶ [日] 西田典之:《日本刑法总论》,刘明祥、王昭武译,法律出版社,2013,第181页。
❷ 刘艳红:《主观要素在阶层犯罪论体系的位阶》,载《法学》2014年第2期。
❸ [日] 山口厚:《刑法总论》,付立庆译,中国人民大学出版社,2011,第96页。
❹ [德] 汉斯·韦尔策尔:《目的行为论导论:刑法体系的新图景》,陈璇译,中国人民大学出版社,2015,第37页。

是违法要素。

本书赞同通说的观点,认为故意属于责任要素。行为人对自己的行为是否具有犯罪故意决定了行为人责任的有无,亦即对行为人能否进行责任上的非难。虽然,随着主观违法论的出现和渐进发展,故意仅属于责任要素的观点产生了动摇,故意的违法要素说、构成要件要素说、双重地位说等都在冲击着故意仅属于责任要素的体系地位,但是本书作者认为这些学说与故意的责任要素说相比都存在不足,故意的责任要素说更具优越性。首先,主张故意是违法要素的论者,一般对违法性的实质采取"规范违反说",而事实是故意并不等于规范违反意思,因而并不是征表违法的要素。作为违法要素的故意即构成要件故意,是指对构成要件事实的认识与容忍,而不包括认识、容忍自己的行为违反刑法规范的意思。❶ 其次,主张故意是构成要件要素的学者认为,只有将故意作为构成要件要素,才符合罪刑法定原则。但是,罪刑法定主义的核心内容是限制国家的刑罚权,保障国民的行动自由。所以,罪刑法定主义始终与刑法的自由保障机能紧密相连。而上述观点强调的却是刑法的行为规制机能,使罪刑法定主义演变为行为基准法定主义,罪刑法定主义的核心内容转变为对国民行动自由的限制,因此偏离了罪刑法定主义的核心内容。❷ 根据责任主义原理,刑罚以行为人具有非难可能性为条件,并且,只有当行为人在事前已经知道或者至少有机会知道自己的行为为刑法所禁止时,才能讨论行为人是否具有非难可能性的问题。因此,责任主义要求事前明确规定被禁止的行为,也引申出罪刑法定主义的部分内容,为罪刑法定主义提供根据。此外,刑法有关责任年龄、

---

❶ 张明楷:《论故意的体系地位》,载《法商研究》2022年第2期。
❷ 张明楷:《论故意的体系地位》,载《法商研究》2022年第2期。

责任能力的规定，也都是在落实罪刑法定原则。

（三）明知的具体内容

明知要素的内容问题可以说是犯罪故意理论中最为重要，但恰恰又最为众说纷纭的一个方面。其重要性体现在它是故意理论研究的基础，是故意理论的核心，是确定行为人罪过形式的关键，是明知要素研究中的基础性问题。明知要素问题的一切观点都必须由其内容引出，缺少了它，整个明知要素研究就像无源之水、无本之木。对于这样一个问题，中外学者提出的观点纷繁复杂，其中，最基本的一个观点就是将明知要素的内容分为构成要件事实的明知和行为性质的明知，下面就将以此分类为根据，对各种学说进行梳理，并进行深入的剖析。

1. 对客体的认识

在判断故意的认识过程中，行为人是否应该对犯罪的客体有认识，首先我们需要搞清楚的问题是"客体"是什么。其含义是什么？还要进一步弄清我国刑法理论中的犯罪客体与传统大陆法系刑法理论中的犯罪客体的含义。根据我国刑法理论的通说，犯罪客体是指我国刑法保护的而为犯罪行为所侵犯或威胁的社会关系。而传统大陆法系刑法理论中的法益概念，有的刑法学者称为保护客体，是指被为法律所保护而为犯罪行为所侵害的利益，如生命、身体、自由等。在这种意义上，该保护客体相当于我国刑法理论中的犯罪客体。对于我国刑法理论意义上的犯罪客体是否应该为明知对象，通说持赞同态度。如苏联刑法学者特拉伊宁曾指出："故意应当包括说明犯罪客体、客观方面等的全部构成因素。"[1] 我国刑

---

[1] ［苏］A. H. 特拉伊宁：《犯罪构成的一般学说》，薛秉忠、卢佑先、王作富、沈其昌译，中国人民大学出版社，1958，第165页。

法学泰斗马克昌先生也认为:"既然行为人已经认识到自己的行为会发生危害社会的结果,那么行为人对其行为的性质、对犯罪客体和作为选择要件的犯罪对象的事实情况当然也应该是清楚的。"❶

本书认为,不管是四要件中的犯罪客体还是传统大陆法系中的法益侵害的概念,都是隐藏在犯罪对象背后的、不可被直接感知的,是抽象的。它是被高度概括出来的理论概念,是看不见、摸不着的,必须经过人们理性的思考,并结合其他构成要件的内容进行判断。若把犯罪客体纳入明知的内容,要求行为人必须对其行为所侵害的、如此抽象的犯罪客体有认识,无论是在理论上还是在实践中都会存在巨大困难。甚至会为犯罪人借口没有认识到犯罪客体而欠缺故意提供理论依据。而法益侵害与否、社会关系侵害与否,都不是一目了然的,即便是具有专业法律知识的人也不一定能一蹴而就,因此,要求行为人在实施犯罪行为的过程中对所侵害的社会关系或者法益侵害有所认识,在理论上不科学,在实践中也不具有可操作性。

2. 对主体的认识

明知的认识是否包括对行为主体的认识,理论上存在肯定说与否定说之争。持肯定说的学者认为行为人在实施行为时应该对行为主体有所认识。肯定说又分为两种不同的观点:一种观点认为对于行为主体的认识范围较广,既包括对行为人是否达到刑事责任年龄、是否具有责任能力的认识,又包括对行为人本身具有的特殊职务等身份要件的认识;另一种观点认为明知的事实性认识只包括对行为人本身具有的特殊职务等身份要件的认识,而不

---

❶ 马克昌主编:《犯罪通论》,武汉大学出版社,1999,第330页。

需要对责任年龄与责任能力有所认识。持否定说的学者主张对行为主体的认识不属于明知的事实性认识，不属于明知的认识范围。本书作者认为否定说的观点较为科学。首先，对于行为人主体身份判断的主体是司法机关及其工作人员，而个人是否认识到，在构成要件评价体系中并没有予以反映，因此不应该要求行为人本人对此明知。其次，就行为人实施犯罪行为而言，只要行为人被判定为达到刑事责任年龄、具有刑事责任能力，当然地认为其必定能够认识到自己是否达到刑事责任年龄以及自己的精神状态，实践中即使行为人自己并没有认识到这一点并对此产生了错误认识，对于行为的定性也不产生实质影响，后续在认识错误的相关章节将进行进一步的论述。最后，如果认为认识的内容包含对主体的认识，则可能会出现行为人以没有对主体及其身份的认识为由进行抗辩，给司法实践带来障碍。例如，杨某醉酒驾驶机动车造成受害人重伤的交通肇事案由交警李某负责办理，办理过程中李某向当事人杨某收取了15 000元的事故损失押金，该笔押金并没有依据单位的财务管理规定上交给单位财务管理部门。李某从此款中拿出3000余元用于支付伤者部分手术费用后，将剩余的钱全部用于个人开支。李某作为该交通肇事案件的主办民警，在勘查现场、调查取证之后对于责任由谁承担应该是知晓的，而本案需要追究肇事者杨某的刑事责任，但李某未采取任何法律措施导致杨某未被追究法律责任长达8年的严重后果。后该案件在评查过程中被发现，一审法院和二审法院均认为被告人李某在公安局交通警察大队工作，其职责就是处理交通事故，交通警察大队指派李某处理杨某交通肇事案，李某依法对该案的现场进行勘查及调查取证等一系列工作，其实质就是在行使该案的侦查权，因此其属于徇私枉法罪所指的司法工作人员，符合徇私枉法罪的主体身份。也就是说，在我国司法实践中，即使行为人没有认识到特殊职务身份，或者是对自己的特殊职务身份产生了认识错误，也不能否认行为人明知，不影响犯罪故意的成立。因此，对行为主体的认识不属于明知的事实性认识。

3. 对行为对象的认识

行为对象，与犯罪客体不同，又被称为犯罪对象，是指犯罪行为直接施加影响的具体人或物。❶ 行为人对行为对象的明知在犯罪故意中的明知的事实性认识中地位极为重要，应当认为如果行为人对自己的行为所针对的行为对象都不明知的话，就不能认为行为人具有犯罪故意。❷ 例如，成立运输假币罪的故意，要求行为人必须明知是伪造的货币而运输；成立破坏军婚罪的故意，要求行为人必须明知是现役军人的配偶而与之同居或者结婚。如果行为人不明知，则不能认定行为人具有该罪的故意。在以幼女为强奸对象的犯罪过程中，如果没有使用暴力，则要求行为人对于受害人是幼女有明确的认识，虽然现实中受到了一定的争议，但是在司法实践中依然具有操作性。因为"行为对象不同，行为人认识的内容也就不同，由此反映出行为人不同的主观恶性"。❸ 例如，李某驾驶机动车发生交通事故，造成车辆损坏且乘车人王某死亡。事故发生后，其朋友朱某接到李某通知来到现场，朱某在明知是李某驾驶该车发生交通事故，仍然冒充驾驶员，帮助李某逃避法律责任。李某弃车逃逸后，经认定，李某在该事故中负全部责任。该案中，被告人朱某明知李某涉嫌犯罪，仍向公安机关作虚假证明，对李某的犯罪行为进行包庇，其行为已构成包庇罪。而包庇

---

❶ 马克昌主编：《犯罪通论》，武汉大学出版社，1999，第122页。
❷ 简永发：《犯罪故意的认识因素》，载《学术论坛》2005年第9期。
❸ 陈兴良主编：《刑法案例教程》，中国法制出版社，2003，第62页。

罪的构成要件也要求行为人明知是犯罪的人而予以包庇。进而言之，将犯罪的人误认为没有犯罪的人而提供藏匿的住处、财物或者作假证明包庇的，此种情况下由于行为人主观上并未达到明知的程度，不具有犯罪故意，因此不符合本罪的犯罪构成，不构成犯罪。如果行为人将不是犯罪的人误认为是犯罪的人而予以窝藏、包庇的，在此种情况下，行为人的主观故意明确，客观上也实施了符合构成要件的行为，理应构成本罪，但是行为人的行为并没有妨害司法秩序，对司法机关的刑事司法活动也没有带来负面影响，所以没有侵害法益，因而不应认定为构成窝藏、包庇罪。

4. 对行为的认识

行为是导致危害结果发生的原因，是行为人在意志支配下实施的侵犯法益的行为。对行为的认识主要包括三点。

第一，对行为性质的认识。行为人明知自己的行为首先是要明知自己行为的性质，即行为人明知自己的行为具有能够引起危害社会结果发生的性质。❶ 只有当行为人能够清晰、明确地认识到自己所为的行为究竟是何性质，才有可能真正认识到自己的行为对法益造成了侵害或危险，甚至认识到自己的行为是对刑法所欲禁止的实体的违反。例如，只有当行为人明知自己是在非法拘禁他人并对受害人的亲属发出取财的威胁，才能认为行为人认识到自己正在实施绑架他人的行为，虽然行为人可能无法准确地认识得如理论研究那么精确，但是不可否认，只有这样才能认为行为人已经认识到了自己行为的社会意义，认识到了该行为究竟是何性质。从而可以推知行为人认识到自己的行为是对刑法所欲禁止

---

❶ 梅传强：《犯罪故意中"明知"的含义与内容——根据罪过实质的考察》，载《四川师范大学学报（社会科学版）》2005 年第 1 期。

的不得非法限制他人人身自由、不得侵害他人合法财产的规范的违反，因此具有犯罪故意。如果行为人连自己的行为是什么性质都不清楚，就不可能认定行为人具有明知，从而成立犯罪故意。

第二，对行为方式和手段的认识。行为方式，即行为人实施行为的方式，同时也是行为的具体表现形式。例如，抢劫罪和敲诈勒索罪都是侵犯财产的犯罪，但规定了不同的行为方式。我国刑法分则有很大一部分条文，都对具体犯罪的行为方式进行了规定。除行为方式之外，行为人的行为手段也是犯罪故意明知的对象，例如，我国《刑法》第二百五十七条第一款规定的暴力干涉婚姻自由罪，成立该罪的故意要求行为人必须对自己的暴力手段明知。与之类似的还有侮辱罪中的暴力或者其他方法等。

第三，对特定时间、地点的认识。行为的发生总是在一定的时间和地点，通常情况下，行为的时间、地点不是认定行为人具有犯罪故意必须明知的对象。但是存在例外情况，对于某些个罪而言，行为人是否构成犯罪取决于行为是否发生在特定的时间、特定的地点，这些决定了犯罪是否成立的特定时间和特定地点在刑法中进行了特别规定，这些被刑法特别规定的时间、地点就成为刑法分则具体个罪法定的构成要件要素。因此，对于这类犯罪而言，对行为的明知不仅要对行为性质、行为方式和行为手段明知，还要求行为人对刑法特别规定的时间、地点明知。例如，我国《刑法》第三百四十条规定的非法捕捞水产品罪中的"禁渔区""禁渔期"；第三百四十一条第二款规定的非法狩猎罪中的"禁猎区""禁猎期"等，不满足这些刑法规定的特定时间和地点的行为就不能构成相应的刑法分则规定的犯罪。

5. 对结果的认识

我国《刑法》第十四条非常明确地规定了要想认定行为人具

有犯罪故意，行为人必须"明知自己的行为会发生危害社会的结果"，所以明知的对象之一就是对"危害社会的结果"（包括侵害结果与危险结果）的认识。例如，人员死亡、财产损失、名誉受损、秩序破坏等。行为人需要明知自己的行为所造成的结果，但是对该行为结果的认识不要求很详细具体，只要求行为人认识到是构成要件的结果即可。❶ 对于是否所有的故意犯罪都应当对危害社会的结果明知这一问题有两种学说——统一说和区分说。统一说认为，所有的故意犯罪都应当对危害社会的结果明知。所以，认定行为人具有犯罪故意应当明知的对象包括行为结果。与统一说相对立的区分说则认为，行为人明知的对象应由具体个罪的构成要件限定，而不是所有故意犯罪都要求对行为结果明知。上述两种观点，本书作者赞同统一说的观点，认为行为结果是所有故意犯罪明知的对象，无论是结果犯还是行为犯，都要认识到行为的结果。具体理由如下：第一，犯罪的本质是法益侵犯，所以行为犯既然被规定为犯罪，就说明行为犯对刑法所保护的法益造成了侵害或危险。由此可以看出，对行为犯而言，只要行为人实施了刑法禁止的行为就成立行为犯，不需要结果的发生，但是，刑法将该行为规定为犯罪而不是将该行为所造成的结果规定为犯罪，就说明这种行为一定是侵害了法益或是对法益造成了危险。如果认为行为犯不需要对法益造成侵害或危险即可成立，那么就会出现根本没有侵犯法益的行为被认为是犯罪的情况。这种观点既违背了法益侵犯的犯罪本质，同时也违背了人权保障原则。所以，行为结果应是所有故意犯罪明知的对象。第二，行为犯与结果犯的既遂标准不同，行为犯的既遂以实施刑法规定的一定行为为标

---

❶ 张明楷：《刑法学（上）》，法律出版社，2021，第340页。

准。只要行为符合构成要件,即使不发生危害社会的结果,也成立行为犯的既遂,而结果犯的既遂就是发生了刑法条文规定的危害结果。但是,虽然行为犯的既遂以实施刑法规定的一定行为为标准,危害结果是否发生并不影响行为犯的既遂,但这并不代表危害结果不会发生。第三,我国《刑法》第十四条明确将行为结果纳入犯罪故意明知的对象,认为行为犯不要求对行为结果明知的观点不符合刑法总则的规定。因为刑法总则的规定指导并适用于刑法分则,认定行为人是否具有犯罪故意,应当在刑法总则规定的指导下确定行为人应当明知的内容,绝不能因为刑法分则条文没有对行为结果进行规定,就将刑法总则对明知的规定放置一边,只根据刑法分则对明知的规定解释具体个罪应当明知的对象。因此,行为结果应是所有故意犯罪明知的对象。

6. 对因果关系的认识

对因果关系到底是不是犯罪故意明知的对象,理论上存在激烈的讨论,德日刑法理论的通说认为因果关系是犯罪故意明知的对象。例如,行为人明知开枪向他人要害部位射击会造成他人死亡的结果,或者明知他人的死亡结果是由自己向此人开枪射击所引起的,犯罪故意才能成立。但是在我国刑法理论学界,存在"因果关系必要说"和"因果关系不要说"两种对立观点。这两种对立观点的主张非常明确,必要说认为认定行为人具有犯罪故意要求明知的对象包括因果关系,与之相反的不要说并不要求行为人对因果关系有所认识。本书作者赞同因果关系必要说的观点,原因在于:第一,要求行为人对因果关系明知符合我国《刑法》第十四条的明文规定,"会"字连接了行为与结果,实际上就是因果关系,其应当属于犯罪故意明知的对象,因此,不要说与我国的刑事立法不相适应。第二,根据刑法罪责自负的原则,只有当行为人认识到危害结果的发生是由本人的行为所引起的，才能要求行为人对此承担刑事责任。所以，因果关系应当是犯罪故意明知的对象。

（四）明知的标准和程度

明知是一个需要进行进一步判断的主观方面的内容，一切问题的探讨都是为了解决实践中可能存在的问题。当犯罪嫌疑人被抓获，其主动承认犯罪行为，侦查人员与其一问一答，得到了上述明知所涉及的相关内容，基本上可以判断犯罪行为人是否明知。但是，现实往往是犯罪嫌疑人并不愿意配合，或者说得模棱两可，这就需要我们进一步判断犯罪嫌疑人在实施犯罪行为时对相关要素是否明知，如果无法判断，或者得出相反的结论则意味着犯罪嫌疑人主观故意无法证实，因此对于明知的标准和程度问题就需要进一步进行探讨。

1. 明知的标准

关于明知标准这一问题，刑法学界大致有三种不同的观点，下面我们将对这三种不同观点进行具体分析。

（1）具体符合说。该说认为行为人所明知或者所预见的构成犯罪的事实，与实际发生的犯罪事实完全一致时，才算明知，才能构成犯罪故意。如果行为人明知或者预见的构成犯罪的事实，与实际发生的犯罪事实不符，则不能构成故意。也就意味着，行为人所预见的行为与实际发生的行为必须完全一致，行为人才能被认定为明知，才能构成故意犯罪。行为人如果对犯罪事实存在认识错误，如对象错误、手段错误、因果关系错误等，故意则不能成立。再如某甲怀着摔死某乙的意图，将某乙从桥上推到桥下，某乙掉到桥下被石头撞晕，甲以为乙已经死亡便离开，结果当晚发洪水把乙冲入河中，乙被河水淹死。按照具体符合说，行为人构成故意杀人罪未遂和过失致人死亡罪,按照竞合的原则处理,而由于因果关系认识错误就不能把某甲的行为认定为对某乙的故意杀人罪既遂。此说狭隘地理解明知,认为行为之前的认知与实际发生的现实存在差距,就否定明知的认定,但是在实践中,在绝大多数情况下,人的认识和实际发生的行为不可能完全相符合。预计的路线往往会偏离,而认识也会随着案件的进展出现与之前认知有偏差的地方,因此以大多数情况下都不可能的状态来对明知进行要求显然是不合理的。

(2)抽象符合说。该说认为,行为人所明知或者预见的构成犯罪的事实与实际发生的犯罪事实,存在抽象的一致时,不论明知或者预见的犯罪事实和实际发生的犯罪事实的具体差别和罪质轻重,均以行为人明知或者预见的犯罪事实按故意犯罪论处。例如,某甲认为某乙随身携带的提包内装有巨额现金,于是实施了抢劫行为,拿到手后才发现提包内为手枪一把,按此说就应该定抢劫枪支罪,因为钱属于财物,而枪属于抽象意义上的财物。且某甲对于抢劫财物是有主观认识的,因此构成抢劫枪支罪。显然,以此说认定抢劫枪支罪并不合适,其缺陷也是明显的,它对明知作了过于宽泛的理解,人为地扩大了明知的范围,在认定故意上很容易出现上面这种张冠李戴的错误,将两个性质上完全不同的故意相互混淆。按该说无法在对象错误或者客体错误的情况下,对行为故意进行正确的认定。所以,此说也是不合理的。

(3)法定符合说。又称为折中说,该说认为行为人明知或者预见的犯罪构成事实与实际发生的犯罪事实在法定的构成要件范围内相一致时,以行为人所明知或者预见的犯罪事实构成犯罪故意。也就是说,行为人事前所认识的犯罪行为与实际实施的犯罪行为均应属于符合同一犯罪构成客观要件内容的行为。此说在大陆法系国家的刑法学界基本上是通说。本书作者也基本赞同该说，但是在具体认定的时候还需要注意以下三个方面的问题。

首先，应该弄清确立明知标准的目的。明知标准是为了确定行为人的罪过形式，而行为人的罪过形式是由这个行为前的意识决定的，所以我们要做的就是确定行为前行为人的内心认识，确认行为人是否知道自己要干什么，而非干了什么。这一点非常重要，我们要确定的行为人主观认识是产生在实际犯罪事实发生之前的。对尚未发生的构成犯罪的事实，只能是预见其发生而已，都还是行为人头脑中的想象，而不是事实。行为人在行为实施之前的认识，是停留在行为前的时空中的，我们对主观认识的判断，应该是对行为前行为人头脑中的认识的尽量还原，对行为前或者行为时行为人自我认知状态的确定。对行为人罪过形式的确定，需要了解的是行为人站在自己立场上的真实认识和评判。

其次，应正确认识行为人犯罪的主观要件与客观要件之间的辩证关系。此点关系到我们对明知内容如何正确认定的问题。故意犯罪是行为人在犯罪故意支配下实施的行为，犯罪故意的内容与故意犯罪的客观方面是一种内容与形式、支配与被支配、决定与被决定的关系。认定行为人对自己的犯罪行为是否具有构成要件的明知，只要求认定行为人认识自己当时的行为，或者说行为人意图实施的行为符合法定构成要件。至于行为人实际实施的行为，或者说实际发生的犯罪事实的客观方面是否具备某一犯罪客观方面应有的性质，与认定行为人是否符合犯罪故意所要求的明知并无内在联系。行为人的客观行为是推断其主观认识的依据、资料、工具，而大陆法系传统学说，则是将行为人的意识内容与实际行为相比较得出的结论，符合了就明知，不符合就不明知。这样的判断模式落脚点在意识与事实之间的对比，以实际实施行为为中心作为对比点，实则模糊了主观方面与客观方面的辩证关系。

最后，行为人的主观明知内容应是符合客观规律、受到大众认同的。即认定明知的标准应以统一的准则来确定。标准的统一性、一致性和普适性决定了其内容应是符合规律的、与社会大众认知相一致的。我们确定罪过形式、打击犯罪是为了对可能或已经危害社会的行为进行惩治，从而维护社会秩序、保护人民利益。所以，对于根本不符合规律、不可能转化为现实的认识，或者只符合极少数人观点的认识，就不应该作为明知的判定标准。这一点对迷信犯和确信犯来说具有重要的意义。对于迷信犯而言，其主观认为迷信行为具有现实的可能性，但实际上这样的认识根本不具有科学规律性。在迷信认识的指导下，没有其他因素介入时，不可能达到杀人的目的，所以迷信犯的迷信主观认识根本就不属于犯罪故意明知的范围。在主观要件上就将其排除在犯罪的范畴之外。而对于行为人确信自己的行为有益于社会的确信犯而言，由于其所确信的对社会有益的认识只是极少数人的看法，并不符合通常情况下普通大众的观点，所以不能以其一厢情愿的、对社会有益的观点作为出罪的理由。比如大义灭亲、劫富济贫等就属于这种情况。某些具有宗教信仰的政治犯笃信自己的行为是救人民于水火的，是有百利而无一害的，但他们这种想法并不是社会上绝大多数人的常态想法，并不能按这种非常态认识来认定其没有社会危害性认识，而是应按照常态的、符合一般认识规律的准则来确定其主观认识具有社会危害性。

综上所述，本书认为明知的内容应以实际实施的行为为依据，以刑法分则规定的个罪构成要件为准绳来确定，且这种明知应该是符合社会共同观念的。

2. 明知的程度

明知的认识程度存在强弱的差异,我国刑法对此进行了肯定。我国《刑法》第十四条规定中的"会"字,就是我国刑法在立法上对明知的认识程度所作的规定。对于法条规定中的"会"字如何理解,我国刑法理论学界存在两种解读:一种是明知结果可能会发生;另一种是明知结果必然发生。这里对"会"字的两种解读,明知结果可能会发生与明知结果必然发生,都是行为人在实施行为时的一种主观心理状态,而不是实际发生的客观事实。明知结果可能会发生,指的是行为人基于普遍规律对危害结果是否发生进行的预判,即危害结果是否发生并不确定,可能会发生也可能不会发生。明知结果必然发生,指的是危害结果的发生是确定的,即危害结果必然会发生。

明知结果可能会发生中的"可能"与明知含义中的"知道或可能知道"中的"可能"不同,"知道或可能知道"中的"可能"一词指的是行为人对结果是否发生"可能知道"也"可能不知道",即行为人对结果是否发生到底知道不知道是不确定的,而明知结果可能会发生中的"可能"一词指的是行为人知道结果可能会发生,即行为人对结果可能会发生是知道的,只是知道的程度较低,达不到明确知道的程度。换言之,"可能知道"作为明知含义的学说观点之一,解决的是明知有无的问题,而"明知可能"是明知的程度之一,解决的是明知的认识程度问题,二者截然不同。

我国《刑法》第十四条规定中的"会"字存在两种理解,即"可能会"与"必然会",反映了两种不同的认识程度,这两种不同的认识程度分别与认定行为人具有犯罪故意所必需的意志因素一起,将犯罪故意分为直接故意与间接故意。对于行为人明知自己的行为必然会发生危害社会的结果而放任这种情况应该认定为直接故意还是间接故意存在两种对立的观点，通说认为是直接故意，但也有学者认为是间接故意。本书不赞成通说的观点，认为行为人明知自己的行为必然会发生危害社会的结果而放任这种情况仍应该认定为间接故意。其理由将在后文进一步展开论述。

（五）故意的内容是否包括违法性认识

犯罪故意中的行为人不仅要认识事实认识第一层次的内容，还要在此基础上进一步认识其第二层次的内容——规范性评价认识。在行为人对于危害行为及其后果这些事实有认识的情况下，如果行为人不知道自己的行为不为法律所容许，或者对法律的效力有错误认识时，应当如何处理，这在中外刑法学上一直都是有争议的问题。我国刑法学的通说赞成违法性认识不要说，有少数学者提出了违法性认识必要说的主张，并强调违法性认识是故意的内容，是故意的规范要素。是违法性认识不要说合理，还是主张违法性认识是故意的一部分的见解更有说服力，是需要进一步研究的问题。

1. 违法性认识的内涵

什么是违法性认识？理论上存在三种不同的观点。首先是刑事违法性说，该说认为违法仅指违反刑事法规。日本刑法学者日高义博主张："行为人应当认识到自己的行为违反了刑事法规，也就是要认识到自己行为的犯罪性。仅仅认识到行为违法是不够的，只有那种包含可罚的刑法违反内容的具体可罚性的认识，才是违法性认识的内容。"❶ 德国学者宾丁也认为，犯罪应属于违反刑法的行为，而不属于以刑法为前提的命令、禁止等不成文法的规范。

---

❶ 赵秉志：《刑法总则问题专论（第二卷）》，法律出版社，2003，第222页。

其次是实质违法性说,该说主张行为人已认识到行为对整体秩序的危害,即对作为法秩序基础的社会伦理规范的违反。其中李斯特把违法性分为形式的和实质的两类,其中实质的违法性是指以违反规制社会生活的法秩序为目的,使法益受到侵害或者危险。随后,迈耶又进一步从违反规范本身中找出违法性的实质,将法律规范解释为宗教、道德、风俗上的规范。最后是违反整体法规说,主张行为人应当认识到违反法律规范,不仅限于刑事法律规范,但也不包括非法律的伦理道德规范。例如,日本刑法学者木村龟二认为:"违法性认识,因系行为在法上不能容许一事之认识,故必须与自宗教、道德、社会等见地而不予容许或视为有害之认识相区别。此外,违法性之认识,亦应与认识对于自己行为所适用之条文或认识对于自己的行为所科之刑罚相区别。"❶

本书认为,我们在理解违法性认识的内涵时,一方面不能游离于法律的本意,另一方面也不能脱离要解决的问题。从上文论述中我们可以看出,刑事违法性说强调了刑法的刑事意义,但不恰当地缩小了违法的外延,缩小了认识的范围,同时也割裂了刑事法规与一般规范的联系。而实质违法性说混淆了法律规范与道德规范的界限,以伦理道德作为违法的内容,反而扩大了认识范围,使违法性认识名不副实。行为的违法性和违反道德性并不是一回事,法律责任和道德责任应当分开考虑。因此,违反道德的意识不是刑事责任的基础,不能因为行为人违反道德而对其进行刑事制裁。所以综合而言,我们赞同违反整体法规说。其一,我国的法律体系是一个相互联系、密不可分的有机统一体,一切违反刑法的行为必然违反其他法律,它们之间的区别主要是所采用

---

❶ 赵秉志:《刑法总则问题专论(第二卷)》,法律出版社,2003,第222—223页。

的制裁手段不一样，因此，违法意识不宜苛求行为人确切知道这种差别。其二，犯罪的成立取决于主客观要件，违反刑法意识与违反一般法规的意识其实都表明行为人的主观恶性，只不过是危害程度有所差别，所以，违法意识的内涵指违反包括刑事法规、行政法规、民事法规等一切法律在内的规范。

2. 违法性认识是否为犯罪故意的要素

大陆法系国家，关于成立犯罪是否需要行为人具有违法性认识，从其主张来看大致可分为违法性认识必要说、违法性认识不要说和违法性认识可能性说。

首先是违法性认识必要说。持该说的学者认为，犯罪故意的成立，必须具备违法性的认识。行为人单纯认识犯罪事实，尚不足以对其进行严格意义上的道义非难，必须在行为人明白自己所为是法律所不允许而仍然为之时，才能对其进行道义非难。故意的成立，仅仅认识到犯罪事实并不够，现实的违法性认识是必要的，因为故意犯的成立，不仅要考虑事实性故意，"还必须充分考虑行为人自身指向刑法规范的人格态度本身"。❶

其次是违法性认识不要说。该说认为，要成立故意犯，只要求行为人认识到犯罪事实即可，不需要具有违法性认识。其主要理由是：罗马法传统"人人要知法"，国民均应该知法，凡是有责任能力的人通常都应具有能够认识违法性的能力，因此对违法性的认识没有特别考察的必要。若将违法性认识视为故意的要件，将会导致法的松弛。

最后是违法性认识可能说。该说认为，故意犯的成立，要求行为人有违法性认识的可能性。也就是说，行为人虽然欠缺违法

---

❶ 陈兴良、周光权：《刑法学的现代展开》，中国人民大学出版社，2006，第213页。

性认识，但是根据行为人对于犯罪事实的认识程度、经历、一贯表现、受教育程度、性格等综合判断，足以认定其具备违法性认识的可能性，可以看出行为人违反规范的态度，可以判断其具有故意责任。

本书认为在判断明知的过程中需要考虑违法性的认识问题，具体理由如下。

首先，违法性认识符合罪刑法定原则的思想基础。现在普遍认为，罪刑法定原则的思想基础是民主主义与尊重人权主义，其中所包含的"明确性"认识是支持违法性认识成为犯罪故意认识因素的有力证据之一。也就是说什么样的行为是犯罪，什么样的行为受处罚，不仅应该事先予以规定，而且必须有明确性要求，使国民能够预测自己的行为。"成立犯罪故意所要求的社会危害性认识，并非一般程度的社会危害性的事实的认识，而必须是和故意犯罪的刑罚效果相称的事实的认识。这种事实认识，当然要有明确的范围。"❶ 所以，由于违法性认识的明确性，一方面，排除了法官作出主观擅断的判决的可能；另一方面，不至于造成国民行动萎缩，限制国民的自由。也不会为国家机关恣意侵犯国民自由找到形式上的法律依据，这从根本上符合罪刑法定原则的思想基础。

其次，违法性认识是犯罪行为法益侵犯性及程度的法律表现。违法性是犯罪行为法益侵犯性及其程度的法律表现。从行为人认识的过程看，不能保证行为人对社会危害性的认识与立法者的认识是一致的。要让行为人认识到其行为有社会危害性，首先需要国家以法律规范的方式明确告诉他哪些行为合法，哪些行为不合

---

❶ 黎宏：《刑法总论问题思考》，中国人民大学出版社，2009，第248—249页。

法。而违法性认识就是用以说明具体犯罪行为及其程度的专门规范。当行为人认识到其行为的违法性时，他已经知道，从社会的立场看，他的行为已经具备了严重的法益侵害性。如果没有法律规范告诉过行为人，如何认定行为人已经认识到其行为对法益造成了侵害？如果没有法律规范来告诉行为人何种侵害法益的程度构成犯罪，那么法律将以何种理由责难其行为？违法性是明确规定的，像模糊宽泛的道德规范等是被剔除在故意认识因素范围之外的，同时违法性也是规定了法益侵害程度的，不像其他规范评价中的社会危害性认识那样无边无际。认识到违法性，即可推定行为人认识到了严重的法益侵害，从而也就具有了对行为人的法律上的可责难性，可以依此追究其刑事责任。

再次，违法性认识错误不会成为刑事犯罪人逃避惩罚的借口。保障人权是刑事诉讼法的目的之一，而保障的方法之一就是辩护。在刑事诉讼法中，有控诉就必然有辩护，要求有违法性认识和要求有社会危害性认识一样，都会有人以此作为无罪辩护的理由，但相比较而言，后一种辩护理由比前一种辩护理由更不容易被反驳。是否要求行为人有违法性认识，是刑法中应当如何理性判断的问题，而如何认定行为人具有违法性认识则是刑事诉讼中具体操作的现实问题，二者属于不同的层次，绝不能混为一谈。关于行为人有无违法性认识的判断，不可能也没有必要要求行为人达到像法学专家那样的认识水平，只要不存在行为人完全不可能知道其行为构成违法的确凿证据，就可以推定他具有违法性认识。

最后，违法性认识可以使定罪思维方式的确立更加准确。危害社会的就是违法的，因而也就是有罪的。刑法的惩罚是严厉的，并不是任何危害社会的行为都会被刑法规定为犯罪。从犯罪的排除条件方面看，使用社会危害性认识就会使理论体系处于逻辑不清的处境之中，因为犯罪构成是承担刑事责任的唯一根据，而排除犯罪的条件又没有包括在犯罪构成之中，因此，在犯罪已经能够构成的情况下去讨论犯罪的不构成，不仅在理论上要使用同一个社会危害性概念，即进行入罪性评价，又进行出罪性评价，至少在形式上产生了那种既卖矛又卖盾的尴尬问题，而且导致司法实践中，在已经入罪的情况下再进行出罪性辩护将面临重大困难，刑法理论的发展所追求的克服司法任意性也难以实现。

二、犯罪故意的意志因素

一般而言，意志是"人自觉地确定目的并支配其行动以实现预定目的的心理过程"❶。刑法理论认为，故意的成立有赖于认识因素和意志因素两方面同时满足。并进一步认为在犯罪故意中，认识因素是基础，意志因素是关键。就心理学而言，意志是行为人自觉地确定的，并为实现预定目的而有意识地支配和调节行为的心理过程。❷ 在刑法学中，犯罪故意的意志因素其实也是行为人在最终决定实施犯罪时的一个动态的心理过程。这个动态过程的基础是行为人对准备实施的行为有认识，从而选择自己的行为方式，控制自己的行为方向，克服困难和阻力，直至完成犯罪的心理活动。它集中反映了行为人的主观恶性，是罪过理论的核心要素。

我国《刑法》第十四条规定，"明知自己的行为会发生危害社会的结果，并且希望或者放任这种结果发生"是故意犯罪。那么"希望"和"放任"就是构成犯罪故意的意志因素。而我国刑法理论也认为犯罪故意中意志要素的表现形式有两种，即希望与放任。希望是直接故意在意志因素方面的表现形式，放任是间接故意在

---

❶ 曹日昌主编：《普通心理学》，人民教育出版社，1980，第74页。
❷ 伍新春主编：《高等教育心理学》，高等教育出版社，1999，第4页。

意志因素方面的表现形式,下面本书将对犯罪故意中的意志因素进行系统论述。

(一)意志因素概说

1. 意志因素与意志自由

人之所以能够在社会中正常生活,是因为绝大多数人具有认识客观实际的能力,具有辨别是非的能力,而是非对错的标准在社会形成的过程中逐渐确立。正是基于此,人会有意识地决定自己的行为。事实上,人在面临愤怒、诱惑或者心存报复时,并没有直接去实施违反法律的行为,很大程度上是因为行为人认识到违法行为为国家法律所禁止,于是遵循了法律的要求,放弃违法行为的实施,这样的人是一个自律的人、一个理性的人。相反,已经意识到因为泄愤、满足诱惑或者报复可能违反法律,仍然决意去实施行为的,无疑会招致法律上的否定性评价。这种否定性评价,一方面在于行为人意识到上述行为是一种恶行,另一方面还在于他实施违法行为背后的意志决断。

正如杨兴培教授所言:"追究一定行为人的刑事责任,之所以必须以行为人具有主观罪过为内在依据,这是因为主观罪过最全面、最深刻地反映了人的行为的社会属性、社会意义和社会价值。人的犯罪行为不管其形式多么复杂多样,不管其导致的危害结果多么深重巨大,其实不过是主观罪过的客观物化的外在表现而已。国家依据犯罪行为进行法律评价进而对犯罪人进行必要的惩罚,实际上就是在对犯罪人具有的主观罪过进行谴责和否定,进而对人们行为的意志支配力量和自由选择方向发生影响和作用。从这一意义上说,罪过的心理本质是意志自由。"❶ 由此,可以这样认

---

❶ 杨兴培:《犯罪构成原论》,中国检察出版社,2004,第193页。

为，认识因素在故意犯罪中固然重要，但是意志因素才是决定行为人是否走上犯罪道路的关键，也是犯罪认定的关键所在。

谈到意志因素，不得不谈的关键词就是"意志自由"。是否承认意志自由是讨论意志因素的关键。而关于意志自由的争论在刑事古典学派与刑事实证学派中有着不同的结论。意志自由是刑事古典学派的罪过理论的核心命题。在意志自由论看来，人都具有选择自己行为的意志自由。刑事古典学派的代表人物康德认为，人的价值是自由，自由与生俱来，根源于我们的人性之中，因而按照这一权利，每个人都是自己的主人，每个人都是存在的目的。人具有社会性，又具有非社会性。他认为，人作为具有社会属性的动物是有理性的，人按照自己的表述去行动的能力本身，包括人的理性选择，这种理性选择的能力便构成意志。❶ 他进一步指出："法则一般被看作是实践理性产生于意志，准则出现于意志做出选择的活动之中。后者对人来说就构成自由意志。如果意志仅仅指一种单纯的准则，那么，这种意志既不能说是自由的，也不能说是不自由的，因为它与行为没有直接的关系，但它为行为的准则提供一种法则，因此，它就是实践理性自身。所以，这种意志作为一种能力，它本身绝对是必然的，它不服从于任何外在的强制。因此，只有在自己有意识地活动过程中，那种选择行为才能被称为自由。"❷ 由此他承认绝对的、不受外界干扰的意志自由。

刑事古典学派的另一个代表人物费尔巴哈则提出了著名的"心理强制说"。他认为使违法行为中蕴含着某种痛苦，已具有违

---

❶ ［德］康德：《法的形而上学原理——权利的科学》，沈叔平译，商务印书馆，1991，第10页。
❷ ［德］康德：《法的形而上学原理——权利的科学》，沈叔平译，商务印书馆，1991，第29页。

法倾向的人就不得不在违法行为可能带来的乐与苦之间进行细致的权衡,当违法行为所蕴含的苦大于其中的乐时,主体便会基于舍小求大的本能,回避大于不违法之苦的苦,而追求大于违法之乐的乐,自我抑制违法的精神动向,使之不发展为犯罪行为。❶ 实际上,这种"心理强制"是建立在意志自由的基础之上的,正是因为有了人的意志自由,行为人才可能根据自己的理性,判断快乐与不快乐,进而决定是否实施违法犯罪行为。

随着社会不断发展,矛盾冲突日益加剧,刑事古典学派的刑法理论并没有很好地解决犯罪问题,为了更好地应对犯罪行为,刑事实证学派随之兴起。刑事实证学派以龙勃罗梭、加罗法洛、菲利等为代表,对刑事古典学派进行了全面的批判。在对待罪过的问题上,刑事实证学派更多地关注行为人本身,而不是行为,以"人身危险性"取代传统的罪过,并进而否定"意志自由"。菲利认为:"犯罪人犯罪并非出于自愿;一个人要成为罪犯,就必须使自己永久地或暂时地置身于这样一种人的物质和精神状态,并生活在从内部和外部促使他走向犯罪的那种因果关系链条的环境中。"❷ 龙勃罗梭提出了"天生犯罪人"的概念,从而对意志自由的观念进行了根本性的颠覆。❸ 日本刑法学者西原春夫对此总结道:"人在通常的状态下,在进行意志决定时,这种意志决定是不考虑自己的素质以及环境的必然归结的,而只考虑以自己的独立的意志来完成。这是确定不移的事实。因此,就处在与自己同样的正常状态下做出意志决定的人而言,他只想到以自己独立

---

❶ [德] 黑格尔:《法哲学原理》,范扬、张企泰译,商务印书馆,1961,第103页。
❷ [意] 菲利:《实证派犯罪学》,郭建安译,中国政法大学出版社,1987,第9—10页。
❸ [英] 鲁珀特·克罗斯、菲利普·A. 琼斯:《英国刑法导论》,赵秉志等译,中国人民大学出版社,1991,第30页。

的意志来完成。所以,一般正常人在实施违法行为时,虽然可以实施合法行为,却在自己意志的支配下实施了违法行为。因此,他就会感到来自别人的'愤怒'。也就是说,人是可以感觉到对自己的指责的。"❶ 他还进一步指出:"只有设想意志是自由的或者选择其他行为是可能的,才会对正常人的违法行为感到愤怒,并加以指责。只有产生指责,刑法才可以对此作出某些必要的处理。"❷

　　本书认为,我们应该承认意志自由,这是人类理性的必然要求,也是尊重人性的体现。之所以要追究故意实施犯罪的行为的刑事责任,是因为人根据自己的理性判断,可以选择和控制自己的行为,明知是恶,而仍然决意去作恶,这一意志决断过程充分反映了行为人的主观恶性。至于是什么因素导致其陷入选择的境地,走上犯罪的道路,在具体认定犯罪的过程中并不是必然考虑的因素。而决定实施犯罪的过程,显然是可以进行具体考量的。正如哈耶克所说:"自由不仅意味着个人拥有选择的机会并承受选择的重负,而且还意味着他必须承担其行动的后果,接受对其行动的赞扬或谴责。"❸ 同时,只有承认意志自由,承认在意志自由基础上建立起的罪过原则,才能彻底地摒弃刑法中的绝对功利主义,正确发挥刑罚的一般预防和特殊预防的作用。"如果不强调主观罪过,刑法制度就将盲目而严厉,人们的自由也因此将被限制到最小的程度。因此,强调罪过原则实际上反映了一种需要对刑罚的(一般和特殊)预防作用进行限制的要求,它代表的是一种与刑

---

❶ [日] 西原春夫:《刑法的根基与哲学》,顾肖荣译,法律出版社,2004,第123页。
❷ [日] 西原春夫:《刑法的根基与哲学》,顾肖荣译,法律出版社,2004,第123—124页。
❸ [英] 弗里德利希·冯·哈耶克:《自由秩序原理(上)》,邓正来译,生活·读书·新知三联书店,1997,第83页。

罚的预防功能相反，但在现代的自由民主制度中却居于不可侵犯地位的基本价值：对人的尊重。除了人们自身的要求，不得为了某种目的而将人工具化，即不得将人用来作为实现超越他自身要求或强加于他的某种'目标'的工具，是尊重人的最基本的要求。"❶

2. 意志因素的内容

意志因素包含哪些内容，在我国传统刑法理论中，因受我国《刑法》第十四条规定的影响，实际上争议不大。但是有学者从不同的角度谈及了意志因素的内容，如姜伟教授认为犯罪故意的意志因素可以分为两项内容：一为意志态度，即行为人对其行为造成的结果所产生的希望或放任的态度；二为意志努力，即行为人积极选择犯罪方式，自觉发动危害社会的行为。❷"希望"和"放任"作为直接故意和间接故意区别的标志，反映了两种故意不同的意志态度。而意志努力是意志态度的形式和结果，任何危害社会的结果都是由一定的意志行动造成的，没有意志自由的行为，便不会有刑法意义上的危害社会的结果，更不会有行为人的罪过心理。对于犯罪故意来说，行为人的意志努力首先表现为行为前的意志选择上，其次表现为行为中的意志努力。不管行为人的意志态度是希望还是放任，在行为的意志努力上都表现为积极、自觉的形式，即选择并执意实施将发生危害社会结果的行为。❸

还有学者认为，犯罪故意中的意志因素包含三方面的内容，即意志态度、意志选择和意志努力。所谓意志态度，包括所有故意犯罪的行为人对于实施构成要件行为的积极态度，以及目的犯

---

❶ [意] 杜里奥·帕多瓦尼：《意大利刑法学原理（注评版）》，陈忠林译评，中国人民大学出版社，2004，第193页。
❷ 姜伟：《犯罪故意与犯罪过失》，群众出版社，1992，第153页。
❸ 姜伟：《犯罪故意与犯罪过失》，群众出版社，1992，第160页。

对构成要件目的、结果犯对构成要件结果的希望态度。意志态度是行为人反社会人格的具体表现，是对行为人适用刑罚的主观基础与根据。所谓意志选择，主要是行为人在意志自由的前提下选择犯罪行为的决定，以及对构成要件的犯罪目的、手段、方法等的选择。所谓意志努力，就是行为人对于所选定的行为及模式等有关动作表象予以高度注意，在意志行动中，克服困难，排除障碍，控制行为的性质和发展方向，实质朝着犯罪构成的方向发展，并最终完成犯罪行为，实现犯罪目的。❶ 在本书作者看来，不管是意志选择还是意志努力其实是一回事，犯罪故意的意志因素包括意志态度和意志努力两方面的内容更为合理。

3. 认识因素与意志因素的关系考察

传统刑法理论认为，任何罪过心理都是认识因素与意志因素的统一，缺少其中之一都不可能构成犯罪。就二者的关系而言，一般认为，认识因素是意志因素的前提，意志因素是认识因素的发展，认识因素先于意志因素。本书作者认为，在承认意志自由的前提下，人有选择和控制自己行为的能力。犯罪人实施犯罪的意志过程，充分反映了行为人的主观恶性，是行为人承担刑事责任的主观基础。我们强调意志因素在刑事责任中的重要意义，并不是否定认识因素对刑事责任的影响。人们的活动只有在认识活动的基础上，才会有明确的指向对象，才能有确定的行动方向，才能实现理想的目的。因此，认识因素是主观罪过的首要内容。主观罪过的成立与否首先取决于认识因素的有无。❷ 而所谓的意志

---

❶ 梅传强：《论直接故意中的犯罪意志》，载《重庆大学学报（社会科学版）》2004年第3期。

❷ 杨兴培：《刑法新理念》，上海交通大学出版社，2000，第119页。

因素则是指人们对自己的支配和控制心理,是建立在认识因素基础之上的决定行为发展的因素。在犯罪故意中,作为认识因素的明知是其构成的前提条件,而希望或放任都是以此为基础而形成的决定行为人行为的内在力量。所以,没有对特定内容的明知,则无法形成特定的"希望"或"放任",也就必然影响犯罪故意的成立。形象地说:"没有人想真正实施以二加二的和是五为前提的行动,如果他知道二加二的和是四的话。"❶ 其实,从我国刑法的规定也可看出认识因素和意志因素的相互作用。我国刑法中的直接故意是指"明知自己的行为会发生危害社会的结果并且希望这种结果的发生",这里所希望的是"这种结果"的发生,而"这种结果"是有特定含义的,它是指行为人所认识到的自己行为将会发生的危害结果。换句话说,若是行为人所认识到的他人的行为的结果,或是所认识到的自己行为不会发生的结果,都不是直接故意所要求的"这种结果"。"明知会发生"是"故意的认识程度的质的规定性。如果行为人认为自己的行为不会发生危害社会的结果,就不具备故意的条件"。❷ 质言之,犯罪故意是以"明知"为条件的,亦即明知故犯,如果没有这种明知,就不可能构成犯罪故意。

所以在犯罪故意中,认识因素和意志因素缺一不可,共同构成对行为人非难的基础。我国台湾地区学者蔡墩铭认为:"故意必须表现为外部之行为,始得为实践之基础,具有刑法之意义。是以单纯认识构成犯罪之事实,乃属知的作用。其本身有以实现所认识事实之决心,即意的作用,与实践相结合,乃能为刑法之评

---

❶ [德]格吕恩特·雅科布斯:《行为责任刑法——机能性描述》,冯军译,中国政法大学出版社,1997,第49页。
❷ 姜伟:《犯罪故意与犯罪过失》,群众出版社,1992,第149页。

价之对象也。"❶ 德国学者李斯特也认为:"单纯的认识并不能就法定罪责责难提出根据。只有当行为人不仅有此认识,而且以该认识而行为的,此等罪责才可能产生。"❷

(二)"希望"的理解

在我国刑法条文中,明确将故意分为直接故意和间接故意。在意志因素上,二者分别用"希望"和"放任"来区别。"希望"是直接故意的意志因素,"放任"是间接故意的意志因素。

1. 希望的概念

直接故意以"希望发生危害社会的结果"为要件,反映了行为人决意与法为敌的主观心态。通说认为,所谓希望危害结果的发生,是指行为人对危害结果持积极追求的心理态度,该危害结果的发生,正是行为人通过一系列犯罪活动所意欲达到的犯罪目的。那么,如何理解意志因素"希望"呢?在《现代汉语词典》中,希望是指心里想着达到某种目的或出现某种情况。该解释所蕴含的含义,揭示了直接故意中犯罪目的的明确性。"犯罪故意中的'希望'是有一定控制对象和控制内容的、动态的、能动的心理活动过程,是行为人充分调动自己的意志努力,利用各种主客观条件,控制行为的发展方向,使主观目的在现实中得以展开和实现的心理状态和活动过程。通过行为人对控制对象的控制,行为才具有一定的性质,行为人主观上对自己行为性质的认识才转化为客观现实。"❸ 可见,在希望的意志之下,行为人体现了更深

---

❶ 蔡墩铭:《刑法总则争议问题研究》,五南图书出版公司,1988,第160页。
❷ [德] 弗兰茨·冯·李斯特:《德国刑法教科书》,徐久生译,法律出版社,2000,第291页。
❸ 梅传强:《论直接故意中的犯罪意志》,载《重庆大学学报(社会科学版)》2004年第3期。

的主观恶性，行为人对危害结果的发生有更坚决的意志态度和更顽强的意志努力，行为人客观外在行为将更加坚决，犯罪成功的可能性将更大，并且造成的危害结果可能也会更大，因此应该承担更重的刑事责任。

2. 希望的特征

"希望"作为直接故意的意志因素，反映了行为人的主观恶性。它具有以下几个方面的特征。

第一，希望具有极强的目的性，以实现一定的目的为追求。犯罪故意中的希望不是盲动，也不是冲动，更不是抽象的没有意图的指向，而是表现为追求一定的目的，即希望实现某种具体的结果。这个目的就是行为人希望达到的自己行为的危害社会的结果。

第二，希望具有积极性。行为人希望实现的主观目的，总是根据自己的需要改变客观世界，最终满足自己的需要。因此，凡是希望实现的目的，行为人都会有一种快感，增强了行为人犯罪的希望意志，行为人干劲充足，行动效率高，可以增强行为人犯罪的自觉意志，促使其积极地实现犯罪目的。

第三，希望具有坚决性，表现为勇于克服一切困难，坚定不移地实现犯罪目的的决心。希望的通俗解释是追求，行为人追求某种事物，在主观心理上具有不可逆转性，进而行为人会千方百计地实现自己的目的。

第四，希望具有独立性，这是相对于间接故意中的"放任"而言的。希望与放任，作为直接故意和间接故意中两种不同的意志因素，二者有明显的不同。其中，希望这种心理态度，具有独立的品格，可以独立存在。而放任则不然，它不是一种对立的心理态度，而是具有依附性，依附于一定的希望态度。有学者早就指出:"一个结果,当它是故意引起的时候,既可以是直接故意,也可以是间接故意。当预期产生某种结果构成促使行为人决心实施其行为的因果锁链中的一个环节时,就可以说,行为人对这一结果的态度是直接故意或直接产生的故意。当结果虽然是预料中的,并且是在行为的实施过程中很可能伴随出现的,但预期产生这种结果不构成上述因果锁链中的一个环节时,就可以说,行为人对该结果的态度是间接故意或伴随的故意。"❶

(三)"放任"的理解

1. 放任的概念

何为放任?刑法理论通说认为,放任就是指听之任之、漠不关心、对结果产生与否无所谓的一种心理态度,它是间接故意特有的意志因素。它与"希望"相对应,是区别于直接故意的关键。因此准确理解放任,有助于划清直接故意和间接故意的界限,也有助于区别间接故意和有认识的过失(过于自信的过失),进而有助于正确地定罪量刑。本书作者认为放任的心理态度与不希望的心理态度二者之间的关系,是理解"放任"的关键。对此作者梳理了刑法学界的不同观点。

一是等同说。高铭暄教授认为放任就是不希望危害结果的发生,只是采取了听之任之的态度,二者没有本质区别,就对结果发生与否较行为人本身的意愿而言,二者是一致的。❷

二是独立说。该说认为等同说不正确,将行为人对结果的态度分为三种:希望危害结果发生、不希望危害结果发生、放任危害结果发生。希望与不希望是一对反义词,对于结果所持的态度

---

❶ 姜伟:《犯罪故意与犯罪过失》,群众出版社,1992,第149页。
❷ 高铭暄主编:《刑法学》,法律出版社,1982,第148页。

通过客观的外在表现可以很容易地判断出是希望还是不希望。而第三种态度是希望与不希望的中间状态，因此认为三者不能混淆，更不能等同。❶ 所谓放任危害结果的发生，是指行为人对可能发生的危害结果采取顺其自然、不加干涉的态度。行为人如果在这种心理状态的支配下实施某种行为，则会出现这样的状态，即如果发生了危害结果，并不违背行为人的意愿，因为行为人本身就无意防止它的发生；如果没有发生危害后果，也同样没有违背行为人的意愿，因为他并没有追求这种危害结果发生的意图。也就意味着放任既不能归入希望的范畴，也不能归入不希望的范畴，因此它是一种独立的心理状态。

三是折中说。认为放任就是虽然没有希望结果的发生，但又不设法防止，采取听之任之的态度。❷ 此说对没有希望进行了进一步的分析，将没有希望分为两种情形，一种是有明显的不希望，另一种是无所谓希望不希望而听任危害结果发生。也就意味着在某种特殊的场合既可以是不希望，也可以是听之任之的放任。

本书认为，放任既不等同于不希望，也不等同于希望，放任也不是像有些折中说所认为的那样包括不希望。我们赞同通说的观点，认为放任是与希望、不希望并列的具有独立形态的第三种态度。同时，在我们看来，放任与不希望不是一种包容与被包容的关系，不希望的心理态度并不能包含放任的心理态度，希望也无法包含放任。希望与不希望，在逻辑上是一种"A与非A"的关系，所以在希望与不希望之间，存在独立的第三种意志形态。如果行为人对危害结果的发生，将一种不希望的心理态度，那么首

---

❶ 何通胜、吉罗洪：《试论间接故意犯罪与过于自信过失犯罪的异同》，载《法学杂志》1989年第1期。
❷ 夏卫民：《间接故意浅析》，载《法学季刊》1982年第3期。

先就可以排除直接故意的成立。但是也不能直接判断出对结果所持的态度是过失。因为过失对于结果的态度十分明确：不希望结果发生。就故意犯罪在实践中出现的具体情况分析来看，是为了实现某种犯罪意图而放任危害结果的发生，如猎人为了击中野兽，对可能击中他人持放任态度。对于人的伤害行为可能会说行为人与受害人"往日无冤，近日无仇"，行为人肯定不愿意结果的发生。那么我们就要考虑了，既然对结果不愿意发生，那么有无采取相应的预防措施，如果有则意味着可能被认定为过于自信的过失，如果没有则可能被判断为间接故意。那么问题来了，为什么会有这样的逻辑呢？显然对结果所持的态度不同才是问题的关键。

2. 放任的性质

一直以来，我国刑法理论都把认识因素（知）和意志因素（意）作为犯罪故意必备的两大构成要素，二者相互联系，组成不同的罪过形式。其中，"放任"一直都是被定位为间接故意的意志因素。但近年来，一些学者开始关注犯罪心理中的情感因素，对"放任"是否属于一种意志因素，提出了不同的主张。有的学者认为，放任不是单纯的意志因素或情感因素，而是对意志和情感因素综合的描述，是一种变动的心理状态。"放任的理解，不应该只局限于单纯的意志因素或情感因素，而应该把它置于一种变动的心理状态来阐述更为合理和科学。进一步而言，在不同的故意犯罪中，情感和意志在心理因素中占的比重是不同的，二者此消彼长，相互作用。因而，放任是对包含意志因素和情感因素的心理综合描述，是尚待测定的一种模糊心理区域。而学理探究的是为司法实践寻求一个较为合理的判断"。[1]

---

[1] 李兰英：《对"放任"的考究》，载《中国刑事法杂志》2001年第2期。

另有学者主张,放任并不是一种意志因素,而是一种情感因素。该学者认为,意志作为人特有的一种心理现象,具有目的性、计划性、主动性、积极性、顽强性等特征。而放任表现的是一种对附属危害结果消极的(包括模糊和否定)态度,行为人并没有任何使危害结果发生的刻意努力,因而欠缺目的性。不符合心理学上对意志因素的要求。❶ 并且认为,放任属于情感因素,这是由放任心理本身的特点决定的。首先,放任心理具有依附性。放任作为一种心理现象,不具有独立存在的品格。它依附于直接故意行为,放任故意的责任源于希望故意行为,属于希望故意的派生责任。其次,放任心理过程的不完整性。心理过程包括认知、情感、意志三个过程。而间接故意的心理过程被阻断在情感过程,欠缺意志过程,相对于一般的行为心理而言,是不完整的。最后,放任的他行为性。放任心理被阻断在情感过程,而没有绵延到意志过程,说明不存在放任意志,因而也不存在放任行为。放任只是对可能的(必然的)结果的放任,放任行为是一种拟制的行为。❷

但是,更多的学者仍然坚持传统的观点,把放任作为间接故意的意志因素,以此与其他罪过形式相区别。比如陈兴良教授认为,对于放任的意志性,应当从行为与结果之间的主观联系上加以说明。在放任的情况下,行为人对于结果发生是认识到其可能性。对于这种可能结果,如果行为人既不希望其发生,亦不否定其发生,就是间接故意。因此,作为可能的故意,间接故意不仅认识上是可能的,即认识结果可能发生,而且在心态上也是两可的(这也可以说是一种可能),这种"两可"态度,表明行为人具

---

❶ 刘为波、牛克乾:《放任的心理定性》,载《政治与法律》2002 年第 4 期。
❷ 刘为波、牛克乾:《放任的心理定性》,载《政治与法律》2002 年第 4 期。

有"接受危害结果发生的危险"的心态。这就是间接故意的意志性。间接故意的意志性，不仅可以从心理态度上得到说明，而且可以从其与结果的关系上得到解释。在间接故意的情况下，其结果具有间接性、附属性和派生性。

本书认为，作为一种心理状态，"放任"是对间接故意心理的高度概括。刑法上研究"放任"是为了准确认定间接故意的界限。问题的关键其实并不在于"放任"究竟在心理学上属于意志因素还是情感因素，而在于如何准确把握"放任"究竟反映了一种什么样的心理态度。如果把意志因素的重点放在对行为及其结果的控制和支配上，那么"放任"也体现了一定的控制力和支配力，也都反映了行为人实施行为之际的意志决断过程。所以我们仍然坚持把"放任"作为间接故意的意志因素来看待。

第三节　犯罪故意的类型

在前述第一节中我们已经就犯罪故意理论分类进行了详细的论述，本节主要根据我国刑法的具体规定探讨犯罪故意的分类。我国刑法根据故意的认识因素与意志因素的内容，将故意分为直接故意与间接故意。本节将对直接故意与间接故意的相关内容进行系统的论述。

一、直接故意

前面已经就犯罪故意的认识因素与意志因素进行了整体的探讨，在此笔者将结合直接故意的基本概念，对直接故意的认识因素与意志因素进行专门的论述，探讨其中的特殊问题。

(一) 直接故意的概念

根据我国《刑法》第十四条的规定,直接故意是指明知自己的行为会发生危害社会的结果,并且希望这种结果发生的一种心理状态。我国刑法学界对于直接故意的概念几乎没有争议,均是依据法律来对其进行定义。就直接故意的构造而言,它是认识因素与意志因素的统一,因此需要进一步判断其认识因素与意志因素。

(二) 直接故意的认识因素

直接故意的认识因素是明知自己的行为会发生危害社会的结果。"明知自己的行为会发生危害社会的结果"与"认识到危害结果会发生"不是等同的含义,因为明知自己的行为会发生危害结果,意味着行为人认识到自己以何种行为对何种对象造成危害结果。所以,不能认为直接故意的认识内容就是认识到危害结果发生,而应认为认识内容包括明知自己行为的内容、社会意义与结果等。

1. 直接故意的一般认识内容

根据我国《刑法》第十四条的规定,直接故意的一般认识内容包括以下三个方面。

(1) 明知自己行为的内容与社会意义。也就意味着这里的"明知"实际上包含两层含义,一方面必须清楚自己在干什么,也就是必须明知自己行为的具体内容。具体而言就是什么时间、什么地点、干了什么事情。另一方面还需要有更深层次的认识,即行为人对自己行为的认识,并不只是对外部行为物理性质的认识,而是必须认识到行为的社会意义。例如,行为人向他人头部开枪时,只有认识到该行为属于"杀人"行为时,才能评价为"明知自己行为的内容与社会意义"。再比如,行为人明知是犯罪所得及其产生的收益,才能明知自己行为的社会意义与危害结果;如果行为人明知可能是犯罪所得及其产生的收益,则意味着行为人明知自己的掩饰、隐瞒行为可能产生妨害司法的危害结果,倘若行为人放任该结果的发生,便成立间接故意。此外,即使明知是犯罪所得及其产生的收益,但如果不知道自己的行为会产生掩饰、隐瞒的效果时,也不构成总则中的"明知"。换言之,对行为内容与社会意义的认识,实际上是对刑法所欲禁止的实体的认识。

(2)明知自己的行为会发生某种危害结果(包括侵害结果与危险结果)。前述已经对基本问题进行了解读,对危害结果的认识不要求很具体,只要求认识到是某种性质的危害结果。例如,故意杀人时,只要求认识到会有人死亡即可,不要求具体认识到谁在什么具体时刻死亡。对危害结果的明知包括明知危害结果必然发生与可能发生两种情况。行为人所明知的是哪一种情况,应以行为人自身的认识为准,不以客观事实为准,即使客观上只有发生结果的可能性,但行为人认识到发生结果的必然性时,也应认定行为人认识到了危害结果的必然发生;反之亦然。由于故意的成立要求行为人对行为的内容与社会意义以及危害结果的认识,故行为人对自己的行为与危害结果之间的因果关系的认识,不是故意的独立认识内容。例如,甲明知自己向乙胸部开枪的行为会发生乙死亡的结果,但开枪行为仅造成了乙轻伤,乙在去医院的途中不慎坠河身亡。在这种场合,不能否认甲具有杀人故意。至于甲应否对乙的死亡负责,则需要通过因果关系来判断,即能否认定甲的行为造成了乙的死亡结果(即在甲的犯罪案件中是否存在死亡结果)。

(3)某些犯罪的故意还要求行为人认识到刑法规定的特定事实,如特定的行为时间、地点、方法、行为对象、特定的主体身份等。例如，成立掩饰、隐瞒犯罪所得罪，要求行为人明知自己掩饰、隐瞒的是犯罪所得。再如，行为人本来患有严重性病，但误认为自己没有患性病而卖淫或者嫖娼的，虽然其行为符合犯罪的客观构成要件，但由于没有认识到自己的特殊身份，因而没有认识到行为的社会意义与危害结果，则不具有犯罪故意，不成立犯罪。

由上可见，我国刑法中的故意是一种实质的故意概念，即并不是认识到行为与结果的外部形式就成立故意，而是必须认识到行为的社会意义与结果的危害性质。概言之，成立故意要求行为人认识到法益侵犯性，也可以说，故意的成立要求行为人认识到实质的违法性。

2. 规范的构成要件要素的认识

构成要件要素可以分为记述的构成要件要素与规范的构成要件要素。就符合记述的构成要件要素的事实而言，行为人在认识到单纯事实的同时，就能认识到行为的社会意义，进而认识行为的实质违法性乃至形式违法性。例如，行为人在认识到自己向他人胸部开枪时（单纯事实的认识），必然认识到这是杀人行为（社会意义的认识），进而认识到杀人行为是侵害他人生命的恶的行为（实质违法性的认识），甚至认识到其行为是符合《刑法》第二百三十二条的行为（形式违法性的认识）。但就符合规范的构成要件要素的事实的认识而言，行为人在认识到单纯事实的同时，却不一定能够认识行为的社会意义，因而不一定认识到行为的实质违法性。例如，行为人认识到自己在贩卖某种书画（单纯事实的认识），却不一定认识到自己贩卖的是淫秽物品（社会意义的认识），因而不一定认识到行为的法益侵犯性。这是因为规范的构成要件要素是需要根据法律、法规、经验法则或者一般人的价值观念作出判断的要素,但行为人的价值观不同于法律、法规的价值取向或者不同于一般人的价值观时,就可能得出不同结论。例如,某种书画,一般人均认为是淫秽物品,而行为人却不认为是淫秽物品。在这种情况下,如果仅要求行为人具有单纯事实的认识(即只要认识到自己贩卖了书画),就认为其成立故意犯罪,显然不合适。例如,根本不识外文的人客观上贩卖了淫秽的外文小说,如果他没有被告知为淫秽物品,自身也没有认识到是淫秽物品,则因为没有认识到自己行为的社会意义,就不能认定其行为构成故意犯罪。所以,故意的成立要求行为人认识到自己行为的社会意义;但如果要求行为人认识刑法上的规范概念(如淫秽物品的概念),也会不当缩小刑法的处罚范围,并且导致处罚的不公平。

3. 无违法性阻却事由的认识

由于我国刑法采取了实质的故意概念,所以,当行为人认识到自己的行为属于违法性阻却事由时,不可能存在犯罪故意。例如,行为人误以为对方正在进行不法侵害时,对之进行防卫的,属于假想防卫,不存在犯罪故意。在这种认识到存在违法性阻却事由的场合,行为人没有认识到为自己行为的违法性提供根据的事实,因而不可能期待行为人形成反对动机,故应作为事实错误阻却故意的成立。总之,只有当行为人认识到前述客观构成要件事实,同时认识到并无违法性阻却事由时,才能确定行为人具有犯罪故意。

4. 不需要认识的内容

直接故意的成立并不要求行为人认识到所有的客观事实,易言之,有些客观事实或要素属于不需要认识的内容。

(1)结果加重犯中的加重结果,属于不需要认识的内容,即不需要行为人必须认识到结果加重犯中的加重结果,但要求具有认识的可能性。当对加重结果只能持过失时，如果行为人对加重结果具有认识，则不成立结果加重犯，而成立其他重罪。例如，故意伤害致死的成立，不需要行为人认识到死亡结果；如果行为人认识到自己的行为会发生他人死亡的结果并实施其行为的，则不成立故意伤害致死，而构成故意杀人罪。当对加重结果既可以持过失也可以持故意时，行为人是否认识到加重结果，不影响结果加重犯的成立。例如，行为人实施抢劫行为时，不管是否认识到死亡结果，都不影响抢劫致人死亡的成立，只会影响量刑。

（2）客观构成要件中的"客观的超过要素"，属于不需要认识的内容。只有具备以下条件，才可以考虑确定为"客观的超过要素"。第一，该客观要素虽然是成立犯罪不可缺少的条件，但刑法只是为了控制处罚范围，才要求具有该客观要素。第二，该客观要素在客观构成要件中不是唯一的要素。将某种结果确定为客观的超过要素时，该结果不是行为必然发生的结果，只是该行为可能发生的结果，而且还必须存在其他结果。第三，如果将某种结果确定为客观的超过要素，该犯罪的法定刑必须较低，明显轻于对结果具有故意心理的犯罪的法定刑。第四，将该客观要素确定为客观的超过要素时，不影响行为人主观故意的完整内容。第五，该犯罪事实上只要求对客观的超过要素（结果）具有预见可能性，但又不能将该犯罪确定为过失犯罪，或者确定该犯罪为过失犯罪并不符合过失犯罪的观念。总之，不得随意扩大"客观的超过要素"的范围，否则会违反责任主义原则。

（三）直接故意的意志因素

直接故意的意志因素是希望危害结果的发生。前面已经对"希望"进行了全面的解读，这里就不再进一步详细论述。这里的"危害结果"是指行为人明知的结果。"希望"是指行为人积极追求结果发生；发生结果是行为人实施行为直接追求的结局；行为人主观上没有介入其他独立意识，不是为了实现其他意图而实施该行为；行为人主观上只有一个意志——追求危害结果的发生，除此之外，没有其他任何意图。正因为如此，才将这种故意称为直接故意。"希望"虽然意味着追求结果发生，但也有程度上的差异，强烈、迫切地希望与不很强烈、不很迫切地希望，都属于希望危害结果发生。

二、间接故意

（一）间接故意的概念聚讼

综观世界各国的刑事立法和刑法理论，有关间接故意的概念真可谓众说纷纭、各抒己见。归纳起来，主要有以下四种规定和主张。

第一，放任说。这种学说认为，间接故意犯罪是指行为人认识到自己的作为或不作为对社会的危害性，并预见到它对社会的危害结果，而且有意识地放任这种结果发生的犯罪行为。间接故意犯罪这一概念由苏俄刑法典首创，以后为其他社会主义国家的刑事立法所承袭。例如，朝鲜、越南、捷克、斯洛伐克、蒙古国、阿尔巴尼亚等国的刑法均采取这一概念。鉴于上述立法均采取的是苏俄刑法典的观念，在理论上我们不妨将采取这种立法例的国家称为"苏俄派"。这一学说将间接故意犯罪的特征分为三个方面：（1）行为人认识到自己的作为或不作为对社会具有危害性；（2）行为人对自己所造成的危害结果有所预见；（3）行为人预见到危害结果竟然有意识地放任这种后果的发生。从这一学说中，我们可以看到，间接故意作为故意犯罪的形态之一，是以"有意识地放任后果发生"与其他犯罪形式相区别的。"放任"在这里指的就是对危害结果的发生抱着听之任之,虽不希望结果发生却没有加以阻止的态度。

采取放任说的国家,除"苏俄派"之外,还有奥地利、加拿大等国。例如,《奥地利刑法》第 5 条规定:"法律规定某种情况或结果的发生,以意图为条件者,如行为人对此情况或结果有意任其发生时,视为有意图。"《加拿大刑法》在理论上将罪过形式分为故意、放任和过失三种。其中,放任指的就是间接故意。其对间接故意的解释是:"被告可能以这样一种方式行事。他清醒地意识到他的行为可能造成损害,但他却对是否导致损害而毫不在乎。"由此可见,大凡采取"放任说"的国家,无论是社会主义国家,还是资本主义国家,其在刑法意义上是大体相通的。

第二,同意说。这种学说认为,间接故意是指行为人意识到自己的行为或不作为可能产生为法律所禁止的结果,并同意这一结果发生的行为。在刑法理论和刑事立法上持这种主张的国家有波兰、南斯拉夫等国。例如,1969 年《波兰刑法典》第 7 条第 1 款规定:"如果某人意图实施被禁止的行为,即希望实施这种行为,或者预见到可能实施并同意实施这种行为。"《南斯拉夫刑法典》第 13 条规定:"行为人意识到自己的行为并意欲实施这一行为,或者是意识到自己的作为或不作为可能产生法律所禁止的结果并同意这一结果发生的,为故意犯罪。"同意说这种主张将间接故意犯罪的特征分为两个方面:(1)从认识因素来看,行为人意识到自己的行为可能产生法律所禁止的后果;(2)从意志因素来看,行为人的意志状态比较肯定,同意危害结果的发生。

第三,容忍说。这种学说认为,间接故意是行为人明知有危害结果发生的可能性,却对其结果的发生采取了容忍的态度。在世界各国的刑法理论上,持容忍说这一主张的主要是日本。日本虽然在刑法典中没有明确规定故意犯罪的概念,然而在法学理论上却普遍认为间接故意犯罪就是容忍危害结果的发生。除日本外,在刑法立法上采取"容忍说"的还有古巴、保加利亚等国。根据1987年《古巴刑法典》第9条第2款之规定:"犯罪故意,是指行为人明知并且自愿地实施其具有社会危害性的作为或者不作为,而且希望危害结果发生或者容忍可能发生结果之危险的。"根据1968年《保加利亚刑法典》第11条第2款之规定:"行为人认识到行为的社会危险性,预见到行为可能导致社会危险的结果且希望或容忍该结果发生的,认定为故意。"从以上有关故意犯罪的立法规定中,我们可以看到,行为人希望结果发生的是直接故意犯罪,行为人自觉地容忍危害结果发生的,是间接故意犯罪。

第四,不违背本意说。这一学说认为,间接故意是指行为人对于构成犯罪之事实,预见其发生并不违背其本意的行为。这一主张来自1928年以及1935年《中华民国刑法》。例如,1928年《中华民国刑法》第26条就规定:"行为人对于构成犯罪之事实,明知并有意使其发生者为故意。行为人对于构成犯罪之事实,预见其发生,而其发生并不违背其本意者,以故意论。"在世界其他各国刑法典中,1973年《罗马尼亚刑法典》中有关间接故意的规定,似乎与"不违背本意说"有异曲同工之妙。该刑法典第19条规定:"预见到行为的结果,虽不追求其发生,却接受了该结果发生的可能性。"从该条规定的本质来看,它与"不违背本意说"在基本精神上是一致的。

有关间接故意的概念,除以上几种表述外,还有"明知说"和"冒险说"等。"明知说"来源于美国的《模范刑法典》,如该法第2章第2条关于"明知故意"的规定就是"行为之结果被定为犯罪基本要件时，行为者充分知道由自己之行为足以引起其结果者"。从该条规定来看，美国刑法中所规定的"明知故意"与其他各国间接故意犯罪的规定相比，在内容上更具有自己的特色。"冒险说"来源于《巴西刑法典》，该法典第 15 条在对故意犯罪概念的表述中，明文规定："行为人希望发生后果或者冒发生后果的危险的，是故意犯罪。"从该条规定中，我们不难看出，行为人希望发生后果的是直接故意犯罪，而甘冒发生后果的危险的是间接故意犯罪。

在我国现行刑事立法和刑法理论中关于间接故意的概念，基本上是苏联模式的翻版，只不过在表述上略有差异而已。例如，我国《刑法》第十四条规定："明知自己的行为会发生危害社会的结果，并且希望或者放任这种结果发生，因而构成犯罪的，是故意犯罪。"从我国现行刑事立法来看，关于间接故意的概念基本上沿袭了苏俄刑法典的观点，只是在少数地方作了修正，例如，就认识因素来讲，将"预见"改为"明知"，就显得更加符合故意犯罪的心理状态，然而，就意志因素来看，将"有意识地放任"改为"放任"，则淡化了间接故意在意志行动上的主观心理内容。

综观国内外的刑事立法和刑法理论，我们认为，虽然它们从不同的侧面给间接故意犯罪的概念作了某种程度的揭示，且就某一种观点本身而言都有一定的道理，但是，如果仔细加以推敲，其不足之处依然可见一斑。

首先，就"放任说"来看，这一学说虽然是目前国际上影响最广的一种学说，但是，由于放任本身表明行为人在主观上处于一种无意志的心理状态，这样就不能用来准确地表述间接故意犯罪的意志内容。这是因为间接故意犯罪作为一种故意犯罪，行为人是不可能没有任何意志活动的，只不过这种犯罪的意志活动没有直接故意那样积极、强烈而已。虽然其意志活动在主观上表现为有意放纵、无意制止的态度,但是行为人并非完全处于无意志状态,实际上行为人对于自己的行为采取何种态度是有其意志活动的,即行为人在要么选择实施该行为或者不实施该行为之间是有自己的意向活动的。因此"放任说"是存在其本身不可避免的缺陷的。

其次,就"同意说"而言,这一学说也没有准确地表达间接故意犯罪的真正内涵。因为同意是一种比较明确、肯定的意思活动,行为人对自己的行为造成的危害社会的结果并不排斥和否定,相反地,是持一种肯定和赞同的态度,它与直接故意犯罪的行为人在主观上所持的希望的心理态度有很多相似之处,都表现为一种积极认同、刻意追求的心理状态,因此用它来表达间接故意犯罪的意志状态,难免与直接故意犯罪的意志因素相混淆,从而模糊了直接故意犯罪与间接故意犯罪的界限。

再次,就"容忍说"来讲,其不科学之处也是显而易见的,首先"容忍说"概念本身就不够明确,因为"容忍说"在理论上无法正确地区分间接故意犯罪与过于自信的过失犯罪之间的界限,这是由于容忍说在认识因素和意志因素上集"间接故意犯罪"与"过于自信的过失犯罪"于一体,二者之间的界限有时很难划清。与此同时,从司法实践的角度来考察,对容忍的程度高低如何确定,达到什么程度的容忍是间接故意犯罪,达到什么程度的容忍为有认识的过失犯罪,都难以确立一个明确的标准,因此,容忍说亦不能反映间接故意犯罪的本质。

最后,"不违背本意说"亦没有表达出间接故意犯罪的内涵。首先,仅言预见后果发生而其发生并不违背其本意。行为人甘冒实现法定构成要件之危险,毅然决然地实施其行为,即使果真实现法定条件,亦在所不惜的主观心理状态,未能明确地表现出来。其次,从逻辑的角度来考察,不违背本意说也违反了逻辑上关于下定义的要求,因为概念要求明确、具体,一般应使用肯定判断,而该定义却使用了否定判断,显然不能阐明其内在的含义。

除此之外,"明知说"只提到了间接故意的认识因素,而未明确其意志因素究竟是什么,"冒险说"只提及了间接故意犯罪的意志因素,而未明确其认识因素是什么,因而都是不完整的、不精确的,有待进一步明确和完善。

(二) 间接故意概念的确证

间接故意犯罪作为一种特殊形态的犯罪形式,既有别于"直接故意"又有别于"有认识的过失",但是它们之间又不是绝对孤立、毫不相干,而是互相联系的。因此,要给间接故意下一个较为科学的概念,就必须注意反映它与其他犯罪形式的共同点和不同点。

鉴于以上理由,笔者认为,间接故意犯罪的概念应当这样表述,即行为主体明知自己的行为会发生危害社会的结果,而有意纵容这种结果发生的心理状态。这种表述的科学性有以下几点:

第一,它明确了间接故意犯罪与直接故意犯罪在认识因素上的一致性。因为"明知自己的行为会发生危害社会的结果",既是直接故意犯罪成立的认识基础,也是间接故意犯罪成立的认识前提,因此,作为故意犯罪的认识基础,"明知自己的行为会发生危害社会的结果",同样也是间接故意犯罪成立的认识前提,作为故意犯罪的罪过形式,它们二者在认识范围和认识程度上是没有区别的。不论在直接故意犯罪还是在间接故意犯罪的情况下,行为人都不仅认识到危害社会结果发生的可能性,而且还认识到危害社会结果发生的必然性。间接故意犯罪与直接故意犯罪的区别仅表现为意志上的不同,前者表现为行为人对危害结果的发生有意纵容不加制止,后者则表现为行为人对危害结果的发生刻意追求积极争取。但这种区别仅仅是量的差别,而无质的差别。这是因为,无论是直接故意犯罪还是间接故意犯罪,其在性质上都属于故意犯罪的范畴,只是在具体量刑的过程中,有时候对间接故意犯罪的处罚比直接故意犯罪要轻。

第二,用"有意纵容"来表述间接故意的意志内容更符合间接故意犯罪行为人的主观心理特征。因为在间接故意犯罪状态下,行为主体对危害社会结果发生所抱的态度,并不是处于一种听之任之、漠不关心、麻木不仁的无意志状态之中,而是同样有行为主体的决意。因为行为人明知其行为所导致的危害结果的发生,如果不加制止,就会因此而负刑事责任,所以他不可能对此无动于衷。既然行为人明知自己的行为会带来危害社会的结果却还要决意去做,就表明行为人在行为的过程中是有所考虑的,也就是有意志选择的。因此,在间接故意犯罪的情况下,用"放任"来表述就不足以表达其意志活动的基本内容。这是因为,"放任"虽不像希望意志那样具有明显的追求危害社会结果的特征,但也表现出行为人主观意志的自觉性。正如前民主德国学者所指出:"在涉及间接故意时,行为人当时可作如下选择,要么放弃原来的目的,要么坚决干到底,即使出现原预料的可能结果。"确实,当行为人明知自己的行为会发生危害社会的结果时,完全有条件停止自己的行为,避免危害结果的发生。但行为人不放弃自己的行为,放纵危害结果的发生,说明行为人具有自觉的主观意志。行为人不仅自由选择了放纵危害结果发生的行为,而且危害结果的发生也不违背行为人的本意。无论行为的实施,还是结果的放纵,都是行为人在明知结果的社会危害性的基础上自觉决定的,从而也表明了行为人的主观恶性。因而以"纵容"代替"放任"在理论上更具说服力。

第三,用"有意纵容"来表述间接故意的意志内容更能反映行为主体的主观恶性和行为的社会危害性。因为在间接故意犯罪情况下,行为人深知对自己的行为若不加以制止,就有可能发生危害社会的结果,而仍然采取放纵、容忍的态度,听任危害结果的发生,说明行为人漠视社会利益和个人利益已经到了无以复加的程度。尽管行为人在意志上不像直接故意那样刻意追求危害结果的发生,但是,行为人在意志上所表现出来的"有意放纵而不加制止"的态度,已足以说明行为主体的主观恶性和社会危害性远非过失犯罪所能比拟。这是因为,间接故意犯罪与过于自信的过失犯罪虽然都属于有认识的犯罪,但是前者对危害结果的发生所持的态度是肯定的、认可的,是行为人有意放纵造成的,而后者对危害结果的发生所持的态度是否定和排斥的,是行为人轻率的行为造成的。正因为如此,在我国刑法立法上,一般都是以处罚故意犯罪为基础,以处罚过失犯罪为例外。这充分说明间接故意犯罪与过失犯罪在主观恶性和社会危害程度上都有显著的区别。例如,被告人李某,男,57岁,初小文化,汉族,农民。1997年3月,被告人李某在自家住宅前修筑一道高5米的保坝院墙。施工中,住在坝下的农民龙某对李某说:"1994年这堵墙曾倒过,把我家的房子压垮了。这次你要把墙砌好,再压垮了我的房子,你要负责。"李某回答说:"这次我是用新鲜石灰砌的,垮不了,垮了我负责。"同年7月,因连日大雨,李某家院墙出现裂缝,李某未采取任何补救措施。7月10日夜晚,雨量更大,致使李某家保坝院墙突然坍塌,将坝下龙某家一间房子压垮,龙某的7岁女儿及4岁儿子被压死,其妻受伤。在本案中,被告人李某在连日大雨自家院墙出现裂缝的情况下,未采取任何补救措施,结果导致自家保坝院墙坍塌,造成两死一伤的结果。从表面上来看,行为人似乎对危害结果的发生持的是有意纵容的态度,但是从实质上来看,行为人对危害结果的发生持的是过于自信的过失心理。因为,在本案中,被告人李某与坝下龙某一家无冤无仇,对危害结果的发生,不仅在主观上没有希望的心理存在,也谈不上存在有意放纵的心理,而完全是基于对自家新修的院墙不会因连降大雨而倒塌的自信心理。所以,在一般情况下,虽然间接故意犯罪与过失犯罪的行为人对危害结果的发生即使均有认识,但由于过于自信的过失,行为人对自己的行为可能造成的危害结果持否定和反对的态度,而不是有意加以纵容的态度,故即使造成严重后果,也只能构成过失致人死亡罪,而不可能构成间接故意杀人罪。这就是间接故意犯罪与有认识过失犯罪的根本区别之所在。

第四,用"纵容"取代"放任"更符合我国的文化传统和语言习惯,使人容易理解接受。因为根据《现代汉语词典》的解释,所谓"放任"是指"听其自然不加干涉"。这样就使得人们往往将间接故意犯罪的意志状态看成是一种"事不关己、高高挂起"的中立态度。而"纵容"则是指"对错误的行为放任不管"。这就明确了行为人在意志上的主导倾向,即行为人不是放任结果不发生,而是放任其发生,在意志因素上表现为"有意放纵而不加制止"的态度。因此,用"纵容"取代"放任"使间接故意犯罪的概念显得更为科学合理。这是因为,一个国家的文化传统和语言习惯代表着一个国家的文明成果,在中外文明成果的选择中,我们首先应考虑本国公民所能接受的文明成果,而不是不加选择地照搬照抄国外的文明成果,从而有效地避免"食洋不化"的后果。这同时也是考虑中国基本国情和一切从实际出发的立法精神的必然要求。

第五,本书所写的概念更符合现实生活中间接故意犯罪的客观实际。如上所述,一切从实际出发是我国刑法立法的实践根据,因此,在刑法立法的过程中,对于任何概念的界定,都必须符合我国的客观现实,否则就会滑向错误的泥潭。对间接故意下概念,也必须严格遵守上述规定。从司法实践来看,在间接故意犯罪情况下,行为人在认识上不仅可以认识到危害结果发生的可能性,而且可以认识到其必然性,行为人在意志上不是静止的,而是活动的,不是无所选择、漠不关心的,而是有所选择和经过考虑的。只不过在情感和意志以及行为方式方面没有直接故意犯罪那么强烈和直接而已。如果按照传统的刑法理论,将间接故意犯罪看作一种无意志选择的犯罪活动,那么在司法实践中,就不仅混淆了间接故意犯罪与有认识的过失犯罪的区别,而且还会放纵某些对社会有严重危害的犯罪行为。

(三)间接故意的基本类型

在我国刑法理论上,对于间接故意的基本类型探讨不多,各种教科书的意见也相对统一,基本上都认为可以分为以下三种具体的类型。

第一,行为人追求某一犯罪目的而有意放纵另一危害结果的发生。例如,甲乙为双方当事人,甲乙之间有很深的矛盾,甲计划于晚上在乙家放火杀乙,但是甲已经知道乙与他的母亲住在一起,如果放火烧了乙的住房,也会导致乙的母亲死亡,但是这时候甲已经不顾一切,被仇恨冲昏了头脑,即使知道乙母也将因此殒命,仍然作出了放火烧乙的住房的行为,最后导致乙的母亲在大火中丧生。在本案中,甲对乙的母亲就构成了间接故意犯罪,因为他虽然知道自己的行为会导致乙的母亲身亡,即使没有烧死乙的母亲的意愿，但是他也没有设法加以阻止，而是有意放纵了这种结果的发生，因而构成了间接故意犯罪。

第二，行为人追求一个非犯罪目的，但在行为过程中有意放纵某种危害结果的发生。如果这种危害结果实际发生，那么他的行为就构成犯罪。例如，甲乙两人用气枪在某校园外打鸟，甲见几只麻雀落在校门口的台阶上，便举枪准备射击，乙立即制止并提醒可能会打到人，而甲说："没事，这会没人，如果有人出来那就活该他自己倒霉。"甲边说边开枪，此时恰好两个小学生追打出来，其中一人头部被击中，经抢救无效死亡。在本案中，行为人实施射击行为，本来没有追求犯罪目的，但是对于可能发生的危害结果，行为人是有认识的，而即使认识到结果可能发生，也没有采取任何防止结果发生的措施，且对于结果发生听之任之，因此这也是一种常见的间接故意。

第三，在突发性的犯罪中，行为人不计后果，放纵严重结果的发生。在此种类型中，行为人实施了突发性的犯罪，于行为发生之前并无预谋，实施完行为之后，结果可能还没有立即发生，行为人却并没有采取任何措施以阻止结果发生，而是任凭严重结果的发生。也就意味着行为人对于结果的发生主观上并无明确的认识，对于客观上可能造成的结果持无所谓的态度。这种放纵结果发生的态度使得实际的损害结果发生，那么就应该承担间接故意犯罪的刑事责任。例如，当事人甲乙两人因为一些事情产生矛盾，双方交谈时情绪异常激动最终发生口角，于是甲便捡起地上的砖头用力朝乙的头部砸了一下，致乙当即倒地大量流血，在当时乙很可能就会由于流血过多死亡，但甲当时的心理活动是，谁让你不听我的话，死不死我不管。于是悄然离去，乙因没有得到及时的治疗而死亡。甲在被害人乙受到伤害期间明知可以挽留他人的生命，却没有作出任何行动，对被害人放任不管，最终导致他人身亡，甲的行为构成了间接故意杀人犯罪。

在了解了刑法对间接故意的传统分类之后，我们认为上述三种分类是对实践经验的总结，因而成为刑法理论的通说，并且对指导实践操作具有非常重要的理论意义和实践意义。本书认为可以换一种标准对间接故意犯罪进行分类，这样更能反映出间接故意犯罪的实质。从刑事责任的角度我们知道，直接故意犯罪、间接故意犯罪和过失犯罪是呈递减趋势的三个阶梯，而刑事责任的分配关键在于行为人主观恶性程度。我们比较直接故意犯罪和过失犯罪，可以确定行为人的主观恶性是一个明显的递减趋势，那么介于两者之间的间接故意犯罪也必然符合这个规律。

由于间接故意犯罪是直接故意犯罪和过失犯罪的"过渡区"，所以间接故意犯罪中行为人的主观恶性程度也必然有所不同，为了更好地发挥间接故意犯罪在司法实践中归责的作用，笔者认为，可以按行为人主观恶性的大小将间接故意犯罪分为以下三类。

第一类是行为人只顾追求自身目的而不顾其他利益，漠视客体利益的损害，而选择危险程度极大的手段去实现目的，对该手段行为可能会对刑法保护的客体造成的伤害无所顾忌，从情感到意志都漠视这种利益的损害，属于放任危害结果发生的典型情形。

第二类是行为人对可能因自身行为而受到威胁的客体利益有所关注和警惕，但由于这种关注与警惕产生的最主要原因不是出于为该客体考虑（否则就该放弃危险程度很高的手段），而是出于对其自身利益的考量，比如避免犯更严重的罪、害怕受到更严厉的刑罚等，所以行为人还是选取了危险程度较高的手段，只是为了避免该结果的出现而在实施行为时更加谨慎小心，但这种谨慎不足以控制危险而对避免结果的发生产生决定性影响，最终发生了危害后果。行为人在感情上是不希望该结果发生的,但在意志上仍旧可以接受该结果的出现。

第三类是与过于自信的过失最接近、最难区分的一种,就是行为人在追求目的的过程中,不得已而采取了某种危险程度并不是特别高的手段,因认识到危害结果有可能发生,情感上虽然非常不希望出现这种结果,但是为了达到目的不得不冒着可能牺牲刑法所保护的客体利益的风险去实施行为,危害结果的发生是行为人最不愿接受但也必须接受的冒险代价。这类犯罪与过于自信的过失犯罪最大的区别在于:前者由于行为本身的危险性,危害结果发生与否并不在行为人的控制范围内,行为人没有真正的自信能避免危害后果的发生。

我们认为,将间接故意犯罪的基本类型分为以上三种,不仅有利于犯罪的认定,而且更加有利于犯罪的归责,因而具有更为重要的理论价值和实践价值。

三、直接故意与间接故意的区别

直接故意犯罪与间接故意犯罪虽然同属于故意犯罪的范畴,但是,它们两者之间是有严格区别的。这种区别具体表现在以下六个方面。

(1)从犯罪情感因素来看,两者对危害结果发生所抱的情感状态不同。一般来说,在直接故意犯罪的过程中,行为人对危害结果发生所抱的犯罪情感是肯定的、明确的,有时甚至是非常强烈的;而在间接故意犯罪的情况下,行为人对危害结果的发生所抱的犯罪情感则往往不是肯定的,甚至有时是否定的。例如,某甲欲杀死仇人某乙,可某乙的身边又同时站着某甲的好友某丙,某甲认为错过机会就难以报仇,于是还是向某乙开了枪,结果某乙和某丙都被打死了。在该案中，某甲对某乙的死亡结果所持的犯罪情感是肯定的、强烈的，因为"仇人相见，分外眼红"，而对某丙死亡结果所持的情感状态则是否定的，因为某丙是其好友，他不是真的希望某丙也被打死，只是出于报仇心切，才纵容了这一危害结果的发生，可见两者的犯罪情感是不同的。

（2）从犯罪意志因素来看，两者对危害结果的发生所持的意志状态是不同的。在直接故意犯罪中，行为人对危害社会结果的发生所持的是希望的态度，即一种刻意追求、积极争取的态度；而在间接故意犯罪中，行为人对危害结果的发生所持的是纵容的态度，即有意识地听任危害结果的发生而不加以制止。因此，在认定直接故意犯罪和间接故意犯罪时，正确把握行为人的犯罪意志是正确定罪量刑的关键之所在。尽管在故意犯罪情况下，行为人对自己的行为造成的危害结果在认识范围和认识程度上都是相同的，但只要行为人在主观意志上对危害结果的发生持希望的态度，便属于直接故意犯罪；只要行为人对危害结果的发生持的是纵容的态度，便属于间接故意犯罪。

（3）从犯罪目的来看，在直接故意犯罪中，行为主体对危害结果的发生抱的是希望的态度，因而行为人在犯罪过程中对危害的发生是刻意追求、积极争取的，因而具有犯罪目的，而且这种犯罪目的带有肯定性、明确性和坚定性；而在间接故意犯罪的情况下，行为主体对危害结果的发生抱的是纵容的态度，因而行为人在犯罪过程中虽然对犯罪结果的发生不是刻意追求，但也不是有意制止，而是放纵、容忍危害结果的发生。因此，间接故意犯罪没有犯罪目的。

（4）从犯罪结果来看，在直接故意犯罪中，其犯罪结果既包括实际造成的危害结果又包括尚未造成的危害结果，有无实际的客观损害并不是直接故意犯罪成立的必备要件；而在间接故意犯罪的情况下，因为间接故意犯罪是实害犯，它要求具备一定的实际危害才能构成犯罪。因此，犯罪结果是间接故意犯罪构成的必备条件。

（5）从犯意形成的过程来看，单独的间接故意犯罪都没有预谋，至于间接故意的共同犯罪，各行为人之间的通谋也带有一定的含混性；而在直接故意犯罪的情况下，除少数突发性犯罪之外，大多数情况下都是有预谋的。

（6）从犯罪的伴随状况来看，在直接故意犯罪情况下，行为主体的犯罪行为不存在伴随现象，它对于其他犯罪没有依附性；而在间接故意犯罪的场合，除了少数突发性犯罪没有伴随现象，在大多数犯罪过程中，都是伴随着其他犯罪一起并发的。因此，这种伴随现象之有无也是区别直接故意犯罪和间接故意犯罪的一个重要标志。

直接故意与间接故意虽然存在区别，但二者在法律上的地位却是相同的，故区分二者的意义是有限的。换言之，应当把握直接故意与间接故意的统一性。一方面，不可认为"刑法分则条文规定的某些具体犯罪只能由间接故意构成，不能由直接故意构成"。既然间接故意都能成立，直接故意更能成立；事实上也不存在某种行为出于直接故意时成立此罪，出于间接故意时成立彼罪的情况。另一方面，也不可轻易说，某种犯罪只能由直接故意构成，不能由间接故意构成。因为在刑法分则中，凡是由故意构成的犯罪，均未排除间接故意；当人们说某种犯罪只能由直接故意构成时，只是根据有限事实所作的归纳，并非法律规定。

四、犯罪故意的认定需要注意的问题

对犯罪故意的理解与认定除掌握故意的种类与特征外，还要注意以下四个方面的问题。

（一）严格区分犯罪的故意与一般生活意义上的"故意"

犯罪的故意具有特定内容，具体表现为对自己实施的法益侵害行为及其结果的认识持希望或放任态度。一般生活意义上的"故意"只是表明行为人有意识地实施某种行为，但不具有上述犯罪故意的内容。例如，行为人在黑暗处实施盗窃行为时，为了物色盗窃对象而划火柴，结果造成火灾。从一般意义上说，划火柴的行为显然是"故意"的；但行为人在划火柴时并没有认识到可能发生火灾，或者已经预见但轻信能够避免，并不是希望或者放任危害结果发生，因此不是刑法上的故意。再如，行为人面对正在进行的不法侵害实施正当防卫时，在一般意义上可以说是"故意"的，但不是刑法意义上的故意。因此，司法工作人员不能将一般意义上的故意认定为刑法上的故意。

（二）合理区分犯罪故意与目的或单纯的认识

故意是认识因素与意志因素的统一，因此，既不能用意志因素代替故意，也不能用认识因素代替故意。用"具有……目的"代替故意，或者认为"认识到违反规章制度时是故意"的做法，都不太合适。前者会缩小故意的范围，而后者会扩大故意的范围。在有些场合，用目的代替故意可能将间接故意排斥在故意之外；认识到行为违反规章制度，并不表明行为人一定认识到了危害结果发生，更不表明行为人希望或者放任危害结果发生，故"认识到违反规章制度时是故意"的观点，会将过失心理归入故意。因此，司法工作人员一定要牢记，故意是认识因素与意志因素的有机统一。基于上述理由，对于所谓"双重罪过"的概念应慎重对待。例如，人们常说，在交通肇事罪中，行为人虽然对致人死亡的结果持过失的心理态度，但其违反交通运输管理法规的行为可能是故意的,于是形成了对行为持故意、对结果持过失的所谓双重罪过。实际上,单纯认识到行为违反交通运输管理法规,并不等于刑法上的故意。例如,行为人醉酒驾驶时,虽然明知自己醉酒驾驶,但由于醉酒驾驶本身不是犯罪,故不能将"明知自己醉酒驾驶"认定为犯罪的故意。因为这种认识并不表明行为人希望或者放任危害结果的发生,故意的认识因素与意志因素并没有统一,故不成立刑法上的故意(充其量只是过于自信的过失的一个因素)。还应注意的是,作为主观构成要件要素的故意,不同于行为人犯罪时的实际心态,不能将行为人犯罪时的实际心态,作为主观构成要件要素。

(三)正确理解总则条文规定的"明知"与分则条文规定的"明知"的关系

刑法总则规定,故意的认识因素是"明知"自己的行为会发生危害社会的结果;刑法分则的某些条文对犯罪规定了"明知"的特定内容。这两种"明知"既有联系又有区别。总则中的"明知"是故意的一般构成因素,分则中的"明知"是故意的特定构成因素;只有具备分则中的"明知",才能产生总则中的"明知";但分则中的"明知"不等于总则中的"明知",只是总则中"明知"的前提。例如,《刑法》第三百一十二条规定的犯罪,以行为人明知是犯罪所得及其产生的收益为成立条件。行为人明知是犯罪所得及其产生的收益,才能明知自己行为的社会意义与危害结果,如果不明知是犯罪所得及其产生的收益,则不可能明知自己行为的社会意义与危害结果。如果行为人明知可能是犯罪所得及其产生的收益,则意味着行为人明知自己的掩饰、隐瞒行为可能产生妨害司法的危害结果,倘若行为人放任该结果的发生,便成立间接故意。因此,当分则规定以"明知"为要件时,并不排除间接故意的可能性。不过,明知是一种现实的认识,而不是潜在的认识,即明知是指行为人已经知道某种事实的存在或者可能存在(如在窝藏罪中,明知自己窝藏的是犯罪的人或者可能是犯罪的人),而不包括应当知道某种事实的存在(不包括应当知道是犯罪的人),否则便混淆了故意与过失的界限。分则关于"明知"的规定,大多属于注意规定,即提醒司法工作人员注意的规定。即使分则没有"明知"的规定,也应根据总则关于故意的规定,确定必须明知的事实。此外,在个别情况下,分则的"明知"主要是作为总则中过于自信的过失的具体化而规定的。

(四)妥当处理犯意转化、另起犯意与行为对象转换的关系

犯意转化会导致行为人的行为方式、性质产生变化,因而影响故意内容的认定。犯意转化的第一种情况是,行为人以此犯意实施犯罪的预备行为,却以彼犯意实施犯罪的实行行为。或者说,行为人在预备阶段是此犯意,但在实行阶段是彼犯意。例如,行为人在预备阶段具有抢劫的故意,并为抢劫准备了工具、制造了条件,但进入现场后,发现财物的所有人、保管人等均不在场,于是实施了盗窃行为。行为人在实行犯罪时,由预备阶段的抢劫故意转化为盗窃故意,其实行行为便是盗窃行为。通常认为,在这种情况下,应以实行行为吸收预备行为。事实上对此还难以一概而论,或许可以根据重行为吸收轻行为的原则认定犯罪:如果盗窃行为严重,以盗窃罪论处,其抢劫预备行为可以作为盗窃罪从重处罚的情节;如果盗窃行为并不严重,而抢劫预备行为严重,则以抢劫(预备)罪论处,将盗窃行为作为抢劫罪从重处罚的情节。对此还需要进一步研究,如能否认定为抢劫罪的中止与盗窃罪的既遂实行数罪并罚?这种情况能否成立吸收犯?这种情况究

竟是犯意转化还是另起犯意？等等。犯意转化的第二种情况是，在实行犯罪的过程中犯意改变，导致此罪与彼罪的转化。例如，甲在故意伤害他人的过程中，改变犯意，意图杀死他人。又如，乙见他人携带装有现金的提包，起抢夺之念，在抢夺过程中转化为使用暴力，将他人打倒在地后抢走提包。再如，丙本欲杀死他人，在杀害过程中，由于某种原因改变犯意，认为造成伤害即可，于是没有致人死亡。对此，应作如下处理：犯意升高者，从新意（变更后的意思）；犯意降低者，从旧意（变更前的意思）。换言之，如果行为人本欲犯较轻的罪，后来改变犯意，犯较重的罪，则定较重的罪；如果行为人本欲犯较重的罪，后改变犯意，犯较轻的罪，则仍定较重的罪。依此观点，对上述甲、乙的行为应分别定故意杀人罪与抢劫罪，对丙的行为仍应认定为故意杀人罪，但存在犯罪中止的问题，即如果符合中止犯的条件，则成立故意杀人罪的中止犯。

犯意转化与另起犯意具有区别，前者是由此罪转化为彼罪，因而仍然是一罪；后者是在前一犯罪已经既遂、未遂或中止后，又另起犯意实施另一犯罪行为，因而成立数罪。具体说，犯意转化与另起犯意有两个重要区别：第一，行为在继续过程中，才有犯意转化问题；如果行为已经终了，则只能是另起犯意。例如，甲以强奸故意对乙实施暴力之后，因为妇女正值月经期而放弃奸淫，便另起犯意实施抢劫行为。由于抢劫故意与抢劫行为是在强奸中止之后产生的，故甲的行为成立强奸罪中止与抢劫罪两罪。第二，同一被害对象才有犯意转化问题，如果针对另一不同对象，则只能是另起犯意。例如，A 以伤害故意举刀砍 B，适逢仇人 C 出现在现场，A 转而将 C 杀死。A 的行为针对不同对象，应成立故意伤害罪与故意杀人罪两罪。

行为对象转换，是指行为人在实行犯罪的过程中，有意识地将原先设定的行为对象，转移到另一个行为对象上。例如，甲原本打算抢劫他人名画而侵入住宅，但入室后抢劫了手提电脑。在这种情况下，由于行为对象的转换依然处于同一犯罪构成之内，而且法益主体没有变更，故成立入户抢劫的既遂，而非入户抢劫的未遂与普通抢劫既遂。再如，乙原本打算盗窃 A 的财物，侵入了 A、B 合住的房间，但侵入房间后，仅盗窃了 B 的财物。虽然法益主体不同，但由于财产法益并非个人专属法益，故仅认定为一个盗窃罪既遂即可。但是，如果行为对象转移，导致个人专属法益主体的变化，或者导致法益性质变化，则属于另起犯意。例如，甲为了强奸 A 女，而在其饮食中投放了麻醉药。事后，甲发现 A 女与 B 女均昏迷，且 B 女更美丽，于是仅奸淫了 B 女。甲的行为成立对 A 女的强奸罪中止和对 B 女的强奸罪既遂。又如，乙为了抢劫普通财物而对 A 实施暴力，在强取财物时，发现 A 的提包内不仅有财物而且有枪支，便使用强力仅夺取了枪支。乙的行为成立抢劫罪中止与抢劫枪支罪既遂，应当实行数罪并罚。

第四节 犯罪的动机和目的

犯罪动机与犯罪目的作为犯罪构成主观方面的内容，二者在刑法理论中应该居于重要地位，不仅对定罪具有重要意义，而且对量刑也起到不可忽视的作用。动机是在某种需要的激发下，推动和维持个体活动的内在动力，其实质在于决定在具体的主客观环境中是否满足需要。目的则是行为主体对某种"观念上结果"的欲求，其实质在于显示行为者的思想状态，这种思想状态反映出个体的意志及其所希望得到的结果。围绕犯罪动机与目的在基本概念、特征、分类、对定罪量刑的作用等方面，学界展开了深入的探讨。

一、犯罪动机

目前学界学者提出的各类理论框架从不同角度对犯罪动机这一命题进行了研究，在犯罪动机的各项具体问题研究中，学界对于犯罪动机概念的认定存在分歧，在分类标准上目前也存在多种观点，实践中对于犯罪动机对定罪与量刑的影响存在较大的问题。

（一）犯罪动机概念

动机是由心而生，因此要明确犯罪动机首先应该弄清心理学意义上的动机的准确含义，然后才能进一步探讨犯罪动机。

1. 心理学意义上的动机

动机一词的直接含义是"推动人从事某种行为的念头"。[1] 学者们对于动机的含义存在不同认识。有学者认为，动机是一种内在作用，这种作用在于引起个体活动并维持已经引起的活动继续前进。[2] 还有学者认为，动机是一种内在心理过程或者内部动力，这种心理过程或者内部动力起着激发、维持、调节人们所从事的活动，并将该活动导向某种目标的作用，其涉及的是行为的能量和方向。[3] 马克昌教授认为，动机是指驱使和维持个体活动，使活动按照一定方向（目的）进行，以达到满足某种需要的一种心理

---

[1] 中国社会科学院语言研究所词典编辑室编：《现代汉语词典》，商务印书馆，1996，第302页。
[2] 张春兴：《现代心理学》，上海人民出版社，2005，第489页。
[3] 黄希庭、苏彦捷主编：《心理学与人生》，暨南大学出版社，2010，第202页。

活动。❶

　　动机作为一种心理活动现象,之所以会激发研究者如此大的兴趣,主要是因为动机本身在人的行为发生过程中起着重要作用,"动机是行为的直接动因"。人之所以为人,其与动物最大的区别即人具有社会性,其行为中掺杂了意识的因素而不仅仅是生物本能使然。可以说,人所发出的每一个意识条件下的行为都是有原因的,换句话说,没有无原因的意识行为存在,此种支配意识行为,包括潜意识行为的原因即为动机。在心理学理论中,动机这一概念与需要紧密相连。要探讨动机就绕不开对需要的认识,因为人正是基于某种需要的满足才产生了动机,不同的需要决定着动机的不同强度。有学者认为,需要是有机体内部的一种不平衡状态,可以将其分为正常需要与畸形需要等不同类型。但动机的形成并非某种需要的直接延续,其更接近于需要满足过程中的障碍环境下产生的否定情绪,即在需要得不到满足时作出克服障碍的决定。

　　基于对动机的理性分析,本书认为,在诸多定义中将动机视为一种判断机制的界定方式是较为合理的,因为此种定义方式不仅符合了动机产生的一般原理,即需要满足过程中的障碍环境下产生的否定情绪,而且契合了动机这一心理现象模糊性的本质特征。归根结底,动机就是一种是否满足需要的决断机制,但这丝毫不会影响动机对于整个行为过程的推动和维持作用。由此我们可以得出关于动机的定义,即动机是个体在满足需要的过程中所产生的一种障碍性否定情绪,其对个体活动的发展具有推动和维持的作用。

---

❶ 马克昌主编:《犯罪通论》,武汉大学出版社,1999,第383页。

2. 刑法学意义上的犯罪动机

关于犯罪动机的概念，学界主要存在三种学说观点，包括狭义说、广义说以及折中说。持犯罪动机概念狭义说的学者认为，刑法学意义上的犯罪动机，实际上是指某种刺激促成行为人实施犯罪行为以达到犯罪目的的内部心理因素。在这一语境下，犯罪动机与犯罪目的紧密联系，只有犯罪目的存在时，犯罪动机才有可能存在。也就是说，犯罪动机的存在要求行为人在实施犯罪行为的过程中必须清楚地意识到自身行为目的指向。犯罪动机以促进行为人追求犯罪目的的实现为其功能属性。如马克昌先生就认为："犯罪动机是一种特殊内容的动机，是驱使行为人实施犯罪行为以达到一定犯罪目的的内心起因或意识冲动。"❶ 因此在这一类理论中，犯罪动机也被理解为"犯罪性动机"。❷ 持犯罪动机概念广义说的学者将犯罪动机理解为"犯罪的动机"，在这一语境下犯罪动机不仅指促使行为人实施行为去追求犯罪目的的内心力量，还泛指一切促使犯罪行为实施的动机。广义的犯罪动机概念理论不要求行为人在实施犯罪行为时存在某种犯罪目的，它将犯罪动机与犯罪目的明确区分开，因此只要是促成犯罪行为实行的内心力量都可以认定为刑法学意义上的犯罪动机。

此外，部分学者将以上两种观点相结合，提出了犯罪动机概念的折中说。该观点认为，犯罪动机的概念既包含犯罪性动机，也包含非犯罪性的动机。如苏惠渔教授就将犯罪动机的概念内涵概括为"犯罪性动机"与"非犯罪性动机"，但他认为"疏忽大意的不作为犯罪中不存在犯罪动机。"❸ 同时，还有学者认为，"犯罪

---

❶ 马克昌主编：《犯罪通论》，武汉大学出版社，1999，第383页。
❷ 刘建清：《犯罪动机与人格》，中国政法大学出版社，2009，第14页。
❸ 苏惠渔主编：《刑法学》，中国政法大学出版社，2016，第172—193页。

动机是激发与推动行为人实施犯罪行为的内心力量。此概念具有更为广泛的内涵,犯罪动机则是其核心组成部分之一"。❶

本书赞同张明楷教授的观点❷,认为犯罪动机是刺激、促使犯罪人实施犯罪行为的内心起因或思想活动,他回答了犯罪人基于何种心理原因实施了犯罪行为。产生犯罪动机应该具备两个条件:一是行为人内在的需要和愿望,二是外界的诱因。动机从意识水平上看可以有不同的层次,有意识动机(意识到的动机)是一种较高层次的动机,无意识动机(未被意识到的动机、意识不到的动机)是一种较低层次的动机。这种未被意识到的动机同样存在于犯罪行为中。无意识犯罪动机主要包括未被意识到的定式、犯罪意向、冲动性犯罪行为和习惯性犯罪行为。

(二)犯罪动机的特征

1. 犯罪动机具有复杂性

寻找犯罪动机本质是探求人的心理,一方面在犯罪人心理上,并不是只存在一种动机,往往存在多种动机,这些动机内容和强度不同,具有对抗性,一起构成了一个复杂的犯罪动机体系,犯罪动机往往需要经过激烈的斗争,从而形成主导动机。而合法行为心理,虽然也会面临多种动机的矛盾,但多种动机之间往往不具有对抗性,一般不需要经过动机斗争和选择。另一方面,就犯罪动机的查证来讲,也极其困难,这也在某种意义上体现了犯罪动机的复杂性。

2. 犯罪动机具有相对性

犯罪动机是与犯罪行为相对应的概念,犯罪动机之所以不同于一般的动机,是因为它与犯罪人的犯罪行为相联系。没有犯罪

---

❶ 刘建清:《犯罪动机与人格》,中国政法大学出版社,2009,第14页。
❷ 张明楷:《刑法学》,法律出版社,2021,第395页。

行为便没有犯罪动机。无论行为人的动机是多么卑劣和邪恶,只要它引发的行为不是犯罪行为,而是一个一般的错误行为或不道德的行为,那么,我们就不能把它称为犯罪动机,而只能将其看作一般意义上的动机。

3. 犯罪动机具有动态性

犯罪动机既由犯罪人人格特点决定,又受犯罪情境中多种因素制约。因此犯罪动机自形成之时起,即处于不断的变化之中,反映一种动态的心理过程。这种动态性或者表现为犯罪动机本身强度的增加或者减弱,或者表现为因放弃犯罪行为或犯罪既遂而消失,或者为其他的犯罪动机所取代而导致行为性质发生变化等。

(三)犯罪动机的性质

关于犯罪动机的性质,历来有很多争论。由此形成两种不同的意见。

一种观点认为,犯罪动机是中性的。苏联学者库德里亚夫采夫认为,反社会的需要和动机本身并不存在,就像我们不能说有适用于犯罪行为的,有益于社会的,或者有中性的动机一样。出于外部相似的同一种动机,可能实施犯罪行为,也可能作出高尚行为。如报复邻居致使受害,这是反社会性质的,但报复祖国的敌人,则是神圣的。❶ 边沁认为,任何动机的产生,或是由于求乐的缘故,或是由于避害的缘故。同样的动机,在一定情况下导致的行为可以是好的,在另外的情况下则是坏的。每一种动机都可以导致最值得称道的或者最应当受到谴责的行为。尽管上述动机都不存在一般意义上的好或坏,但它们的区别可以提高或降低行

---

❶ [苏] B. H. 库德里亚夫采夫主编:《犯罪的动机》,刘兆祺译,群众出版社,1992,第21—22页。

为的道德质量。纯社会动机和半社会动机可称为保护动机,它们本身谈不上正当,但可以成为减轻罪过、减少刑罚必要性的理由。反社会动机和个人动机可称为诱惑动机,它们本身并没有罪过,但它可能成为加重罪过的手段。❶ 那么,犯罪动机既然是中性的,甚至可能是有益的,但为什么还会引发犯罪呢?这是犯罪心理学中的一个重要理论问题。一般动机会引发犯罪有几个原因:一是由于需要系统中各个不同类型需要之间的平衡关系被破坏,产生了不协调。二是由于一种或者几种需要的意义被过分夸大而变得反常,产生畸形需要。三是由于认知的偏颇,对客观情势的估量发生偏差,以及自我调节控制功能减弱。

与此相对的另一种观点认为,犯罪动机具有反社会性质。如有学者认为犯罪动机是"反社会的",是"不良的",他们认为,"犯罪动机是以反社会的消极需要结果为前提的",并且"反社会需要结构的真正形成,最终引起犯罪动机"。❷ 有学者认为动机分为"一般动机"和"不良动机"。❸ 认为一般动机是有益动机与中性动机,也就是无害动机,是社会绝大多数人共有的,是所有无害于社会及有利于人际交往的各种动机的集合。与之相对的不良动机是指某些人在某些时候产生的对个体身心健康不利,对社会交往与人际关系有害,易于引起消极后果的精神性动机。不良动机主要有攻击型、报复型、嫉妒型和毁灭型四种分类。

本书认为犯罪动机是具有反社会性质的。虽然动机是中性的,但是犯罪动机已经被道德化判断。上述第一种观点认为犯罪动机是中性的甚至是"善"的观点,我们不敢苟同。首先,很多犯罪

---

❶ 马克昌主编:《近代西方刑法学说史略》,中国检察出版社,2000,第72—73页。
❷ 陈兴良:《刑法哲学》,中国政法大学出版社,2000,第307—308页。
❸ 罗大华、何为民:《犯罪心理学》,浙江教育出版社,2002,第233页。

动机是十分丑恶的，比如以摧残他人为乐的杀人动机，这种动机显然不能说是中性的。之所以被冠以犯罪动机，已经打上了犯罪之标签，而且被认定为犯罪动机一定是已经被证实了的，如果没有被证实或者外在表现出来，那么动机也就无法判断，就此点而言已然决定了其具有反社会性质。

（四）犯罪动机的功能

犯罪动机的功能是指犯罪动机对犯罪行为所起的作用。其主要的功能表现为以下三个方面：

1. 激发功能

又称始发机能，是指犯罪动机具有激起或引发行为人实施犯罪行为的功能。犯罪动机是促使行为人实施故意犯罪行为的直接原因，是犯罪行为的本源，是推动行为的原动力。犯罪行为往往是在犯罪动机刺激下才逐渐形成决定，并进一步实施。这也就意味着只有形成了犯罪动机，才可能产生具体的犯罪行为。推动实施犯罪行为的犯罪动机是多种多样的，社会性需要是从行为人的生理需要直接转化而来的，如物质需要转化为内贪利己性动机，有些则是以行为人的社会性需要为基础而产生的，如嫉妒、报复、怨恨等。

2. 指向功能

又称选择功能，犯罪动机具有引导犯罪行为指向某种目标或对象的功能。一定的犯罪动机的产生，使行为人有了明确的犯罪目的或目标，从而对行为人的地位及行为活动产生约束、指导作用，使其朝着满足行为人需要、实现犯罪意图的方向进行和发展，行为人力求达到犯罪目的。当犯罪目的形成后，犯罪动机的指向功能与犯罪目的一起发挥指向作用，这种功能发挥作用的过程，就是促使行为人选择达到犯罪目的的手段、方式，预知自身行为的发展过程，同时也是寻找有利于犯罪的情境，排除各种干扰，将主观罪过内容在现实中展开，即具体实施犯罪行为的过程。

3. 维持和调节功能

当犯罪行为产生以后，犯罪动机维持着犯罪行为，使其针对一定的目标，并调节着犯罪活动的强度和持续时间。如果犯罪行为达到目的，它将促使行为人终止这种犯罪活动。如果犯罪行为未达到目的或偏离了预定目标时，就不断对其进行调整，使之不偏离原来的方向，从而驱使行为人维持或加强这种犯罪行为，或转换方向以达到某种目标。由此可见，这种功能是伴随着其他功能一同发挥作用的。在实施犯罪行为的过程中，以及在实施犯罪行为之后，行为人会把已经取得的结果与他在行动之前确立的目的加以对比，用个人的价值观、信念及社会要求等对犯罪结果加以评价，然后再确定未来的行动。

（五）犯罪动机的类型

当前学界对犯罪动机的分类有多种类型，依据不同的标准，可以分为以下三种类型。

1. 预谋性犯罪动机和情境性犯罪动机

按照犯罪动机形成的特点，可以将犯罪动机分为预谋性犯罪动机和情境性犯罪动机。预谋性犯罪动机指的是"犯罪动机是在较长时间内，犯罪行为人通过长期的、深思熟虑的思考后所形成的犯罪动机。预谋性犯罪动机最显著的特点是它往往是经过较长的时间酝酿形成的，从形成到实现要经过较长的时间过程"。[1] 而情境性犯罪动机则是指"在特殊的情境因素的影响下，在相对较短的时间内快速形成的犯罪动机。对于生成情境性动机的犯罪行

---

[1] 梅传强：《犯罪心理生成机制研究》，中国检察出版社，2004，第74页。

为人来说，往往没有经过长期的充分的思考和准备，犯罪行为人一般是没有经过必要的长期的深思熟虑的，基本上是犯罪动机形成时的具体而特定的客观的行为环境，行为时犯罪行为人特定的心理状态（尤其是行为人当时的情绪状态）在很大程度上决定着情境性犯罪动机的具体生成过程"。❶

2. 无意识的犯罪动机和有意识的犯罪动机

按照犯罪行为人对犯罪动机意识到的水平，可以将犯罪动机分为无意识的犯罪动机和有意识的犯罪动机。无意识的犯罪动机大体上是指行为人内心根本就不知道自己的心理活动中存在着这种动机，同时行为人也就当然不会知道动机的具体内容是什么样的一种犯罪动机。目前在这方面进行的研究还比较少。无意识的犯罪动机不是指没有犯罪动机，而是指由于某种原因，犯罪行为人没有明确意识到的或模糊难辨的，推动犯罪行为人实施犯罪行为的内心动因。无意识的犯罪动机主要有以下几种：被主要犯罪动机掩盖的无意识动机；以犯罪动机为基础的无意识动机；某些本能（尤其是攻击性本能）引发的无意识动机。有意识的犯罪动机是指行为人明确意识到其存在及内容的犯罪动机。实践当中的犯罪动机大多数是能被意识到的。

3. 主导性犯罪动机和非主导性犯罪动机

按照犯罪动机在犯罪行为发生中所起作用的大小，可以将其分为主导性犯罪动机和非主导性犯罪动机。主导性犯罪动机是指"在犯罪行为人心理中存在的几种不同的犯罪动机中，那些力量相对大一些，状态相对而言稳定一些的犯罪动机。主导性犯罪动机的主要作用就是推动犯罪行为沿着既定的目标和方向进行，在犯

---

❶ 王敏：《关于犯罪动机的跨学科研究》，载《西南政法大学学报》1999年第3期。

罪行为的具体实施中发挥主导作用,居主要地位"。❶ 而非主导性犯罪动机则是指"在犯罪行为人心理中存在的较多的几种不同的犯罪动机中力量相对小一些的,状态也相对而言不稳定一些的犯罪动机。相对主导性犯罪动机在犯罪行为进行中所起的主要的推动作用和在诸多犯罪动机中所处的主要地位而言,在犯罪行为的实际进行过程中非主导性犯罪动机所起的推动作用就要小很多,地位也比主导性犯罪动机要低很多"。❷

(六) 犯罪动机在我国刑法中的体现

在我国刑法中对犯罪动机作为主观要件内容有着相关规定,在司法实践中的一些重大犯罪案件中,确认犯罪动机,进而确定犯罪人的人身危险性,逐渐成为刑事司法的必经程序。一旦法官无法发现罪犯的动机,其处理具体案件时所遇到的困难通常难以想象。

1. 我国刑法分则关于犯罪动机的规定

刑法中的破坏生产经营罪中规定的行为人在实施犯罪过程中具有泄愤报复的目的或者其他目的,这里规定的泄愤报复究竟是犯罪动机还是犯罪目的?目前来看,大部分学者都认同这里的泄愤报复是一种为什么要这么做的主观心态,从犯罪动机的概念以及特点,我们可以看出这里的泄愤报复完全符合犯罪动机的特征。对于这里的犯罪动机,无论是赞同动机作为构成要件的,还是犯罪动机作为构成要件的,都认同泄愤报复是犯罪动机,不同的是前者认为应将其作为构成要件的证据,后者认为这是立法性错误。❸ 该罪中的泄愤报复的动机同制定本罪时的社会环境以及当时

---

❶ 梅传强:《论直接故意中的犯罪意志》,载《重庆大学学报(社会科学版)》2004年第3期。
❷ 马克昌主编:《犯罪通论》,武汉大学出版社,1999,第395—398页。
❸ 马克昌主编:《犯罪通论》,武汉大学出版社,1999,第397页。

实施该罪行为的行为人的主观心态息息相关，但从当前来看，该罪中的泄愤报复已经不属于该罪的主要动机。究竟在刑法条文中明确规定泄愤报复目的是否有存在的必要，本书对此持否定态度。根据我国目前破坏生产经营罪的现实情况，泄愤报复的犯罪动机与其他目的已经没有孰轻孰重之分，并且泄愤报复的社会危害性程度与其他目的相比在实质上没有差异，目前我国《刑法》第二百七十六条中破坏生产经营罪的犯罪动机已经没有存在的必要。

我国刑法分则条文中有三个罪名的法律条文出现了"报复"一词，分别是报复陷害罪，打击报复会计、统计人员罪以及打击报复证人罪，虽然在三个罪名中都出现了"报复"一词，但是报复的对象是截然不同的，第一种犯罪的主体是国家工作人员，也就是说本罪将主体进行了限定，犯罪主体实施行为的对象主要是控告人、申诉人等，是对以上各对象实施的报复陷害；第二种犯罪中犯罪对象主要是会计和统计人员，是对其抵制违法行为的一种"报复"；打击报复证人罪特指对证人的报复，这里三种犯罪中的"报复"在刑法学中被认为是犯罪动机，之所以对这三个罪名用法条明文规定的方式将报复作为一种犯罪动机作为构成要件的因素，可以用归类的方式来理解。这三个罪的法律规定都提到了"报复"一词，而"报复"在我国刑法学中被一致认为是动机，所以这三种犯罪的构成要素中包括"报复"的犯罪动机。[1] 也可以说是为了实现某一类的目标，通过三种犯罪我们可以发现有一个共性，立法者均是为了让会计人员、统计人员、控告人、申诉人、证人等可以更好地去完成自己分内的工作而给予的保护，并且实践中不乏出现各种各样的报复上述人员的案例，有些情况下的报

---

[1] 陈建清：《论我国刑法中的犯罪动机与犯罪目的》，载《法学评论》2007年第5期。

复不能从规范理论入手，使行为人的客观行为更符合法律规定。在这种情况下就需要从主观要件中的犯罪动机入手，将这些报复的行为归为一类，并且将其类型化分析，使犯罪动机在区分罪与非罪上起到应有的作用。欲使主观要件中的报复动机与客观方面实施的相对应的行为形成统一，就不能仅仅从客观方面入手，从而防止利用职权而逃避处罚的犯罪行为发生。

我国刑法中有关徇私徇情类犯罪中的犯罪动机。我国将"徇私"类犯罪分别在刑法中以条文的形式明确下来，虽然在刑法分则中并没有明确用犯罪动机的字样，但是根据我们对条文的分析，成立其犯罪必须以存在条文中规定的主观要件为前提。我国刑法分则中将"徇私""徇情"明确规定在了十六个条文中，在十六个条文中，"徇私""徇情"在刑法第一百六十八条与第三百九十七条明确规定为加重情节，在其他条文涉及的十八个罪名中将"徇私"或者"徇情"规定为犯罪构成要件。"徇私"和"徇情"在字面意思上存在一定的异曲同工之处，"徇情"也具有一定的提示性意义，我们可以将二者在罪名中同时出现的情形下将二者并列看待。对于徇私是否能够作为犯罪动机成为犯罪构成要件，在我国刑法理论界存在一定的争议，有学者认为这里的徇私是行为人实施的一种行为；也有学者认为这里的徇私就是犯罪动机；还有学者将这里的徇私认定为一种犯罪主体主观上的目的。

我国刑法分则中一般将犯罪构成要件中的行为这一要素以条文的方式明确规定下来，这与罪刑法定原则是相呼应的。对于徇私类的这些罪名，例如，《刑法》第三百九十九条，在条文的后半段已经明确规定了构成该罪的行为，即包庇不使有罪的人受追诉、枉法裁判的行为，而在条文前半段的徇私并不是以行为的方式规定下来的。但是如果将徇私也理解为一种客观方面的行为要素，则认定此罪将会违背主客观相统一的原则,存在客观归罪的嫌疑。徇私或者徇情作为一种犯罪动机,从立法的目的上我们可以看出这样可以有效地将徇私与正常情况下国家公职人员的个人素质导致的失误区分开来。据此,认为这里的徇私或者徇情可以认定为犯罪动机。

我国刑法分则中关于强制猥亵、侮辱罪这一类犯罪的规定。我国《刑法》第二百三十七条规定了强制猥亵、侮辱罪及猥亵儿童罪。我们将这种出于主观想法并且能够决定其是否构成犯罪的称为倾向犯,但对于这一类犯罪的犯罪动机是否存在或者存在一种什么样的犯罪动机在我国一直存在争议。有学者认为,猥亵和侮辱这一类的犯罪动机是一种对性的渴望和追求以获得的满足,另外一种观点认为猥亵和侮辱这一类犯罪不需要这种动机。对于这类倾向犯中的犯罪动机,本书认为,应当在罪刑法定原则下对其中的行为进行分析。猥亵和侮辱,无论从字面意思还是内在的解释均不能超过公众对猥亵、侮辱的理解范围,猥亵主要是行为人做一些淫秽、肮脏的行为,侮辱的意思也包括对女性做一些下流的行为。从猥亵和侮辱的含义我们可以看出,二者均是以言语或者行为对他人的人格名誉造成一定程度的损害,这和一个人的思想道德品质是密切相关的,如果否定倾向犯中的犯罪动机将会导致对一些行为难以作出合理的解释,甚至对一些正当的行为,如医院医生在符合相关规定的前提下,在看病的过程中,一些与猥亵、侮辱在客观上相似的动作,将会难以做出合理的解释。这一类犯罪中存在一定的犯罪动机,在其实施的客观行为中是存在一定的主观倾向的。

2. 情节犯中的犯罪动机

情节犯实施的各种犯罪中,犯罪动机的影响。从我国刑法的犯罪概念中含有定量因素这个角度说，刑法分则中所有的犯罪都是情节犯，这可是最广泛的情节犯。❶ 刑法分则的条文中有许多罪名将情节恶劣或者情节严重作为区分罪与非罪的决定性标准。例如，《刑法》第二百一十六条假冒专利罪中规定了只有在情节严重的情形下才构成此罪。再如，《刑法》第二百六十条的虐待罪，在对家庭成员实施一定的虐待行为时，只有情节恶劣才构成此罪，这里的情节严重和情节恶劣的规定。从目的上来看主要是针对情节犯中的行为，但从行为本身来看社会危险性不大，只有情节达到一定的严重程度时才能认定为犯罪。为了保护相关法益，仅仅从客观方面进行规定不足以认定其是否构成犯罪，或者仅从客观方面不能体现其价值意义。本书认为，情节严重和情节恶劣应当作为一种主观要件中的犯罪动机来看待，作为区分罪与非罪的标准，因而犯罪动机在情节犯中扮演的角色，一方面对定罪产生影响，另一方面，对于是否成立该罪起到了决定作用。在狭义的情节犯中我们可以看出，情节犯中的犯罪情节可以作为该罪动机并且作为犯罪构成的要件之一，这里的犯罪情节无法用条文或者解释的形式确定下来，却可以将犯罪动机作为犯罪构成的要件，这里应当与我国《刑法》第十三条中规定的"但书"进行区分。有学者认为，《刑法》第十三条"但书"中的情节显著轻微与这里的犯罪情节在四要件中的地位是不同的。刑法规定的"但书"起到的作用是认定某一行为不是犯罪，而犯罪动机所起到的作用则不同，犯罪动机的前提是该行为已经具有一定的刑事违法性，侵犯了相关的法益。因此，《刑法》第十三条的但书规定起到的是排除犯罪的作用，不能根据但书中的情节显著轻微就认定其是犯罪。

---

❶ 刘守芬、方文军：《情节犯及相关问题研究》，载《法学杂志》2003年第5期。

3. 犯罪动机与事后动机的关系

行为人事后形成的动机与犯罪动机之间的差异性。犯罪动机对于犯罪定位的发展起到了一定的推动作用，具有一定的前因性，而行为人在实施一定的犯罪行为之后形成的动机只是影响其犯罪行为的社会危害程度，不具有犯罪动机的前因性的特点，即使对于定罪量刑存在一定的影响，也不是我们探讨的犯罪动机。例如，交通肇事罪中的肇事司机在事后为逃避法律责任而逃离的，这里的为了逃避法律责任就是我们所说的逃避时候形成的动机，这种动机对于交通肇事罪的成立与否起到了决定作用，但是并不具有犯罪动机的特性。事前的动机，一般情况下刑法分则条文中存在明确的规定，如我国刑法中行贿罪中为了谋取非法的利益，通过直接或者间接的方式给公职人员财物的，这里的"为了"就是表示犯罪主体在主观上的一种内在心理活动，对于后续给予财物的行为起到了一定的推动作用，具有一定的前因性。因此，对于事前的动机与事后形成的动机应当准确地予以区分。

二、犯罪目的

犯罪目的与犯罪动机一样，也是研究犯罪故意所需要考虑的因素，对其研究有非常重要的理论意义与实践价值。对于犯罪目的的基本概念与相关概念的界限、犯罪目的在犯罪故意中的地位和作用、犯罪目的的具体认定等在刑法理论上存在一定的争议。对于这些问题，应当如何解决，下面我们就此作一系统论述。

（一）犯罪目的的概念

我们无论在生活中还是在具体的社会实践中，目的都是作为我们在主观上的一种向导和指引，是我们想要的目标在我们主观上的反映。人在实施故意犯罪时究竟是出于什么目的，目的本身应该作何解释，这些问题都是要解决的。因此要明确犯罪目的首先应该弄清心理学意义上的目的的准确含义，然后才能进一步探讨犯罪目的。

1. 心理学意义上的目的

在心理学上，目的指主体关于自己行为的趋向目标或对象的一种预见性的观念。人具有目的性，这也正是人与动物的根本区别之所在。恩格斯曾经指出："社会历史领域内进行活动的，全是具有意识的、经过思虑或凭激情行为的、追求某种目的的人；任何事情的发生都不是没有自觉的意图，没有预期目的的。"❶ 他还说："就个别人说，他们行动的一切动力，都一定要通过他的头脑，一定要转变为他的愿望和动机，才能使他行动起来……"❷ 恩格斯这两段话的意思是说，人实施自己的行为不会无缘无故，必然是在一定的动机推动下，为实现某种目的才实施的。实际上心理学理论中对目的的阐述没有像对动机那样深入，但这并不影响目的这一心理因素的重要意义。在心理学理论中，目的是指个体活动意欲实现的结果在头脑中的反映，是一种观念结果的反映形态。有学者认为，目的的实质是表明人的意志及期望达到某种结果的思想。很显然，目的的概念包含着欲求、观念、结果等因素，除此之外，目的自身还具有一定程度的模糊性。

从心理学学者们研究的情况来看，他们大都认为目的具有以下三个方面的属性。

第一是主观性。目的是人的内心活动，其存在的方式是主观

---

❶ ［德］恩格斯：《路德维希·费尔巴哈和德国古典哲学的终结》，人民出版社，1997，第39页。
❷ ［德］恩格斯：《路德维希·费尔巴哈和德国古典哲学的终结》，人民出版社，1997，第43页。

的。正是因为这种主观性，说明目的是人所特有的一种心理活动。当然，我们说目的具有主观性，是人的一种心理活动，并不意味着否定目的内容的客观性。马克思主义经典作家认为，目的本身是受客观世界制约的。通俗地说，目的是要通过客观的外在行为进行表现的，因此在这个意义上，我们可以说人的目的体现了主观与客观的辩证统一。

第二是对象性。人的目的主要反映人的具体需求。需求总是指向外部环境中的某个对象，并通过对象性的行为或活动取得或创造能使自己的需要得到满足的对象。没有对象的需要就不能称其为需要。一个目的如果不是特殊的目的，就不能称其为目的，正如行为如果没有目的就是无目的、无意义的行为一样。目的的对象性，充分说明目的是有所指向的，是具有确定性的，这对于认识目的也具有重要意义。

第三是实践性。目的是人的实践活动的要素和前提之一，它指导和支配着人的实践活动作用于对象的方式。同样，任何一个目的，都离不开人的实践活动，只能存在于人的实践活动之中。目的是在实践活动的基础上形成的，又指导着主体的实践活动。

2. 刑法学意义上的目的

刑法学意义上的目的即犯罪目的，其自然不能脱离目的的一般概念，当前刑法学界在理论上，关于犯罪目的的概念的界定主要有以下三种观点。

第一种观点是主观结果说。该观点认为，犯罪目的是犯罪人实施犯罪行为所希望达到的结果。[1] 持此观点的学者，从目的的内容上的客观性和存在形式上的主观性来认定目的本质上是一种主

---

[1] 陈兴良：《本体刑法学》，商务印书馆，2005，第379页。

观结果。在具体的故意犯罪中，行为人将指向特定对象的某种结果预先存在于内心活动之中，这种预先存在的特定危害结果就是行为人的主观目的，亦即这里所说的犯罪目的。在这里有两个关键的因素，一个就是希望的心理态度，另一个就是犯罪行为所期望达到的结果。对于前者所提到的希望的心理态度，这是从目的的一般含义推出的必然要件，因为一般意义上目的指的就是行为人自觉能动的积极追求。但是该说提到的另一个因素所涉及的危害结果，在这里显然是指刑法上的危害结果，该说也最终把犯罪目的等同于行为人积极追求的刑法意义上的危害结果。然而把危害结果等同于犯罪目的的存在难以消除的矛盾。因为危害结果具有客观性，不管是犯罪行为对犯罪对象直接造成的现实的侵害，还是对犯罪客体带来的某种现实的危险性，这种客体受到侵害的状态都是客观而具体的。然而从目的一般属性出发，犯罪目的应该是行为人主观的一种心理态度，这和危害结果的客观性之间存在着巨大的差别，两者是不能等同的。当然，此说把结果界定在行为人主观上积极追求的刑法上的危害结果，从而有别于一般的结果，同时又把犯罪目的定位在犯罪的主观方面之中，这是可取的。因此经过上述分析，该说把犯罪目的的定义界定在希望实现的危害结果上，有其合理之处也有其不科学之处，毕竟把犯罪目的等同于危害结果是对犯罪目的作为一种主观态度的扭曲，因此不可取。

第二种观点是结果的希望追求说。该学说主张，犯罪目的是行为人在主观上通过实施犯罪行为达到某种危害结果的希望或追求。其实这种说法也就是上述心理态度说的另一种表述。两者都认为犯罪目的是落脚在心理态度上或者意志上的希望或追求，这一点可以说是正确的。但是，此种学说并没有对危害结果进行明确和限制。在目前关于危害结果的理论研究现状下，应该指明定义中的危害结果是广义上的还是狭义上的危害结果，是犯罪行为直接导致的结果还是最终的结果，是犯罪构成之内的结果还是构成之外的结果，不然这种用词上的不确定必然带来定义上的不周延。

第三种观点是心理态度说。持此说的学者从目的的主观心理属性出发，结合犯罪目的的特殊性，认为犯罪目的是行为人希望实施犯罪行为达到某种危害结果的心理态度，或者是行为人实施犯罪行为所希望达到的危害结果的主观反映。❶ 这种观点也是当前我国刑法理论上关于犯罪目的的通说。在具体的论述上，该说通过举例说明该定义。例如，对于行为人实施抢夺行为时，就是具有非法抢夺他人公私财物的目的而实施故意伤人的行为时，就认定其具有非法致使他人身体健康受到伤害的目的；司法工作人员使用暴力逼取证人证言时，就认定其具有非法逼取证言的目的；等等。在这些故意犯罪之中，行为人认识到自己的行为并且执意而为的行为就表明了其主观的心理态度，具体来说，就是对这些行为所可能造成的结果积极追求的心理态度。在这里把犯罪目的界定为一种心理上的积极追求态度，符合了犯罪目的作为一种特殊的目的也需要具备的主观属性。

本书基本赞同第三种观点，但是就该问题还需要作进一步补充。有学者提出，目的不是直接故意的意志因素，而是故意的认识因素与意志因素之外的，对某种结果、利益、状态、行为等内在的意向。❷ 进一步认为它是比直接故意的意志因素更为复杂、深远的心理态度。本书也认为这种观点是科学合理的。

---

❶ 马克昌主编：《犯罪通论》，武汉大学出版社，1999，第385页。
❷ 张明楷：《刑法原理》，商务印书馆，2011，第266页。

(二) 犯罪目的的特征

关于犯罪目的的特征，虽然在刑法理论上有所争议，但概括起来，不外乎以下四个方面。

第一，犯罪目的反映犯罪人的主观意志，具有主观性。犯罪目的是行为人希望实施犯罪行为达到某种危害结果的心理态度，或者是行为人实施犯罪行为希望达到的危害结果的主观反映。在作出决定之前，犯罪人必然先确定希望达到的"危害结果"，这种"危害结果"就是犯罪目的。犯罪目的反映着某种尚未实现的东西，是犯罪人在心里想要实现的东西，具有主观性。刑事立法的对象一般而言是人的行为，人的主观心理活动本身并不是法律调整的对象，但由于人的主观认识和意志与人的行为是相互联系、密不可分的，所以，当犯罪目的通过犯罪行为表现出来时，对这一行为性质的评价就不能不参照行为人的主观目的了。也就是说犯罪目的的形式显然是主观的，也就是犯罪行为的具体指向。

第二，犯罪目的需要通过犯罪行为予以表现，具有外在性。犯罪目的是犯罪人为自己的行为设定的主观结果，其自身就是一种自我否定。犯罪目的一经确立，并在犯罪人的意识中巩固起来，就变成了犯罪的意志力量，它是促使犯罪人通过行为来实现的，但犯罪目的的内容却是客观的。犯罪目的正是犯罪人为自己未来客观环境设计和描绘的蓝图，是主观的犯罪结果。犯罪目的不是犯罪人主观上固有的。它反映了犯罪人的需要。人的行为都是为了满足需要而实施的，但人的行为不同于动物的行为，人是有理性的，他不是本能地满足自己的需要，而是自觉地意识到自己的需要，并考虑到社会物质条件，将主观目的变成客观现实。因此，犯罪目的必然通过犯罪行为表现出来。犯罪目的与犯罪行为是辩证统一的，这种辩证统一性体现为犯罪目的总是通过一定的犯罪行为来达到的，不与目的相联系的行为，就失去了作为行为的意义。同时，行为的力量和作用，也是人在有目的的对象活动中表现出来、发挥出来和实现出来。这种目的和行为的辩证统一性，同样充分地反映在犯罪目的与犯罪行为的关系上，犯罪行为是围绕犯罪目的的实现而展开的，是为犯罪目的服务的，一定的犯罪目的，要求相应犯罪行为来实现，而一定的犯罪行为总是表现着、实现着犯罪分子的犯罪意图。犯罪行为是犯罪人实现犯罪目的的手段，是主观目的向客观结果过渡的桥梁和中介。犯罪目的是犯罪行为的出发点和归宿，是犯罪行为的调节器，它为犯罪行为规定了方向，支配犯罪人通过犯罪行为将犯罪客体引入符合犯罪目的的状态，产生犯罪人所希望的危害社会的结果，在客观世界打下犯罪人主观目的的印记。所以，犯罪目的客观地外向表现于犯罪人实施犯罪行为的整个过程之中，并最终融于犯罪人所希望产生的客观结果之中。这就为我们认识犯罪目的提供了客观事实基础。

第三，犯罪目的指向特定的社会关系，具有对象性。犯罪目的实际上反映了犯罪人的需要。作为社会存在的一种现象，犯罪人的需要具有社会性，它总是具体地指向外部环境的某种对象。犯罪人需要的对象决定了犯罪目的的对象，进而也就决定了犯罪行为的对象。例如，盗窃行为指向某一财物，杀人行为指向某自然人的生命等。由于这些人和物是社会关系的物质体现，所以，对犯罪行为指向的对象所体现的社会关系意义的认识，是犯罪目的的重要组成部分，犯罪目的就是要通过犯罪行为对某一财物或某一自然人的侵害来改变这种社会关系。犯罪目的的对象性，不同于犯罪行为的对象性，后者是表示一定的人和物，而前者则表示一定的社会关系。犯罪目的的对象性是我们认定犯罪客体的依据之一。

第四，犯罪目的是一个多层次的链条结构，具有层次性。犯罪目的是通过一系列的犯罪行为来实现的，而每一个具体行为又各自有其具体的目的，这样，犯罪目的就成为一个具有若干层次和环节的目的链条结构。在这个复杂的目的链条中，必然有一个目的是基本的、主要的和决定性的，我们称之为主要目的。各个具体行为的目的依存并服从于这一主要目的。主要目的规定了各个具体犯罪行为的方向，并使各个具体犯罪行为在这一方向上联结起来，其中一个目的的实现以另一个目的的实现为前提，并从属于一个更重要的目的定向。犯罪的主要目的正是通过每一个具体目的的实现而最终实现的。在对目的层次性的探讨中，必然还要涉及动机和目的的关系。犯罪目的和动机的关系是辩证的。在一定条件下，二者可以相互转化。在犯罪行为的结构中，目的不是单一的，而是多层次的链条结构。

(三) 犯罪目的的表现形式

考察我国的刑法规范，犯罪目的在我国刑法中主要有三种表现形式。

1. 以语言范式直接表达的犯罪目的——显性犯罪目的

根据我国刑法的一般理论，认定犯罪要求行为人必须具备主观责任要件，因此，即使行为人实施了危害社会的行为，由于缺乏主观责任要件，也不能认定行为人构成犯罪，否则，将会导致客观归罪。主观责任的核心内容是犯罪心理态度，犯罪心理态度的基本内容除故意和过失（合称罪过）外，还包括犯罪目的和动机。我国《刑法》第十四条和第十五条分别对故意和过失作出了规定，而犯罪目的的内容只能从刑法分则的条文规范之中进行寻找。

其中，"以……为目的"的语句形式即刑法中表达犯罪目的的典型形式，我们称为犯罪目的的显性表达形式。这种立法范式成为我国故意犯罪的典型模式。所以，在理解和适用法律规范时，一旦找到了刑法条文中"以……为目的"的语言表达形式，一般也就找到了某种具体犯罪的主观目的。例如，走私淫秽物品罪必须"以牟利或者传播为目的"；再如，以绑架为目的偷盗婴幼儿的，成立绑架罪。同时，显性犯罪目的除了具有界定罪与非罪的立法功能，还具有区分此罪与彼罪的作用。例如，均为偷盗婴幼儿的客观行为，以绑架为目的偷盗婴幼儿的，成立绑架罪；以出卖为目的偷盗婴幼儿的，成立拐卖儿童罪；以收养为目的偷盗婴幼儿的，成立拐骗儿童罪。

2. 隐藏在法条背后的犯罪目的——隐性犯罪目的

基于立法技术的考量和立法条件的限制，刑法不可能将所有的犯罪构成要素都规定在法条之中，所以，单纯考察刑法规范，无法直接发现部分犯罪的构成要素，而是需要人们根据刑法理论、刑法条文之间的相互联系和法条对其他犯罪构成要素的描述，探寻成立犯罪所必须具备的构成要素。对于犯罪目的的立法，刑法并未将每个直接故意犯罪的犯罪目的进行规定，部分直接故意犯罪的犯罪目的在法条规范语言中找不到踪迹，我们将其称为"隐性犯罪目的"。但是，在认定犯罪过程中，不能因为刑法条文表面上没有明文规定犯罪目的，就否定某种直接故意犯罪的性质。例如，我国《刑法》第二百六十三条规定："以暴力、胁迫或者其他方法抢劫公私财物的，处三年以上十年以下有期徒刑，并处罚金。"再如，我国《刑法》第二百六十四条规定："盗窃公私财物，数额较大的，或者多次盗窃、入户盗窃、携带凶器盗窃、扒窃的，处三年以下有期徒刑、拘役或者管制，并处或者单处没收罚金。"

虽然上述法条之中并未出现"以……为目的"的表述，但毫无疑问的是，在认定抢劫罪、盗窃罪的构成要素时，除要求行为人具有故意的心理态度之外，还要求行为人主观上具有"以非法占有为目的"。除抢劫罪和盗窃罪之外，诸如抢夺罪，诈骗罪，敲诈勒索罪，盗窃、抢夺枪支、弹药、爆炸物、危险物质罪，盗伐林木罪等犯罪的犯罪目的均隐藏在刑法条文的背后，需要进一步揭示和证明，如果无法证明犯罪目的的存在，则这些犯罪不能成立。

3. 基于理论立场的犯罪目的——分辨的犯罪目的

由于解释者所坚持的理论立场不同，对于同一种法律规范的理解经常出现差异。在刑法规范中，研究者和司法人员对于部分犯罪的犯罪目的，受到所坚持理论立场的影响，也会产生认识上的差异，笔者将其称为分辨的犯罪目的。例如，根据我国《刑法》第三百八十五条的规定，受贿行为成立犯罪须要求行为人"为他人谋取利益"，但是，由于坚持的理论立场不同，对"为他人谋取利益"是否属于受贿罪的犯罪目的，理解上出现两种相反的观点：第一种观点是主观要素说，认为"为他人谋取利益"是受贿罪的犯罪目的，是指行为人主观上具有为他人谋取正当或者不正当利益的目的，缺乏此种目的，行为人的行为不成立受贿罪。第二种观点是客观要素说，认为"为他人谋取利益"是客观上为他人谋取正当或者不正当利益的行为，排除了行为人为他人谋取利益的犯罪目的的要件。不仅如此，最新发展的客观要素说认为，只要许诺为他人谋取利益即可，不要求实际上使他人取得了利益。另外，对《刑法》第一百六十三条所规定的非国家工作人员受贿罪中的"为他人谋取利益"的理解，主观要素说将其作为犯罪目的理解，客观要素说将其归结为客观行为。

三、犯罪动机与犯罪目的的关系

(一) 犯罪动机与犯罪目的的密切联系

一般认为,犯罪动机是犯罪目的产生的前提条件,犯罪目的是犯罪动机的具体指向和表现。一定的犯罪动机形成以后,便会形成一定的犯罪目的,并通过一定的行为实现这种目的,满足自己的动机需要。二者的具体关系又如何呢?笔者将从以下四个方面进行详细论述。

1. 二者产生的内在机理具有一致性

学界有人认为,犯罪动机与犯罪目的间有着同一性,这种同一性反映了主体在非法需要的层面上的一致性。还有人认为,罪犯的需要是犯罪动机与犯罪目的这个统一体的媒介,通过这一媒介,犯罪动机与犯罪目的才能实现紧密联系。实际上,犯罪动机是主体在满足需要的过程中由于障碍环境所出现的一种否定情绪。而犯罪目的则是在犯罪动机决定满足某种非法需要的状况下,对该需要的满足状态在主体头脑中的模式化反映。由此可见,犯罪动机与犯罪目的二者产生的生理机制是一样的,其都是在满足某种非法需要的过程中形成的一种心理状态,没有这种需要的激发便不可能有决定是否要满足这一需要的犯罪动机存在,没有这一需要的激发和诱导,就更不可能形成该种需要的满足状态在个体头脑中的反应,也就无从谈对该种观念结果的欲求。每一个有意识的行为背后都存在着一个支配该行为发生的根本原因,而每一个支配行为发生的原因背后都有某种亟待满足的需要。具体到犯罪行为来讲,可以说每一个有意识的犯罪行为,如故意犯罪行为,都是源于某种非法需要。由此可见,存在于犯罪行为之中的犯罪动机与犯罪目的,二者有着同样的生理激发机制,即某种非法需要的存在，这表明了二者在生理发生机制上的一致性。

2. 二者的存在形态一致

在犯罪行为发生发展的过程中，犯罪动机与犯罪目的都表现出一定程度的模糊性或者叫模糊性特征。犯罪动机与犯罪目的都只是一种内在的东西，都是现实情况在主观欲念中的一种反映。它表明了犯罪动机与犯罪目的二者都是一种客观的主观反映形态，仅仅是一种心理活动的呈现方式。犯罪动机与犯罪目的存在形态上的最为本质的一致性是二者共同具有的模糊性特征。我们知道，犯罪动机的概念中并不必然包含犯罪目的的内容，仅仅是一种需要满足过程中的障碍环境下产生的否定情绪，其仅仅是一种决定是否继续满足该种需要的决断机制。在这一环节中犯罪动机并非有明确的针对性，它起到的只是一种原发性的动力作用，因而犯罪动机是主观层面在需要满足受阻时的一种模糊的决断机制。而犯罪目的也是在动机确立的基础上对需要满足形态的模糊欲求，其只是一种观念形态的模式化呈现，它并不是那么清楚和明确自己所要达到的最终结果。犯罪目的的这一模糊性存在形态决定了它必须借助于一定的方式和步骤才能外化在个体的行为中，所以那种将犯罪目的等同于犯罪行为或者犯罪手段的观点是不可取的，要知道犯罪目的和犯罪行为之间还存在着一定的距离。由此可知，犯罪动机与犯罪目的二者都是一种模糊的纸上勾勒，而这种呈现方式的模糊性正是二者在存在形态上最本质的相似性。

3. 二者发展变化的路径具有一致性

犯罪动机和犯罪目的在个体犯罪活动发生与发展的过程中是动态存在的，随着时间、空间、环境的变化而变化。首先，犯罪动机与犯罪目的是两个独立的心理过程，二者间不存在犯罪动机转化为犯罪目的或者犯罪目的转化为犯罪动机的可能，因为就同一犯罪行为而言，支配此行为发生发展的犯罪动机与犯罪目的都是确定的。由此可见，如果以个案性原则和事后性原则来衡量，犯罪动机与犯罪目的二者间的动态发展只不过是伴随犯罪行为全程的一种强弱变化。犯罪动机一经确立就不会消失，相反，犯罪动机在犯罪行为发生的全程都存在着。也就是说，犯罪动机不仅仅起到发动作用，其还起到一种维持的作用。在满足需要的过程中，并不会一帆风顺，有可能会出现新的阻碍因素，此时就必须依靠犯罪动机来克服这些障碍并使得个体活动朝向犯罪目的所描绘的结果。在这一过程中，阻碍需要实现的因素是多种多样的，有行为者自身的也有外界加入的，有力量微小的也有阻力无限的，针对不同情况，犯罪动机会有不同的反应，其会在力度上产生强弱的变化以适应个体活动的不断前进。犯罪目的在确立之后也会面临同样的境地，其也会受到来自外界的不同程度的干扰。在这样的情况下，犯罪目的自身也会作出相应的调整，并最终决定是后退还是继续前进。如上分析表明，犯罪动机与犯罪目的在个体犯罪活动的过程中都处于一种动态的发展之中，而非一成不变。

4. 二者的社会意义具有一致性

犯罪动机和犯罪目的都具有潜在危险性。犯罪动机区别于一般动机，一个重要的标准就是犯罪动机所追求的是一种非法的或不良的需要，这种需要为法律和社会所禁止，其具有低级性和负价值性。既然此种需要为法律和一般意义上的社会规范所不容，那么决定将此种需要推向前进的动机也就不被社会称道和允许。虽然法律不能干涉个人的思想领域，但是每一个危害社会的行为都是经由一定的危害思想发展而来的，如果法律仅仅将目光停留在行为阶段而无视导致这一行为的思想，那么此种法律仍处于"为法而法"的层面，就不能称作一种好的法律。好的法律不仅关注行为,其更关注行为人,如此方能实现社会的有序与和谐。法律对于犯罪动机的关注并不会丧失法律自身的标准,这仅仅是为了从源头上预防犯罪而作出的一种努力,如此将能更好地体现法律这一社会规范的教育和预防之意义。很显然,犯罪动机在这一层面是有悖于社会规范的要求的。犯罪目的作为对非法需要之满足状态的观念欲求,其较之于犯罪动机则具有更大程度的负价值性,其距离现实的危害行为更近,如果在此阶段不加疏导则很容易向犯罪实行行为发展,其具有更为接近现实的潜在危险性。如此看来,犯罪动机与犯罪目的二者都具有某种程度的负价值性和潜在危险性,即对社会均具有负面意义。

(二)犯罪动机与犯罪目的的区别

1. 二者本质内涵不同

在司法实践中,犯罪者只是在需要的失衡状态或满足需要的障碍状态下才出现了"否定情绪",并且借此下定决心要将这种需要的满足推向前进,至于这一活动将要达到什么样的状态和结果,这不在犯罪动机的考量范围之内,它只是向人们揭示了行为者是基于何种理由而进一步采取"行动"——决定克服障碍满足需要。犯罪目的已经是需要的满足状态在其头脑中的模式化反映,它具有了一定程度的指向性,这一指向性使得犯罪者有了初步的方向感,他逐渐明白自己接下来应该干什么了,而这是犯罪动机所不能具备的特性。虽然说犯罪目的依然具有一定程度的模糊性,但其已经是一个观念结果的雏形,它大致为行为者的活动描绘了一个抽象的目标,借此犯罪者渐渐地明晰了自己要的是什么,对自己的行为可能导致的结果在头脑中也有了大致的估计,这是其下一个阶段一切活动的起点。在犯罪动机与犯罪目的二者概念的比对中我们可以发现其本质上的差异,即犯罪动机回答的是犯罪者

"为什么要这么干"的问题,而犯罪目的回答的是犯罪者"这样干是为了什么"的问题。这就是犯罪动机和犯罪目的的本质的不同。

2. 二者作用形式不同

在一个完整的犯罪行为中,犯罪动机与犯罪目的所起的作用是不同的,前者对犯罪活动的发生和发展提供了动力,而后者为犯罪活动的发生和发展把持方向。正如前文对犯罪动机与犯罪目的之动态发展的一致性分析中所说,犯罪动机并非一经出现即告消失,其伴随犯罪活动的全程,它不仅对犯罪活动起着发动作用,而且还起到维持犯罪活动向前发展的作用,这正是犯罪活动发展的动力所在。没有犯罪动机的动力支持,犯罪活动要么无从发生,要么难以继续,强有力的动机是犯罪得以最终完成的保证。而犯罪目的虽然也动态地存在于犯罪活动的全程,但其所发挥的作用则与犯罪动机不一样。犯罪目的的概括指向性让犯罪者知道自己要干什么,并且这一特性让犯罪活动得以向着既定的目标前进。如果没有犯罪目的作指引,犯罪活动就会偏离预期的目标,其要么中途放弃,要么被迫终止,模式化的犯罪目的有助于需要满足状态的最终实现。犯罪动机与犯罪目的在犯罪活动过程中起着不同的作用,犯罪动机负责发起犯罪行为而犯罪目的则引导犯罪行为,前者起推动作用而后者起引导作用。

3. 二者产生阶段不同

虽然说犯罪动机与犯罪目的都伴随着犯罪活动的全程,但准确地说,二者在产生的节点上是不同的。就犯罪动机与犯罪目的的心理发展过程可得出"犯罪动机形成在先,而犯罪目的产生在后"的结论。另有学者则根据犯罪动机与犯罪目的产生的先后顺序得出,犯罪动机这一心理倾向具有"原发性",而犯罪目的则具有"后发性"。这种发生阶段的区别对我们正确理解二者间的关系至关重要，因为犯罪活动的发展必须遵循这一演变规律，即只能在产生了犯罪动机的情况下才可能产生犯罪目的，前者的形成是后者产生的必经阶段。换句话说，没有犯罪动机的存在便不可能有犯罪目的的产生，二者是一前一后的关系，无前者便无后者。此外，正确理解二者间这种固定的先后关系，对于我们更加清楚地认识犯罪动机与犯罪目的同实行行为之间的距离也有帮助。因犯罪动机先于犯罪目的产生，所以其距离实行行为较远，甚或根本没有意识到要采取何种行动，而犯罪目的则距离实行行为更近一些，其只需进行一定的准备活动便可进入实行阶段。

4. 其他方面的区别

从内容来看，犯罪动机属于错误的思想，而犯罪目的则是发展到希望通过犯罪行为以满足错误愿望的犯罪思想，是具体的，且一定是行为人意识到的，它具有自觉的特性。

从在犯罪活动中的地位和作用来看，犯罪动机表明犯罪主体同犯罪行为之间的关系，回答的是犯罪人为什么实施某种犯罪行为，以及犯罪人实施某种犯罪行为的主观原因是什么，它起的是推动、发动犯罪行为的作用；而犯罪目的是追求某种危害结果的发生，它所揭示的是犯罪主体拟制的犯罪行为、结果与犯罪对象、客体之间的关系，明确地指向一定的社会关系，回答行为人实施犯罪行为所希望达到的结果，它的作用是为犯罪定向，对确定目标和侵害程度起着引导作用。从与危害结果的联系来看，犯罪目的与危害结果的联系是直接的，而犯罪动机与危害结果的联系则是间接的，只是追求危害结果发生的主观原因，说明行为人为什么追求这种危害结果。从犯罪目的和犯罪动机在犯罪构成中的地位和作用来看，犯罪目的表明了犯罪直接故意的内容，规定和制约束着犯罪行为，决定犯罪行为的性质和具体形态。而犯罪动机则是行为人实施犯罪行为的内心起因，在行为人实施犯罪行为的过程中，不同的犯罪动机虽然对行为人达到犯罪目的起到促使或延缓的作用，但它不能决定、制约犯罪行为的性质和具体形态。因此，犯罪动机不能作为犯罪构成的要件。

CHAPTER 03 >>　第三章

犯罪过失

犯罪过失在传统刑法理论中地位较低，整个过失理论基本上型构于故意理论：就其地位而论，与犯罪故意一同置于有责性阶段，或者共属于行为的本体要件，或者同样分属于不法要件的要素和罪责的要素，或者都寓居在犯罪构成的主观方面；就其心理结构而言，往往被认为与犯罪故意一样，具有心理的认识因素和意志因素，甚至认为其也具有犯罪的动机、目的、情绪等要素；就其构成要素而言，人们常常认为其具有与犯罪故意类似的犯罪意识与犯罪意志；犯罪过失往往是犯罪故意扩张适用的替补而已——虽非故意，但若需处罚，即以过失犯论处。究其原因，在传统社会中，过失犯罪发生较少、类型单一，且社会危害性不大。

但现代社会日益发达，社会分工越发精细，过失犯罪在数量和类型上都发生了重大变化。在德国，"过失犯罪的实践意义，随着日益增多的技术化和由此产生的危险（尤其在道路交通中，以及在生产和管理中),呈现出跳跃式增长的态势;在所有的犯罪行为中,已经有大约一半是过失犯罪了"❶;在日本,过失犯"不仅在量上凌驾于故意犯之上,而且从各种灾害事故等的发生形态及其处理来看,它相对于故意犯在质上也有过之而无不及"❷;在俄罗斯,新刑法中"过失犯罪刑事责任的条款在不断增加"❸。在我国,"可以肯定地说,过失犯的重要性已经毫不亚于故意犯"❹。一时间,过失犯罪从幕后走到了台前,精彩纷呈,为众人所瞩目。过失犯罪不仅现在可以和故意犯罪平起平坐,"脱离了依附于故意的从属地位,上升为独立的责任形式,名正言顺地在刑法总则中取得一席之地"❺,而且在未来更加发达的法治社会,过失犯会成为犯罪现象的主要形态,"其实在一个科技更进步,人类掌握生活的能力较强的时代,过失行为会成为误失行为的常态,在一个规范效果比较有效的社会,犯罪现象中的主角应该是过失犯而不是故意犯。在科技发达的社会,重视过失更是一种负责任的表现,因为借着科技的发达,应该加强防止危险、控制意外的能力……因为人类控制危险的能力愈高,愈不会原谅自己的过失"❻。

在风险社会背景下,诚如许内曼教授强调的那样,"在刑法信

---

❶ [德] 克劳斯·罗克辛:《德国刑法学总论》(第1卷),王世洲译,法律出版社,2005,第712页。
❷ [日] 甲斐克则:《过失犯的基础理论》,载高铭暄、赵秉志主编:《过失犯罪的基础理论》,法律出版社,2002,第1页。
❸ [俄] Н.Ф.库兹涅佐娃、И.М.佳日科娃主编:《俄罗斯刑法教程(总论)上卷·犯罪论》,黄道秀译,中国法制出版社,2002,第321页。
❹ 刘明祥主编:《过失犯研究——以交通过失和医疗过失为中心》,北京大学出版社,2010,前言。
❺ 姜伟:《罪过形式论》,北京大学出版社,2008,第28页。
❻ 许玉秀:《主观与客观之间——主观理论与客观归责》,法律出版社,2008,第329页。

条学中,过失犯罪经历了从前妻的孩子到最受宠爱的孩子的变化。"❶ 甚至有学者认为,那个被人遗忘的"孩子"已经成为刑法大家庭中握有权柄的"婆婆","对握有权柄的婆婆,便得使出浑身解数去巴结,巴结的理由和手段必须愈能推陈出新,才愈有效。"❷ 犯罪过失再也不是只在犯罪故意的语境中被附带地提及,人们逐渐认识到,"过失并不是故意以外的单纯责任形式,而是应受处罚行为的特别类型,无论是在不法领域还是在责任领域,均有其独立的结构"❸。

第一节 犯罪过失的概念

一、犯罪过失的概念介评

一般认为,作为理论体系建构的概念,应该具有作为界限要素的机能、作为基本要素的机能和作为结合要素的机能。❹ 犯罪过失作为主观罪过的具体类型,不像故意的明知故犯那样外显,其基本上是在与故意的区分中逐渐为人们认识到的。时至今日,学界存在无认识说、不注意说、能预见说、义务违反说、希望避免说和综合说等观点。

---

❶ [德]克劳斯·罗克辛:《德国刑法学 总论》(第1卷),王世洲译,法律出版社,2005,第712—713页。
❷ 许玉秀:《主观与客观之间——主观理论与客观归责》,法律出版社,2008,第163页。
❸ [德]汉斯·海因里希·耶赛克、托马斯·魏根特:《德国刑法教科书(总论)》,徐久生译,中国法制出版社,2001,第720页。
❹ [日]大塚仁:《刑法概说(总论)》,冯军译,中国人民大学出版社,2003,第95页。

（一）无认识说

在结果责任时代，只要结果发生了，都要对相关的行为主体（甚至包括动物和非生命物体）进行归责，人们没有发现故意、过失的差异。在主观责任萌芽时期，人们在注重对故意犯处罚的同时，逐渐区分出非故意的主观形态。这时的非故意形态既包括过失的情形，也包括意外事件等无罪过的情形。无认识说就是针对人们对过失的这一本初印象形成的过失概念。所谓无认识说，即"认为过失是指行为人对犯罪事实或犯罪结果没有认识的情况"[1]。从对犯罪事实或犯罪结果有无认识来区分故意与非故意形态，应该说至少捕捉到了二者心理上的典型差异，"知而犯之"当然就是故意，没有认识的状态则通常是过失。

关于无认识说这种过失的朴素概念，有学者认为，存在根本的缺陷，其中之一就是"混淆了犯罪过失与意外事件的界限。意外事件在形式上也表现为未认识行为的危害结果，根据无认识说，似乎也属于犯罪过失"[2]。然而，对学说的评价不要脱离其存在的历史背景。古代的无认识说是用以区分故意与非故意的不同处罚，过失与意外事件本身就是联系在一起的，只要是在无认识的情况下导致危害结果发生的均应从轻处罚，如我国《尚书·康诰》记载："人有小罪，非眚，乃惟终……乃不可不杀，……乃有大罪，非终，乃惟眚灾……时乃不可杀。"同样，也不宜认为无认识说"表明古代立法者扩大故意范围的惩罚意向"[3]，如果要扩大故意范围的惩罚，完全可以继续维持故意与过失的合一归责状态。因此，无认识说的出现至少限制了故意犯的处罚范围。

---

[1] 崔胜实：《过失渎职犯罪研究》，博士学位论文，吉林大学法学院，2005，第52页。
[2] 崔胜实：《过失渎职犯罪研究》，博士学位论文，吉林大学法学院，2005，第53页。
[3] 姜伟：《罪过形式论》，北京大学出版社，2008，第201页。

无认识说是人类社会关于过失的最早认识，反映了古代人们对犯罪过失这一现象的朴素、直观的认知形态。这一认识成果并未随着时代的变换而流逝，相反，得到了后来者的珍视和继承，"目前的中外刑法学在定义过失（犯罪）时都不得不借助于否定词（句），如'没有犯罪意思的''没有故意''虽非故意''非故意'（non‑intentional）等"❶。尽管只用否定的原则定义概念不能全面揭示犯罪过失的内容，但否定本身也是定义概念的方法之一。事实上，蕴含界限机能的过失概念要完成与故意区分的使命，必须具备这一否定性的心理特征。

至于有人认为无认识说的另一大缺陷："未能正确揭示过失心理的实质，把现代刑法的过于自信过失（即有认识过失）称为犯罪故意是错误的"❷，也是不切实际的结论。无认识过失在古代固然会导致把有认识过失划入犯罪故意的范畴，但并不意味着无认识说没有揭示犯罪过失的心理实质，因为所谓的有认识过失，对行为所具有的刑法禁止的危害性在最终的意义上也是无认识的。这涉及对犯罪过失考察的方法问题，如果片面、孤立地考察有认识过失，以行为决意前对行为危害性质的认识，或者行为时对行为其他方面的认识为考察的对象，当然会得出有认识的过失认识到了行为危害性质的结论；但如果采取整体的考察方法，就会发现在有认识过失的场合，行为人在行为的实施过程中对行为的危害性质最终是否定性的认识。根据责任主义的要求，我们考察行为人的主观心态必须以行为时为考察的时点，而不能以先前的认

---

❶ 李居全：《论英国刑法学中的犯罪过失概念——兼论犯罪过失的本质》，载《法学评论》2007 年第 1 期。
❷ 崔胜实：《过失渎职犯罪研究》，博士学位论文，吉林大学法学院，2005，第 53 页。

识内容代替行为人在行为过程中的认识，否则，先前没有认识而在行为过程中具有认识而追求危害结果发生的行为，就会被认定为过失行为而不是故意行为；而根据罪刑法定的基本原则，罪过的认识内容必须是刑法禁止的内容。事实上，对于有认识过失而言，"永远是因为某种错误才盲目地认为自己的行为不会发生危害结果"❶，这一错误认识在对行为人的行为决意的影响方面，与无认识过失的情形相较并无差异。

最本初的印象，或许浅显且不深刻，但往往也是最本真的认识。无认识说以最朴素的方式表达了人们对犯罪过失的本初印象，正确揭示了犯罪过失的心理内容，在与故意的区分上意义重大，且为后来的其他犯罪过失概念奠定了坚实的理论基础。无认识的不足表现在满足于与故意的区分，没有进一步追问行为人对自己行为的危害性质为什么会没有认识，更没有探讨对犯罪过失的归责根据，而这正是后来的学者们致力完成的任务。

(二) 不注意说

如果说无认识说是人们在古代对犯罪过失的朴素认识，那么不注意说则是近代学者在自然科学主义的风潮下对犯罪过失的心理追问后的结论。所谓不注意说，是指"认为犯罪过失是因行为人由于不注意而欠缺对犯罪事实（以及违法性）的认识，以致发生结果"❷。不注意说是以无认识说为前提的，只是不满足于犯罪过失是无认识这样一个静止的心理状态，从而凭借当时的心理学成果对犯罪过失的无认识状态进行心理追问：为什么行为人会对行为的危害性质没有认识？

---

❶ 姜伟：《罪过形式论》，北京大学出版社，2008，第349页。
❷ 林亚刚：《犯罪过失研究》，武汉大学出版社，2000，第17页。

由于认识本身是一个对外界信息加工的过程,行为人没有认识的状态,要么是因为外界的事物信息没有进入我们的知觉范围,要么是因为加工过程中发生了差错;由于外界信息本身是被动的因素,因此进一步的原因需要从主体方面去寻找。特定事物没有进入我们的视野是因为行为主体没有将注意力指向特定的对象——自己的行为性质,而信息加工过程中的差错则是缺乏对认识对象的注意,因此,从心理学上就可以得出无认识的原因——行为人对认识对象的不注意。如我国有学者认为,"行为者对于行为所生之构成犯罪事实,因欠缺注意,致无认识,是为过失"❶。于是,不注意说不但明晰了犯罪过失的发生机制,而且似乎也找到了对过失归责的理由:不注意这种消极的恶。德国刑法学者克莱茵(Kohler)则认为,不注意本身就是归责的根据,"欠缺为回避违法结果的必要努力以及欠缺为紧张注意的良好故意,是消极的恶。"❷我国近代有学者更是以不注意说的犯罪过失概念建构了过失犯的成立要件:在无形要素方面要有未预见犯罪的结果和不注意的存在,在有形要素方面以不注意的行为及侵害法益的结果为要件。❸这种主张实际上认为,作为过失犯的主观要件,犯罪过失是否定性的要素:不注意导致的无预见。

不注意说同样面临现代学者的两大批判:忽视与意志因素的有机联系,易将放任结果发生的间接故意包括在过失之中;将未认识违法性作为过失的内容,与自信过失的情况也不完全符合,

---

❶ 参见韩忠谟:《刑法原理》,雨利美术印刷有限公司,1981,第121页。类似的观点见高仰止:《刑法总则理论与实用》,五南图书出版公司,1986,第261页。
❷ [日]藤木英雄:《过失犯的理论》,日本有信堂,1969,第17页。
❸ 黎藩:《刑法总则 ABC》,ABC 丛书社,1931,第50页。

因为在自信过失中完全可以存在对违法性有认识的情况。❶ 这种批判有自相矛盾之嫌,既然间接故意都包含其中,怎么可能把过于自信排除在外?不注意说是对无认识说的进一步发展,认为主观上没有预见的根本原因是行为人没有将注意力指向或集中于行为可能发生的危害结果,而认识是意志的前提,行为人既然对行为可能发生的危害结果都没有预见,如何谈及对结果发生的意志?间接故意恰好正确认识到了行为可能发生的危害结果,在排除其是希望的意志后,认定其为放任的纵容态度。所以,不注意说不可能把间接故意包括在过失之中。同样,不注意说认为行为人因为不注意而没有预见到可能发生的危害结果,所以行为人也就无法认识到行为的违法性。在过于自信的过失中,行为人虽曾有违法性认识,但最终又轻信自己能够避免,已经否定了原有的违法性认识,故在行为过程中对行为的违法性认识终究与疏忽大意的过失一样,都是没有认识的。

不注意说在对犯罪过失的心理本质的认识上更进一步,旧过失论则认为"过失责任的本质在于行为人具有不注意的心理事实"❷。当然,在对犯罪过失发生原因的追溯中,层次在不断地提升,后来的学者进一步认为是"缺乏高度的责任心和足够慎重的态度"❸,但是否妥当,有待探讨。不注意说的不足表现在过失的概念中依然只有"无预见"和"不注意"这样的消极要素,没有肯定的正面特征,也就只能部分地划清与其他相关概念区别的外延,而并没有自身的概念内涵,不是一个完整的、科学的概念。

---

❶ 林亚刚:《犯罪过失研究》,武汉大学出版社,2000,第18—19页。
❷ 林亚刚:《犯罪过失研究》,武汉大学出版社,2000,第23页。
❸ 林亚刚:《犯罪过失研究》,武汉大学出版社,2000,第38页。

但不注意说探寻犯罪过失的生成过程，就为进一步探寻犯罪过失的规范依据提供了存在论上的实证基础。

（三）能预见说

无认识说与不注意说都把目光集中在犯罪过失的实然层面，在与故意区分的心理特征上苦苦寻觅，却陷入了无法把犯罪过失与意外事件进行区分的尴尬境地。在客观上发生相同危害结果的情形下，同样是没有注意，同样是没有预见，为什么人们可以宽恕意外事件，却坚持对犯罪过失刑事归责呢？无论是无认识说，还是不注意说，都无法给予妥当的正面回答。

旧过失论的学者以结果无价值论为基本立场，以意志自由论为基础，不但追寻犯罪过失发生的过程，认为过失的本质是具有不注意的心理事实，更注重如何才能避免这样的危害结果的发生。既然行为人是由于对行为的危害性没有认识，在不经意或轻信的情况下实施了过失行为导致了危害结果的发生，那么如果行为人预见到了行为的危害性质，就有可能因此放弃实施该行为，从而防止危害结果的发生。因此，能预见说认为，所谓过失，乃指欠缺犯罪事实之认识及认容以及违法之认识；同时，如行为者加以相当的注意，或可由于认识构成犯罪事实，并意识行为之违法性，而不为其行为之情形而言。与此相对，意外事件恰好是行为人没有这种预见能力，在行为时无论如何也预见不到自己的行为会发生危害社会的结果，也就失去了放弃实施危害行为或采取措施阻止危害结果发生的机会，不存在对其归责的伦理基础。

从预见能力的角度找寻对过失的归责基础，实际上是对犯罪过失伦理审视以后的道义评价，如日本刑法学者小野清一郎认为："过失即不注意，是一种伦理因素。为了对过失进行道义非难，则必须以行为可能的范围为界。"❶ 行为人能够预见，却不予预见，以致发生了危害结果，在伦理上的确值得非难，正所谓"行为时无法评估风险，必须打探；探之不得，即应避之不为"❷。根据旧过失论，在危害结果已经发生的情况下，一旦认定行为人有预见行为危险的能力，行为人即存在犯罪过失，进而构成过失犯罪。然而，在现代的风险社会，是否预见到了自己行为的危害性就必须放弃该行为的实施呢？如今有危险的行为比比皆是，如果要全部放弃，付出的社会代价太过沉重，也不现实。诚如日本刑法学者山口厚所言："只要行为人所追求的目的不是该罚则想要禁止与处罚的，该行为的实施就是具有一定积极意义的，法律就应该考虑在一定限度内保障该行为自由实施的利益。"❸ 而且，能力本来是人们充分发展自己的重要条件，能力的增强可以提供更多的选择余地，而不是给自己带来更多的义务，缩减行为的自由空间，所以，仅以有能力预见就对行为人予以刑事归责有欠妥当。而且如果只以能预见为犯罪过失概念的本质要素，也难以将"超越承担过失"的情形以过失论处，因为此时行为人根本不可能预见到危害结果的发生。

能预见说是在不注意说基础上的进一步发展，第一次在犯罪过失的概念之中陈述了肯定性的本质要素：能够预见。与不注意说相较，能预见说限制了犯罪过失的成立范围，划清了过失与意外事件之间的区别，从某种意义上讲，能预见说就是以"能预见"

---

❶ [日]大塚仁等编：《刑法解释大全（第二版）》第3卷，日本青林书院，1999，第346页。
❷ 林东茂：《刑法综览》，中国人民大学出版社，2009，第138页。
❸ [日]山口厚：《从新判例看刑法（第2版）》，付立庆、刘隽译，中国人民大学出版社，2009，第60页。

限缩以后的不注意说,故此,日本刑法学者泉二新熊认为,"所谓不注意是指,有能够认识和预见结果的能力,却完全不调动这种能力或不充分调动这种能力"❶,即以能预见对不注意进一步进行了限制。

(四)义务违反说

能预见说是以行为人预见到了行为的危险就会放弃行为的实施为前提的,然而,在社会生活中诸多行为虽有危险,但也能给社会带来更大的实益,只要行为人能够控制行为的危险(包括危险的分担),这样的危险是为法律所容许的。❷ 只要行为的危险始终在允许的程度之内,即使结果真的发生,也不能把该结果归责于行为人。换言之,在这种情形下,尽管行为人有预见可能性,在没有预见的情况下也发生了危害结果,但不能以过失论处,因为法律并不要求行为人对能够预见的内容必须予以预见。"一种'物本逻辑'或者一种'事物的本质'并不能提供法学的评价标准"❸,要把在能够预见而没有预见的情形下发生的法益侵害归责于行为人,必须在概念中加入规范的要素:在能够预见和避免危害结果时,规范还要求行为人发挥能力去预见和避免危害结果。所以,在规范的层面,犯罪过失违反了注意义务,这也是犯罪过失的根本特征。而注意义务的内容是否包括结果避免义务则存

---

❶ 韩小梅:《日本犯罪过失研究》,博士学位论文,吉林大学法学院,2009,第15页。

❷ 需要注意的是,这种容许的危险不等于大陆法系所谓的"允许的危险",后者是指为了救济其他利益不得不允许具有实质危险的行为存在。具体参见黎宏:《刑法总论问题思考》,中国人民大学出版社,2007,第275页。

❸ [德]克劳斯·罗克辛:《德国刑法学总论(第1卷)》,王世洲译,法律出版社,2005,第141页。

争议,所以违反注意义务说也就存在不同的观点,一种是预见义务违反说,一种是结果避免义务违反说,还有一种观点则认为犯罪过失同时违反了两种义务,但以违反结果避免义务为中心。

旧过失论以结果无价值论为基本立场,以违反预见义务为中心来理解犯罪过失,认为如果规范要求行为人集中注意力进行预见,且行为人也能够预见,但没有预见,因而引发危害结果的,即犯罪过失。如日本刑法学者井上正治认为:"所谓过失,指行为人虽可能认识并预见发生结果之可能性,且必须认识并预见此可能性以避免结果,但未予认识并预见以致发生结果之情形。"这样,能预见是前提,应当预见是注意义务的内容,不注意即对注意义务的违反,没有预见是犯罪过失的外在表现。我国近代亦有学者以违反注意义务为过失归责的基础,但在过失归责的前提上存在不同的认识,认为"刑法以注意义务为追究责任之基础故也。至于行为人有无注意能力,要非所论"[1]。能力本为责任之前提,对无注意能力者论以责任,有结果归责之嫌。即使在行为无价值论者看来,在违法性阶段认定是否违反结果预见义务时,也需要考虑注意能力的问题,只不过大多主张一般化的理论,即以一般人的注意能力为标准,但也有少数学者主张以行为人个人为判断标准的个别化理论。

在新过失论论者中,有的认为过失的本质不是对结果预见义务的违反,而是客观上没有履行结果避免义务,于是过失的成立当以违反结果避免义务为要。如德国刑法学者 Karl Engisch 认为,"过失应当被定义为:行为人实现了他应当回避且能够回避的违法

---

[1] 余天民:《刑法与犯罪研究》,正中书局,1945,第97页。

构成要件。"❶ 应当回避，说明行为人具有回避危害结果的义务；能够回避，指行为人有回避危害结果的可能；实现了违法构成要件，指已经造成了危害结果的发生。然而，如此定义过失，又怎么去和故意区分呢？在故意的场合又何尝不是实现了应当回避且能够回避的违法构成要件？这种概念实际上否定了过失的独立结构，以故意的结构来定义过失，殊不足取。

新过失论更为普遍的做法是，认为过失同时违反了结果预见义务和结果避免义务，"过失是违反预见结果的注意义务或结果避免义务，导致结果发生的情况"❷，且以后者为中心。但是，外在的结果避免义务的违反已经超出了犯罪过失的主观范畴，不是将法益侵害归责于行为人的责任问题，而是法益是否受到了侵害的违法性问题。而且，即使在违法阶段，对过失的不法而言，其违法的根据也不是违反了结果避免义务的不作为行为，而是以自己的行为实现了不被法律允许的实质的危险。因此，在新过失论中，对过失的定义已经逐渐泛化到过失犯的概念了。旧过失论在认定过失犯的成立时，同样需要考察行为的客观面，只不过认为过失犯在该当性和违法性阶段与故意犯没有差异。

（五）希望避免说

无论是无认识说、不注意说，还是能预见说、义务违反说，都只是在过失的认知事实和规范评价之间探讨犯罪过失的概念特征，都没有涉及过失的意欲要素。由于故意的成立需要具备认识与意欲的要素，且故意的可责性主要集中在意欲的方面：认识到

---

❶ ［德］卡尔·恩吉施：《刑法における故意·过失の研究》，转引自程皓：《注意义务比较研究——以德日刑法理论和刑事判例为中心》，武汉大学出版社，2009，第30页。

❷ 林亚刚：《犯罪过失研究》，武汉大学出版社，2000，第18—19页。

行为的危险不是一种过错,追求或容忍这一危险的实现就需要承担责任。因为过失与故意一样,都是责任要素或者主观要素,所以,学界通常认为,犯罪过失的概念既要考察其认知的侧面,也应该分析其意欲的形态,"过失既然是一种心理状态,当然首先也具备了普通心理学上的认识因素与意志因素。没有一定的思想、心理支配,就不可能有过失行为。"❶ 那么,过失的意志形态是什么呢?我国通说几乎认为行为人希望避免危害结果的发生,并以此作为犯罪过失的本质,"犯罪过失的本质不是行为人对犯罪事实或犯罪结果没有认识,也不在于行为人因不注意而导致犯罪结果发生,而是行为人希望避免犯罪结果。"❷ 然而,犯罪过失作为罪过的表现形式,已经带有规范的评价要素,其本质的侧面理应在规范的层面有所体现,因此,有学者对犯罪过失的本质进行了分层解析,认为"犯罪过失的法律本质在于它属当为、能为而不为的情形,而其心理本质则是行为人在内心上对危害结果的发生都是持根本否定的态度的,都希望危害结果不发生。"❸ 这里所谓的法律本质的内容易与不作为犯的作为义务混淆,而所谓的心理本质依然坚持希望避免说。

但希望避免说没有对犯罪过失心理进行具体的分析,只是想当然地与犯罪故意进行类比,轻易得出了一个虚假的结论。由于直接故意的意志因素是希望危害结果的发生,间接故意是放任危害结果的发生,那么过失似乎也就是反对危害结果的发生,或者希望避免危害结果的发生。有学者认为,过失在意志上的不希望

---

❶ 孙国祥、余向栋、张晓陵:《过失犯罪导论》,南京大学出版社,1991,第79页。
❷ 陈兴良:《刑法哲学》,中国政法大学出版社,1992,第180页。
❸ 胡鹰主编:《过失犯罪的定罪与量刑》,人民法院出版社,2008,第69—70页。

"须借助于不注意来把握"❶，可是，意志的产生本以相应的认识内容的存在为前提，既然没有注意，对没有注意的对象又怎么会有对应的意志呢？如果说人们对过于自信的过失是否认识到危害结果的发生或许存有争议，那么对疏忽大意的过失而言，学界几乎都认为行为人没有认识到行为会发生危害结果，既然连是否发生危害结果的认识都没有，与此对应的意志状态又如何产生？行为人没有认识，当然就没有意志，不得人为地拟制。从假设的角度考察，如果行为人知道危害结果可能发生又会是什么心态呢？事实上，这个假设没有意义，因为"没有发生过的事情，发生时会是什么情形，这个可能性是无限大的"❷。而且，把希望避免危害结果的发生作为过失的心理本质，也与过失的规范属性相矛盾：过失是将特定危害结果归罪于行为人的主观依据之一，而希望避免危害结果的发生恰好是忠诚法律的表现，本不应受到否定的评价。

在现实生活中，由于过失犯罪人对犯罪结果的发生往往追悔莫及，所以人们就认为过失的意志是希望避免危害结果的发生，这实际上是以行为后的意志表现替代行为时的意志内容。但是，"有的人可能在行为时并未认识到其行为的危害社会的结果，但结果的发生也许正符合行为人的本意。"❸ 以擦枪走火案为例，被告人一直存有杀害妻子的念头，但苦于没有适当的机会下手实施杀妻行为，某日在擦拭猎枪的过程中误触扳机致妻死亡，被告人对于这样的后果可能充满天遂人愿的欣喜，以希望避免说为根据，

---

❶ 赵秉志：《过失犯罪的基础理论问题探讨》，载高铭暄、赵秉志主编：《过失犯罪的基础理论》，法律出版社，2002，第18页。
❷ 许玉秀：《主观与客观之间——主观理论与客观归责》，法律出版社，2008，236页。
❸ 姜伟：《罪过形式论》，北京大学出版社，2008，第9页。

此案当然不能按照过失论处，因为行为人知道了这一结果后不是反对和否定，而是积极的肯定态度；对此或认定为无罪过事件，或认定为故意犯罪，但这既违背罪刑法定的原则，❶ 也无法做到罪刑相称。所以，就犯罪过失的意志状态而言，没有就是没有，不能强行地替代。

综上所述，希望避免说是在对犯罪过失的概念探寻中，类比故意产生的一个误解。事实上，无论是大陆法系还是英美法系，均无人主张过失的意志状态是希望避免危害结果的发生。我国这一所谓的通说是从苏联盲目引进的，苏联学者即认为，"在过失的情况下，对结果的发生永远都是持否定的态度。"❷ 然而，现在的俄罗斯刑法学界虽然还是认为过失中必须有认识因素和意志要素，但对意志要素的理解发生了变化，如疏忽大意的过失的意志要素是"犯罪人所实施作为或不作为具有意志性质，同时不存在旨在预防危害社会后果的有意志行动"❸，否定了所谓的希望避免的意志因素，但其主张的行为意志对于定罪而言毫无意义，因为其不是刑法禁止方向上的认识状态，还存在连行为意志也不存在的忘却犯情形。

二、犯罪过失的概念和特征

（一）犯罪过失的概念

结合犯罪过失的体系性地位和相应的概念法则，本书认为犯

---

❶ 因为被告人当时能够预见、也应当预见，所以不应该以意外事件处理；同时被告人没有认识到枪支会走火，所以不应该定故意杀人罪。

❷ ［苏］贝斯特罗娃：《苏维埃刑法总则》，中国人民大学刑法教研室译，中国人民大学出版社，1954，第58页。

❸ ［俄］H. Ф. 库兹涅佐娃、И. M. 佳日科娃主编：《俄罗斯刑法教程（总论）上卷·犯罪论》，黄道秀译，中国法制出版社，2002，第327页。

罪过失的概念可定义为：行为人在行为时能够认识、应当认识但没有正确认识自己行为的危害性质及其避免措施的状态。其合理性主要表现在以下五点。

首先，此犯罪过失的概念确定了考察犯罪过失的时点是行为时，即从行为人开始实施行为到行为实施终了的过程，而不是行为前，也不是行为后，因为行为前的认识完全可能已经被自己否定，而行为后的认识又无法改变已经发生的事实。以行为时为犯罪过失的考察时点，是责任主义的必然要求，只有在行为时的认识才能影响行为人的行为意志，若应该认识而没有认识或错误认识则提供了对其刑事归责的基础，如果是正确的认识则提供了避免法益侵害的契机，无视此契机毅然地实施危害行为，则其意欲的要素则需受到刑事的非难。这样就能够防止人们将行为人事前的认识或事后的态度作为犯罪过失的要素，避免出现希望避免说那样的幻象，有利于明晰犯罪过失的本体结构，尤其是过于自信过失的心理结构，进而为犯罪过失与犯罪故意之间确立明确的界分。

其次，此犯罪过失的概念既承继无认识说和不注意说的成果，坚持犯罪过失的实体特征，也继受了义务违反说的内容，彰显了犯罪过失的价值特征；既以犯罪过失的心理结构为基础，又能有效地实现过失犯的刑法机能。本概念摒弃了我国传统概念效仿犯罪故意，生硬组合认识因素和意志因素的做法，还原了犯罪过失的心理本体结构。在存在论的层面，犯罪过失就是没有正确认识的状态，既可能是在行为过程中自始至终完全没有认识，也可能是曾有认识，但行为时予以否定而没有认识，还可能是行为中对行为的危险虽有认识，却是附条件的否定性认识，即虽然认为行为可能会侵害法益，但轻信只要采取一定的措施（但客观上是无效的措施），这种法益侵害就不会出现。在不作为的过失情形下，没有正确认识，既可能是没有认识到客观的危险，也可能是没有认识到自己的作为义务。在价值论的层面，本概念明晰了犯罪过失归责的依据：不是实然的没有正确认识的状态，而是没有发挥自己的注意能力去履行自己的注意义务，错失了避免法益侵害的机会，只有对此种状态下发生的法益侵害进行刑罚处罚，才能实现刑法保护社会和保障人权的机能，而不致轻纵犯罪或动辄入罪。

再次，此犯罪过失的概念在一定程度上超越了前述各学说的主张，明确指出了行为人能够认识、应该认识但没有认识的内容，即除行为的危害性质之外，还应包括相应的避免措施。无论是事实层面还是规范层面的危害行为和危害结果，都统一在行为的危害性质之中，但犯罪过失认识的内容不限于此。针对已经发生的法益侵害，尽管行为人能够认识到自己行为的危害性质，但不能预见到相应的避免措施，这种能够预见没有意义。一方面，只有认识到相应的避免措施才能真正避免对法益的侵害；另一方面，如果对相应的避免措施发生了错误的认识，则事实上又否定了对行为性质的正确认识，最终对行为性质产生了错误的认识。这里所谓的避免措施，以客观上存在避免法益侵害的可能性为前提，不仅包括采取积极有效的避免措施，也包括放弃自己无法避免危害发生的实行行为。即使行为人不能认识法益侵害发生的具体过程，但只要能够认识到相应的避免措施，就有存在犯罪过失的余地，而这正是危惧感说最合理的内核。

在能够认识、应当认识和没有认识的内容之间，逻辑上存在以下几种情形：（1）行为人能够认识但没有认识到行为的危害性质，且不能认识相应的避免措施。此时法益侵害注定要发生，行为人客观上没有刑事义务,如结果假定的场合,行为人主观上也就没有注意义务,不成立犯罪过失。(2)行为人应当认识行为的危害性质,但不应当认识相应的避免措施。这种情形在现实中不会出现,既然不需要行为人去防止法益遭受的侵害,也就不可能要求行为人去徒劳无益地认识行为的危害性质。(3)行为人认识到了行为的危害性质,但没有认识到应采取相应的避免措施。此时若行为人对法益侵害的发生将希望或放任的态度,没有认识避免措施与行为人的意志态度并不矛盾,应以犯罪故意论处;若行为人希望避免法益侵害的发生,但对避免措施产生了错误的认识,最终否定了曾经的正确认识,则是过于自信的过失;如果行为人不具有认识避免措施的能力或期待可能性,就只能认定为不可抗力。

再其次,此犯罪过失的概念一直将犯罪过失限定在主观范畴之内,即只需考察行为人是否预见、能否预见、应否预见即可,而无需考察行为人客观上采取了什么行为,这有利于防止犯罪过失的概念中渗入客观的要素,不至于泛化为过失犯罪的概念。具体而言,本概念不包括所谓对结果避免义务(或客观的注意义务)的违反,不包括实行行为的类型化特征。当然,对犯罪过失的主观限定并不意味着其与客观要素的隔离或断裂,相反,对犯罪过失的分析必须以行为人的行为客观上发生了法益侵害的事实为前提。

最后,此犯罪过失的概念认为犯罪过失最终是一种"状态",而非通说中的"心理态度",因为心理态度是以存在相应的心理认识为前提的,既然犯罪过失在刑法评价的方向上并不存在与之对应的认识内容,当然也不存在所谓的心理态度。而且,这里的"状态"是指一种事实的状态,而非仅指心理的状态。尽管犯罪过失的行为人主观上在刑法禁止评价的方面没有正确的认识内容，但客观上这本身也是一种状态，与犯罪故意相比，这种没有认识内容的状态本身具有与其相区别的意义。但犯罪过失中还涉及行为人的注意能力，即是否具有认识行为的危害性质及其避免措施的能力，这种能力实际上是行为人的主体状态，即是否具有正常的辨认和控制特定行为的能力。

（二）犯罪过失的特征

综上所述，本书认为，犯罪过失的特征主要表现在三个方面，即没有预见是犯罪过失的心理特征，能够预见是犯罪过失的伦理特征，而应当预见则是犯罪过失的规范特征。

1. 没有预见：犯罪过失的心理特征

任何事物的概念，首先需要对该事物本身的事实特征予以概括，形成概念的基础，以确定概念中规范要素评价的对象，否则，所谓的概念不过是一场文字游戏而已，毫无存在的价值。如前所述，无认识说虽然存在诸多不足，但是其关于犯罪过失的本初印象却一直得以传承，即使在我国，也没有人反对疏忽大意的过失在心理上是没有预见的状态。至于对过于自信的过失在心理上是否没有预见，则存在较大争议，虽然大多数学者坚称行为人已经有所预见了，当然是有认识的状态，但也有少数学者认为其还是没有预见的状态，"过失的实质在于行为人没有按照刑法的要求去控制自己认识自己行为性质"❶，本书赞同少数学者的见解，相关的分析容后具体展开，此不赘言。

至于不注意说，只是描述了没有预见的生成过程，为没有预见是犯罪过失的事实要素提供了更有力的支撑。在疏忽大意的过

---

❶ 陈忠林：《刑法散得集》，法律出版社，2003，第260页。

失情形下,行为人在行为时没有将自己的注意力指向行为具有的刑法禁止评价的危险方面,而是将注意力指向了行为的其他方面,或根本就没有集中自己的注意力,从而丧失了阻止危害结果发生的机会;而在过于自信的过失场合,行为人的注意力分配不当或注意力的品质有缺陷,没有将自己的注意力集中于已经意识到的行为危险性,而是分散并转向于行为的其他方面的性质,最终基于错误的认识结论去追求行为其他方面性质的实现,错失了避免危害结果发生的机遇。

需要说明的是,这里的没有预见不是对行为的所有情况都毫无认识,尽管忘却犯可能呈现出此种样态,在作为犯中的犯罪过失和不作为犯中的过于自信的过失场合,行为人都会或多或少地预见到行为的其他方面的情况,甚至以其作为行为的目的,但这在刑法禁止的评价上并无意义,一开始就应该被排除在刑事视域之外,所以在定义犯罪过失概念的时候,本书对此类事实特征不采纳。

2. 能够预见:犯罪过失的伦理特征

没有预见本身是一个纯事实的心理要素,要把这样的事实要素和规范的刑事归责结合起来,应当有其伦理根基,因为法律是伦理的底线,"法律要从根本上得到人们的尊重而不只是畏惧,它就必须符合人们的道德信念,符合人们有关何为正当的理念"[1],否则,可能出现讲法不讲理的病态法治现象。就伦理评价的对象而言,无论是伦理学中的目的论,还是义务论,都以行为为判断的对象,即以行为人能够对行为进行意志控制为前提,"如果我们得知行动者……作出这一行动时他不能用健全的方式推理、感觉

---

[1] 何怀宏:《伦理学是什么》,北京大学出版社,2002,第48页。

和判断，那我们就不对此进行评判。"❶ 如果我们对发生的侵害事实根本不能预见，也就无法予以意志的控制，那么导致其发生的身体动静根本不是伦理评价的对象，理应排除在伦理的视域之外，也就不应纳入刑法的评价范围之中。就伦理评价的依据而言，不能脱离作为评价对象的人的基本属性，"己所不欲，勿施于人"恰是伦理学中的否定式道德金规，换以肯定的方式表述，就是我们必须以人道的方式对待人。既然我们都不愿意对自己能力范围之外的结果担责，又怎么能够要求别人对此付出代价？既已超出了他的认识能力，也就不再是他的存在方式，与伦理上的善或德性无关，更与刑法中的过失无涉。

行为人尽管没有预见，但如果是在能够预见的情况下没有预见，就具备了伦理上谴责的根据："因为你能做，所以你必须做"❷，即行为人在能够认识进而能够避免自己的行为造成的法益侵害的时候，没有发挥自己的能力，最终侵害了法益，在伦理上也就违背了"不为恶"的普遍底线，理应受到伦理的谴责。这样，也就能够在非故意的形态中把意外事件等无罪过的情形排除在犯罪过失之外，从而进一步发挥犯罪过失概念的界限机能。相反，如果行为人没有预见行为危害性质的能力，也要强行把由此产生的结果归罪于行为人，容易形成蔑视人权的威权秩序，社会中每个人就会失去行为的预测可能性，担心动辄被追究刑事责任，却又对此无能为力，惶惶不可终日，生活的安定则无从谈起，整个社会也将动荡不安。

---

❶ ［美］弗兰克·梯利：《伦理学导论》，何意译，广西师范大学出版社，2002，第7页。

❷ 张明楷：《刑法格言的展开（第二版）》，法律出版社，2003，第218页。

但这里的预见能力不是客观上行为人可能达到的最大程度的预见能力，人不是冰冷的机器，我们不能期待人们（也不能被人们期待）以最大程度的努力去预见行为可能发生的种种危害，而应该顾及人类脆弱的人性，对能力的认定不能违背人类同情或怜悯的基本感情，即必须以行为人具备期待可能性为前提。即使能够认定行为人存在一定的预见能力，也不能过分地要求行为人竭尽全力地发挥这种能力，"不可过分要求性的这种一般的排除罪责的根据，在今天的过失犯罪和不作为犯罪中，还继续得到承认"❶。所以，在苏联学者提出的"意志疏忽"的场合，首先考虑的不是行为人能不能预见什么，而是考虑这种"慌张"是否已经否定了对行为人的期待可能性。

关于预见能力的对象，有行为说、结果说、避免措施说及综合说等诸多观点。本书认为，首先应当考虑的是，确定行为人预见能力对象的目的是什么？是为了使行为人正确预见自己行为的性质、谨慎地实施自己的行为，还是为了防止刑法禁止的法益侵害的出现？通常认为二者并不矛盾，因为"如果在认识自己行为性质时，行为人正确地运用了自己的控制能力，行为人就会正确地认识到自己行为的性质，就不会因'疏忽大意'或'轻信能够避免'而导致以后行为的失控状态"❷。这实际上是以一个假设为前提的，即行为人正确预见到了行为的性质与避免法益侵害的发生是彼此对应存在的，但有时候即使正确预见也无法避免，如不可抗力或结果假定的场合；反之，有时候即使没有具体的预见，也能采取有效的避免措施，如危惧感的场合。就结果假定而言，

---

❶ 陈忠林：《刑法散得集》，法律出版社，2003，第260页。
❷ [德] 克劳斯·罗克辛：《德国刑法学 总论（第1卷）》，王世洲译，法律出版社，2013，第561页。

行为人即使不违反注意义务，法益侵害也必然发生，这时应否追究行为人的刑事责任？有的人认为，行为人的行为已经违反了注意义务，且引发了法益侵害，当然应当承担责任；但另一种观点认为，由于法益的侵害不可避免，行为人的行为就没有违法性，也就不应当归责，后者的处理方式在大陆法系是通说。❶据此，行为人即使预见到了行为的性质，如果不能预见避免法益侵害的措施，也就不需要承担过失的刑事责任。所以，行为人预见能力的对象不仅是行为具有的不被允许的危险性质，还包括避免这种危险变成现实的措施。当然，这里的避免措施应该不限于积极的作为方式的措施，也包括单纯地放弃实施行为的不作为的措施，因为社会不允许实施的危险行为一开始就不应该实施，而不是在实施以后再想法阻止，否则，实施自己不能控制的危险行为反而不会被刑事归责。

3. 应当预见：犯罪过失的规范特征

犯罪过失毕竟是作为犯罪行为主观心态的过失，不是日常生活中普通行为的过失。在社会生活中，几乎每个人都经历过疏忽大意或过于自信的场景，但只有行为侵犯了刑法保护的法益的时候，才需要对其进行刑事归责。因此，不是凡有预见能力而又没有预见的状态都是犯罪过失，只有在刑法规范要求人们发挥自己

---

❶ 但否定归责的理由有所不同，主要表现为缺乏因果关系、没有注意义务、不能客观归责或不可抗力等。具体参见［日］中山研一等编：《现代刑法讲座（第1卷）》，日本成文堂，1979，第328页；［日］大谷实：《刑法讲义·刑法Ⅰ总论》，日本悠悠社，2001，第56页；［日］大塚仁：《刑法概说（总论）》（第三版），冯军译，中国人民大学出版社，2003，第166页；［日］山中敬一：《刑法总论》Ⅰ，日本成文堂，1999，第376页；［德］汉斯·海因里希·耶赛克、托马斯·魏根特：《德国刑法教科书（总论）》，徐久生译，中国法制出版社，2001，第701页；［意］杜里奥·帕多瓦尼：《意大利刑法学原理（注评版）》，陈忠林译评，中国人民大学出版社，2004，第199页。

的预见能力进行正确预见、避免法益侵害的时候,这种没有预见的情形才可能构成犯罪过失,即犯罪过失的成立还需要行为人负有注意义务。❶

注意义务要求行为人发挥预见能力去预见特定内容,但规范中的义务向来是针对行为而言的,"对于法律来说,除了我的行为以外,我是根本不存在的,我根本不是法律的对象。"❷ 法律规范是不能也无法对人们的内心进行规制的,"反对倾向的法律,即没有规定客观标准的法律,乃是恐怖主义的法律;……凡是不以行为本身而以当事人的思想方式作为主要标准的法律,无非是对非法行为的公开认可。"❸ 在刑事视域中,不管行为人犯罪的恶意多么重大,只要还没有表现为行为,就不会对犯罪客体造成直接的威胁,也就没有必要对其予以刑罚规制;即使要对其进行刑罚规制,也无法确认行为人犯罪恶意的内容,最终的结局必然是"唯口供是问",致使刑讯逼供大行其道。既然对没有外化为行为的故意犯罪念头尚且不能制裁,又怎么能够对违反注意义务而没有认识到特定内容的主观心态论责?其实,这里的注意义务违反,只是在行为人的行为已经造成了法益侵害的前提下,认定行为人主观上对此是否存在过失的规范依据,而不是仅此即对其予以刑罚处罚。换言之,犯罪过失概念中的规范要素是一种对主观心理的评价要素,是决定能否将其已经造成的法益侵害归责于行为人的

---

❶ 本书如无特别说明,"注意义务"一词都是指行为人发挥预见能力认识行为的危害性质及其避免措施的义务,而不包括行为人如何实施行为去避免法益侵害的所谓客观注意义务。

❷《马克思恩格斯全集》(第一卷),中共中央马克思恩格斯列宁斯大林著作编译局译,人民出版社,1956,第16—17页。

❸《马克思恩格斯全集》(第一卷),中共中央马克思恩格斯列宁斯大林著作编译局译,人民出版社,1956,第16页。

主观要素，是对刑罚权的适用进行限制的要素；而不是对行为进行评价的违法要素，不是认定行为人是否造成了法益侵害的客观要素，也不是发动刑罚权的要素。所以，犯罪过失中的注意义务不是行为客观上违反的刑事法律义务，而是主观上能否将法益侵害归因于行为人的规范要素。

但是，注意义务的内容取决于行为人的刑事法律义务。是否需要行为人预见法益侵害的防止过程，决定于行为人客观上是否有防止这种法益侵害发生的刑事义务。而行为人是否具有这种刑事义务，又决定于其行为所具有的侵害法益的危险的种类和程度。只有在行为人客观上违背了这种刑事法律义务，即客观上造成了法益侵害以后，才能考察行为人主观上是否违反了应当预见的注意义务，否则，如果首先考察行为人是否存在应当预见的责任，将会无限地扩张过失犯规范的适用范围，因为只要没有造成法益侵害，即使行为人在行为时没有预见到行为的危害性质及其避免措施，就不需要对其予以刑罚规制。

这里的法益侵害，既包括过失行为导致的实害结果，也包括法益遭受的实质危险。尽管"不少国家的刑事立法中出现了将虽未造成实际的物质危害但有可能或足以造成这种危害的过失行为规定为危险犯的立法例"❶，但还是有学者认为"在结果无价值的过失犯罪中规定行为无价值的危险犯形态，是没有科学根据的"❷。法益遭受侵害的危险本身也是结果，不会违背所谓结果无价值的理论，因为结果无价值论即以此作为未完成罪的可罚根据。是否成立过失的危险犯，决定于过失行为侵害法益的实质危险，如果危险重大、紧迫，一旦出现此种危险状态就难以控制，或者超出

---

❶ 鲜铁可：《新刑法中的危险犯》，中国检察出版社，1998，第46页。
❷ 陈兴良：《刑法哲学》，中国政法大学出版社，2000，第191页。

了民众能够容忍的限度,就应该让刑法对此提前介入,以禁止此种行为的发生。事实上,我国刑法中也已经开始出现了过失危险犯的规定,如《刑法》第三百三十条和《中华人民共和国刑法修正案(八)》新增的危险驾驶罪即将侵害法益的危险一起纳入犯罪过失概念之中考量,也是必然的选择。❶

第二节　犯罪过失的构成要素

　　犯罪过失作为罪过的一种形式,对其进行刑事考察的时点应该是行为时,而非行为前或行为后。知、情、意虽是一个统一的心理过程,但在规范的意义上,情感不应成为刑法规制的对象。犯罪过失的意识状态表现为对行为的危害性质及其避免措施没有正确认识,犯罪过失的意志态度是没有形成能够避免法益侵害的意志态度。但这两个心理状态在实体上都是"无"的范畴,"仅以这种心理关系上的消极因素,是难以为过失的规范责难提供基础的"❷。要对"无"的状态进行否定、谴责的规范评价,必然要从是否能够、是否应该的层面找寻评价的依据,进而对犯罪过失进行理论构造,以形成科学的犯罪过失理论。

　　对犯罪过失的归责既要考虑行为人形成这一意志控制的可能性,也要考虑规范期待形成这一意志控制的必要性。在犯罪过失的情形下,必须假定行为人正确认识到行为的危害性质后,一定

---

❶ 故意犯中侵害法益的危险,在客观主义和主观主义之间存在差异,前者认为是行为客观上所具有的侵害法益的危险,后者认为是把行为人主观内容在现实中展开所具有的现实危险;但在过失犯中,由于行为人主观上对此危险并无认识,所以不存在此种争议。

❷ [日] 川端博:《刑法总论讲义》,日本成文堂,1995,第189页。

会形成避免法益侵害的意志控制，否则对其归责就不具有合理性。据此，注意能力是犯罪过失的伦理要素，指排除不应有的缺陷以后，行为人在行为时认识行为的危害性质及其采取避免措施的能力；注意义务是犯罪过失的核心要素，指行为人行为时被规范期待发挥自己的注意能力、正确认识行为的危害性质以及避免措施的义务；不注意是犯罪过失的心理要素，指在具有注意义务的前提下，没有认识到行为的危害性质以及避免措施的事实状态，主要表现为没有注意、注意的不良转移、注意的分配不当等情形。

一、伦理的构成要素：注意能力

（一）注意能力的地位

将注意能力和注意义务作为犯罪过失的构成要素，几乎是各国学者们的一致见解，只是称谓略有不同而已。在我国，通常把刑法中"应当预见"的规定解读为预见能力和预见义务两大要素；而在大陆法系国家和地区，无论是旧过失论、新过失论还是新新过失论，都以注意能力和注意义务为过失成立的支柱，只是侧重点存在差异而已。至于注意能力与注意义务的关系，在学界却一直聚讼纷纭，大致可以分为注意能力前提说、注意义务前提说及并列说。

注意能力前提说认为，注意能力是注意义务存在的前提，没有注意能力即无注意义务。就具体依据而言，在事实的层面，只有具备注意能力的人才可能履行注意义务，"行为人没有注意能力，便无从认识行为性质，更谈不上保持谨慎的注意"[1]，而其他人无法代为履行注意义务；在伦理的层面，只有存在注意能力的

---

[1] 周光权：《注意义务研究》，中国政法大学出版社，1998，第96页。

时候，行为人才有形成避免法益侵害的意志决定的自由，进而才有避免危害结果发生的余地，"因为无法预估风险，自然没有机会制止，没有机会决定是否选择服从规范"❶；在规范的层面，保护法益的注意义务只能分配给那些具有注意能力的人，"法律只能对有条件可能预见的人才会提出预见的义务"❷，否则，强行要求不具备注意能力的人履行注意义务，无法实现法规范的目的，所谓的规范也只是威权的裁判规范，而非提供国民预测自由空间的行为规范。Roxin从客观归责的角度论证注意能力的前提地位，如果行为人没有注意能力，就"缺乏一种在法律上有重要意义的危险创设"或者"缺乏这种对已经创设的危险的实现"❸，也就不能对其客观归责，更无须考察行为人是否存在注意义务、是否违背了这一义务。因此，注意能力是注意义务的存在前提，有注意能力不一定有注意义务，但有注意义务一定有注意能力，违背注意义务就是过失。由于该说理由充分，已是各国刑法学界的通说。

注意义务前提说则认为，注意义务是注意能力的前提，有注意义务才有必要探讨注意能力，其主要依据有三：首先，注意义务的内容来自规范的要求，与注意能力无关，"注意义务之存在，不必然以注意可能性为前提，而是借由刑法规范中探求"❹；其次，预见义务是过失承担刑事责任的前提和法律依据，"行为人必须具有应当预见的义务，这是疏忽过失承担刑事责任的前提条件和法

---

❶ 许玉秀：《当代刑法思潮》，中国民主法制出版社，2005，第31页。
❷ 李永升：《刑法学的基本范畴研究》，重庆大学出版社，2000，第129—130页。
❸ [德] 克劳斯·罗克辛：《德国刑法学 总论（第1卷）》，王世洲译，法律出版社，2013，第715页。
❹ 黄荣德：《论刑法上注意义务之违反与业务过失》，硕士学位论文，台北大学法学系，2004，第36页。

律依据。行为人对危害结果没有预见是一种客观事实,但导致这一事实的产生,首先在于行为人违反了法律规定的预见义务"❶;最后,注意义务是针对一般人的客观义务,不依具体行为人的注意能力而定,"因为法律、法规所设定的注意义务,作为客观性、普遍性的注意义务,理所当然不是依各个行为人的认识(注意)能力所设定的。详言之,即使行为人在当时的情况下不具有认识能力、避免能力,也不能否认客观上法律所要求的注意义务规范"❷。但这些理由都不充分:注意义务的内容虽由规范规定,但却是依据行为人的能力而规定的,故与行为人的注意能力关系紧密;法律之所以成为行为人承担过失责任的依据,就在于行为人没有充分发挥自己具备的注意能力,而不是没有发挥自己不具备而他人具备的注意能力,即法律依据须以主体能力为前提;注意义务的内容纷繁复杂,不可能对所有人都做同等要求,只能针对达到这种能力的人平等对待,即这里的一般人不是单纯抽象的任何人,而是具备了相应注意能力的一般人,行为人只有具备该注意能力,才能成为该注意义务的适用对象。

并列说认为,注意能力与注意义务均为过失成立的条件,彼此是平行的并列关系,而无递进的位阶关系。其主要理由有二:一方面,彼此的内容都不取决于对方;另一方面,二者对认定犯罪过失的作用不同,注意义务是客观的法律标准,而注意能力则是主观的事实根据。❸ 但要素内容与要素关系本不是同一范畴,且法律标准本来就是针对特定的对象制定的,也只能对有能力的对象适用,不明晰行为人的注意能力,既不能找到能够对特定行为

---

❶ 杨兴培:《疏忽过失的认定依据及心理本质》,载《法律科学》1997 年第 5 期。
❷ 林亚刚:《犯罪过失研究》,武汉大学出版社,2000,第 166 页。
❸ 陈兴良:《刑法适用总论(上卷)》,法律出版社,1999,第 180 页。

人适用的法律标准,也不能确定特定的法律标准可适用于哪些人。在具体的实践中,并列说认为,"具有预见能力时并不一定负有注意义务,如不可抗力的场合;负有预见义务的也并非一定有预见能力,如因不可预见的原因而引起意外事件的场合。"❶ 不可抗力因无法避免危害结果的发生而无须发挥预见能力,行为人即无注意义务;意外事件因行为人并无预见能力,不可能要求行为人发挥没有的能力,亦无注意义务,否则,意外事件反而成为违反了注意义务却又不受处罚的法外开恩。

从适用的最终结果而言,三种学说并无差异,都认为注意能力与注意义务在犯罪过失的认定中均缺一不可,无论怎样的排列顺序,只有二者同时具备时,才可能存在犯罪过失。但"法不强人所难""逾越能力即无义务"都是古老的法律格言,注意能力前提说能为过失的刑事归责提供伦理的根据,有利于规范目的的实现,也有利于保障人权,故本书赞成注意能力前提说。有人认为,"把注意义务的有无建立在注意能力有无的基础之上,使法律上的义务失去了作为法规范的机能,违背了法治原则"❷。但事实恰好相反,正是注意能力的存在,法规范的机能才能得以发挥,法治的原则才能得以贯彻。依据注意义务前提说,即使有法律义务也可能无须履行,这样的法律义务哪里还有强制的效力?没有强制效力的义务已不是法的义务。

有学者以某女子落水的案例,试图证成注意义务前提说。案例中,张某回家途经一桥,见桥下有一女子落水而不予施救,待该女子溺水而亡后,才发现落水女竟是自己的亲生女儿。该学者

---

❶ 北京大学《刑事法学要论》编辑组编:《刑事法学要论:跨世纪的回顾与前瞻》,法律出版社,1998,第418页。
❷ 刘期湘:《过失犯中的违反注意义务研究》,经济科学出版社,2009,第91页。

最后认为,"基于父母子女间特定的关系,他们有相互救助的义务,正是基于这种作为义务,张某在女儿遇到危难时,有预见义务"❶。且不论作为义务须以作为能力为前提,在本案中,依据注意能力前提说,张某若不能辨认该女子是自己的女儿,就不存在不施救会导致自己女儿死亡的预见义务,在尽可能早的阶段就把张某排除在刑法的视野之外。相反,以注意义务前提说的观点,根据客观上的父女关系认定张某有预见义务以后,还要考察其预见能力才能决定是否归责,需经历更多的阶段才能将张某排除在刑法之外;并且,不管行为人有没有预见能力都认为其有预见义务,已属强人所难,在行为人因没有预见能力而没有履行预见义务的时候,却又不予规制违反义务的行为,大有律法严苛而执法不严之嫌。相较而言,注意能力前提说在解决此类案例中更具有保障人权的优势,解释过程也更加顺畅。

(二) 注意能力的概念

1. 注意能力的概念厘定

关于注意能力的概念,由于探讨时不分范畴,借鉴时不明就里,在我国也存在较大争议,主要有心理注意说、认识能力说、认识能力与避免能力统一说等主张。

心理注意说认为,所谓注意能力,是指个体对特定客体引起、保持和集中注意的一种个体能力,它是在个体生理素质的基础上通过后天环境和实践活动的熏陶和锻炼而形成的。❷ 这是依据心理学中"注意"一词的含义所下的定义,因为注意在心理学中即是

---

❶ 孙国祥、余向栋、张晓陵:《过失犯罪导论》,南京大学出版社,1991,第85—86页。
❷ 甘雨沛、杨春洗、张文主编:《犯罪与刑罚新论》,北京大学出版社,1992,第127页。

指"心理活动（意识）对一定对象的选择性和集中性"❶。但即使行为人发挥了这样的注意能力，也只是为正确认识提供了条件，不一定就能正确认识注意对象。质言之，行为人即使有注意能力，也不一定就有认识能力，也就不一定能认识到行为的危害性质及其避免措施，所以并不能提供刑事归责的伦理根据，也就不是犯罪过失的伦理要素了。所以，心理学上的注意能力与刑法学上的注意能力不仅有内容上的不同，更有实质上的差异。

认识能力说认为，注意能力就是认识能力，"行为者对构成事实的认识以及对避免结果发生可能性的认识，是个注意能力或认识能力的问题。"❷ 从价值层面考察，要对过失进行刑事归责，就必须抛弃注意的心理学含义，另行赋予其认识能力的内涵。但也有学者认为，"这种界定也许有些失之过窄，而且这种观点把认识能力与注意能力等而为一同时贯彻到疏忽大意过失和过于自信过失中，没有区分出疏忽大意过失中行为人的注意能力与过于自信过失中行为人的注意能力的内在差异，多少有些不妥当"❸。从表面观之，疏忽大意过失是没有发挥注意能力，所以对行为的危害性质没有认识，而过于自信过失则发挥了注意能力，对行为的危害性质有所认识。但是，过于自信过失是并没有正确发挥自己的注意能力，是最终否定了行为危害性质的错误认识，在这一错误认识的前提下，行为人无论怎样地发挥自己的避免能力都无济于事，所以此种情形，非难行为人的根据依然是没能正确地发挥自己的预见能力，与根本没有发挥自己的预见能力并无实质差异，否则，不问正确发挥与否，只要发挥过这种能力就不违背相关义

---

❶ 黄希庭：《心理学导论》，人民教育出版社，2001，第215页。
❷ 甘雨沛、何鹏：《外国刑法学（上册）》，北京大学出版社，1984，第368页。
❸ 周光权：《注意义务研究》，中国政法大学出版社，1998，第97页。

务,则义务规范将形同虚设,不能实现规范的目的。

认识能力与避免能力统一说认为,注意能力既包括认识行为危害性质的能力,也包括采取措施以避免危害结果发生的能力,并认为在疏忽大意过失中行为人未发挥认识能力,而在过于自信过失中则是没有发挥避免能力。❶ 但如前所述,在没有正确发挥认识能力的前提下,去谴责行为人没有发挥避免能力毫无意义。而且,所谓的避免能力实际上是一种客观的行为能力,超出了主观的范畴。注意能力是借鉴大陆法系的称谓,我国只有认识能力、预见能力之谓,并无注意能力一说。日本的旧过失论是在责任论阶段探讨过失,作为过失构成要素之一的注意能力,当然是一种主观责任要素;而新过失论则在构成要件的该当性、违法性、有责性三个阶段分别论述过失,过失也就与故意一样,从责任的要素变成了构成要件要素、不法的要素和责任的要素,注意能力也就不再限于责任的阶段,突破了主观用语的范畴,在构成要件该当性与违法性的阶段也有相应的内容。质言之,旧过失论中的过失等同于我国的犯罪过失,而新过失论中的过失等同于我国的过失犯罪,我们不能把过失犯罪中行为人应该具备的责任能力,混同于犯罪过失中行为人的注意能力。

也有学者注意到了认识能力说与统一说的分歧根源,认为"如果从把注意能力纯粹当作犯罪主观方面的内容来看待的话,……将注意能力等同于认识能力是完全可以的",但又认为,"要认定行为人的行为是否构成过失犯罪,在客观上毕竟还存在着必须解决行为人实际上是否具有避免危害结果发生的能力的问题,仅仅为了犯罪主观方面和客观方面区分的严格性,就把同属于行为人自

---

❶ 周光权:《注意义务研究》,中国政法大学出版社,1998,第98—99页。

身所具有的紧密相连的两种能力硬生生地分开，这样就合适吗？这样做有利于过失犯罪的认定吗？有没有把问题复杂化而不利于实践操作的倾向？从研究注意能力的终极目的考虑，应将注意能力表述为：行为人所具有的认识自己的行为可能发生危害结果的能力，认识自己究竟应采取怎样的措施才能有效地防止危害结果发生的能力和基于上述认识而采取措施，以避免危害结果发生的能力。"❶ 但我们不能因为终极目的都是定罪，就把各种要素杂糅一团，这种看似简单的处理会使问题更加复杂，认识能力是主观归责的要素，而避免能力是客观归责的内容，二者不可混同。即使日本的新过失论认为注意能力包括认识能力与避免能力，也没有对这两种能力不加区分，"作为注意义务的前提，一般认为应当以客观的预见可能性确定客观的预见义务，以客观的结果回避可能性认定客观的结果回避义务，再分别以主观的预见可能性、主观的结果回避可能性认定主观的预见义务、主观的结果回避义务"❷，这里所谓的客观与主观分别以一般人和行为人为标准。因此，要将二者合一评价，须以预见义务与刑事义务的结合为前提，但我国向来对二者分开论述。行为本来就包括主观与客观的侧面，将认识能力与避免能力分开考察是理论精致化的必然，概念中做合一的定义，认定中又不得不分开考察，则合一的概念并无助益，有画蛇添足之嫌。

因此，本书认为注意能力仅指行为人的认识能力，不包括行为人的结果避免能力，具体而言，是指排除行为人不应有的缺陷以后，行为人在行为时认识行为的危害性质及其避免措施的能力。

---

❶ 赵秉志：《过失犯罪的基础理论问题探讨》，载高铭暄、赵秉志主编：《过失犯罪的基础理论》，法律出版社，2002，第24—25页。

❷ ［日］福田平、大塚仁：《刑法总论Ⅰ》，日本有斐阁，1979，第269—270页。

之所以要排除不应有的缺陷，是因为缺陷本身就是行为人在生活中没有正确发挥自己能力的表现，规范在要求人们发挥自己能力的时候不可能又原谅没有发挥这种能力的情形，否则会出现有缺陷者得到姑息、无缺陷者遭受处罚的不合理现象。所以，因缺陷而致无认识能力的情形，如原因自由行为的场合，仍应从应然的层面认为存在认识能力。从内容上看，之所以要求行为人还要认识到具体的避免措施，是为了能够有效地避免危害结果的发生，否则，即使行为人发挥认识能力，正确认识到了行为的危害性质，也束手无策、于事无补，反而是不可抗力的情形，依然不能对行为人归责，以致注意能力不能为犯罪过失的归责提供伦理基础。至于本书依然沿用注意能力这一称谓，一方面是学界已经约定俗成，另一方面也能突出注意的心理机能，即注意能为认识活动提供有利的条件，而且，过失在实践中大多是没有注意、注意转移、注意分配不当而致没有正确的认识，有相应的认识能力，但充分注意后还是不能形成正确认识的情况并不存在（意外事件中行为人充分注意还是不能正确认识是因为行为人根本不存在相应的认识能力）。

2. 注意能力与刑事责任能力的区别

注意能力涉及行为人的认识能力，与刑事责任能力相关。学界对刑事责任能力的理解也存在较大的分歧，行为能力说认为责任能力是辨认和控制自己行为的能力，这是我国学界的通说。❶ 此外，责任承担说认为责任能力是"行为人对自己的行为承担刑事

---

❶ 参见高铭暄主编：《中国刑法学》，中国人民大学出版社，1989，第116页；何秉松主编：《刑法教程》，法律出版社，1987，第55页；张明楷：《刑法学（第三版）》，法律出版社，2007，第252页。

责任的能力"❶，但犯罪是承担责任的前提，该说与在犯罪成立中探讨责任能力的境遇不一致，以此为内容之一的折中说面临同样的困境。人格状态说认为责任能力是"行为人能够理解其行为的内容和在刑法上的性质并据以决定自己的行为从而适于承受刑法性非难的人格状态"❷，但非难的人格太过宽泛，包括能力、气质、性格等心理品质，而责任能力只强调对行为的辨认与控制状态。刑事责任要素说认为刑事责任能力是"刑事责任及其大小的因素"❸，将责任能力扩大到影响刑事责任的犯罪构成特征与非犯罪构成特征，已异化为量刑的要素。事实上，责任能力中的"责任"只能理解为犯罪成立过程中的非难或谴责，所谓的责任能力也就是能为这种非难提供根据的认识、控制行为的能力。刑事责任能力包括认识能力与控制能力，而注意能力仅为认识能力，似乎刑事责任能力包括了注意能力，但在现有的犯罪论体系下，二者在具体内容、体系性地位及判定标准等方面都存在实质性差异，不可混同。

首先，就具体内容而言，刑事责任能力是指行为人对应负责任的所有犯罪而言的认识能力和控制能力，而注意能力是指具体案件中行为人对特定行为的认识能力。刑事责任能力不仅包括对行为的认识能力，还包括控制这种行为的能力，没有刑事责任能力，行为人即无刑事义务；而注意能力只包括对行为的认识能力，无此能力，则无注意义务。刑事责任能力中的认识能力只需认识一般行为的危害性即可，强调行为人适应社会的正常能力，而注意能力还要求行为人认识到防止危害结果发生的过程，注重对行

---

❶ 孙膺杰、吴振兴：《刑事法学大辞典》，延边大学出版社，1984，第 322 页。
❷ 冯军：《刑事责任论》，法律出版社，1996，第 123 页。
❸ 周其华：《刑事责任解读》，中国方正出版社，2004，第 119 页。

为人的非难可能性。如果没有刑事责任能力，说明行为人根本不具备适应社会的正常能力，也就没有探讨其是否具备注意能力的余地；反之，即使行为人有刑事责任能力，也不一定需要考察行为人的注意能力，如在故意犯的情况下，行为人已经正确认识了行为的危害性质，也就没必要考察其是否能够正确认识此内容。因此，刑事责任能力是注意能力的基础。

其次，就体系地位而言，我国学者几乎都是在犯罪主体中探讨刑事责任能力，而对注意能力的探讨却限定在犯罪过失之中，犯罪过失属于犯罪的主观方面的主要内容，按照犯罪构成的顺序（无论是事实学顺序，还是规范学顺序），犯罪主体都排在犯罪主观方面之前，故刑事责任能力的考察先于对注意能力的考察，行为人无刑事责任能力，即无注意能力；但即使行为人具备刑事责任能力，也不一定就具有注意能力，具备刑事责任能力的人只是具备了认识一般行为的正常状态，但不一定就能认识到行为的危害性质及其避免措施。而在大陆法系的犯罪阶层体系中，无论是罪责前提说还是罪责要素说，在有责性阶段都是将责任能力排列在故意或过失之前，责任能力依然先于注意能力的考察。所以，注意能力是在刑事责任能力之上的限缩。

最后，二者的判定过程也存在区别。在判定前提上，只要行为人的客观行为涉嫌侵害法益，都要考察行为人的刑事责任能力；而对注意能力的考察则不但要求客观上行为人已经造成了法益的侵害，且以不是犯罪故意为前提，即只有在行为人对行为的危害性质没有认识的情况下，才有必要启动对行为人注意能力的考察。在判定标准上，刑事责任能力并无客观的认定标准，各国刑法几乎都是从反面规定了无责任能力和限制责任能力的情形，从规定的内容而言，一般是从责任年龄和精神状态两方面规定，只要不存在阻碍责任能力的情形，就推定行为人存在责任能力；就规定的具体方法而言，包括生物学的方法、心理学的方法及混合的方法。与刑事责任能力的消极判定标准不同，对注意能力必须进行正面的积极的判定，具体的判断标准包括客观说、主观说、折中说及区别说，后文将对此予以具体展开，此处不赘述。因此，通过消极的判断后即使肯定了责任能力的存在，也必须从积极的方面判断行为人是否存在注意能力，而不能认为"在行为人有责任能力的情况下，几乎没有格外探讨行为人个人注意能力的必要"❶。

刑事责任能力与注意能力虽有区别，但并非不能合并考虑。在内容上二者虽不相同，刑事责任能力还包括客观上的行为能力，但注意能力的考察本以行为人具备刑事义务为前提，故注意能力须以刑事责任能力的存在为基础，是在刑事责任能力之上的限缩。二者虽然体系地位有别，但就其存在的价值而言，都是考察行为人在特定案件事实中对危害行为是否具有可控性。在具体的判断上，虽然刑事责任能力主要是消极的判断，而注意能力是积极的判断，但消极的判断与积极的判断完全可以也应该结合起来，进行更为完满的整体判断。因此，可以尝试打破现有的刑事责任能力的概念内涵，将注意能力一并纳入刑事责任能力要素，一并在犯罪主体要件之中进行整体考察，共同征表犯罪主体的能力状态，避免在认识能力和控制能力上得出的结论自相矛盾，但这样就必然导致犯罪过失构成要素的体系地位发生重大变动，不再单纯地寓居在犯罪主观要件之中，相关论述本书会在探讨犯罪过失的体系性地位中具体展开。

---

❶ ［日］西原春夫：《犯罪实行行为论》，戴波、江溯译，北京大学出版社，2006，第125页。

（三）注意能力的对象

注意能力是犯罪过失的伦理构成因素，对过失归责的伦理根据就在于行为人没有正确地发挥其注意能力，如果正确发挥这一能力，就可能使法益免遭侵害。所以，注意能力的对象范围应以保护法益为必要。

1. 行为的危害性质

只有在认识到自己的行为是一种危害行为的时候，行为人主观上才可能产生反对实施危害行为的动机，进而支配自己的行为过程，防止这一危害性质的实现，故行为的危害性质是注意能力的对象之一。但对于行为危害性质的理解，学界存在较大分歧。

违法行为说认为，注意能力是指行为人能够认识到行为的违法性，并且在过于自信的过失中"行为人具有违法性意识"。[1] 既然行为人已经认识到了注意能力的对象，说明已经正确地发挥了自己的注意能力，但行为人并没有据此避免危害结果的发生，对行为人理应以犯罪故意论处。事实上，行为人预见到行为的违法性，不一定能认识到行为会发生危害结果的性质，如行为人知道超速驾驶或醉酒驾驶是违法的行为，但认为自己车技高超或意识清醒，不会发生交通事故，行为虽然违法但并没有实质的危害性，即使果真发生交通事故，也只能对其承担过于自信的过失的责任，而不是故意的罪责。故仅以行为的违法性为注意能力的对象，不足以实现保护法益的目的，行为的违法性对行为的危害性仅具有征表的意义。

结果说认为，注意能力的对象是危害社会的结果，但这里的结果"只能是刑法分则对过失犯罪所规定的作为构成要件要素的

---

[1] 林亚刚：《论过失中的违法性意识》，载《中国法学》2000 年第 2 期。

具体结果"❶。但过失犯不限于结果犯，也存在过失危险犯的场合，所以过失犯中的危害结果至少应该包括过失危险犯中的客观危险。然而，无论是实害结果还是具体的危险，都决定于过失实行行为的危害性质，如果不能认识到行为的危害性质，又怎么能认识这种危害结果？所谓危害结果不过是行为危害性质的现实体现而已。

因果关系说认为，"预见可能性的对象，一般应当包括构成要件规定的侵害结果，以及致结果发生的因果关系的基本部分"，这一主张既是日本刑法学界的通说，在德国也得到了 Bockelmann、Jescheck 等人的支持。❷ 该说以结果无价值和行为无价值的二元论为基本立场，兼顾了行为和结果的危害性，得到了较多学者的支持。但危害结果的发生本是一个动态的过程，忽视表象背后的实质，只注重结果及其与行为之间的因果关系，得出的结论未免肤浅。整体、动态地考察，行为危害性质的实现过程将行为、结果及其因果关系有机地结合在一起，三者都只是行为危害性质的征表。

根据我国《刑法》第十五条第一款的规定，在犯罪过失中，"应当预见"或"已经预见"的内容是"自己的行为可能发生危害社会的结果"，而不是"自己的行为"或"危害社会的结果"，即注意能力的对象是一个整体的发生法益侵害的动态过程，即行为的危害性质，而非体现这一过程的起点或终点的静止状态。注意义务以注意能力为前提，只有行为人能够预见行为的危害性质，才能预见法益侵害的过程，在规范上才可能要求行为人对此予以正确预见，行为人如果违背规范的期待，对此没有正确认识，就

---

❶ 张明楷：《刑法学（第三版）》，法律出版社，2007，第239页。
❷ 程皓：《注意义务比较研究——以德日刑法理论和刑事判例为中心》，武汉大学出版社，2009，第98、72、64页。

可能构成犯罪的过失。所以，体现行为危害性质的法益侵害发生过程应该属于注意能力的对象范围。行为结果或客观危险的内容决定于行为的性质，但结果或危险的社会属性却源于规范的评价，当结果本身是侵害法益的表现时，我们认为这样的结果就是刑法禁止的危害结果，决定发生这种结果的行为性质也就是刑法禁止的危害性质。至此，行为发生危害结果的过程就是行为危害性质的实现过程，认识到行为具有这种危害性质，也就认识到了这个动态的过程，行为人就足以形成反对的动机，或采取积极有效的避免措施，或放弃无法控制的危害行为，以避免危害结果或客观危险的发生。因此，注意能力的对象之一就是行为的危害性质，但这里的危害不是泛化的危害，而是刑法分则中特定的过失犯罪构成所禁止的法益侵害。

2. 避免行为危险性质实现的措施

在现实生活中，有时候即使行为人正确预见到了行为的危害性质，也形成了反对的动机，但行为人却不能认识到避免这一性质实现的措施，依然无法避免危害结果的发生，此时不能对行为人以过失归责，如不可抗力的情形即是，因为行为人不能认识到避免危害性质实现的有效措施，仍然不具有保护法益的可能性。相反，如果行为人本来能够认识到这些避免措施，但由于轻信而发生了错误认识，往往会反过来否定原来存在的对行为危害性质的正确认识，在过于自信的过失中，行为人具有正确认识行为危害性质及避免措施的能力，因为没能正确发挥自己的注意能力，才导致了法益侵害的发生，理应对其予以刑事归责。因此，即为了有效地保护法益，行为人注意能力的对象还应包括避免行为危害性质实现的防止措施，这些措施既包括单纯放弃实施危害行为这样的消极方式，也包括采取排除行为危害性质的积极措施。

有学者将避免行为危害性质的措施表述为"究竟采取怎样的措施才能防止危害结果发生",并认为其只是"成立过于自信过失对认识能力的要求","对于疏忽大意过失行为人而言,只要其具有对其行为可能发生危害结果的认识能力就已足矣"。❶ 如前所述,危害结果只是行为危害性质的静态征表,并非法益侵害发生的动态过程,所以此种表述并不准确。同时,对避免措施的认识能力不仅是过于自信过失具备的能力,也是疏忽大意过失所应具备的能力,否则,在行为人没有这种认识能力,但发生了危害结果的情况下,即使行为人正确认识到了行为的危害性质,也会因为无法认识到相应的避免措施而构成不可归责的不可抗力;若将不能正确认识作为必须归责的犯罪过失,就有失妥当,因为二者在主观上都不存在敌视法秩序的态度,也不存在能够形成有效避免法益侵害的可能性,理应均不归责。此外,这种认识能力只能是避免自己行为危险性质实现的措施,而不是绝对防止危害结果发生的措施,因为危害结果发生的原因多种多样,行为人对由于行为其他危险性质的实现而产生的危害结果不承担责任,所以无须也无法要求行为人具备认识到避免行为其他危险性质实现的措施(在监督过失的情况下,被监督人的行为是自己行为的一个条件,其引发的危险应视为监督者行为的危险)。

至此,注意能力的对象包括自己行为的危害性质及其避免措施。具体而言,在疏忽大意的过失中,行为人由于没有发挥认识行为危害性质的能力,对行为的危害性质没有认识,以致发生了法益侵害;在过于自信的过失中,行为人可能是没有正确发挥认识行为危害性质的能力,对行为的危害性质认识不充分,以致轻

---

❶ 刘志伟、聂立泽主编:《业务过失犯罪比较研究》,法律出版社,2004,第18—19页。

信能够避免法益侵害的发生;也可能是正确认识这一性质以后,因为没有正确发挥认识避免措施的能力,以致轻信能够避免法益侵害的发生。在意志疏忽的场合,行为人虽然认识到了行为的危害性质,但因为紧张等原因没能正确发挥认识避免措施的能力,可能错误采取了自认为有效的避免措施,却发生了危害社会的结果,这时应构成过于自信的过失。

(四)注意能力的判断

1. 注意能力的判断标准

在犯罪过失的认定中,对行为人的注意能力必须进行积极的判断,既然是判断,就应有必要的标准。然而,在犯罪过失中"标准"的称谓十分杂乱,如过失标准、预见可能性标准、注意能力标准、注意义务(应当预见)标准、履行注意义务能力标准等。预见可能性需要结合行为人的认识能力和行为环境综合判断,但注意能力并非抽象、静止的内在素质,而是在具体行为环境中行为人针对特定对象的认识能力,所以预见可能性和注意能力的判断过程是等同的。注意义务以注意能力为前提,注意义务针对有注意能力之人才有规范的效力,有注意能力才可能有注意义务,故二者的判断标准应是一致的。在注意义务之后探讨履行注意义务的能力,是注意义务前提说的主张,所谓履行注意义务的能力实际上就是注意能力,故二者的标准是等同的。注意能力是犯罪过失的伦理要素,有注意能力才可能构成过失,在注意能力之后,通过考察行为人的注意义务和注意能力的发挥情况,最终决定行为人是否存在犯罪过失,所以注意能力的标准也就是犯罪过失的标准。因此,本书仅讨论注意能力的标准,而不赘述其他。

(1)客观说:呆板的标准。客观说又称抽象说、通常人(一般人或理性人)标准说或社会标准说,主张行为人在行为时是否存在注意能力，应以社会上一般人或理性人的认识能力和水平为标准，一般人有注意能力，行为人就有注意能力，反之亦然。在操作中，客观说显得简便易行，故注重实用主义的英美刑法学者往往采取此说，而在大陆法系中，该说往往是重视保全法益的社会责任论者的主张。

至于具体的理由，牧野英一认为是社会防卫的需要，"为了实现社会保全，应当要求各个行为人履行作为'善良管理者'的注意。如果是没有这种能力的人，那么为了使他具备这种能力而对他科处刑罚是必要的"。❶ 要之，行为人事实上是否具备注意能力并不重要，为了保持规范效力的最大化以防卫社会，行为人必须具备注意能力，即使现在没有这种能力，为了保全社会以后他也必须具备，刑罚几乎成了强行培养行为人注意能力的手段。依照客观说，行为人没有注意能力而一般人具备时，视为存在注意能力；行为人有注意能力而一般人不具备时，视为不存在注意能力。因此，客观说并非用以认定行为人实际的注意能力的标准，而是强行地拟制标准，行为人的注意能力无须认定，只需比照一般人拟制即可。该说的第二个理由是法规范的固有要求，"法是社会的规范，所以注意义务是法的义务，作为其前提的能力，应当以社会上一般人的能力为标准。"❷ 但规范既以能力为前提，当然不是针对任何人都提出同样的要求，只是对具备相应能力的对象才能提出同样的要求，因为规范的效力要得以实现，须以行为人具备此种能力为前提，否则，规范的目的不可能实现，也就是无效的规范。

---

❶ ［日］大塚仁等：《刑法解释大全（第二版）（第3卷）》，日本青林书院，1999，第343页。

❷ ［日］木村龟二：《刑法总论》，日本有斐阁，1984，第250页。

客观说遭到学界多数学者的否定,其弊端主要表现在以下三个方面。其一,其认定标准并不明确,所谓的一般人或理性人在生活中难以确定,具体的案件认定中也没法去确定,即使能确定,在具体的案件中面对的也是具体的行为人,其实际具备的注意能力并不决定于一般人,"在社会实践中,并不存在所谓的'普通人''一般人',在具体案件中的行为人都是具体的人,对具体行为人的'应当预见竟没有预见''已经预见却轻信能够避免'的违法评价,只能是依照行为人自身的具体认识能力和避免能力,认为其违反了法的'注意义务'"❶。其二,强行把没有注意能力的人认为有注意能力,显见是威权的体现,行为人不是因为能避免而未避免危害结果被归责,而是因为没有这种能力或为了获得这种能力被归责,该标准就是选取愚者进行惩罚式培训的标准,违背了责任主义的基本原则,"完全按照客观说,也会强人所难,导致违反责任原则的结果。预见能力是主观的判断能力,其有无必须根据各个人的情况来加以认定。如果以一般人为标准加以判断的话,在行为人自身的认识能力较低,达不到一般人的认识能力程度的时候,就会出现强人所难的结果。这显然会违反近代刑法所主张的主观责任原则,出现追究行为人的客观责任或者说是结果责任的结局。"❷ 其三,将高于一般人注意能力的行为人视为无注意能力会放纵犯罪,这样的行为人能避免危害结果发生而未避免也不用担责,该标准实是对强者开脱罪责的标准。

现在持有纯粹客观说的学者已不多见,后来的学者(如Schünemann)开始对客观说进行修正,将行为人的认识能力等因素考虑在内,建立特别的交往领域,以行为人所属领域的一般人

---

❶ 林亚刚:《犯罪过失研究》,武汉大学出版社,2000,第101页。
❷ 黎宏:《刑法总论问题思考》,中国人民大学出版社,2016,第281页。

为标准,判断行为时是否有注意能力,我国学者也认为,"在有无预见能力的判断上,修正的客观说是妥当的"❶。但这种标准不具有可操作性,犯罪过失并不完全发生在专门业务活动领域,生活中发生的犯罪过失也屡见不鲜。另一方面,随着社会的发展,社会分工越来越细,这样交往的领域越来越小,在实践中要确定这种交往领域十分困难,即使能够确定这种交往领域,当这个交往领域只是行为人一个人时,所谓的一般人与行为人合二为一,修正的客观说也就完全异化为主观说了。

(2)主观说:随意的标准。主观说以道义责任论为基础,认为对行为人注意能力的判断,应以具体的行为者个人的注意能力为标准,与一般人的注意能力没有关系。一般认为,该说不仅是我国的通说,也是德国、日本的通说。❷ 就其主要理由而言,首先,对注意能力必须实事求是地进行具体的考察,不能予以强行拟制,或以其他人的注意能力予以替代,"应当预见的能力是指行为人在行为之时,对其行为有可能导致的结果,凭借其自身的年龄阅历、生活经验、知识程度、技术水平等因素所具有的完全可以预见到的能力。行为人所具有的应当预见的能力,对于行为人来说是主观的,是其他任何人都无法替代的"。❸ 其次,主观说能为过失归责提供伦理的基础,既然刑事责任最终是落在具体的行为人身上,理应考察其自身的注意能力,"责任是对行为人主观的

---

❶ 黎宏:《刑法总论问题思考》,中国人民大学出版社,2016,第282页。
❷ 参见胡鹰:《过失犯罪的定罪与量刑》,人民法院出版社,2008,第82页;赵秉志:《过失犯罪的基础理论问题探讨》,载高铭暄、赵秉志主编:《过失犯罪的基础理论》,法律出版社,2002,第26页;周光权:《注意义务研究》,中国政法大学出版社,1998,第107—109页;林亚刚:《犯罪过失研究》,武汉大学出版社,2000,第77页。
❸ 刘宪权、杨兴培:《刑法学专论》,北京大学出版社,2004,第177页。

谴责，而不是对一般人主观的谴责，不能不以行为人的主观认识为对象，因此，也应该以行为人是否认识或能否认识为标准来决定是否应对行为人的主观进行谴责，不以行为人的主观认识为标准，谴责就会脱离行为人的实际，就不可能与行为人的责任相适应。"❶ 再次，主观说体现了刑法主客观相统一的原则，作为主观要素的注意能力理应坚持主观说，"采用主观标准，对不同水平的人作不同的要求，是我国刑法主客观相一致的原则的体现。因为知识和经验是行动的指南，认识能力的高低反映了一个人在自然界获得相对行动自由的多寡，……因此不结合行为人的实际情况，而采用一般的同一尺度衡量行为人的主观预见能力，是难于达到主客观相统一的要求的。"❷ 最后，主观说还体现了罪责刑相适应的原则，"高于一般人者，从其高；低于一般人者，从其低"❸，如是，能力低于一般人者不会被归责，而能力高于一般人者也不会被放纵，才能够做到宽严得当、不枉不纵。

但主观说也遭到了一些学者的质疑，认为其存在诸多缺陷。其一，认为主观说只强调行为人的注意能力，忽略了行为时的客观环境，"忽视了行为本身的情况以及行为的客观环境，因此，在判断时，不可避免会出现错误。"❹ 但注意能力并非抽象的内在状态，而是特定行为环境下针对特定对象的具体能力，本身已经包含了行为环境的要素，所以没必要在判断标准中单列出来，"行为人的注意能力总是具体的，必须放到行为当时的时、空背

---

❶ 冯军：《刑事责任论》，法律出版社，1996，第173页。
❷ 孙国祥、余向栋、张晓陵：《过失犯罪导论》，南京大学出版社，1991，第87—88页。
❸ 郑建才：《刑法总则》，三民书局，1982，第113页。
❹ 宣炳昭、黄志正：《犯罪构成与刑事责任——刑法学研究综述》，中国政法大学出版社，1993，第227页。

景下结合其他客观具体情况去考察，是'此时、此地'的注意能力"。❶ 其二，认为主观说会导致标准的极端个别化，使标准失去意义，"如行为人一旦看见漂亮姑娘，一定会盯着看，因此在驾驶汽车时看到旁边的漂亮姑娘，就其本身来说，就一定无法注视前方，对于前面的行人也就没有预见可能性"。❷ 可个别化并非将行为人所有的因素都予以合理化，就其注意能力而言，是排除行为人不应有的缺陷以后应有的注意能力，看漂亮姑娘并不意味着他没有注视前方的能力，只是有缺陷的习惯阻碍行为人对这一能力的发挥而已。其三，认为主观说混淆了判断标准与判断对象的关系，"从逻辑上讲，主观说犯了用论题的真实性来论证论据的真实性的'循环论证'错误，将判断标准与判断对象混为一谈。以自身为标准来判断自身，是不能得出正确结论的"。❸ 将判断标准与对象混为一谈在客观说、折中说中存在同样的困境：若以他人为标准和对象，得出的结论必然与行为人无关，结果只会更糟。其四，认为适用主观说"会出现打击先进、鼓励落后的局面"❹。但主观说并没有将能力低者的缺陷合理化，也没有要求能力高者全力以赴，在发挥自己的应有能力避免法益侵害这一点上，对二者都是同等的要求。还有学者进一步认为，"注意能力的主观说标准使得构成要件丧失了类型性意义，从而使不法与责任的区别变得十分模糊；弱化法规范，使其丧失了作为适用于全体行为人行动规则的规范性质；将个人对结果的预见可能性提高到规范违反

---

❶ 周光权：《注意义务研究》，中国政法大学出版社，1998，第111页。
❷ ［日］松宫孝明：《过失论的现代课题》，日本成文堂，2004，第153页。
❸ 李希慧、刘期湘：《论犯罪过失中注意义务的实质标准》，载《现代法学》2007年第1期。
❹ 黎宏：《刑法总论问题思考》，中国人民大学出版社，2016，第281页。

这一高度"。❶ 构成要件的类型性意义源于实行行为的性质，不法决定于行为所侵害的法益属性，注意能力不过是责任的一个要素而已；法规范从来都不是适用于全体人，而是对进入其射程的行为人适用而已；在具体的案件中，行为人对结果的预见可能性是规范违反的前提。

（3）折中说：混乱的标准。所谓折中说，是学者们在洞察了客观说与主观说的弊病以后，试图将二者结合起来以扬长避短，准确、合理认定行为人的注意能力。折中说的具体类型不一，常见的观点是主张注意能力的上限为客观标准，下限为主观标准；也有的则认为注意能力的上限为主观标准，下限为客观标准。❷ 这实际上是双重的认定标准，简单地将主观标准与客观标准堆砌在一起，并没有克服彼此的缺陷，反而缺乏统一的理论基础。在行为人和一般人的能力一致的时候，主观说与客观说得出的结论并无差异；在行为人和一般人的能力不一致时，主观说与客观说完全对立，根本没有折中调和的余地，要么以行为人为标准，要么以一般人为标准，不可能同时贯彻两种对立的标准。

我国的折中说还有其他类型，主客观统一说主张既要考虑行为人主观方面的情况，又要考虑行为时的具体环境和条件。❸ 这实际上是主观说的观点，因为在主观说中并没有抛弃对行为时的

---

❶ 程皓：《注意义务比较研究——以德日刑法理论和刑事判例为中心》，武汉大学出版社，2009，第106页。

❷ 参见黎宏：《刑法总论问题思考》，中国人民大学出版社，2009，第280页；[德] 克劳斯·罗克辛：《德国刑法学 总论（第1卷）》，法律出版社，2005，第724—725页。宣炳昭、黄志正：《犯罪构成与刑事责任——刑法学研究综述》，中国政法大学出版社，1993，第230页。

❸ 宣炳昭、黄志正：《犯罪构成与刑事责任——刑法学研究综述》，中国政法大学出版社，1993，第230页。

客观情况进行判断的主张。另一种折中类型是客观标准下的主观化标准,即以一般人的注意能力为基准,综合行为当时的具体条件和行为人的主观特征,个别化地判断其注意能力,并认为"折中说坚持以主观说为根基,同时将以客观说得出的结论与主观说得出的结论进行相互的反复比较、印证,就为主观说得出的结论的正确性提供了保障。"❶ 当主观说和客观说得出的结论一致时当然可以相互比较、印证,但结论完全对立的时候如何印证?无法印证又怎么为结论的正确性提供保障?

在大陆法系的犯罪论阶层体系中,旧过失论者只在有责性的阶段考虑注意能力的问题,但新过失论者认为过失也是不法的要素,所以在违法性阶段也要考察行为人的注意能力。在新过失论中,以一般人为标准考察的为一般化理论,以行为人为标准进行考察的为个别化理论。❷ 一般化理论通过责任阶段的主观注意能力的考察可以将能力低于一般人者排除在刑罚之外,但对能力高于一般人者的归责却无能为力,也就放纵了犯罪。个别化理论在责任能力之前考察行为人的注意能力,这就否定了责任能力存在的意义,几乎架空了过失罪责的内容,也就取消了不法与罪责的区分,犯罪论的阶层体系在过失犯的场合也就因此轰然坍塌。

2. 注意能力的应有判断

举凡判断,皆有标准,但切不可将判断的标准与判断的对象混为一谈而迷失其间。同时,判断作为一个主观的评价过程,当以存在评价主体为前提。由此观之,已有的注意能力判断标准学

---

❶ 赵秉志:《过失犯罪的基础理论问题探讨》,载高铭暄、赵秉志主编《过失犯罪的基础理论》,法律出版社,2002,第27页。
❷ 简竹君:《过失犯个别化理论和过失犯实务案例的研究》,硕士学位论文,政治大学法律学研究所,2005,第354页。

说都只是在"应该以谁的能力为判断对象"这一点上展开争论，彼此不过是关于判断对象的分歧，因为判断行为人是否存在对特定内容的注意能力，需要结合行为时的具体客观环境和相关行为人的能力特征，前述的各种学说几乎都只是在探究以什么人的注意能力为判断对象这一点上相持不下，而对行为环境的判断几乎没有分歧。

任何判断标准和判定对象的确定都决定于判断主体的价值目的，注意能力的判断目的是为犯罪过失的成立提供伦理要素，以使过失的刑事归责具有伦理根基，而刑法的伦理根基不能脱离开行为人自身的具体特征，所以，注意能力的判断对象应以行为人的主观心理特征为准，而与一般人的能力特征并不相关。当然，这种判断对象不是行为人在行为时所具有的全部主观心理特征，而是必须把行为人有过错的缺陷（如一贯的轻率、懈怠、慌张、故意或过失的自陷等）排除在外，否则，不但有保护后进之嫌，在逻辑上还会得出"凡无预见，即不能预见"这样的放纵犯罪的结论。

就注意能力的判断主体而言，任何有判断能力的人都可以对他人的注意能力进行判断，因为"没有人可以主张，他的感觉比别人的确实可靠"❶，但法律毕竟将司法裁量权赋予了审判人员，理应以审判人员的判断为有法律效力的判断。而注意能力的判断标准只能是"能与不能"这样的心理标准，不应是"该与不该"的规范标准。具体而言，注意能力判断标准的内容为注意能力自身的客观规律，主要表现为判断主体在这方面所具备的知识和经验。因此，注意能力的判断过程，就是审判人员依照法定程序，

---

❶ ［德］卡尔·拉伦茨：《法学方法论》，陈爱娥译，商务印书馆，2003，第5页。

根据自己具备的关于注意能力的知识和经验公正地判断：在行为时的客观环境下，具有特定心理特征的行为人能不能认识到其行为的危害性质及其避免措施。

在日常的社会生活中，如果行为人因为自己的愚笨等无过错的缺陷而不能认识但大多数人都能认识，就只能认定行为人不具有注意能力，不能将已经发生的危害结果归责于他，因为我们不能因为一个人注意能力低下就剥夺其生存的权利，否则有违人道主义原则，甚至会酿成种族灭绝的惨剧。在业务活动中，行为人即使没有这种从业能力，只要他能够认识到自己不具备这种业务能力而仍然实施该行为并造成了法益侵害，即可肯定其具有认识行为危害性质及其避免措施的注意能力。具体而言，对此有认识的时候就是所谓的"超越承担过失"或"接受性过失"，能够认识而没有认识的时候就是所谓的"无知过失"。因为行为人能够认识到自己在从事一项自己不能控制的危险业务，就等于能够认识到行为的危害性质，也就意味着行为人可以放弃这项业务，从而避免对法益的侵害，毕竟就业的权利不能建立在对法益的侵害之上。另一方面，如果行为人能够认识而大多数人不能认识，就应该认定行为人存在注意能力，至于是否要求行为人发挥这种能力则要根据注意义务的内容予以认定，不能简单地认为此时不存在注意能力或者必须发挥这种注意能力。

（五）注意能力的程度

注意能力除了有无之分，尚有程度之别。作为对行为人进行谴责的伦理基础，行为人的注意能力需要达到何种程度才是犯罪过失的构成要素？学界对此存在具体预见说与抽象预见说的争论。

1. 具体预见说

具体预见说几乎是日本刑法学界的通说，主张"以特定构成要件的结果为对象的预见可能性必须是具体的,一般还要求这种预见可能性必须是某种高程度的"❶。这里的"高程度"是指对危害结果发生的预见相对比较容易,而不是结果发生概率的大小,"具体的高度的预见可能性并不意味着结果发生的概率很高,这是因为,发生的概率很低与预见困难之间并非直接关联,因而发生结果的概率较低并不会直接导致预见困难。"❷ 因此,不管客观上结果发生的概率有多大,如果行为人很难预见,或者虽有预见但只是模糊的预见,就很难因为行为人没有预见而对其归责。我国学者基本上也主张具体预见说,"在过失犯的预见程度问题上,应当坚持具体结果预见说"❸。具体而言,只有行为人能够认识到刑法分则规定的构成要件结果及其基本的因果关系,才能认定行为人具有注意能力。

但是,具体预见说忽视了注意能力存在的价值目的,误以为只有行为人具体地预见到了危害结果的发生过程,才可能产生反对的动机,进而避免危害结果的发生。然而,构成要件的结果本身也是抽象的规范的结果,并非具体的事实形态,对其有预见不一定就是具体的预见。此外,即使行为人已经具体预见到危害结果的发生,不一定就能够避免危害结果的发生,亦即不一定就具备了对其归责的伦理基础,因为行为人在预见到可能发生的危害结果的时候,也可能无法找到避免的措施,如在不可抗力的场合,所以,仅是能够预见到危害结果的发生对归责不一定有实质意义。

---

❶ [日]山口厚:《刑法总论》,日本有斐阁,2005,第206页。
❷ [日]西田典之:《日本刑法总论》,刘明祥、王昭武译,中国人民大学出版社,2007,第218页。
❸ 参见黎宏:《刑法总论问题思考》,中国人民大学出版社,2016,第285页。类似的主张参见赵秉志:《过失犯罪的基础理论问题探讨》,载高铭暄、赵秉志主编《过失犯罪的基础理论》,法律出版社,2002,第38页。

而且，在群体事故、企业灾害事故等现代过失类型中，行为人事先往往不可能预见到灾害事故的具体发生过程，据此，要么放弃对肇事者的刑事归责，要么突破具体预见说的内容，确立具体预见说的例外，这样也就陷入主张前后不一、结论自相矛盾的尴尬境地。以火灾事故为例，"通说一方面也是要求对结果必须具有预见可能性，另一方面也认为，只要一般地、抽象地对起火有预见就够了"❶。尤其是监督过失的场合，由于介入了被监督者的行为，不可能要求监督者预见到危害结果发生的具体过程。彻底坚持具体预见说，也只有放弃对监督过失的处罚，否则，就必须在此场合抛弃具体预见说，改采抽象预见说。

2. 抽象预见说

抽象的预见说又被称为危惧感说、不安感说，是新新过失理论的标志性主张，为藤木英雄所首倡，并得到了植松正、石堂功卓、板仓宏等学者的支持。抽象预见说并不否定具体预见说，只是为了解决群体事故、企业灾害、监督过失等情形下的过失归责，降低了注意能力的程度而已，认为"即便在行为人对该结果的具体发生没有预见可能的，只要行为人此时抱有一种有可能危及人的生命、身体的一般的'危惧感'或'不安感'，而且，只要不采取为确保安全的特别谨慎态度而贸然行为的话，这种不安感就一直存在。要求行为人积极探知这种未知的危险，或者要求行为人有意识地避免与未知的危险遭遇、控制行为的实施，也是十分合理的"❷。因此，即使行为人对危害结果的发生不能具体预见，只

---

❶ ［日］大塚裕史：《企业灾害和过失论》，载高铭暄、赵秉志主编《过失犯罪的基础理论》，法律出版社，2002，第99页。

❷ ［日］藤木英雄：《过失犯——新旧过失论争》，日本学阳书房，1975，第33—34页。

要有侵害法益的危惧感,即只需具备较低程度的注意能力,就具备了对其归责的基础。

抽象预见说遭到了旧过失论和新过失论的激烈批评,认为其仅以危惧感这种低程度的注意能力不足以谴责行为人,混淆了抽象的预见可能性与无结果预见可能性的界限,"通常在未知的危险挑战的情况下,即使采取了万全的防护措施,人们往往仍然会有一种说不清的不安感。如果在这种情况下认定预见的可能性,当发生结果时按过失来处理,不外乎回到了古老的结果责任论的旧路上了。……而对这种情况下的过失行为采用刑罚标准,恐怕过于严苛了。"❶ 但藤木英雄对此进行了反驳,认为"责任主义的机能,在于禁止对根本无结果预见可能性者予以非难;行为人对于危害结果的发生,虽无具体预见可能,但有一般的不安感、危惧感,即应认为仍有结果预见的可能性"❷,即抽象预见说的适用对象为具备注意能力者,并没有违背责任主义。危惧感说遭受到的另一个批评是,仅具有危惧感说就论以过失,会阻碍科学技术水平的提高和社会的进一步发展,"危惧感说的目的是想对尖端的科学技术在进行新的发明、发现时就其未知的危险追究刑事责任。……在真正未知的领域里,开拓者们无论怎样作出最大的努力,在良心上也常常难以避免某种危惧感。"❸ 但是抽象预见说并非仅以危惧感追求行为人的过失责任,而是在行为人没有基于危惧感采取能够避免结果发生的措施时才能对其归责,如果行为人

---

❶ [日] 西原春夫:《日本刑事法的形成与特色》,李海东等译,中国法律出版社、日本成文堂,1997,第258页。
❷ [日] 藤木英雄:《公害犯罪》,丛选功等译,中国政法大学出版社,1992,第65页。
❸ [日] 大塚仁:《犯罪论的基本问题》,冯军译,中国政法大学出版社,1993,第245—246页。

在危惧感的场合已经作出了最大的努力,当然不是过失的情形。

与具体预见说相比,抽象预见说似乎扩大了过失的归责范围,但其得出的结论与具体预见说并无太大的区别,"判例和通说,虽然从一般意义上讲,对恐惧感说持批判态度,但是就具体事件的解决来看,很多场合下,其结论和恐惧感说并没有太大的差别。在现实的处罚要求前,具体的预见可能性的内容被理解得相当缓和。……因为,即便在具体的预见可能性的判断上,由于事前充分履行了收集情报的义务,就要考虑是否具有了和相应的故意犯同样程度的预见,成为该种收集情报义务的基础的,就有可能被理解为'应当具有恐惧感的状况'"[1]。具体预见说并不坚持绝对的具体预见,只是主张相对的具体预见,所谓具体的危害结果本身也是对案件事实的一种抽象。实际上,二者的真正区别是在注意能力的判断方式上,具体预见说要求对行为人是否具备注意能力这一点进行具体的积极判断,而抽象预见说以危惧感作为行为具备注意能力存在的证据,以此直接认定行为人具有归责所需的注意能力。一方面,由于危惧感的判断比注意能力的判断更为简便、明快,所以在复杂的过失犯罪的场合,如在监督过失的情形中,危惧感说几乎是唯一的选择。但是,没有危惧感并不等于行为人一定没有注意能力,在无认识过失的场合,行为人在行为时对行为的危害性质就没有预见,也不存在所谓的危惧感,但如果其具有相应的注意能力,仍然应以过失论处,否则就放纵了犯罪。另一方面,有危惧感也不意味着行为人就一定能够认识到避免法益侵害的措施,若行为人只能认识到自己行为的危害性质,无法找到有效的避免措施,即虽有反对动机却又惶然无助,如果对其

---

[1] [日] 大塚裕史:《企业灾害和过失论》,载高铭暄、赵秉志主编《过失犯罪的基础理论》,法律出版社,2002,第98页。

以过失论处，无疑扩大了过失犯的处罚范围。

3. 注意能力的应有程度

注意能力是犯罪过失的伦理要素，确定行为人的注意能力程度不是为了无限地、无谓地量化注意能力，而是为过失的归责提供伦理基础。传统的过失理论只是将危害结果作为注意能力的对象，忽略了危害结果只是行为危害性质的表征，也就没有将避免行为危害性质实现的措施纳入注意能力的对象范围。行为人如果能够预见到行为可能发生的危害结果，当然就预见到了行为的危害性质，往往也能认识到相应的避免措施，也就能够避免侵害法益；但不能反过来认为，要避免法益的侵害就必须预见到危害结果，如有学者认为："如果行为人只能对危害结果有抽象的预见，就不可能去采取切实可行的措施去避免危害结果的发生。人的行为大都存在某种危险性的，如果人对其行为一有不安感、畏惧感就要求其采取措施而回避结果的发生的话，无疑就会阻碍社会的进步。"❶ 这只是断章取义的误解，并非一有畏惧感就要求行为人对发生的法益侵害担责。行为人在有危惧感的情形下，尽管不能具体地预见危害结果发生的过程，但已经初步地预见到了行为的危害性质，仅此就应当形成反对动机，如果是不被允许的危害行为，行为人就应当选择放弃，而不能贸然行事；如果是可以实施的允许的危险行为（如科学实验），就应当依据相应的规章制度或惯常要求，尽量采取力所能及的防范措施，而不能径自贸然实施该行为。当然，如果事后证明行为人即使采取这些措施也不能避免结果的发生，就说明行为时不可能预见到避免行为危害性质的

---

❶ 赵秉志：《过失犯罪的基础理论问题探讨》，载高铭暄、赵秉志主编《过失犯罪的基础理论》，法律出版社，2002，第 38 页。

有效措施，也就不存在相应的注意能力，也就不能要求行为人对此担责。

注意能力的对象包括了行为的危害性质和避免这一性质实现的相应措施，无论行为人在行为时能否预见到具体的危害结果，也不管行为人是否存在抽象的危惧感，只要能够预见到行为的危害性质及其避免措施，就存在产生反对法益侵害动机的基础，行为人不发挥自己的此种能力，没有正确认识到行为的危害性质及其避免措施，错失了避免法益侵害的机会，在伦理的层面上，行为人就应当为发生的法益侵害承担过失的罪责。因此，注意能力的程度以行为人能够预见到行为是一种危害行为、能够预见到自己可采取的避免措施为已足，不需要在预见到具体危害结果的能力或抽象的危惧感的对立关系中进行艰难的抉择，证成或证伪行为人的注意能力的方式并不是唯一的。

二、规范的构成要素：注意义务

（一）注意义务的地位

面对已经发生的法益侵害，存在注意能力只是为刑事归责提供了伦理的基础，是否需要对行为人以过失论责还必须从规范的角度评价，只有当规范要求行为人发挥自己的注意能力时，才能对行为人没有发挥注意能力进行刑事的非难。而规范的这种要求的表现形式就是注意义务，即注意义务是犯罪过失成立的规范要素。注意能力是犯罪过失的伦理要素，解决行为人能不能预见的问题，只是为过失的刑事归责提供了可能性；而注意义务作为犯罪过失的规范要素，则回答是否需要行为人预见的问题，为过失的刑事归责提供了必要性。

能力只是为行为人担责的前提，我们不能认为"有预见可能的人，就有应当预见的义务"❶，因为对过失予以刑事归责的依据不是伦理的要求，而是法律的规定。即使行为人能够避免特定结果的发生，但因为没有正确认识而导致该结果的发生，也不一定就要求承担过失的罪责，只有刑事法律要求有注意能力的行为人对此予以避免的时候，才可能构成过失犯罪。具体而言，在行为人实施作为的不被允许的危险行为时，有注意能力则应有注意义务，因为任何实施行为的人都有义务控制自己不去侵害刑法法益。但在没有实施作为行为的场合，如果行为人没有作为义务，则即使其有注意能力也不存在注意义务，因为不作为行为本不是时空维度中的客观实存，仅是刑事归责中的拟制概念，需以作为义务为前提，若无作为义务，则无不作为行为；既无行为，当无注意义务。简言之，行为人具备注意能力不一定有注意义务，但有注意义务则应具备注意能力，无论何种情形，只要行为人非故意地导致了刑法禁止的法益侵害，又存在注意义务，即构成犯罪过失，故注意义务是犯罪过失的核心。

在大陆法系中，注意义务亦有自己的独立地位，旧过失论、新过失论和新新过失论都将注意义务作为成立过失犯的必要条件。旧过失论认为注意义务即结果预见义务，是过失犯的责任要素，且居于核心地位。随着主观违法要素的发现和允许的危险理论的提出，注意义务的内容被一分为二，客观注意义务（结果避免义务）是过失犯的构成要件和违法的要素，主观注意义务（结果预见义务）是过失犯的责任要素，❷ 这样，注意义务首先是一种违法的要素。但旧过失论依然以主观的注意义务为中心，新过失论则看重客观注意义务。新过失论显然是在过失犯罪成立的意义上探

---

❶ 张明楷：《论疏忽大意的过失》，载《法律学习与研究》1989年第1期。
❷ 陈朴生：《刑法专题研究》，三民书局，1998，第320页。

讨注意义务，与本书仅在犯罪过失中的分析有别。

(二) 注意义务的概念

注意能力是注意义务存在的前提，注意义务是在注意能力基础上的规范评价，但注意能力本身存在预见、避免能力与统一说的论争，与此相应，注意义务的概念也就存在预见义务说、避免义务说与统一义务说的主张。

1. 预见义务说

旧过失论只是在责任阶段探讨过失，所谓的注意义务也就是发挥自己的注意能力去预见自己行为的危害结果的义务，这种主张在二战前一直是学界的主流学说。我国也有学者持此说，认为"所谓预见义务，就是行为人在实施某种行为时，对行为可能产生的危害社会的结果应有预见的一种责任"❶。但是，仅仅要求行为人预见到行为的危害性质并不能有效地避免危害结果的发生，所以有学者认为注意义务应当是"回避犯罪事实实现的义务"，即"应当考虑、关注采取这种措施的义务"❷。实际上，二者皆不可偏废，不知道行为的危害性质，怎么去关注避免的措施？注意能力的对象包括行为的危害性质和避免这一性质实现的措施，注意义务的内容理当与注意能力的对象相对应，注意义务只是在能够认识的伦理基础上作进一步的规范限制而已。

此外，还有学者认为，注意义务不限于单纯的预见义务，从情意方面考量，注意义务还应包括"预见了结果发生的人具有为

---

❶ 参见孙国祥、余向栋、张晓陵：《过失犯罪导论》，南京大学出版社，1991，第83页。类似主张参见陈兴良、周光权：《刑法学的现代展开》，中国人民大学出版社，2006，第240页；胡鹰：《过失犯罪的定罪与量刑》，人民法院出版社，2008，第74页。

❷ ［日］西原春夫：《刑法总论》，日本成文堂，1977，第174页。

实施避免发生结果所必要的一定作为或者不作为提供动机的义务"❶。但在疏忽大意的犯罪过失中,行为人在行为时对行为的危害性质都没有认识,已经不可能形成反对动机,也就失去了动机赋予义务的基础。而在过于自信的犯罪过失中,行为人在认识到行为的危害性质后,已经形成了反对法益侵害的动机,依此也就没有违反预见义务,不应构成犯罪过失。事实上,对过失归责的心理事实不是行为人没有形成反对动机,而是没有正确认识到行为的危害性质及其避免措施。如果行为人对行为的危害性质已经存在正确的认识,但没有形成反对动机,应是"知而犯之"的犯罪故意。如前所述,在犯罪过失中行为人没有正确认识到行为的危害性质及其避免措施,而意志又以认识为前提,行为人也就不存在基于正确认识的意志态度,故犯罪过失中不存在规范据以提出意志要求的前提,意志的义务也就无从谈起,对过失行为人的意志态度只能假定,无法也无须对其作事实的认定。

对预见义务说的批判主要集中在其不能涵盖有认识过失的场合,因为依据预见义务说,过于自信的行为人已经"尽到了自己的'预见义务',当然也就没有违反过失犯罪所要求的'注意义务',因此也就不构成过失犯罪"❷。本书认为过于自信的过失的认识状态是附条件的否定认识,在最终阶段还是错误认识了行为的危害性质及其避免措施,同样违背了自己的预见义务。反对者过于注重过于自信过失中的阶段性认识而忽略了其最终的认识,否则,认为在过于自信的过失行为人没有违背预见义务,正确认识到了行为的危害性质,却依然实施危害行为,导致了危害结果的

---

❶ [日]大塚仁:《刑法概说(总论)(第三版)》,冯军译,中国人民大学出版社,2003,第205页。
❷ 刘期湘:《过失犯中的违反注意义务研究》,经济科学出版社,2009,第27页。

发生，与其主观罪过与犯罪故意何异？

2. 避免义务说

避免义务说看重过失犯的客观侧面，认为注意义务的内容是"在具体情况下为了防止结果发生而实施所要求的适当作为或不作为"，至于结果预见义务则被认为不具有构成要件的定型性而被排除在外。❶ 我国学者也从避免结果发生的规范目的出发，认为注意义务就是"在法律上认为应为必要的作为或不作为的义务"❷。更有学者认为，这种注意义务与不作为犯中的作为义务等同，"作为过失所特有的规范要素的注意义务，并非一般的注意义务，……与不纯正不作为犯中防止结果发生的法律上的义务同一性质"❸。

避免义务说是部分新过失论或新新过失论者在责任以外的阶层探讨过失犯的注意义务的主张，但将其作为一种外部的行为义务，必然会混淆主观的注意义务与客观的刑事义务，进而认为过失犯都是不作为犯，必然否定考察主观义务违反的必要性，甚至否定罪过存在的价值，有违责任主义的基本要求。过失犯的实行行为不是没有履行注意义务的行为，而是制造了不被允许的实质危险的行为，既包括作为的过失犯，也包括不作为的过失犯。并且，将注意义务理解为外在的行为义务，会使过失犯与故意犯无法区分，因为行为人无意如此行为就违反了这样的注意义务，有意如此行为更是违背了这样的注意义务。即使在责任之外的阶层探讨过失，学界一般也是在主观的范畴内进行，即"在构成要件

---

❶ [日] 藤木英雄：《过失犯的理论》，日本有信堂，1980，第38—39页。
❷ 甘雨沛、杨春洗、张文主编：《犯罪与刑罚新论》，北京大学出版社，1992，第161页。
❸ [日] 泷川幸辰：《犯罪论序说》，载《泷川幸辰刑法著作集（第2卷）》，日本世界思想社，1981，第132页。

论中把过失理解为主观性构成要件要素,在违法性论中把过失理解为主观性违法要素"❶,注意义务作为过失的构成要素,也应该纳入主观的范畴,但是,如果将这种客观外在的注意义务强行纳入主观范畴之中,必然导致犯罪的体系结构混乱。

3. 预见义务与避免义务统一说

统一说则从整体的角度考察过失犯的注意义务,即在构成要件阶层、违法阶层和责任阶层对过失犯进行贯通的考察,认为注意义务包括结果预见义务与结果避免义务,该说对于结果预见义务的内容几乎没有争议,但对结果避免义务的内容则有不同的主张。有的认为,首先,结果避免义务既是形成回避动意的主观义务,也是实施避免措施(不包括不实施危险行为的义务)的行为责任,二者是互为表里的统一体。❷ 但如前所述,过失中没有意志义务存在的余地;其次,如果避免措施只包括积极的避免行为而不包括不实施危险行为,则意味着过失实行行为是可以也应该实施的行为,这样的行为理应没有不被允许的实质危险,也就不会威胁刑法保护的法益,当然不存在注意义务,最终,此种主张陷入了自我否定的窘境。另有学者认为,结果避免义务包括基于对危害结果发生的认识而考虑究竟采取何种措施才能够有效防止危害结果发生的义务和基于该种考虑而在客观上采取措施防止危害结果发生的义务。❸ 过失中行为人本无正确的认识,也就不存在要求考虑采取避免措施的余地,至于采取避免措施或消除危害结果

---

❶ [日]大塚仁:《刑法概说(总论)(第三版)》,冯军译,中国人民大学出版社,2003,第205页。
❷ 张小虎:《犯罪论的比较与建构》,北京大学出版社,2006,第337—338页。
❸ 赵秉志:《过失犯罪的基础理论问题探讨》,载高铭暄、赵秉志主编《过失犯罪的基础理论》,法律出版社,2002,第22页。

的义务已经是客观外在的行为义务,已经超出了犯罪过失所属的主观范畴。

要求采取措施去防止危害结果发生的避免义务,实际上是从刑事法律规范推导出来的刑事义务,是客观外在的行为义务,而注意义务则是过失犯罪中的主观精神义务,二者属性迥异,不能混为一谈。但有学者认为,虽然两者应属于互不相容的概念,但为了方便实务中过失犯罪的认定,"刑事义务便属于注意义务的客观内容,成为注意义务的组成部分"❶。然而,这样的刑事义务并非过失犯所特有,在故意犯的场合何尝不存在归责的主观侧面和客观侧面,为何对过失犯要另行对待?即使从方便认定着手,无论是阶层的犯罪论体系还是平面的犯罪论体系,对故意犯与过失犯的认定都区分了主观与客观的侧面。任何犯罪都是一个行为人本可控制的过程,都是由主观和客观的侧面所组成,对其进行主客观的区分考察是理论精致化的必然,生硬地对二者合一评价并不现实,最后的结局必然是先合一评价,再具体区分认定,困难只是转移,而并未消除。

4. 注意义务的应有概念

犯罪过失是过失犯的主观方面,作为其构成要素的注意义务必须限定在主观的范畴内。注意义务以注意能力为前提,而且注意能力已经确定了注意的对象,故注意义务只需回答是否需要行为人发挥这一注意能力,从而为过失归责提供规范的基础。大体上,要确定行为人是否有必要发挥自己的注意能力,应从规范内容和人道主义两个方面进行考察。

---

❶ 刘志伟、聂立泽主编:《业务过失犯罪比较研究》,法律出版社,2004,第15—16页。

从保护法益而言，只有在行为人发挥自己的注意能力是保护法益所必需的时候，才能要求行为人发挥自己的注意能力，即行为人才具有注意义务，"禁止侵害法律保护的利益的原则性规范，是所有注意义务的起点"[1]，如果行为人的行为结果在法律保护的利益之外，行为人即无注意义务。发挥注意能力是不是保护法益所需不能随意认定，应依据行为人担负的刑事义务予以确定，只有在行为人对特定法益具有刑事义务的时候，才可能具有注意义务。而刑事义务内容的确定，则要在各种利益之间进行不违背人们预期的价值衡量和选择，以最大的助力推动社会的发展。为了使规范的内容得以实现，必须以行为人具备相应的行为能力为前提，如果行为人发挥能力也无法保护法律禁止侵害的利益，那么也不存在相应的刑事义务，因为要求行为人去履行不能实现的义务毫无意义。因此，刑事义务须以行为人具有结果避免能力为前提，即要求行为人放弃或实施特定行为，以避免对法益的侵害。但结果避免能力只是行为人实施客观行为的能力，与注意能力无关，如行为人作为游泳冠军，完全能够对落水的儿童实施救助行为，但也可能无法认识到落水儿童是自己的儿子，即使落水儿童溺水身亡，也不能追究被告人的过失责任，因为行为人对此没有注意能力。

从人道主义的视角观之，我们不能为了保护法益就忽视行为人的基本人性，无限制地赋予其诸多注意义务。行为在结果发生前本有多个面向，不能要求人们以有限的精力去预见无尽的行为性质，否则只会徒增生活的负累，扰乱人们宁静的生活。人不仅是社会的人，也是自然的人，就人的本性而言，与有意识相比，

---

[1] [德] 冈特·施特拉滕韦特、洛塔尔·库伦：《刑法总论Ⅰ——犯罪论》，杨萌译，法律出版社，2006，第404页。

无意识才是其心理的常态，因为心理学研究表明，"如果把人的心理比作一座冰山的话，那么人的意识便是露出水面的冰山顶端，它只占人的心理很小的一部分，大部分的心理活动或过程是无意识的"❶。因此，在赋予行为人注意义务的时候除了以刑事义务为根据，还应当虑及人们普遍存在的人性脆弱，即不能违背人性提出过分的要求。而贯彻这一理念的刑法理论即为期待可能性理论，该理论由 Freudenthal 在一战后发端，"只被学说接受作为过失犯和不作为犯的超法规罪责阻却事由"❷，因为过失犯与不作为犯中的规范评价氛围十分浓厚，需要限缩其适用范围。通过期待可能性的理论可以合理地限制注意义务的成立范围，即使行为人在行为时存在客观的避免能力和主观的注意能力，但若在行为时的情境下指望行为人必须正确认识行为是一种违背人性的过分要求，依然可以否定注意义务的存在。结合犯罪过失的规范目的，这里的期待可能性不仅是期待实施合法行为的可能性，而且是实施合法行为就可能避免法益侵害的可能性，虽有可能实施合法行为，但法益侵害仍必然发生，则不存在期待可能性。虽然期待可能性在大陆法系中存在故意过失要素说、独立罪责要素说、例外要素说等诸种主张，但在我国传统的平面犯罪论体系中，期待可能性理应归于犯罪的主观方面研究，属于故意或过失的内在要素。

因此，在犯罪过失中，期待可能性与刑事义务一起成为注意义务存在的规范根据，即在行为人已经具备注意能力的前提下，同时考量刑事法规定的刑事义务和行为时的期待可能性，最终确

---

❶ 彭聃龄主编：《普通心理学（修订版）》，北京师范大学出版社，2004，第175页。
❷ 许玉秀：《犯罪阶层体系及其方法论》，成阳印刷股份有限公司，2000，第28页。

定行为人是否存在注意义务。所以，过失中的注意义务是指根据刑事义务在行为时可期待行为人发挥注意能力、正确认识行为的危害性质及其避免措施的义务。这样，只有行为人在具备了注意能力、刑事义务和期待可能性诸要素时，才具有注意义务，反之亦然。凡违背注意义务（不注意）即成立犯罪过失，这决定了法律义务的强制性，也体现了注意义务在犯罪过失中的核心地位。

（三）注意义务的根据

注意义务的根据有形式根据与实质根据之分，形式根据是指注意义务的内容来源，实质根据是指注意义务存在的合理性，学界一般将避免法益侵害或者不得侵害他人法益作为注意义务的实质根据。❶ 由于过失犯的刑事义务的目的在于避免法益的侵害，只有行为的实质危险在刑事法规范的保护目的的范围之内，才赋予行为人相应的刑事义务。而期待可能性本身就是根据行为时的外在情境限缩注意义务的范围，在保护法益与尊重人性之间进行衡平取舍。因此，在本书提出的注意义务概念中，刑事义务和期待可能性已经彰显了犯罪过失的实质根据，这里仅探讨注意义务的形式根据，即注意义务的内容主要来源于哪些方面。由于注意义务源于过失犯的刑事义务，而后者本身有多种渊源，故注意义务的形式根据也多种多样。

关于注意义务形式的具体分类，我国存在一分法、二分法、三分法、四分法和五分法的观点。一分法认为，注意义务只是法律规定的义务，不包括习惯、常识以及道德规则要求的义务，"习

---

❶ 参见［德］汉斯·海因里希·耶塞克、托马斯·魏根特：《德国刑法教科书（总论）》，徐久生译，中国法制出版社，2001，第691页；周光权：《注意义务研究》，中国政法大学出版社，1998，第49页。

惯、常识以及道德规则，不具有法律规范的性质，不能以国家强制力来保障它被遵守。这可以说是公认的法学原理。既然如此，当基于没有遵守这类规范所要求的注意义务而在没有犯罪意图的情况下实施的行为发生了危害结果时，便以过失追究其刑事责任，很难说不是一种结果责任。"❶ 法有限而情无穷，义务内容并不限于法律的规定，当行为人违背非法律义务引发法益侵害的时候，也应当承担责任，法律义务与非法律义务都是义务内容的具体表现形式。并且，过失犯是公认的开放的构成要件，注意义务也就必然会表现为非法律义务的形式。因为只有违反非法律义务的行为具有了不被允许的实质危险的时候，才能对其刑事归责，所以不会出现结果责任或侵犯人权的局面。二分法将注意义务分为法律、法规和规章制度等规则明确规定的义务和习惯或常理上所要求的义务，❷ 但区分的标准究竟是义务的效力等次，还是义务内容的确定程度，二分法并不明确。三分法在二分法的基础上增加了基于先行行为产生的注意义务。❸ 先行行为产生的注意义务本是习惯或常理所要求的义务，单独列出则与分类标准不符。四分法又在三分法的基础上增加了其他日常生活中的注意义务，❹ 更有叠床架屋之嫌。五分法认为注意义务包括刑法要求的义务、其他行政或业务管理法规规定的义务、职务或业务上所要求的义务、接受

---

❶ 参见张智辉：《刑事责任通论》，警官教育出版社，1995，第235页。类似主张参见许玉秀：《主观与客观之间——主观理论与客观归责》，法律出版社，2008，第150—151页；黄荣坚：《刑法问题与利益思考》，月旦出版社股份有限公司，1998，第47—48页。

❷ 赵秉志：《过失犯罪的基础理论问题探讨》，载高铭暄、赵秉志主编《过失犯罪的基础理论》，法律出版社，2002，第42页。

❸ 姜伟：《罪过形式论》，北京大学出版社，2008，第231—232页。

❹ 林亚刚：《犯罪过失研究》，武汉大学出版社，2000，第115—116页。

委托或契约的义务、普通常识和习惯要求的义务，这几乎是我国刑法学界的通说。❶ 但五分法的分类标准仍然不统一，从内容的确定性考察，前面四种形式是内容明确的注意义务，后面一种形式是内容不明确的注意义务；从内容的效力等级来看，前面两种形式是法律法规要求的义务，后面的是非法律义务。

由于过失中的注意义务本身具有法律效力，违反注意义务即构成犯罪过失，所以不必以效力为分类标准。对注意义务分类的目的是便于实践中正确认定注意义务，故从义务内容是否明确的角度对其分类是妥当的。本书认为，注意义务可以分为明示的注意义务与暗含的注意义务。所谓明示的注意义务是指行为人在行为时应当注意的内容已经被明确地表示出来，具体包括法律、法规、规章规定的注意义务，行业职业规章制度或操作规则规定的注意义务，以及在契约中当事人同意或约定的注意义务等，这类注意义务表现形式固定，较为容易认定。而所谓暗含的注意义务是指其没有明确的表现形式，只能根据人们生活中积累的常识和习惯进行认定，综合衡量行为人对相关内容予以认识是否必要，这类注意义务的认定必须以行为已经造成了法益侵害为前提，否则有扩张注意义务的适用范围之嫌。明示的注意义务固然必要，但暗含的注意义务也必不可少，这是由人类纷繁复杂的生活状态决定的，暗含的注意义务同样可以被准确认定，"与法律内容相比，市民通过自身体验往往更容易理解应尽的注意义务"❷。

---

❶ 参见甘雨沛：《刑法学专论》，北京大学出版社，1989，第93—95页；陈兴良：《刑法适用总论（上卷）》，法律出版社，1999，第178—179页。
❷ ［德］汉斯·海因里希·耶赛克、托马斯·魏根特：《德国刑法教科书（总论）》，徐久生译，中国法制出版社，2001，第677页。

(四) 注意义务的限度

1. 允许的危险

允许的危险理论由德国学者 Von. Bar 在 1871 年提出,反映了当时工业化的社会背景,旨在以行为的有用性限制过失犯的成立范围,是新过失理论的核心内容。但在以后的发展中,人们对这里的危险的理解有广狭之分,广义上将允许的危险理解为日常生活中所说的一般危险,狭义上则将允许的危险理解为引起危害结果的实质危险。[1] 广义的危险不是刑法禁止的危险,导致这一危险的行为也就不可能是构成要件中的实行行为,理当不应进入刑法的视野。而狭义的危险本为刑法所禁止,因其对社会的有用性,不得不例外地允许其存在。所以,学界往往也是在狭义的意义上探讨允许的危险,"对于社会生活中存在的伴随着不可避免的法益侵害危险的行为,依据其社会有用性,即使在法益侵害结果发生的场合,在一定范围也加以容许。"[2] 因此,所谓的允许的危险,是指行为人在有预见可能性的前提下,没有认识到行为伴随的实质危险,即使实施该行为造成法益的侵害,也依据其社会的有用性否定过失犯的成立。目前德日学者所说的容许的危险的对象,主要包括高危作业、高速交通、医疗手术、体育运动、科学实验、危险投机和危险救助等既对特定法益有实质危险,又对社会具有有用性的活动。

关于允许的危险在犯罪论体系中的地位,在大陆法系有不符合构成要件说、违法阻却说、责任阻却说和区别说等争论。不符

---

[1] 黎宏:《刑法总论问题思考》,中国人民大学出版社,2016,第 275 页。
[2] 参见[日]古川伸彦:《刑事过论序说》,日本成文堂,2007,第 228 页。类似观点参见黎宏:《过失犯研究》,载赵秉志主编《刑法评论》2006 年第 2 卷,法律出版社,2006,第 120—121 页。

合构成要件说认为,被允许的危险为社会相当性理论所包含,被容许的危险行为因具有社会相当性而阻却其构成要件符合性。❶ 但构成要件该当性阶段只作事实的评价,构成要件阶段考察的行为本身就是具有引起法益实质危险的行为,即使存在规范的构成要件要素,也是在价值观念的引导下对行为作定型性评价,不涉及行为的有用性与危害性的比较与甄别。允许的危险本身是一种引起法益侵害的实质危险,其行为必然符合构成要件。如果在构成要件该当性阶段就考量行为的有用性与危害性的轻重大小,实际上就已经在各个利益之间进行了价值衡量,也就架空了违法性阶段的评价过程。社会相当性理论在故意犯和过失犯中均有存在的空间,而允许的危险理论向来只是在过失犯中进行探讨,"故意犯并无容许危险的适用",❷ 将其纳入社会相当性理论无疑会扩大其适用范围。并且,社会相当性理论的体系地位本身就极具争议,有的认为其阻却构成要件,有的则认为其阻却违法,还有的认为其是免责的根据,甚至即使是同一人也会反复摇摆,❸ 故依此难以在体系中对允许的危险准确定位。

违法性阻却说认为,被容许的危险概念,是基于适度危险概念以限制过失犯的成立范围,认为过失犯的本质就在于行为人无意而犯,即行为人对于该违法行为本身并没有积极的规范违反意思,只是由于该行为违反了法律上应当履行避免结果发生的义务,

---

❶ 赵慧:《刑法上的信赖原则研究》,武汉大学出版社,2007,第68—69页。
❷ 黄荣德:《论刑法上注意义务之违反与业务过失》,硕士学位论文,台北大学法学系,2004,第62页。
❸ 首先提出这一理论的德国刑法学家Welzel就是典型,他先将社会相当性理论作为构成要件暗含的前提,后又将其作为习惯法的正当化事由,最后又将其作为构成要件阶段的问题来把握。这一观点来自克劳斯·罗克辛对Welzel观点变化的评述,转引自[德]克劳斯·罗克辛:《德国刑法学 总论》(第1卷),法律出版社,2013,第192页。

因此，被容许的危险是违法性阻却事由，是否为法律所许可，以法益衡量为基础，根据有无违反客观上的注意义务进行判断，被容许的危险是客观上注意义务认定的一个基准。❶ 违法性阶段的确是考量符合构成要件的行为的法益侵害性，但允许的危险本就是具有实质的侵害法益的危险，在这一危险实现的场合，当然也就造成了法益的侵害，又如何阻却其违法性？即使作为违法阻却事由，为何只是过失犯的违法阻却事由，而不适用于故意犯的情形？单纯地将允许的危险看作是行为有用性与危害性的大小比较，完全可以用其他正当化事由予以替代，所谓允许的危险几无存在的余地。该说还将过失犯的本质限于客观上的法益侵害性，忽视了行为人主观上的非难可能性，违背了责任主义原则，倒退到结果责任的老路上去了，殊不妥当。

责任阻却说认为，危险是否容许与行为人是否认识有关，故属于责任阻却事由。❷ 允许的危险理论虽然只是在过失犯中才能适用，需以行为人没有正确认识到行为的危害性质及其避免措施为前提，但行为人有无认识只是一个事实的评价，并不属于责任阶段考察的内容，在构成要件该当性阶段就应在主观的构成要件要素中予以确定。具体地考量行为的有用性与危害性的大小是在违法性阶段进行的，有责性阶段只是决定能否将已经发生的法益侵害归咎于行为人，即行为人是否具备了非难可能性，在过失的场合主要是考察行为人能不能预见、该不该预见的问题，所以简单地以容许的危险与是否认识有关就将其作为责任阻却事由并不合适。

区别说则将被容许的危险与社会生活上的注意问题相结合，

---

❶ 赵慧：《刑法上的信赖原则研究》，武汉大学出版社，2007，第70页。
❷ 赵慧：《刑法上的信赖原则研究》，武汉大学出版社，2007，第73页。

认为在没有违反结果避免义务的时候阻却违法，在不具备结果避免可能性时则阻却责任。❶ 如前所述，这里的结果避免义务实际上是行为人为了避免法益侵害担负的客观行为义务，实际上是行为人负有的刑事义务，行为人没有违背刑事义务当然不可能具备违法性，但其不具有违法性不是因为其符合构成要件以后又具备了违法阻却事由，而是因为其一开始就不具有构成要件的该当性。而结果避免可能性是结果避免义务的前提，在不具备结果避免可能性的时候就不存在相应的刑事义务，其行为在构成要件阶段即被排除在刑法的视野之外，无须在有责性中进行探讨，过失犯的有责性阶段探讨的是行为人主观的预见可能性，而不是客观的避免可能性。而且，允许的危险的场合，行为人客观上恰好具备了结果避免可能性，也因此而负有结果避免义务，故区别说亦不足取。

上述对允许的危险的各种体系定位之所以会存在这样那样的缺陷，根源在于没有厘清允许的危险得以存在的合理性根基。人们通常只是看到允许的危险中的行为的有用性，但仅此不足以将其限制在过失的领域，依此似乎也应当免除行为人故意情形下的罪责。事实上，在不具有紧迫性的场合，规范不会因为某一行为对社会有用就放弃对相关利益的保护，而是在促进社会发展和保护相关利益之间进行平衡，允许实施具有实质危险的行为须以遵守相应的预防准则为前提。规范不会任由对社会有用的行为的实质危险变成现实，而是制定了相应的预防准则去消减行为侵害法益的实质危险，直至其不再对法益构成实质的威胁，才可能成为允许的危险。如果说允许的危险为处罚过失犯设置了界限，那么

---

❶ 赵慧：《刑法上的信赖原则研究》，武汉大学出版社，2007，第74页。

相应的预防准则就是允许的危险的边缘，即只有在不违背预防准则的前提下，危险的行为才是容许的。正因为预防准则规制下的行为不再具有实质的危险，所以我们没必要再要求行为人去认识被规范认为不再具有实质危险的行为会例外地存在实质的危险，以及怎样才能避免这些实质的危险。因此，行为人基于遵守预防准则而确信该行为不会侵害法益，即使该行为客观上造成了法益侵害，该行为人的认识状态也不存在可以归责的疏忽或轻信，而是合理、正当的确信。至此，行为客观上的有用性质和行为人主观上的合理确信是允许的危险得以存在的两大支柱。

行为虽然具有侵害法益的实质危险，但因其对社会有用，故规范设置了相应的预防准则消减其实质的危险，避免其对法益造成侵害，其原有的实质危险也就被认为不存在了，如交通规则就是高速交通的保证。质言之，此时由于预防准则确定了避免行为危害性质的具体措施，也就不需要行为人去预见行为的危害性质，而只需在实施行为的时候认识并采取相应的避免措施，即可避免对法益的侵害。故在允许危险的场合，行为人的注意义务只是正确认识相应的预防准则，我们无法期待行为人在预防准则的范围之外再承担认识行为例外的实质危险的义务，如果因预防准则之外的实质危险发生了侵害法益的结果，行为人对此没有注意义务，也就不承担过失的罪责。因此，在允许危险的场合，尽管行为符合犯罪构成要件，也具有侵害法益的实质违法性，行为人对其也存在注意能力，但法益侵害的发生是行为例外的实质危险的实现，行为人主观上存在行为没有实质危险的合理确信，不能期待其否定合理的确信再去认识行为例外的实质危险，所以行为人对此不存在注意义务，也就不具有有责性，过失犯也就没有成立的余地。因此，在大陆法系的阶层犯罪论体系中，允许的危险是一种责任阻却事由。

允许的危险理论之所以限定在过失的领域，是因为在故意的场合，行为人已经认识到遵守预防准则之外的实质危险的时候，就否定了允许的危险得以免责的前提——确信行为不会侵害法益，我们完全能够期待一个正确认识了行为实质危险的人，在自己能力范围之内采取相应措施（包括放弃实施该行为）以避免法益侵害的发生。因此，当行为人否定了行为没有实质危险的确信，正确认识到一个曾被允许实施的行为具有例外的实质危险的时候，就应当产生反对的动机，发挥自己的能力、控制自己的行为不去侵害法益，否则就具备了应受刑罚非难的可能性。质言之，允许的危险理论只是体谅那些信守有用行为预防准则的行为人的合理确信，而非提倡在允许的危险场合放任危害行为对法益的侵害，更没有赋予任何行为人恣意侵害法益的权利。

2. 信赖原则

过失中的"信赖原则"由德国联邦最高法院于 1935 年提出，用以解决交通事故中的过失归责问题，现在该原则适用的范围已经超出了交通事故的领域，扩展至医疗事故、企业灾害事故等领域。就其含义而言，所谓信赖原则，是指在行为人信赖他人的适当行动而实施了行为的场合，即使由于他人的不适当行动而发生了结果，只要不存在特别的事情，行为人就不对其承担责任的原则。❶ 信赖原则以允许的危险为基础，首先要求行为具有侵害法益的实质危险，其次要求行为对社会具有有用性，最后要求是在预防准则之内对他人予以信赖，只有这样才能认为其实施的行为不

---

❶ ［日］甲斐克则：《过失犯的基础理论》，载高铭暄、赵秉志主编《过失犯罪的基础理论》，法律出版社，2002，第 9 页。

再具有实质的危险,即使发生了法益侵害的结果也不需要行为人承担责任。现代社会是彼此联系紧密的整体,一个行为过程中可能有数个参与者,在允许的危险场合,既可以通过行为人遵守相应的预防准则来消减实质的危险,也可以由其他参与人履行一定的义务来防止法益侵害的发生,还可以要求行为人和其他参与人共同信守预防准则。在其他参与人遵守预防准则的情形下,实际上是分配防止法益侵害发生的义务,各行为人在自己的义务范围内发挥自己的注意能力,更易于正确认识行为的性质及其避免措施,从而有效地避免法益侵害的发生。信赖原则就是对他人履行其刑事义务的一种信任,即使他人违背信赖原则发生了法益侵害的结果,行为人也无须担责。

就信赖原则免责的根据而言,新旧过失论存在不同的主张。旧过失论认为信赖阻却了主观的预见可能性,认为信赖原则"应当理解为是一般人对被害者等人的不适当的行动无法预见的场合。因此,从旧过失论的立场出发,该原则是判断是否具有值得刑法处罚程度的预见可能性的基准"。❶ 行为人没有预见可能性当然就没有注意义务,也就不可能对其归责了。如果行为人在信赖原则的场合果真没有预见可能性,则没必要在过失犯中单独探讨信赖原则的问题,可直接否定其过失的罪责,信赖原则也就失去了存在的价值;既然信赖原则以允许的危险为基础,行为人当然具有相应的注意能力,该能力在客观上不会因为对他人的信赖而丧失。还有学者认为,"预见可能性的概念,富于弹性,特别是在发生结果之后来考虑的话,只要想肯定它的话,什么时候都可以肯定它,因此,将作为规范制约预见可能性的原理的信赖原则导入到主观

---

❶ [日] 前田雅英:《刑法总论讲义(第4版)》,日本东京大学出版会,2006,第268页。

的预见可能性中,具有重要意义"❶,该主张对预见可能性的认定太过悲观,在信赖原则适用的场合,行为本身就具有实质的危险,行为人在行为时也对此具有注意能力,即具有预见可能性,只要我们恰当地确定其判断对象和判断标准,是能够也应该准确地对其予以认定,故认定的困难不是信赖原则的存在理由,否则,在不能适用信赖原则的场合,又怎么区分犯罪过失与意外事件?

新过失论一般主张注意义务免除说,认为在适用信赖原则时,排除的是行为人的注意义务,这是德日刑法学界的主流观点。❷ 在信赖原则的场合,行为人实施的行为本身就具有侵害法益的实质危险,且行为人在主观上也存在相应的注意能力,为什么仍要排除其注意义务?为什么要其他人对行为人的行为引发的法益侵害承担责任?故有学者进一步指出,"信赖原则之所以有在过失犯中加以提出之必要,即在于其危险非不能预见一点上。仅因信赖原则之适用,而使其因基于对其他之信赖而产生之不致发生该结果之确信,得作为免除其注意义务之依据而已"❸。但何以有此确信就免除其注意义务?信赖原则不是行为人免除过失责任的护身符,不但在众多共同活动中不能适用信赖原则,即使在能够适用信赖原则的时候也存在诸多前提,恰当地履行自己的注意义务就是其中之一。

责任减免说则认为,"不能认为信赖原则的成立就否定了法律设定的注意义务的存在,而应主张,肯定了信赖原则的存在就减

---

❶ [日]大塚裕史:《企业灾害和过失论》,载高铭暄、赵秉志主编《过失犯罪的基础理论》,法律出版社,2002,第101页。
❷ 程皓:《注意义务比较研究——以德日刑法理论和刑事判例为中心》,武汉大学出版社,2009,第184页。
❸ 翟唤霞:《刑事上信赖原则之理论与实用》,载《刑事法杂志》第16卷1972年第5期。

轻或否定了特定行为人对于该风险实现的义务承担,从而减轻或免除其法律责任"❶。信赖原则直接否定了过失责任的存在,而不是在肯定其存在过失责任之后再行予以减轻或免除。事实上,信赖原则既以危险的分配为前提,当然会限定行为人的注意义务的范围,通过注意义务范围的限定也就否定了相应的法律责任,行为人没有违背自己的注意义务,理应对此不承担过失责任,既无责任,何来减免之说?

　　信赖原则下,行为人的注意能力依然存在,但由于行为的实质危险在各相关人之间进行了合理的分配,如果各相关人发挥能力、控制自己分担的危险,行为原有的实质危险也就降低为可以允许的危险,法益侵害也就不会发生。信赖原则以各相关人之间合理分配了注意义务为前提,行为人只有信赖其他相关人信守自己的注意义务,才可能得出自己行为的"实质危险"降为"允许的危险"的结论,也才能着手实施该行为,故行为人对相关人的信赖是行为得以实施的必然前提。行为人合理信赖其他相关人以后,就不必对他人所属的危险予以注意,否则,危险的分配就没有意义,即行为人不必履行已经分配给其他相关人的注意义务。信赖原则的适用同样需要在社会发展和利益保护之间进行利益的平衡,注意义务的分担既是为了行为人集中精力发挥行为的有用性,也是为了有效地防止法益侵害的发生,对他人履行其注意义务的信赖是对注意义务分配的善意遵从,也是防止株连无辜、确保社会安定的基本要求。信赖原则适用的事实前提是其他相关人违背行为人的信赖造成了侵害法益的事实,但这一事实在行为人的注意义务范围之外,行为人基于信赖对其没有认识就无须担负

---

❶ 赵慧:《刑法上的信赖原则研究》,武汉大学出版社,2007,第4页。

过失的罪责。

信赖原则之所以在行为人具备注意能力的前提下免除其行为侵害法益的罪责，是因为行为人基于对其他相关人的合理信赖，认为行为的危险在允许的范围之内，确信行为不会发生侵害法益的实质危险，这一确信是建立在注意义务的合理分配之上的，不存在疏忽或轻信的认识瑕疵。因此，如果行为人已经认识到他人违背信赖，就意味着自己实施的行为已经具有了实质的危险，当然应当采取各种措施避免法益侵害的发生，否则可能构成故意犯罪，即应当否定信赖原则在故意场合的适用，而不能认为"在故意犯的场合，也可以通过信赖原则的适用来限制或否定故意责任的成立"❶，否则，司机故意撞死违规横穿公路的行人就应不负责任，这与法不符，亦与理相悖。

即使在过失的领域，信赖原则也不能随意扩张适用，否则就是自己为害却让他人替罪，所以应严格限制其适用范围。首先，要求危险的分配是适当的，即相关的行为人之间具有某种特殊的关系，且具有大致相当的能力，否则从根本上就无法实现避免法益侵害的目的。其次，要考量实行行为的有用性和危险程度，行为的有用性越少、危险程度越高，信赖原则适用的范围就越小，如在食品、药物等行业就难以适用信赖原则，即使能够适用信赖原则，行为人自己的注意义务也应更多。再次，他人合义务的行为本身必须具有定型性，信赖他人才会有实体内容，否则会失去信赖的效用。又次，在不存在信赖或信赖不相当的场合，不能使用信赖原则逃避责任。最后，在自己违反了注意义务、增加了行为的实质危险的场合，也不能适用信赖原则，因为"造成了复杂或危

---

❶ 赵慧：《刑法上的信赖原则研究》，武汉大学出版社，2007，第7页。

险局面的人没有理由相信他人会更加小心,从而消除这个危险"❶。

3. 结果假定发生

所谓结果假定发生,一般认为包括两种情形:一是即使履行注意义务,结果也会发生,这是"合义务的择一举动";二是"假定的因果经过",即使行为人不实施某一行为,也会有其他类似行为产生特定后果。❷ 由于规范只能要求每个人在自己的能力范围内避免对法益的侵害,所以过失犯的刑事义务不是要求行为人绝对避免危害结果的发生,而是要求行为人在能够避免时不要以自己的行为去侵害法益,至于是否存在其他导致法益侵害发生的因素要非所论,既不需要行为人额外对其他要素予以控制,也不允许以其他要素的存在主张对自己行为的免责,不管这种因素是他人的类似行为,还是人力无法控制的自然力因素。否则,任何人在致人死亡后都会以"人终究会死的"为由要求免责,过失犯几乎没有存在的必要。所以,假定的因果关系中,只要在可避免的情况下自己的行为造成了法益侵害,行为人就必须承担相应的刑事责任。而合义务的择一举动则是在行为人的行为之间进行比较,涉及行为人是否违反注意义务的问题,据此是否可以免除行为人的过失责任争议较大,具体而言,一是可避免法益侵害的程度,二是对其免责的具体理由。

关于可避免性的程度,存在缓和说、严格说和折中说的争论。德国学者一般持缓和说,认为"如果不能肯定在不违反注意义务情况下结果将会被避免的,必须宣判无罪(根据'无罪推定'公

---

❶ [德] 冈特·施特拉腾韦特、洛塔尔·库伦:《刑法总论 I——犯罪论》,杨萌译,法律出版社,2006,第421页。
❷ 周光权:《结果假定发生与过失犯——履行注意义务损害仍可能发生时的归责》,载《法学研究》2005年第2期。

式来解决)"❶。但无罪推定只是关乎诉讼地位和证明责任的诉讼规则,并非实体的归责依据;无罪推定的对象是案件事实中的危害行为,而不是假定的合义务的行为;且依此说,在合义务的行为可能避免法益侵害的情况下,就绝对不能对行为人归责,只有在必然能够避免法益侵害的时候才能追究行为人的过失责任,这就大大缩小了过失犯的范围。与此相反,意大利学者则坚持严格说,"尽管结果的发生的确属于预防性规则欲防止的'风险的具体化',但由于遵守规则结果同样也不能避免,防止该结果实际上不是预防性规则的目的。当然,在这种情况下,必须将因不遵守规则的行为而引起的实际结果,与遵守规则也会发生的推定的结果进行认真的比较,只有遵守规则'肯定',而不是'可能'也会产生同样的结果时,才可以排除行为人主观上的过失。"❷ 既然行为可能会产生同样的结果,也可能不会产生同样的结果,说明行为时客观上存在避免这种结果的可能性,只要行为人具有相应的注意能力,也就具备了对其归责的伦理基础,故此说是妥当的。而折中说以风险增高理论为依据,认为只有存在实质的、明显的"危险增加可能性",才应当认定过失犯罪的存在。❸ 但在危险已经实现的场合,即使实行行为的危险性比合义务的行为低,也还是现实地造成了法益的侵害,难以据此免责,况且,"迄今为止,在联邦德国的司法判例中并没有承认这种风险提高理论"❹。所以,本书

---

❶ [德] 汉斯·海因里希·耶赛克、托马斯·魏根特:《德国刑法教科书(总论)》,徐久生译,中国法制出版社,2001,第703页。
❷ [意] 杜里奥·帕多瓦尼:《意大利刑法学原理》(注评版),陈忠林译评,中国人民大学出版社,2004,第199页。
❸ 刘期湘:《过失犯中的违反注意义务研究》,经济科学出版社,2009,第176页。
❹ [德] 克劳斯·罗克辛:《德国刑法学 总论》(第1卷),法律出版社,2013,第260页。

认为只有在合义务的行为肯定会发生同样结果的时候才能免责，这也是三种学说的共同点。

为什么合义务的行为肯定发生同样的结果就必须免责呢？学界大体有四种解决方案。第一种观点认为不存在因果关系，这是日本司法判例的主要观点。❶ 但既然行为已经现实地造成了法益的侵害，没有该行为，法益侵害就不会发生，当然不能否定其间的因果关系，"在刑法因果关系的判断当中，只能就现实的行为和结果之间的关系进行有无的判断，而不得添加假设条件"❷。第二种观点认为是不可抗力，认为虽然存在条件关系，但是结果的发生是由不可抗力所致，所以不能追究行为人的刑事责任。❸ 不可抗力以对行为的危害性质有正确认识为前提，这里是指没有正确认识的情形，如有正确认识就必须放弃行为的实施，否则可能构成犯罪故意；不可抗力是指行为人虽有正确认识，但不能控制自己的行为，此处行为人在行为前能够控制自己不实施该行为，只是在实施该行为以后才失去对行为的控制。第三种观点从危险增高的角度出发，认为被创设的危险并没有在结果中实现，因为超越允许危险的行为没有显著提高该危险实现。❹ 危害结果是法律所反对的，就是其所禁止的，行为已经导致了危害结果的发生，禁止的风险就已经实现，理应对其客观归责。第四种观点认为，此时欠缺结果回避的可能性，就应当否定注意义务本身。❺ 但论者所说的

---

❶ ［日］北川佳世子：《交通事故和过失论》，载高铭暄、赵秉志主编《过失犯罪的基础理论》，法律出版社，2002，第75页。
❷ 黎宏：《刑法总论问题思考》，中国人民大学出版社，2016，第274页。
❸ ［日］大塚仁：《刑法概说（总论）（第三版）》，冯军译，中国人民大学出版社，2003，第166页。
❹ ［日］山中敬一：《刑法总论》Ⅰ，日本成文堂，1999，第376页。
❺ ［日］大谷实：《刑法讲义·刑法Ⅰ总论》，日本悠悠社，2001，第56页。

注意义务实际上是结果避免义务，相当于不作为犯的作为义务，但过失犯并非都是不作为犯；行为人虽然在行为中不能采取措施避免结果发生，但事前能放弃实施这种行为，还是有避免结果发生的可能性。

"合义务的择一举动"中，行为人在没有正确认识的情况下，实施违反避免义务的行为造成了法益侵害，且即使实施合义务的行为，结果也肯定会发生。这就预设了一个前提，即尽管行为人实施了违反结果避免义务的行为，但如果不违反该义务还是可以实施该行为，而不需要放弃该行为的实施，即该行为是允许的危险行为，而不可能是刑法直接禁止的行为。既然是允许的危险行为，必然存在相关的预防准则，注意义务的内容就是认识这些预防准则及违反这些准则的实质危险，行为人在行为时虽然违反注意义务，没有预见行为的实质危险，但如果危害结果不是实质危险的实现，而是允许的危险的例外实现，行为人对危害结果并不承担过失的罪责，因为过失犯侧重结果无价值，而不是行为无价值。由于行为人即使没有违反自己的注意义务，在预见到违反预防准则的实质危险以后选择合义务的行为，危害结果依然会发生，说明危害结果不是违反预防准则的实质危险的实现，而是允许危险的例外实现，不能要求行为人承担过失的责任。至此，"合义务的择一举动"免责的理由不是行为没有造成法益侵害，而是既然行为引发了刑法禁止的危害结果，就是侵害了法益；也不是不存在注意义务，允许的危险中只是不需要行为人去预见允许范围之内的危险，对允许范围之外的危险必须有正确的认识；也不是没有违反注意义务，行为时没有认识到违反预防准则的实质危险，就是对违反注意义务的不注意。"合义务的择一举动"之所以免责，是因为行为人的不注意与法益侵害之间不具有关联性，不注意的实质危险与法益侵害所实现的危险不具有同一性，即不注意的危险并没有实现，而实现了的危险不需要预见。

三、心理的构成要素：不注意

（一）不注意的内涵

即使自己行为已经造成了法益侵害，也存在相应的注意能力和注意义务，但只要行为人没有违背注意义务，对行为的危害性质及其避免措施存在正确的认识，就不构成犯罪的过失。过失中的不注意是欠缺必要的意识紧张，但不是单纯地没有认识或错误认识的状态，而是在具有注意能力和注意义务的前提下，没有认识到行为的危害性质及其避免措施的心理状态，这正是没有履行或没有有效履行注意义务的现象。所以，过失中的不注意就是行为人违反注意义务的心理状态，这一不注意的状态就意味着行为人没有正确认识行为的危害性质及其避免措施，也就错失了形成反对法益侵害的动机的机会，以致客观上实施侵害法益的行为而不自知，最终导致法益侵害的发生。

由于新过失论从成立过失犯罪的整体上考察注意义务，认为其包括结果预见义务与结果避免义务，故通说的违反注意义务是指对二者的整体违反。如前所述，结果避免义务不宜纳入注意义务的范畴，若认为结果避免义务的内容包括放弃行为的实施，则其与刑事义务等同，是过失犯与故意犯共同的要素，不具有区分故意与过失的功能；若主张结果避免义务不包括对行为的放弃，则预设了过失实行行为一定合法甚至必须实施的前提，这又与事实不符，因为刑法禁止实施有侵害法益的实质危险的行为；将结果避免义务的违反视为行为的客观形态，容易将其视为过失实行行为的本质和核心，将过失犯混同于不作为犯的构造，但在过失犯的场合，其实行行为依然是具有侵害法益的实质危险的行为，而不是单纯的没有履行结果避免义务的不作为。因此，这里的不注意仅指对结果预见义务的违反，即没有正确认识到应该认识到的行为的危害性质及其避免措施的心理状态，主要表现为注意力没有指向或集中于注意的对象，或者将注意力从注意对象上转移到其他对象，或者在注意过程中注意力分配不当，造成行为人对注意义务的内容毫无认识或产生了错误的认识。

在已经发生法益侵害的前提下，有注意能力和注意义务的行为人不注意，就是对注意义务的违反，这正是犯罪过失的本质所在。但有学者对此提出异议："如果说违反预见义务是过失犯的本质，那么，故意犯罪时因为履行了预见义务，责任就更轻了，但事实上并非如此。所以，故意责任的本质是认识到了构成要件事实，过失责任的本质是具有认识构成要件事实的可能性。"[1] 首先，论者混淆了过失与故意在刑事归责依据上的差异，过失是因为认识上的瑕疵而没有正确认识行为的危害性质及其避免措施，以致没有形成能够避免法益侵害的行为决意；而故意则是在正确认识了行为危害性质后，由于意志的缺陷不但没有形成反对动机，反而决意实施侵害法益的行为。其次，认识可能性不可能是过失责任的本质，因为认识可能性本身只是前提，仅有此可能性无法论及责任，只有在规范需要行为人发挥这一能力且不是过分要求的情况下，才可能对没有预见的行为人以过失论责。最后，违反注意义务包含了认识可能性的内容，注意义务以注意能力为前提，违反注意义务就意味着行为人是在有认识可能性的前提下没有避免对法益的侵害。此外，德国学者 Jakobs 也反对将违反

---

[1] 张明楷：《刑法学（第三版）》，法律出版社，2007，第 232 页。

注意义务作为犯罪过失的本质，其理由在于，过度强调注意义务的履行，将使一般人错误地认为过失犯是不作为犯。这种批评是以新过失论将结果避免义务视为注意义务的内容为前提的，本书的注意义务仅包括主观的认识义务，也就不会产生这一误解了。

由于注意义务以注意能力为前提，以需要行为人正确认识的必要性和期待行为人予以认识的可能性为考察要素，行为人如果存在注意义务，就意味着在主观上能够正确预见注意对象，客观上存在不实施特定危害行为或排除其危险性质的行为义务，且在行为时要求其发挥注意能力也并非违反人性的过分要求，在这种情形下违反注意义务（不注意）而实施了对法益具有实质危险的行为，且造成了法益侵害，在主观上当然就具备了犯罪的过失，整体上也就构成了过失犯罪。过失的不注意是违反注意义务的心理状态，而违反注意义务即犯罪过失的本质，所以，不注意是犯罪过失成立所必需的心理要素。

（二）不注意的表现形式

不注意是犯罪过失最直观的现象形态，而注意本身也是有意志参与的意识活动，"它使心理活动处于积极状况并且具有选择和方向性、集中性、持续性、监控和调节性"❶，正是行为人的意识活动有缺陷，才使其对应该注意的对象不注意，进而导致了法益侵害的发生。但由于疏忽大意过失和过于自信过失存在区别，不注意在二者中也就呈现出不同的表现形式。

在疏忽大意过失中，不注意主要有三种情形。一是行为人没有身体的积极动作，也不知道自己有作为的义务，对不作为行为

---

❶ 林亚刚：《犯罪过失研究》，武汉大学出版社，2000，第141页。

没有认识,遑论其危害性质和避免措施,这种不注意主要发生在事前无认识的不作为犯的场合,整个过程在主观上和客观上都是一个"无"的状态:既无认识,亦无动作。二是行为人对行为其他方面的性质有认识,并基于这些认识实施了行为,但一直没有注意到行为的危害性质及其避免措施,这种不注意发生在事前无认识的情形。三是行为人对行为的危害性质或避免措施曾经有所认识,但在行为时又因为各种原因遗忘或否定了原有认识,只是基于追求行为其他方面性质的实现而实施了该行为,这种不注意是事前虽有认识但在行为中对行为的危害性质和避免措施都没有认识的情形,即通说所谓的有认识过失,本书以行为时为考察罪过的时点,认为将其纳入疏忽大意的过失更为妥当。

在过于自信的过失中,不注意也表现为三种类型。第一种类型是行为人在行为中对行为的危害性质有所认识,但由于注意并不充分,低估了行为的危害性质,然后根据被低估的危险性质找寻相应的避免措施,必然导致行为人采取或准备采取的避免措施不能有效地避免法益侵害的发生,而行为人却误以为能够有效避免。第二种类型是行为人对行为的危害性质有充分的认识,但高估了自己的避免这种危险的能力,轻信自己实施或准备实施的避免措施能够有效避免法益侵害的发生,进而认为行为原有的实质危险不再存在。第三种类型则是行为人对行为的危害性质和避免措施都没有充分的认识,低估了行为本身的实质危险,同时又高估了自己避免这种危险的能力,其采取或意欲采取的避免措施连这种被低估的危险都不能排除,轻信能够避免法益侵害的发生。所以,过于自信过失的行为人尽管曾经认识到行为具有侵害法益的实质性质,但最终又误认为在自己的控制下没有了实质的危险,依然没有有效履行结果预见义务,而不能认为"过于自信过失的成立前提之一是行为人已履行了结果预见义务"❶，错误的履行与没有履行在错失反对动机的形成这一点上是等价的。

(三) 不注意的程度

不注意并非都是完全没有认识的一片空白，而是有着不同的形式，各种不同的形式之间当然有差异，这种差异体现了行为人的主观恶性程度，最终也会影响到对行为人的刑罚裁量结果。一般认为，不注意的程度，即违反注意义务的程度，可从注意义务的要求程度、可履行程度、违反程度、行为的动机与起因等方面去考察。❷ 但既然是在不注意的具体形式之间进行比较，就应当以其他方面的因素相同为前提，即在注意能力、注意义务、客观行为和法益侵害等方面都基本相同的情况下比较，才能得出确定的结论，否则，在各个要素存在较大差异的情况下就不具有可比性，难以得出明确的结论。具体而言，在其他方面相同的情况下，疏忽大意的过失与过于自信的过失的不注意程度孰轻孰重？学界大体上存在过于自信的过失恶性更重、疏忽大意的过失恶性更重和无法比较这三种观点。

一般认为，过于自信的过失违反注意义务的程度比疏忽大意的过失为重，"一般来说，行为人有意违章的过失行为，其社会危害性大于无意违章的过失行为，因此，刑事责任也相应重一些。"❸ 德国的 Roxin，日本的泷川幸辰及小野清一郎，我国的李光灿、陈忠槐、孙国祥等学者赞成此说。至于具体的理由，"在一般情况下，一个知道危险而甘愿冒这种危险的人和一个应该认识却没有

---

❶ 周光权：《注意义务研究》，中国政法大学出版社，1998，第120页。
❷ 林亚刚：《犯罪过失研究》，武汉大学出版社，2016，第146—147页。
❸ 姜伟：《罪过形式论》，北京大学出版社，2008，第306页。

认识危险的人在罪责上是略有区别的，前者要重些。"❶ 与没有认识相比，有认识后仍然实施危害社会的行为，就意味着行为人主观上存在敌视法益的态度，但过于自信的过失在认识到行为的危险后，又轻信自己能够避免危害结果的发生，最终又否认了这种危险会变成现实，并且行为人还实施了或准备实施一定的避免措施，这恰好是守护法益的态度，主观上也就不存在冒险的心理，否则，行为人主观上至少是放任的故意，而非轻信的过失。小野清一郎认为，"有认识的过失与无认识的过失相比，一般为重，而且，有认识的过失在多数场合为重大的过失。"❷ 在心理上二者都没有支配行为的实施，即或有重大的危害结果，与不注意的形式也没有事实上的关联，况且比较不注意的程度须以二者在其他方面的情况（包括造成的法益侵害）相同为前提。还有学者认为，"在相同条件下，有意识的过失当然比无意识的过失更具有需要刑罚性。"❸ 但从刑罚目的上考察，无意识的过失才更需要刑罚，因为其对行为的危险性毫无认识，主观上不存在反对法益侵害发生的意志态度，客观上没有相应的避免措施，在同等情况下，更容易造成法益的侵害。

无法比较说认为，疏忽大意的过失与过于自信的过失之间无法比较不注意的程度，"当过失一词用于表示一种心理状态的时候，它实在没有未加注意的程度问题，因为过失意味着在某人的心理上完全缺乏特定的思想，即空虚，而空虚是没有程度差别的"❹。在最

---

❶ 孙国祥、余向栋、张晓陵：《过失犯罪导论》，南京大学出版社，1991，第47页。
❷ ［日］藤木英雄：《过失犯的理论》，日本有信堂，1980，第137页。
❸ ［德］克劳斯·罗克辛：《德国刑法学 总论（第1卷）》，法律出版社，2013，第727页。
❹ ［英］J. W. 塞西尔·特纳：《肯尼刑法原理》，王国庆等译，华夏出版社，1989，第43页。

终的意义上,二者固然都是没有认识,但在阶段性的层面,二者还是存在相应的区别,在轻信过失的场合,行为人在行为过程中对行为的危害性质是有所认识的,二者反映出来的主观恶性也会有所差别。还有学者认为,过于自信的过失是在有认识的情况下实施危害行为,其恶性似乎更大,但毕竟履行了部分注意义务,比不履行注意义务的恶性更小。❶ 轻信过失的认识是错误的认识,基于这种错误的认识实施行为不但没有敌视法益的态度,而且由于其相信能够避免危害结果的发生,以不会发生危害结果为行为的前提,反而体现出了尊重法益的态度;但既然是错误的认识,也就没有履行自己的注意义务,而不是履行了部分注意义务。另有学者认为,二者"终究都是过失。此外,有认识与无认识过失,往往俱见于同一行为"❷。二者虽都是过失的形式,但其不注意的程度会影响最终的量刑,故有甄别的必要;同一行为过程中对同一对象不可能既有认识,又无认识,与无认识过失相伴的有认识是对行为其他方面性质的认识,对罪过的具体形式的认定并无影响。

少数学者认为,过于自信过失比疏忽大意过失的不注意程度更轻,"就责任内容而言,两种过失之间也不存在阶段关系,因为完全没有认识危险的人的心理构成,较之过于相信自己能力的有意识过失者的轻率,应当受到更加强烈的非难"。❸ 论者注意到了二者不注意的差异,但为何对二者刑罚的非难有别?其理由并不明确,同样是认识上的缺陷,错误的相信为什么比完全没有认识的主观恶性更小?

---

❶ 姜伟:《罪过形式论》,北京大学出版社,2008,第236页。
❷ 林东茂:《刑法综览》,中国人民大学出版社,2009,第141页。
❸ [德] 汉斯·海因里希·耶赛克、托马斯·魏根特:《德国刑法教科书(总论)》,徐久生译,中国法制出版社,2001,第682页。

事实上，在疏忽大意的过失中，无论事先对行为的危害性质是否曾有认识，在行为过程中行为人对自己的注意对象都没有予以注意，其不注意的程度最为彻底，是完全的不注意；而在过于自信的过失中，不管是低估了行为的危险性质，还是高估了自己的避免能力，行为人都注意到了自己行为的危害性质及其避免措施，只是注意不够集中或注意不够充分，才最终产生了轻信能够避免的错误认识，故过于自信的过失的不注意程度比疏忽大意的过失更低。然而，行为人的主观恶性并不体现在认识的程度上，而是体现在行为人的意志态度上，但意志态度以认识为前提，在疏忽大意的过失中，行为人对行为的危害性质完全没有认识，所以既不存在敌视法益的态度，也不存在保护法益的态度，只是在理论上假定其存在对法益保护的意志态度；而在过于自信的过失中，行为人之所以最终否定了曾经的正确认识，是因为其相信通过自己的避免措施能够防止法益侵害的发生，即在主观上的意志态度是对法益的保护态度，只是这种态度最终没能有效避免法益侵害罢了。由此可见，过于自信的过失的主观恶性理应小于疏忽大意的过失。另外，由于过于自信的过失行为人在主观上预想了（有时候客观上也实行了）一定的避免措施，与疏忽大意的过失相较，在客观上使法益面临的实质危险得到了一定程度的降低。基于此，本书认为在其他方面相同的前提下，过于自信的过失的不注意程度比疏忽大意的过失更低，所受刑罚的非难应更轻。

（四）不注意的原因

犯罪作为一种社会现象，自有其形成的原因，不注意作为犯罪过失的心理因素，其原因应该限定在心理层面。有学者认为，不注意的原因有二，"一类是疏忽，即行为人粗心大意，忘记了自己应该履行的注意义务；另一类是轻率，即行为人掉以轻心，未充分履行注意义务"❶。疏忽和轻率都不是心理学的术语，只是笼统的日常概念，前者表达的是行为时"无意"的认识状态，后者强调行为人"有误"的认识结论，二者都不是行为人没有正确认识的原因，其原因都需要另行解析。不注意的产生原因固然是综合性的，包括意识、情感、意志、思维、记忆、判断和人格等诸多因素，对其从整体上予以考察是犯罪心理学的课题。从规范的角度而言，只需对直接引发不注意的原因进行探讨即可明晰其生成过程，在最近的关联中考察，注意缺陷是不注意的主要原因。

疏忽大意过失的表现形式多样，不注意源于更多的注意缺陷。其一，对行为本身没有认识是因为行为人的心理活动没有指向或集中于应注意的对象，此时行为人对行为的各方面性质根本没有注意，连行为的实体都没有认识到。其二，对行为其他方面性质有认识，但没有认识到行为的危害性质，是由于行为人的注意范围狭窄，过于专注所追求的行为目标，而应该注意的对象却在行为人的注意范围之外。其三，行为前对行为危害性质有所认识，但在行为时又予以否定的，其注意缺陷表现为注意的转移，即"主动地把注意从一个对象转移到另一个对象或者由一种活动转移到另一种活动的现象"❷，即行为人在否定行为的危害性质后将注意力转移到自己设定的行为目标上。

在过于自信的过失中，由于行为人对行为的危害性质和相关的避免措施都有一定的认识，所以不存在没有注意、注意转移的情形。而行为人之所以发生轻信能够避免的错误认识，往往是由于注意力不够集中，但这里的注意力不集中源于注意的分配不当，

---

❶ 姜伟：《罪过形式论》，北京大学出版社，2008，第234页。
❷ 叶奕乾等主编：《普通心理学》，华东师范大学出版社，1997，第118页。

"分配性注意是个体在同一时间对两种或两种以上的刺激进行注意,或将注意分配到不同的活动中"❶。在允许实施行为的场合,需要行为人恰当地分配注意,实现其有用性的同时要认识相应的预防准则;在禁止实施危害行为的场合,也需行为人恰当分配注意,在设定行为目标的时候要认识行为的危害性质。"注意的不当分配则是许多过失行为的重要心理因素"❷,过于自信过失的行为人在行为过程中虽对注意对象有所认识,但因注意分配不当,行为人把注意力分散到了行为的其他性质方面,以致低估了行为的实质危险,或高估了自己的避免能力,产生错误的附条件的否定认识,没有形成能够避免法益侵害的意志控制,最终导致法益侵害的发生。

(五)不注意的判断路径

不注意就是对注意义务的违反,是犯罪过失的本质特征。要认定特定的法益侵害过程中存在犯罪过失,需要确定行为人在具有注意能力和注意义务的情况下,没有认识到行为的危害性质及其避免措施。就没有认识的状态而言,只需要将行为人的主观认识内容与客观现实情况进行比较后就可得出结论。注意义务以注意能力为前提,故违反注意义务的认定标准实际上也就是注意能力的认定标准,前文已对其进行了分析,此不赘述。但在具体的案件中,需要有效的判断路径来认定不注意,进而确认犯罪过失的存在,学界对此也存在不同的主张。

从事实学的发生过程观之,过失犯罪就是行为人在能够认识、也应该认识行为的危害性质及其避免措施时,对此没有认识或发生了错误认识,以作为或不作为的方式对法益造成了损害。虽然

---

❶ 彭聃龄:《普通心理学(修订版)》,北京师范大学出版社,2004,第194页。
❷ 梅传强:《犯罪心理生成机制研究》,中国检察出版社,2004,第185页。

不注意本身没有控制行为去侵害法益,但如果有正确的认识就可能避免法益的侵害,所以在规范的意义上还是不注意导致了法益侵害的发生。如果沿着这样的因果历程考察,首先需要认定行为人主观上有注意能力,但注意能力是具体的认识能力,在没有确定注意对象的时候,是无法考察行为人的注意能力的,因为每一个人能够注意的内容是十分丰富的,不能也无法一一进行考察。而且,在行为人已经有正确认识的情形下,也没有必要考察其注意能力。因此,认定注意义务违反的路径不能是事实学的顺序。

一般认为,认定犯罪过失首先需要确定客观上有无危害社会的结果的发生,然后判断行为人是否负有注意义务,是否存在注意能力,如果两者都得到肯定判断,就可以肯定行为人具有过失,从而构成过失犯罪。❶ 故意犯的场合行为人客观上也可能造成危害社会的后果,主观上也有注意义务和注意能力,仅此不能区分犯罪过失与犯罪故意,该观点实际上是在已知是犯罪过失的情况下,确定认定犯罪过失的考察路径,但现实中我们在考察前是不可能预知犯罪过失存在的。但过失犯不仅限于结果犯的场合,所以这里的结果应该是包括危险状态的广义的结果。客观危害结果的发生属于客观的侧面,并不是犯罪过失的内容,但以其为起点,可以明确行为人的注意对象,避免盲目地考察行为人的注意能力,但不能替代对主观上预见义务的考察,不能认为"是否违反结果预见义务并不影响过失有无的判定,是否违反结果避免义务才是判定过失有无的决定性因素"❷,其所谓的结果预见义务即本来意

---

❶ 赵秉志:《过失犯罪的基础理论问题探讨》,载高铭暄、赵秉志主编《过失犯罪的基础理论》,法律出版社,2002,第36页。

❷ 韩小梅:《日本犯罪过失研究》,博士学位论文,吉林大学法学院,2009,第10页。

义上的注意义务，所谓结果避免义务实为行为人的刑事义务，仅后者的违反无法区分故意与过失。在主观范围内，应该首先考察行为人对法益侵害是否有认识，如果存在正确的认识，就意味着行为人已经正确发挥了自己的注意能力，履行了自己的注意义务，也就没必要考察其注意义务或注意能力了。

从结果无价值出发，无论故意犯还是过失犯，都应该在出现法益侵害的时候，才能对行为人的主观展开评价。因此，法益侵害的发生是认定注意义务违反的前提，但不是第一步。在主观的范畴内，第一步应该考察行为人对法益侵害是否有认识，如果存在正确的认识，则可能构成犯罪故意，无须考察行为人的注意能力和注意义务；如果行为人没有正确认识，则需要考察他对此能否认识，因为注意能力是注意义务的前提；如果行为人对此能够正确认识，再考察其是否负有注意义务，由于客观的法益侵害已经表明其存在刑事义务，需要有注意能力的行为人对此予以认识，故只需考察在当时的情况下能否期待其对此予以认识；如果存在正确认识的期待可能性，则行为人存在注意义务，但行为人又没有正确认识，故此时可以认定行为人在主观上违反了注意义务，至此也就构成犯罪过失。因此，在已经发生法益侵害的前提下，考察行为人注意义务违反的路径应该是：行为人对法益侵害有没有认识（心理要素）—能不能对其予以认识（伦理要素）—可否期待行为人对其予以认识（规范要素）。当然，这只是对犯罪过失的认定顺序，在认定之后可以按照事实发生的顺序予以印证。

第三节 犯罪过失的类型

作为一种客观现象，犯罪过失有很多具体的表现形式，根据不同的标准，可以对其进行分类。根据是否由法律规定为标准，可以分为法定类型和学理类型。前者根据我国《刑法》第十五条第一款的规定，将犯罪过失分为疏忽大意的犯罪过失和过于自信的犯罪过失。后者则是刑法理论上对犯罪过失所作的分类，包括普通过失、业务过失、事实过失、法律过失、监督过失、超越承担过失、阶段过失、共同过失等。

一、法定类型

（一）疏忽大意的犯罪过失

1. 疏忽大意的犯罪过失的概念

关于疏忽大意的过失，早在近代我国学者就开始了研习，并形成了"疏虞的过失""无意识的过失""不认识之过失"等概念。有的从纯心理的角度出发，认为疏虞过失就是"事实认识的欠缺"❶，这虽然确定了此种过失的主观类型，却无法把无罪过事件排除在外。有的学者则根据当时的法条规定，结合心理和规范的要素进行定义，认为不认识之过失是"行为人对于结果应注意且能注意，率因疏忽不注意，以致缺乏认识而成立过失"❷的情形，即无认识过失是指"因应注意，并能注意，而不注意，以致自我陷于不知的心理状态"❸，但这一概念并没有指明应注意、能注意而不注意的对象内容，易使人误认为疏忽大意的过失没有任何认识内容。故有学者认为，作为过失的一般形态，"无认识之过失，亦曰疏虞过失，乃谓行为人对于犯罪实施之发生欠缺犯罪之

---

❶ 黎蔼：《刑法总则 ABC》，ABC 丛书社出版，世界书局印刷发行，1931，第 51 页。
❷ 余天民：《刑法与犯罪研究》，正中书局，1945，第 98 页。
❸ 郑建才：《刑法总则》，三民书局，1982，第 113 页。

故意，而系全无认识，或未认识全部犯罪事实之情形"❶，此概念指出了不注意的对象及无认识的程度，但忽视了无认识过失的规范要素，亦不妥当。

我国学者对疏忽大意的定义，一般是套用《刑法》第十五条第一款的规定，将疏忽大意过失表述为，应当预见自己的行为可能发生违法结果，因为疏忽大意而没有预见，以致发生这种结果的心理态度。并认为其包括两种情形，一是对违法行为和违法结果都没有认识，二是对违法行为有认识，但对违法结果没有认识。❷ 然而我国的刑事违法不仅是形式与违反刑法规范，还包括实质的法益侵害，违法行为和违法结果在法益侵害发生的具体过程中呈现出一体的关联性，行为人对二者要么均无认识，要么均有认识，不存在仅认识其一而不及其余的情况。而且，这一概念也没有将疏忽大意的含义具体化。

结合本书对犯罪过失的定义，所谓疏忽大意的过失，是指行为人能够且应当预见，但没有集中自己的注意力去预见行为的危害性质及其避免措施，以致行为时对此没有认识的状态。这里，重在突出疏忽大意的内涵，疏忽大意就是不注意，而不注意就是不留心、不经意、没有集中注意力，即"从心理学的观点看，所谓疏忽大意，就是行为人没有把自己的注意力集中于当时他有义务或有责任必须注意的事物或情况上"❸。除没有把注意力指向行为的危害性质外，不注意还可能表现为将已经存在的对行为危害性质的注意力转向行为的其他方面，一个是注意力的事先转移，

---

❶ 廖正豪：《过失犯论》，三民书局，1993，第122页。
❷ 林亚刚：《犯罪过失研究》，武汉大学出版社，2000，第235—236页。
❸ 何秉松：《刑法教程》，法律出版社，1987，第83—84页。

另一个是注意力的事后转移,都是没有集中注意力的表现。

2. 意识状态

根据《刑法》第十五条第一款的规定,疏忽大意过失的意识状态,主要考察行为人对"自己的行为可能发生危害社会的结果"这一客观过程是否有现实认识的状态,而不是行为人在伦理的意义上能不能预见这一过程,或在规范的意义上该不该预见这一过程,更不是行为人是否意识到自己正在实施行为。不确定意识状态的对象和范围,就会徒生无谓的争议,学界目前存在无认识说和有认识说的分歧。

认为疏忽大意过失的意识状态是没有认识,几乎是各国学界的通说,如我国学者认为,疏忽大意过失"对犯罪事实或犯罪结果没有认识"❶;德国学者也认为,这种过失"缺乏一种主观的行为构成"❷;日本学者则认为"行为人对构成要件该当事实及其反条理性不具有认识"❸。但对没有认识的内容也存在差别,我国习惯静态的考察,认为是对犯罪行为或犯罪结果没有认识;德国学者认为根本不存在主观的行为构成;日本则从整体上考察,认为是对构成事实和反条理性没有认识。本书认为,应当从整体、动态的角度考察没有认识的内容,然后再对这种没有认识的状态进行定性分析。表面观之,行为人对已经发生的法益侵害的出现过程没有认识,而这一过程不过是行为危害性质的实现过程而已,因此,所谓的没有认识实则是指行为人对行为的危害性质没有认识。但没有认识的状态在客观上也是一种状态,在罪过的考察中

---

❶ 甘雨沛:《刑法学专论》,北京大学出版社,1989,第66页。
❷ [德]克劳斯·罗克辛:《德国刑法学 总论(第1卷)》,法律出版社,2013,第729页。
❸ [日]花井哲也:《过失犯的基本构造》,日本信山社,1992,第188页。

具有与故意相区别的意义。

而有认识说则认为，人的任何行为都是有目的的，"疏忽过失作为一种心理活动，疏忽过失的犯罪作为一种在一定意识和意志支配下的行为，表明行为人对自己的行为性质、行为方向和行为指向的客观世界是有认识的。"❶ 疏忽过失是指行为人没有认识到行为特定的危害性质而已，对行为其他方面的情况当然有可能预见，但后者不是罪过意义上的认识活动，二者不能混同。我国学者以无意识与意识之间的相互依存和相互转化为根据，认为"实践中根本找不到纯粹的无意识犯罪过失。例如，某护士的投药或注射行为都是有意识实施的，只是她没有意识到将药拿错，才造成致人死亡的后果"❷。事实上，同一时间对同一内容，无意识与有意识是对立否定的关系，不可能同时存在；现实中也完全可能存在纯粹的无意识犯罪过失，熟睡中的扳道工没去扳道致使火车相撞的忘却犯即是；该护士对投药或注射的行为的意识不是对行为致人死亡的危害性质的意识。至此，有认识说的理由并不成立，实际上是以行为人对行为其他方面性质的认识作为认识因素的内容，误解了罪过中认识因素的内涵，不利于罪过的正确认定。

因此，疏忽大意过失的意识状态就是行为人在行为时对行为的危害性质及其避免措施没有认识，但既可能是事先没有认识的过程，也可能是事先有认识的过程，但行为时却不存在认识的内容，所以不存在罪过意义上的认识因素，至于行为人对其他方面的认识，即使行为时存在，也不是罪过意义上的认识因素。行为人对此没有认识的原因在于疏忽大意，即没有将注意力指向并集中于行为的危害性质方面。就没有认识的对象而言，无论其客观

---

❶ 刘宪权、杨兴培：《刑法学专论》，北京大学出版社，2007，第175页。
❷ 姜伟：《罪过形式论》，北京大学出版社，2008，第207页。

上是必然发生的危害性质,还是可能发生的危害性质,在没有认识的情况下,都不影响疏忽大意过失的意识状态。

3. 意志状态

关于疏忽大意过失的意志状态,学界大致存在三种主张:疏忽说、反对说、否定说。

疏忽说认为,疏忽大意过失的意志因素就是疏忽,"这种疏忽的态度首先影响行为人的认识,使其对危害结果发生的可能性缺乏应有的注意,没有认识,继而影响行为选择,使行为人没能实施正确的行为,而实施了导致危害结果发生的行为。"❶但意志态度是控制侵害法益的态度,而无认识过失中的疏忽大意只是表达一种"无"的认识状态,对犯罪行为的实施过程并无实际的控制或支配,也就不可能是罪过中的意志态度。这里的疏忽只能表明行为人对特定内容没有认识的原因,即使将其视为行为人的一种态度,也是行为人在行为前一贯的人格缺陷,而非针对行为侵害的具体法益的意志态度。

反对说认为,"疏忽大意过失的行为人反对危害结果发生或希望危害结果不发生,至少可以说既不希望也不放任危害结果的发生。因为行为人没有预见危害结果,故其实施行为时不可能希望或放任危害结果发生。"❷犯罪意志以犯罪意识为前提,没有犯罪意识就不可能存在与之对应的犯罪意志,在没有认识行为危害性质的情况下,行为人的意志态度怎么可能会是反对危害结果发生或希望危害结果发生?"在疏忽大意过失的情况下,行为人在实施行为之际对结果没有认识,根本无由谈起对结果持否定态度"❸,

---

❶ 向朝阳主编:《中国刑法学教程》,四川大学出版社,2002,第66页。
❷ 张明楷:《刑法学(第三版)》,法律出版社,2007,第237页。
❸ 林亚刚:《犯罪过失研究》,武汉大学出版社,2000,第227—228页。

至多只能说行为人对危害结果的发生不可能是希望或放任的意志态度，但同样可以推定行为人不可能反对危害结果发生或希望危害结果不发生，这都只是否定性的外延推定，并没有正面回答其意志态度的实际内容是什么。同时，就逻辑推理而言，以"无"为根据，可以推出无限的"无"不是某一"有"的结论。所以，该说无论方法还是结论，都不妥当。

否定说现在逐渐变得有力，该说认为行为人既然对危害结果的发生没有认识，就不可能对该结果的发生具有意志，"疏忽大意过失的意志因素表现为无意志"❶。该说正确地理解了犯罪意识与犯罪意志的关系，在没有犯罪意识的情况下，就不可能存在与之对应的犯罪意志。但也有学者认为，这里的意志要素既包括犯罪的意志，也包括行为的意志，即"疏忽的意志要素的'特点在于犯罪人所实施作为或不作为具有意志性质，同时不存在旨在预防危害社会后果的有意志行动'"❷。但是行为的意志在过失犯中并非都存在，如在忘却犯中即不存在行为的意志，即使存在行为的意志，也是在刑法评价之外的意志，在罪过意义上并无探讨的必要。

犯罪的意志或意志态度是行为人在犯罪过程中真实存在的心理因素，既不能以不是希望或放任的意志态度，就强行假定其存在反对或避免危害结果发生的态度，也不能以导致没有认识的其他因素予以替代。既然犯罪意识是犯罪意志因素的前提，在疏忽大意过失的场合，行为人在行为时没有认识到行为的危害性质，所以行为人对行为导致的危害结果就不可能存在与之对应的犯罪

---

❶ 张明楷：《论疏忽大意的过失》，载《法律学习与研究》1989年第1期。
❷ [俄] Н. Ф. 库兹涅佐娃、И. М. 佳日科娃：《俄罗斯刑法教程（总论）上卷·犯罪论》，黄道秀译，中国法制出版社，2002，第327页。

意志或意志态度,即疏忽大意的犯罪过失不存在犯罪的意志态度。至于行为人基于其他目的实施该行为的行为意志,则在刑法评价的视野之外,行为人只是在追求实现刑法并未禁止的行为其他方面的性质而已。

(二)过于自信的犯罪过失

1. 概念

过于自信的过失,又被称为有认识过失、懈怠过失,近代学者认为是指"行为人对结果之发生,已有认识,不过自信决不发生,而竟发生行为结果"❶ 的情形。我国台湾学者继承了这一定义模式,认为"有认识之过失,亦曰懈怠过失,乃谓行为人对于构成犯罪之事实,认识其可能发生,但基于某种理由或情景确信其绝不发生,然竟违背其认识致发生犯罪结果之过失"❷。即对构成要件的实现能够且应当预见,虽曾有可能发生的认识,但又予以明确否定的一种心理状态。

在我国大陆,新近的学者认为,所谓的过于自信的过失,是指"已经预见自己的行为可能发生违法结果,但轻信能够避免,以致发生这种结果的心理态度"❸。这显然是根据《刑法》第十五条第一款的规定直接得出的定义,只是用"违法结果"替代了"危害结果",但这并无多大实益,如前所述,我国的刑事违法是形式违法与实质违法的统一,这里的危害结果就是违法的危害结果,违法结果也应当是有危害的违法结果。这一传统概念的最大缺陷在于忽视了过于自信过失的考察时点,以至于把属于疏忽大

---

❶ 余天民:《刑法与犯罪研究》,正中书局,1945,第98页。
❷ 廖正豪:《过失犯论》,三民书局,1993,第122页。
❸ 林亚刚:《犯罪过失研究》,武汉大学出版社,2000,第236页。

意过失的部分内容纳入了过于自信过失的范围，甚至会造成二者之间的空隙地带，如行为人在行为前曾经预见自己的行为可能发生危害社会的结果，但在行为时因为粗心或遗忘（而非轻信）而丧失了这一认识，进而实施危害行为导致了危害结果的发生，这种情形既不属于完全没有认识到行为危害性质的所谓疏忽大意过失，也不属于轻信能够避免的所谓过于自信过失。

过于自信过失的概念具有十分重要的意义，不仅有利于划分犯罪过失内部的具体类型，也是与犯罪故意进行区分的界限。本书认为，所谓过于自信的过失，是指行为人能够且应当认识行为的危害性质及其避免措施，行为时虽然已经认识到行为的危害性质，但轻信能够通过一定的措施避免法益侵害发生的状态。即行为人在行为过程中必须对行为的危害性质有所认识，并且确信通过一定的措施能够避免法益侵害的发生，但客观上这些措施并不足以避免法益侵害的发生。在对行为危害性质有认识这一点上可与疏忽大意的过失相区分，在轻信可以避免这一点上可与间接故意划清界限。对此概念的相关分析，将在下文结合过于自信的过失的意识状态进一步展开。

2. 意识状态

传统的过于自信过失概念下，关于其意识状态的学说主要有两种，即有认识说与否定的认识说。但本书认为，根据《刑法》第十五条第一款的规定及罪过相关理论，真正属于过于自信过失的意识状态应该是附条件的否定认识。

有认识说认为，过于自信过失与疏忽大意过失的主要区别就在于，行为人对自己的行为可能发生危害结果已经有所预见，甚至在认识因素方面直接把过于自信过失推向故意，认为"无论从心理学上还是从刑法学上说,轻信过失中的'已经预见'与犯罪故意中的'明知'应当具有同一性"❶,亦即在认识方面轻信过失与疏忽过失泾渭分明,而与间接故意水乳交融,这显然有悖严格区分故意与过失的基本罪过原则。所以,大多数有认识说还是认为,在认识因素上轻信过失与间接故意存在着区别,前者只认识到了结果发生的抽象可能性,而后者则认识到了结果发生的现实可能性。❷ 至于抽象认识可能性与具体认识可能性的具体认定,则是以结果发生的可能性大小予以区分,但任何认识在变成现实之前都只是一种可能性的认识,这种认识可能性无论大小,都不影响行为人认识的状态:或者有认识,或者无认识。

有认识说在认识因素方面注意到过于自信过失与疏忽大意过失的差异,但误解了"轻信能够避免"的内涵,认为轻信是过于自信过失的意志因素,说明行为人否定危害结果的态度,于是有学者提出过于自信的两个构成要素:其一是积极因素,即行为人在思想上给予了一定的注意,即已经预见到自己的行为可能发生危害社会的结果;其二是消极因素,即行为人由于轻信而否定了原有的认识,确信在其行为时的特定条件下危害结果绝不会发生,并认为,消极因素完全否定了积极因素,并由此产生了过于自信的过失的意志因素。❸ 但概念的构成要素之间并非对立的关系,而是并列的关系,只有构成要素齐备,才能认定某一事物,如果构

---

❶ 杨兴培:《论犯罪过失的形式与内容》,载《河南公安高等专科学校学报》2003年第3期。
❷ [俄] H. Ф. 库兹涅佐娃、И. M. 佳日科娃:《俄罗斯刑法教程(总论)上卷·犯罪论》,黄道秀译,中国法制出版社,2002,第324页。
❸ 张炳明、熊志海、孙渝、吴中林:《过失犯罪的理论与实践》,中国人民公安大学出版社,1988,第5—6页。

成要素之间相互否定,就会自相矛盾,失去统一性和自洽性。

有认识说最大的失误是没有明确罪过的考察时点,认识本身是一个过程,行为人在行为前的确可能对行为的危害性质有所预见,在这个过程中也可能出现轻信这样的意志表现,但这种状态不一定会持续到行为的终点。如前所述,具有罪过意义的认识内容须以行为时为考察点,如果行为时基于某种原因(包括粗心、遗忘、轻信等情形)又否定了曾经的认识,那么被否定的认识就不会支配或影响行为的决意及其实施,这种情形与对行为危害性质一直没有认识的过失毫无二致,二者都应当纳入疏忽大意过失的范畴,因为疏忽大意不仅是没有将注意力指向行为的危害性质方面,也包括把注意力从行为的危害性质方面转向行为的其他方面,前者往往导致毫无认识的过失,后者则导致否定原有认识的过失。把行为前的认识等同行为时的认识,把行为前认识过程中的意志等同于行为过程中的意志,都疏忽了罪过的考察时点。

否定的认识说以行为时为过失考察的时点,避免了把行为前的认识当作行为时的认识,行为人原有的认识对行为决意和行为过程就没有产生影响,所谓有认识的过失实际上是对行为的危害性质并无认识,即"在过于自信的过失当中,行为人对危害结果是没有认识的"❶。但此种没有认识的过失是否存在认识因素呢?一般认为,"过于自信过失的认识因素的真实内容应该是认为危害结果不会发生"❷,这就意味着行为人在行为过程中依然要持续地认识到"危害结果不会发生",但行为人之所以实施行为,是为了实现行为的其他方面的性质,而不是为了证明危害结果真的不会发生。实际上,在行为人将不会发生危害结果这一认识与其他行

---

❶ 黎宏:《刑法总论问题思考》,中国人民大学出版社,2016,第265页。
❷ 姜伟:《罪过形式论》,北京大学出版社,2008,第265—266页。

为情况结合在一起,为实现行为其他方面的性质,着手实施行为以后,主观上就不存在关于行为危害性质的认识,也就不存在罪过的认识因素了。因为行为人既然认为危害结果不会发生,又怎么可能再去注意不会发生的事情?于是,所有的过于自信过失似乎都可以纳入疏忽大意的过失之中了,过于自信的过失似乎也因此失去了存在的价值。

事实上,否定的认识说不但把属于疏忽大意过失的内容纳入了过于自信过失,而且忽略了过于自信过失的自身类型。按照现在通说的过于自信过失的概念,应当包括三种情况:一是过高地估计了阻止危害结果发生的客观条件的作用,或者过低地估计了促使危害结果发生的客观条件的作用,从而错误认为危害结果不会发生;二是过高地估计了事先采取的避免危害结果发生的措施的效果,认为危害结果不会发生;三是行为人在行为过程中认为结果还是可能发生,但高估了自己的防止能力,错误地认为如果在行为的过程中采取一定的防止措施,就能够避免危害结果的发生。第一、第二种情形是典型的所谓过于自信的过失的形态,即"在实施行为前曾经认识到危害结果发生的可能性,但在行为时已经否定了这种可能性"❶,但恰好是这两种类型,行为人在行为的过程中,不可能再存在对行为危害性质的认识。这两种类型与疏忽大意过失的意识状态没有区别,应当纳入疏忽大意的过失之中。而在第三种形态中,行为人在行为过程中还存在危害结果可能发生的认识,也随时准备采取防止措施(但客观上不可能有效)来避免这种结果的发生,显然不同于前两种情形。但这种情形也不能以故意论处,因为行为人附加了采取避免措施这一条件后,主

---

❶ 姜伟:《罪过形式论》,北京大学出版社,2008,第218页。

观上最终还是认为危害结果不会发生。

因此，真正的过于自信过失的意识状态是行为人对行为危害性质的附条件的否定认识，即表面上行为人认为行为的危害性质可能实现，但最终认为通过采取一定的防止措施完全可以避免这种实现。这种对行为危害性质的认识是在行为过程中依然存在的阶段认识，而不是在行为前存在而行为时不存在的疏忽大意过失的情形。但这种认识与故意的明知不是同一性质的认识，前者最终是错误的认识，后者对行为的危害性质则具有正确的认识。正因为过于自信的过失的认识是错误的认识，没有正确认识到行为的危害性质，也就因此失去了形成正确的行为决意的可能性，所以是犯罪过失的范畴，而不能归之于犯罪故意。相反，如果行为人认识到行为有危害性质后，只是依据自己控制能力之外的某种偶然因素（如碰运气），认为危害结果不会发生，这种情形是故意而非过失，因为阻止结果发生的因素既然在行为人控制能力之外，当然存在无法阻止结果发生的情况，行为人主观上无法得到结果不会发生的结论，也就存在对行为危害性质的明知，"知而犯之"，自应是犯罪故意的一种情形。

由于过于自信过失的认识本是对行为危害性质的错误认识，不会在错误认识中对此再次发生认识的错误（那将是一个新的正确的认识），所以只要求行为人对行为危害性质的客观事实有认识即可，无须具备违法性的认识。虽然行为人认识到了自己行为的形式违法性，但最终否认其具有实质的违法性，不会发生侵害法益的客观事实。当然，行为人对自己行为是否形式违法的认识，还是在不同程度上反映出了其主观恶性的大小，但不影响犯罪过失的认定，因为"违反预防规则是有意识还是无意识，只有在刑罚个别化时才有意义"❶。以危险驾驶罪为例，即使行为人知道飙车违反了相关交通规则，甚至还知道是刑法禁止的行为，但认为自己车技高超，不会发生侵害法益的结果，从而实施了危害公共安全的飙车行为，此时行为人尽管知道了行为的违法性，但又否定了行为的危害性，所以主观上是过于自信的过失；同样，在醉驾的场合，行为人可能忘记了醉驾行为的违法性，但只要有可能认识到行为的危害性，就应当对危害公共安全的醉驾行为承担过失责任，二者在犯罪过失的质的规定性上并无不同，只是反映出了行为人人身危险性的差异。

在与疏忽大意过失的区别上，人们往往强调过于自信过失对行为危害性质的暂时性、阶段性认识，因此称疏忽大意过失为无认识过失，称过于自信过失为有认识过失，并且，往往认为无认识过失是犯罪过失的典型形态。但也有学者着眼于行为人对行为危害性质的最终认识，认为二者都是无认识的状态，"有认识过失和无认识过失的概念不仅没有反映过失的心理本质，反而容易导致理论的混乱"❷。本书认为，在犯罪过失内部，强调疏忽大意过失与过于自信过失之间的区别，承认无认识过失与有认识过失的称谓，并无不妥，只是切不可将有认识过失之"认识"等同于犯罪故意之"明知"。

至于过于自信过失中对行为危害性质的认识程度，应该不包括必然发生的情形，否则，行为人明知自己无法避免危害结果的发生却依然实施该行为，所谓能够避免这种危害性质实现的轻信

---

❶ [俄] Н. Ф. 库兹涅佐娃、И. М. 佳日科娃：《俄罗斯刑法教程（总论）上卷·犯罪论》，黄道秀译，中国法制出版社，2002，第323页。
❷ 张波：《罪过基本问题研究》，博士学位论文，西南政法大学法学院，2008，第92页。

也就无从谈起,即使不情愿该危害结果发生,其意志态度也应是放任的故意情形。但是,由于过于自信的过失中对行为危害性质的认识本是错误的认识,这种错误不仅是对避免措施的错误,也包括前提的错误,所以可能出现这样的过于自信的过失的情形:客观上行为的危害性质是必然发生的,而行为人误以为只是可能发生,进而轻信自己能够避免法益侵害的发生而实施该行为。

3. 意志状态

由于过于自信过失在行为过程中暂时性地认识到了行为的危害性质,行为人应该存在针对侵害法益的意志态度,所以学界不存在否定其意志态度的主张,关于意志态度的具体内容,则主要有轻信说与避免说的争论。

轻信说认为,正是行为人主观上的轻信,致使行为人产生了错误的认识,或者采取的防止措施不足以避免危害结果的发生,进而实施了危害行为,产生了危害结果,所以"'轻信'就是轻信过失中意志因素的表现形式"❶。然而,轻信本身不是针对侵害法益的意志态度,而是在认识行为性质过程中体现出来的行为人的人格特征,事实上,这种轻信与疏忽一样,只是行为人产生错误认识的原因而已,正是由于行为人在加工相关信息时不够谨慎,才出现了轻信的结论。同时,轻信也表明了行为人对认识对象的确定程度,即认为危害结果真地不会发生,而不是可能发生也可能不发生的两可状态,也不是不知是否发生的模糊状态。

避免说则认为,行为人在阶段性地认识到行为危害性质的前提下,产生了反对的动机和避免的目的,甚至实施了一定的防止

---

❶ 杨兴培:《论犯罪过失的形式与内容》,载《河南公安高等专科学校学报》2003年第3期。

措施，所以对危害结果的态度不是希望或放任，而是尽力防止以避免其发生。在过于自信过失中，"有认识之过失，因对结果之发生已有预见，故行为人对实施行为前乃不无经验反对动机之可能，仅因反对动机效力薄弱，以致未能压抑其所实施之冒险行为，终致结果发生"❶，正是存在这种反对结果发生的动机，行为人才可能"轻信能够避免"危害结果的发生。有学者也承认这种反对、排斥侵害法益的意志态度，但认为其不是罪过的意志因素，因为"作为一种罪过形式的本质的意志因素，它应该是行为人主观恶性的体现"❷。这是对罪过中意志态度的误解，只要是针对侵害法益的现实态度，无论是积极的态度还是消极的态度，都是罪过中的意志态度，对积极的意志态度进行归责不是因为其是主观恶性的体现，而是因为其没有产生规范期待的应有态度，在这一点上其与消极的意志态度具有同质性。

因此，在过于自信过失中，行为人在行为时已经认识到了行为的危害性质，同时又轻易地确信通过一定的避免措施可以防止其变成现实，从而得出了自己能够避免危害结果发生的错误结论。正是在这一错误但确定的认识基础上，行为人才产生追求行为其他方面性质的决意，并实施该行为，导致法益侵害的发生。行为人是在自认为能有效避免危害结果发生的情况下追求其他行为目标的实现，这就表明行为人具有避免法益侵害的意志态度。这种意志态度表现在客观上，行为人往往采取了自认有效地防止危害结果发生的措施，尤其在危害结果即将发生之时尤为明显，即使

---

❶ 蔡墩铭：《过失之心理研究》，载《刑事法杂志》第19卷1975年第3期。
❷ 李居全：《论英国刑法学中的犯罪过失概念——兼论犯罪过失的本质》，载《法学评论》2007年第1期。

毫无措施，行为人也应有意欲实施而来不及实施的正当理由。

（三）疏忽大意的犯罪过失与过于自信的犯罪过失的区别

从刑事归责意义上看，在犯罪意识方面，无论是疏忽大意过失，还是过于自信过失，在意识状态上都是没有正确认识行为的危害性质；在犯罪意志方面，疏忽大意的过失中不存在犯罪的意志态度，过于自信的过失则是轻信避免的意志态度，都是由错误认识引起的意志状态，并不能有效地避免法益的侵害，不是能够避免法益侵害的意志态度，故都是一种消极的恶。

在犯罪过失之中一直存在有认识过失与无认识过失之说，但二者是否如称谓一样的区别显著，是否具有区分的必要，学界看法不一。首先，有的学者从预见之有无、遗忘之有无及反对动机之有无对二者作了详尽的区分，❶ 有的则认为，"有意识和无意识过失的区别并不具有重要的意义。立法者在任何地方都没有把这个区别与不同的法律后果联系在一起。"❷ 但犯罪过失与意外事件的区别往往是指无认识过失与意外事件之间的区别，与犯罪故意的区别也仅在有认识过失与间接故意之间展开，这说明犯罪过失在罪过中实以有认识过失和无认识过失为其外延界分，对二者区分有利于明晰犯罪过失与其他心理状态的界限。其次，二者是法律或学理上的主要类型，对此进行区分，有利于对法律的正确理解和学理的司法适用。最后，二者的差别对定罪虽无影响，但由于生成过程不同，体现行为人对法益的态度也不同，因此在量刑过程中往往有所区别。更为重要的是，由于本书主张以行为时为考察罪过形式的时点，由此得出的疏忽大意过失和过于自信过

---

❶ 蔡墩铭：《过失之心理研究》，载《刑事法杂志》第19卷1975年第3期。
❷ ［德］克劳斯·罗克辛：《德国刑法学　总论（第1卷）》，王世洲译，法律出版社，2013，第727页。

失的概念外延与传统概念差异甚大,因此更有必要对二者进行区分。

在本书中,疏忽大意的过失是指行为人能够且应当预见法益侵害的防止过程,但没有集中注意力去预见行为的危害性质,以致行为时对此没有认识的状态。而过于自信的过失是指行为人能够且应当预见法益侵害的防止过程,行为时也已经预见到行为的危害性质,但轻信通过一定的措施能够避免法益侵害发生的状态。所以,二者在心理上的主要区别表现在三个方面:其一,对行为危害性质的阶段性认识不同;其二,导致最终没有认识的原因不同;其三,对侵害法益的意志态度不同,具体分析如下。

首先,虽然二者最终都认为危害结果不会发生,但在行为时是否存在对行为危害性质的认识是二者的一个区分点。就疏忽大意的过失而言,无论行为前对行为的危害性质是否有认识,在行为时都认为危害结果不会发生,即认为行为没有危害法益的性质;而在过于自信的过失中,行为人在行为时依然存在对行为危害性质的认识,尽管这只是一个阶段性的认识。本书中有认识过失与无认识过失的概念即基于此点而来,但这里的所谓认识显然是在阶段性认识的层面而言的,因为在最终的认识层面,过于自信过失的行为人附加条件以后也是认为危害结果不会发生,行为侵害法益的性质终究不会实现,否则与间接故意的认识状态无异。

其次,从导致没有认识到行为危害性质的原因方面来看,二者也存在区别。在疏忽大意过失的场合,主要是因为行为人不注意,即没有将注意力指向行为的危害性质方面,或者指向行为危害性质方面的注意力集中程度不够,或者将已经指向行为危害性质方面的注意力转移到其他方面,从而导致行为人在行为时没有认识到行为的危害性质。而在过于自信过失的情形中,行为人虽然认识到了行为的危害性质，但由于轻信而误认为能够通过一定的措施避免法益侵害的发生，具体而言，可能是高估了行为过程中阻止危害结果发生的因素，尤其是高估了防止措施的作用，也可能是低估了行为中促使危害结果发生的因素。当然，轻信也属于广义上的不注意：注意力集中程度不够，但它是行为时而非行为前的注意力不够。

最后，二者在意志态度上的区别也十分明显，疏忽大意过失不存在针对侵害法益的意志态度，谈不上对法益侵害的希望、放任或避免，而过于自信过失则是希望通过实施防止措施避免法益侵害的发生，所以对侵害法益将一种反对的或排斥的态度。有人认为，这种意志态度的差别是二者的本质区别，又认为疏忽大意过失的意志态度是漠视，而过于自信过失的意志态度则是轻视，[1]如前所述，这种观点误把行为人的人格缺陷当作了对法益的意志态度，且漠视与轻视在含义上也并无差别。还有学者认为，在无认识过失中的意志态度是推定的态度，有认识过失的意志态度是现实的态度，[2]心理学上的态度都是现实的态度，推定只是认识的一个方式，这里的推定实则是人为的假定，我们不能以假定的意志态度作为无认识过失的心理态度，并且，单纯的假定也无法确定罪过的具体内容。

二、学理类型

犯罪过失的学理类型是指在刑法理论上对犯罪过失所作的区

---

[1] 刘珺：《论疏忽大意过失》，硕士学位论文，西南政法大学法学院，2005，第18页。
[2] 张纪寒：《论有认识犯罪过失的要素及构造》，载《中南大学学报（社会科学版）》2010年第1期。

分。根据行为人违反义务的具体类型,可以分为普通过失和业务过失,前者是指行为人在日常生活中的犯罪过失,后者是指行为人在业务活动中的犯罪过失。根据行为人违反义务的具体内容,可以分为事实过失与法律过失,前者是指行为人对客观事实没有认识或没有正确认识,后者是指行为人在正确认识客观事实后,对其法律属性产生了错误的认识。在司法实践中,还有一些特殊的犯罪过失类型,如监督过失、超越承担过失、阶段性过失、共同过失等,需要深入研究。

(一) 监督过失

监督过失与信赖原则相对应,信赖原则强调注意义务的分配和责任的各自承担,而监督过失则强调注意义务的共同性和责任的连带承担。德国刑法学界往往是在不作为犯中探讨监督过失的问题,而日本则在过失理论中探讨监督过失,我国学者也往往是在过失中探讨监督过失,但同时认为其是一种不作为的行为,"由于业务或者其他社会生活上的关系,负有义务监督他人不致过失造成法益侵害的人,没有履行这种监督义务时,就是监督过失。监督过失是一种不作为的过失。所以,只有对结果的发生负有相当的作为义务的人,才可能承担监督过失的责任。"❶ 监督过失固然主要表现为不作为的形态,但过失的实行行为作为具有侵害法益的实质危险的行为,既可能是不作为的方式,也可能是作为的方式,如管理者、监督者对被管理者、被监督者实施的强制命令或胡乱指挥,所以不能断然否定监督过失的作为形态。

监督过失的概念有广狭之分,狭义的监督过失仅指对人的过

---

❶ 张明楷:《德、日刑法中的过失》,载《法律学习与研究》1992 年第 4 期。

失，广义的监督过失则还包括管理的过失。❶ 二者都是在注意能力程度较小的情况下，行为人主观上肯定存在相应的注意义务。但在狭义的监督过失场合，监督者究竟对被监督者的何种行为承担监督过失的责任则存在着较大争议，一般认为监督者只对被监督者的过失行为负责；❷ 也有人认为监督者对被监督者"所实施之故意或过失之行为"承担过失责任；❸ 还有的认为，即使被监督者致害的情形是意外事件，监督者若没尽监督义务，依然应承担责任，"无论第三者与危害结果直接相关的过失是否存在，只要监督者违反监督义务，未能有效防止被监督者作出不当行为的，都属于监督过失"❹。由于犯罪过失中假定行为人对法益持积极的意志态度，故只要监督者履行监督义务即可使过失的被监督者具备正确认识，被监督者就能形成反对动机，发挥自己的控制能力，从而避免法益的侵害；但即使在被监督者实施故意行为的场合，若监督义务本身就包括了防止其实施特定的故意行为，依然无法否定监督过失的存在，如在过失致使在押人员脱逃罪中，不能因为在押人员的脱逃行为是故意行为就否定行为人的过失罪责；在意外事件的场合，由于不能期待被监督者避免法益侵害，监督者客观上也就不存在通过监督被监督者来避免法益侵害的可能性，故其对被监督者没有监督义务，但若能通过有效的管理排除此种情形，则行为人可能具有管理过失。

---

❶ 马克昌：《比较刑法原理——外国刑法学总论》，武汉大学出版社，2002，第269页。
❷ 赵慧：《刑法上的信赖原则研究》，武汉大学出版社，2007，第189页。
❸ 廖正豪：《过失犯论》，三民书局，1993，第225页。
❹ ［日］佐藤文哉：《监督过失——以火灾事故为素材》，载《刑法基本判例》第48卷，转引自肖冬梅：《监督过失犯罪研究》，博士学位论文，吉林大学法学院，2009，第7页。

在监督过失的情况下，客观上法益侵害发生的过程与一般的犯罪过失有所不同，不是行为人的过失行为直接引发法益侵害的发生，而是通过被监督者的行为、管理制度或体制的缺陷才直接导致了法益侵害、意外事故或自然灾害的发生，然而为了尽量避免这些重大的法益侵害或灾害事故，规范要求特定主体发挥监管的职能，督促被监督者正当行为或形成完善的管理制度或体制，以防范这类危害的发生。因此，监督者的注意义务内容与一般情况下的行为人有所不同，除了需要正确认识自己行为具有的实质危险及其避免措施，还包括被监督者的行为或管理制度或体制的缺陷所具有的实质危险及其避免措施，即在纵向的进程上注意义务的内容有所延长和增加，但仍然统一于法益侵害发生的过程之中。事实上，监督过失行为与一般过失行为并无本质的不同，被监督者的行为或管理制度的缺陷不过是监督过失行为中行为人可控制的特殊条件而已，监督者要认识到行为的危害性及其避免措施，必然要以认识到被监督者的行为或管理制度或体制的缺陷所具有的实质危险及其避免措施为前提，故其注意义务中监督者自己可控制的条件被定型化了。监督者的注意义务同样以自己的注意能力为限，如果监督者即使履行了自己的监督义务也不能避免法益侵害的发生，表明行为时不存在、行为人也不能认识到有效的避免措施，行为人对此也就不存在注意义务，对其不能以过失论处。

监督过失中，要求行为人在行为时认识到法益侵害发生的具体过程十分困难，但又不得不追究行为人的过失责任，否则，会使人产生"头脑无罪而手足有罪"的不公平之感。旧过失论和新过失论都主张具体的预见可能性，对监督过失的归责几乎无能为力，新新过失理论坚持危惧感说，基本上解决了监督过失的归责问题，但在行为人连危惧感都不存在的场合，则无法对监督过失归责。对此，我国有学者主张限制注意能力的对象范围，即"主观上只能限于能够预见到被监督人的过失行为，不能扩展到对危害结果的预见"❶。但行为人对被监督者可能导致的结果不能预见，怎么可能预见到其行为是危害行为？不能认识到行为的危害性质，又如何避免法益侵害的发生？另有学者主张对被监督者的行为要有"具体、明确的预见"，对最终的危害结果的预见只需"抽象、模糊的预见"即可。❷ 对同一结果发生的过程，为何程度有异？即使具备这些认识，但不能预见相应的避免措施，仍然不存在避免法益侵害的可能性，对监督过失无法归责。事实上，注意能力无须达到具体、明确的程度，只要能够预见到行为的危害性质，就存在产生反对动机的基础；只要能够预见到避免危害性质实现的相应措施，就存在对其归责的伦理基础。因此，只要监督者能够认识到不履行监督义务是一种危害行为，并且能够认识监督义务的内容，即能够知道自己应该采取何种措施敦促被监督者或建立完善的管理体制以避免法益侵害，就可以在其怠于履行该义务而发生法益侵害的时候，将已经发生的法益侵害归责于行为人。

狭义监督过失要求行为人对被监督者的行为风险及其避免措施也担负注意义务，而信赖原则却相信他人会控制分配给他的风险，截断了对他人行为风险的注意义务，所以二者彼此对立，没有并存的空间，只有在不能适用信赖原则的前提下才可能存在监督过失，但在行为人之间具有监督关系的场合是否有信赖原则适用的余地，则需要具体分析。日本的米田泰邦律师和西原春夫教

---

❶ 刘期湘：《过失犯中的违反注意义务研究》，经济科学出版社，2009，第189页。
❷ 刘丁炳：《监督管理过失犯罪研究》，中国人民公安大学出版社，2009，第45—46页。

授力主肯定说,前者注重探讨是否存在动摇信赖原则的允许性的例外情况,主张"在确定可罚的监督义务违反时,应该采取的顺序是,从分业中被允许的危险的角度,确认使信赖成为可能的基本事实,然后探讨是否存在动摇信赖原则的允许性的例外情况";后者强调用信赖的相当性的判断来切断无限扩大的预见可能性,"用信赖的相当性的判断来切断无限扩大的预见可能性是必要的和可能的,在这一点上,监督责任的认定具有与道路交通事故时的过失认定相类似的性质"。❶ 但是这样的标准弹性太大,难以在实践中实行,且这样的情形也不能简单类比于交通事故的过失认定,后者属于允许的危险适用的领域。大塚裕史教授坚持否定说,认为在管理、监督过失领域适用信赖原则的话,就会出现牺牲被害人,将责任押在最底层的从业人员身上的后果,因此,主张尽量不要适用这一原则。❷ 但一律否定信赖原则在此领域的适用,监督过失几乎没有边际,在组织型关系中,上层人员随时会因下层人员的行为被归责,几乎惶恐度日。因此,有学者主张有限制地使用信赖原则,"首先要以分业的确立和业务分担者具有专门的能力为前提条件,然后在监督者与被监督者之间必须存在实质的信赖关系"❸。信赖原则以危险的分配为前提,业务的分担本身就在监督者与被监督者之间进行了注意义务的划分,在监督者监督义务之外,当然有信赖原则适用的余地;但监督关系的存在说明监督者还具有对被监督者进行指挥、监督的注意义务,被监督者的行

---

❶ [日] 甲斐克则:《过失犯的基础理论》,载高铭暄、赵秉志主编《过失犯罪的基础理论》,法律出版社,2002,第9页。
❷ [日] 大塚裕史:《企业灾害和过失论》,载高铭暄、赵秉志主编《过失犯罪的基础理论》,法律出版社,2002,第100页。
❸ [日] 甲斐克则:《过失犯的基础理论》,载高铭暄、赵秉志主编《过失犯罪的基础理论》,法律出版社,2002,第12页。

为对监督者而言，也是应该控制的行为条件，对此则不能信赖被监督者能够予以控制，否则无异于否定了监督义务的存在。因此，纵有监督关系的存在，但在监督义务之外进行注意义务分配的场合，信赖原则依然有存在的余地。

(二) 超越承担过失

超越承担过失又被称为接受性过失，是大陆法系国家和地区的法学概念，一般是指因超越个人注意能力而从事明知自己不能胜任的事务，因而发生危害社会的严重结果的过失情形。❶ 既然行为人实施的行为超越了自己的控制能力，也就无法在行为过程中避免危害结果的发生，又怎么会以过失论处呢？有学者认为，只要是在从事专门业务活动的人，我们便可以推定他具有特殊的注意能力。❷ 这样，行为人在行为时就具有了相应的注意能力，但事实认定中的推定是以无法证明为前提，且允许反驳，这里的行为人明明没有注意能力，强行推定也就违背了事实，且难以回答这样的问题："如果行为人不具备必要的认识能力，以便对自己能力的不足作出判断，又当如何决定？"❸ 难道继续向前延伸这种强行推定的法则？倘若如此，则在专门业务活动中就没有意外事件存在的空间，而所谓的过失罪责也就陷入了结果责任的窠臼。还有学者认为，"在时间上提前的责任非难倾向表明，接受责任与原因自由行为是有联系的。其区别在于接受责任是由行为人有责地导致了非自由状态（无行为能力、无责任能力），在这种状态中行为人实施了应受刑罚处罚的行为，而在原因自由行为条件下，行为

---

❶ 林山田：《刑法通论》，三民书局，1990，第251页。
❷ 周光权：《注意义务研究》，中国政法大学出版社，1998，第113页。
❸ ［德］汉斯·海因里希·耶赛克、托马斯·魏根特：《德国刑法教科书（总论）》，徐久生译，中国法制出版社，2001，第715页。

人使自己处于这样一种情形,在该情形下行为人虽然是有责的,但没有向他提出注意要求。"❶ 但原因自由行为以存在原因行为和结果行为为前提,而这里只有一个客观的过失实行行为,决定实施这个行为的过程只是内心的心理活动,不是客观外在的行为,所以这种解决方案也没有适用的余地。

在超越承担过失的情形下,行为人只是对自己不能胜任特定职业行为这一点有认识,但对自己从事这一行为的实质危险并没有正确的认识,即行为人虽然知道自己不能做得很好,但觉得也还凑合,至少不会产生侵害法益的实质危险,进而实施了这一行为;可行为人在行为时毕竟存在认识行为危害性质的注意能力,如果正确发挥这一能力,就能认识到从事自己不能胜任的职业行为的实质危险,进而认识到自己应该放弃实施该行为,也就存在避免法益侵害的余地。但有学者认为,行为人此时"对危害结果也是有认识的,只是置之不顾罢了"❷,果真如此,至少应以间接故意论处,因为行为人既然知道自己的行为有发生危害结果的实质危险,而自己又不能控制这种危险,也就没有了轻信的依据,仍然实施这种行为致使危害结果发生,主观上至少是放任的意志态度。所以,超越承担过失只能是疏忽大意的过失,行为人只知道自己实施了一个自己不能胜任的行为,但对行为的危害性质和避免措施并无认识。

超越承担过失只能发生在作为犯的场合,因为在行为人不能控制行为的前提下,除了放弃实施行为就没有其他避免措施,而

---

❶ [德] 汉斯·海因里希·耶赛克、托马斯·魏根特:《德国刑法教科书(总论)》,徐久生译,中国法制出版社,2001,第716页。
❷ 郑延谱、喻海松:《试论"超越承担过失"》,载《云南大学学报(法学版)》2007年第2期。

不作为犯中的行为是无法放弃的,如果行为人不能控制自己实施特定的作为行为,说明其客观上不存在作为能力,也就不存在作为义务,没有实施作为行为的时候也就不构成不作为犯。有人认为,"对于没有防险能力的超越承担过失行为人来说,其所负担的义务是:认识外界风险,并认识到自己没有防险能力,他人才有防险能力,而放弃自我防险,转而请求他人防险"❶,这实际上是要求行为人借助别人的能力去做自己不能做成的事,违背了"逾越能力即无义务"的原则,进而得出"一人有能力等于大家都有能力"的结论,必然助长不作为犯的扩张适用。至此,所谓的超越承担过失,是无认识的过失作为犯的特殊形式,行为人在能够认识但没有认识行为危害性质的情况下,实施了自己不能控制的具有实质危险的行为,并最终侵害了法益,理当承担过失责任。所谓"超越",是指行为实施以后超越了行为人的控制能力,而非超越了行为人的注意能力。

与此相应,如果行为人不但从事了不能胜任的事务,而且还不知道自己不能胜任,但"有可能认清自己还未具备从事活动的条件",在发生了危害结果的场合,依然是犯罪过失,此即苏联学者所谓的"无知过失"。❷ 实际上,所谓的无知过失,不过是无认识的超越承担过失,是否认识到自己不具备活动的条件并不重要,至多具有现象学的意义,关键是能否认识到行为具有危害性质及其相应的避免措施,如果行为人对此存在注意能力和注意义务,但又没有对此予以正确认识,都应以犯罪过失对其归责;如果行

---

❶ 简竹君:《过失犯个别化理论和过失犯实务案例的研究》,硕士学位论文,政治大学法律学研究所,2005,第432页。
❷ [苏]戈列利克等:《在科技革命条件下如何打击犯罪》,王长青、毛树智译,群众出版社,1984,第105页。

为人对此没有注意能力或注意义务,则是无罪过事件,不得以过失犯罪论处。

(三) 阶段过失

所谓阶段过失,是指到危害结果发生时为止,同一个人的不注意行为具有两个以上的阶段的场合,存在将哪一阶段的行为作为追究刑事责任对象的过失行为的问题。过失并存说认为数个违反义务的行为并存,直近过失单独说认为只有和发生结果最接近阶段的违反注意义务的行为才是过失行为。❶ 这显然是新过失论的观点,以结果避免义务来架构过失犯的实行行为,认为过失犯就是没有履行结果避免义务的不作为犯,而一个行为过程中违反结果避免义务的情形可能并不单一;旧过失论并不涉及客观上违反结果避免义务的个数,只注重结果预见义务的考察。如前所述,所谓的结果避免义务并非过失犯所独有,在故意犯的场合仍然可能违反了这样的义务,仅此无法定型过失的实行行为;过失犯在客观的方面,其实行行为与故意犯一样,都是行为人实施的对法益具有实质危险的行为,而不是应该避免没有避免的不作为。所以,决定过失犯实行行为个数的标准不是违反结果避免义务的个数,而是具有侵害法益实质危险的行为个数,"在汽车司机高速行车,由于对前方不注意,没有看到前面的行人,结果将其撞倒的场合,实行行为的内容是高速行车且有将人撞倒的危险的作为"❷,而不是违反限速规定的行为和没有注视前方行人的行为。

阶段过失的问题只能出现在允许的危险场合,如果该行为是

---

❶ [日] 北川佳世子:《交通事故和过失论》,载高铭暄、赵秉志主编《过失犯罪的基础理论》,法律出版社,2002,第73页。

❷ [日] 北川佳世子:《交通事故和过失论》,载高铭暄、赵秉志主编《过失犯罪的基础理论》,法律出版社,2002,第75页。

刑法一律禁止的具有实质危险的行为，行为人就必须放弃该行为的实施，若行为人实施了该行为，则只违背了放弃实施实质危险行为这一结果避免义务，而不会同时违背其他结果避免义务，也就不会出现所谓的阶段性过失。这里的结果避免义务，实际上是规范为了消减对社会有用的行为的实质危险的预防措施，是允许的危险中行为人的注意义务的内容之一：避免法益侵害的具体措施。因此，行为人违背的结果避免义务越多，只是说明在客观上行为人在允许的危险范围内丧失了更多地消减实质危险的机会，行为原有的实质危险没有得到有效的控制，超出了规范允许的范围，但客观上依然只有一个侵害法益的行为，而不是存在数个过失犯的实行行为。当然，如果行为人根本不能预见到这些避免措施，行为人会因不具备注意能力而没有注意义务，进而不承担过失的罪责。因此，所谓的阶段过失实则迷失了过失实行行为的内容和标准，与此相应，在主观上行为人也只有一个不注意的状态，无论行为人客观上违背了几个结果避免义务，主观上的不注意都表现为没有正确认识到违反预防准则后行为具有的实质危险及其避免措施这一状态，既然主客观都是单一的过程，也就不存在过失并存说与直近过失单独说的余地。

（四）共同过失

我国《刑法》第二十五条第二款否定了过失共同犯罪在刑法中以共犯论处的可能性，从规范解释学的角度来看也就没有探讨过失共同犯罪的必要，故关于共同过失的探讨只能在应然的理论层面展开。在刑法学界，主张客观主义的旧派学者持犯罪共同说，否认共同过失的存在，而主张主观主义的新派学者以行为共同说肯定共同过失的存在，近有折中的学说限制承认共同过失，即承认正犯的共同过失，否定共犯的共同过失。因此，无论肯定还是否定，甚至折中，都有现成的理论可以解释。故本书在厘定共同过失概念的前提下，着重分析在理论上共同过失的存在是否有其合理性。

共同过失的概念又有广狭之分，广义说认为，"共同过失，是指两人或者两人以上的过失行为在客观上共同地导致了某一危害后果的发生"❶，只注重客观上的共同作用，主观上只需存在针对相同危害结果的过失即可，不要求彼此间存在意思的联络，这就包括了过失的同时犯情形，最后只能要求各行为人"分别对同一危害结果负过失犯罪的刑事责任"❷，实际上是将共同过失视为过失的特殊形态，否认其是刑法中的共同犯罪情形。狭义说则认为，共同过失是作为共同犯罪处理的共同过失，既包括实行犯的共同过失，也包括教唆犯和帮助犯的共同过失。❸ 有学者进一步提出，如不承认过失教唆犯，就会"忽漏了有时应当承担主要责任的教唆人"❹。教唆犯和帮助犯以存在犯罪目的为前提，过失犯连犯罪的意思都没有，难以存在过失的教唆或帮助；不存在过失的教唆犯和帮助犯，并不意味着不处罚这种过失促成他人犯罪的行为，❺只要行为人对此存在注意能力和注意义务，依然构成过失犯罪。最狭义说则认为，"共同过失犯罪的范围，宜限定在过失共同正犯，即共同过失实行犯的范围。至于过失帮助、过失教唆，我认

---

❶ 李海东：《共同过失行为的分类及刑事责任》，载《法学季刊》1987 年第 4 期。
❷ 李昌林：《论共同过失犯罪》，载《现代法学》1994 年第 3 期。
❸ 侯国云、苗杰：《论共同过失犯罪》，载《刑法问题与争鸣》编委会：《刑法问题与争鸣》（第三辑），中国方正出版社，2001，第 310—318 页。
❹ 童德华：《共同过失犯初论》，载《法律科学》2002 年第 2 期。
❺ 有学者将过失地帮助他人构成故意或过失犯罪的行为称为"助成犯罪的过失"，但忽略了其所谓的过失的教唆行为（具体参见侯国云：《过失犯罪论》，人民出版社，1996，第 288 页），作者认为，用"促成"一词则能够较好地概括这两种情形。

为均不成立共同过失。"❶ 即行为人之间存在共同的注意义务的场合才成立共同过失犯罪，这是目前赞成共同过失犯罪的学者的主要观点。此外，关于共同过失犯罪的称谓问题也并不统一，有学者将存在共同注意义务的过失情形称为过失共同犯罪，将只是客观上共同造成危害结果的过失情形称为共同过失犯罪；❷ 但同样的区分方法，有的学者使用的称谓却恰好相反。❸ 实际上只要指明了以共犯论处的共同过失存在的范围即可，设置无谓的概念并无实益。我国传统理论则向来对共同过失持否定的态度，认为即使在所谓过失的共同正犯的场合，也没有必要对其以共同犯罪论处，分别定罪处罚即可。❹ 以下仅以最狭义说的主张作为肯定说的标本，具体分析共同过失在刑法中是否有存在的价值。

首先，肯定说认为，共同过失是一种客观存在的社会现象，"这种社会现象并不是以法律是否规定而决定其存在与否"❺。社会现象对法律规范固然存在一定的限定作用，法律规范不能把并不存在的社会现象作为自己的调整对象，也不能通过忽略的方式否定其真实存在的现象；但社会现象只是法律规范存在的前提，并不能决定法律规范的内容，法律规范有自己的价值目的和判断标准，会依此对社会现象进行取舍以决定妥适的罪刑圈，故并非每一个社会现象都必然进入刑法的视野，这也是刑法谦抑原则的基本要求。

---

❶ 林亚刚：《犯罪过失研究》，武汉大学出版社，2000，第264页。
❷ 冯军：《论过失共同犯罪》，载高铭暄等编：《西原先生古稀祝贺论文集》，中国法律出版社、日本成文堂，1997，第162—172页。
❸ 童德华：《共同过失犯初论》，载《法律科学》2002年第2期。
❹ 马克昌主编：《犯罪通论》，武汉大学出版社，1999，第519页。
❺ 林亚刚：《论过失共同正犯及刑事责任的实现（下）》，载《江西公安专科学校学报》2001年第3期。

其次，肯定说通常认为，共同过失中虽无故意共犯的犯意联络，但存在"能够起到相互促进、强化对方不履行注意义务的作用"的"一般意义的意思联络"，❶ 或者懈怠共同注意义务的"不加重视的共同心情"❷。犯罪过失中行为人的意识状态都是没有正确认识到行为的危害性质及其避免措施的状态，这个层面的意思联络只是关于行为其他方面性质的认识状态，而共同心情往往是行为人没有产生正确认识的原因，不是控制行为危害性因素发展的意志状态，故这里的意思联络或共同心情与行为的危害性质都没有实质关联，在刑法视野中并无归责的意义。刑法设立共犯的目的是加重对共同故意犯罪的刑罚处罚，根据在于其客观上带来了更重的危害，主观上具有更大的恶性，但共同过失中的这些有意识的部分即使能够相互补充，也只是对行为的危害性质之外的内容的补充，主观上依然是没有正确认识行为危害性质的状态，因为不注意不可能存在共同的状态，"无"与"无"叠加在一起也还是"无"的状态，并没有改变原有主观心态的性质和程度，客观上也没有带来比过失同时犯更大的实质危险。所以，即使改变共同犯罪的构成条件，也没有将过失共同犯罪作为共犯论处的伦理根据。

肯定说还认为，如果不将共同过失以共犯论处，会产生刑罚处罚的漏洞，尤其在数人违背共同的注意义务而引起了危害结果，但又无法查清是谁的行为导致该结果的场合，❸ 由于过失不存在未遂犯，如果认为不能是共同犯罪，则各行为人都不构成犯罪，无

---

❶ 张明楷：《共同过失与共同犯罪》，载《吉林大学社会科学学报》，2003 第 2 期。
❷ 马荣春：《论共同过失犯罪》，载《河北法学》2003 年第 5 期。
❸ 现实中的实例可参见最高人民法院中国应用法学研究所编：《人民法院案例选·刑事卷（1992—1996 合订本）》，人民法院出版社，1997，第 256 页。

疑放纵了犯罪,连否定共同过失的论者也认为,"出现这种情况,确实是人们所不愿意看到的,但也是一种无可奈何的选择"❶。但这种违背共同义务而致害的情形与单纯的过失同时犯不同,后者在无法查清谁的行为致害的情况下,只能对各行为人宣告无罪,因为我们不能通过罪及无辜的非正当方式来实现正义。在负有共同注意义务的情况下,各行为人的注意义务包括对自己行为的注意义务和对其他行为人的监督、提醒的注意义务,无论是违背哪一种注意义务都是不注意,都是犯罪过失,理当以过失犯罪论处,但不需要作为共犯处理,各过失行为人只需单独承担自己的过失责任。

至此,在最狭义说的共同过失的场合,行为人在主观上不存在不注意的共同形态,都没有正确认识行为的危害性质,不可能形成支配行为造成法益侵害的共同意思,不存在共同侵害法益的主观恶性;在客观上也没有带来比过失同时犯更大的危险,各行为并非一个有机统一的整体,只是自发地造成了各行为人目的之外的法益侵害。所以,我们没有以共犯对所谓的共同过失予以加重处罚的合理根据,不宜在刑法中肯定共同过失的存在。但违反共同注意义务的场合的确与单纯的过失同时犯不同,在存在监督义务的时候,对行为人应以监督过失论处,以做到不枉不纵、罚当其罪。至于过失促成其他行为人犯罪的场合,在行为人能够也应当预见到这一过程的情况下,直接以单独的过失犯论处即可,因为过失犯的犯罪构成具有开放性,很大程度上取决于行为人能够预见、需要预见的范围,"在一个案件中,一个人未经思考地说出对一场火灾'愿望性',从而促使了与他谈话的人去放火,这就

---

❶ 黎宏:《"过失共同正犯"质疑》,载《人民检察》2007 年第 14 期。

存在着一种过失点火"❶。

第四节　犯罪过失与犯罪故意的关系

犯罪过失长期置身在型构于犯罪故意的时代，其独立的结构和地位往往被忽视，犯罪过失与犯罪故意之间的界限实在过于模糊，司法实践中往往根据个案的处罚需要进行区分，需要严惩的案件就按照犯罪故意论处，需要宽宥的案件才考虑以犯罪过失论处；在学理上也往往以犯罪故意为中心进行区别，将不属于犯罪故意但又有处罚必要的主观心态认定为犯罪过失。本节所讨论的犯罪过失与犯罪故意之间的关系，完全基于罪过类型自身的结构进行本体上的区分，不涉及价值层面二者在犯罪论体系中的定位及其在刑事归责中的可罚性程度和入刑要求。

一、犯罪过失与犯罪故意的区别

在犯罪过失与犯罪故意之间最容易混淆的类型是过于自信的过失与间接故意，因为二者存在诸多相同点，如认识方面都对行为的危害性质有所认识，在意志上都没有控制或支配自己的行为去追求危害结果的发生，都以危害结果以外的其他结果的发生作为行为的目标，在情感上都可能不愿意发生危害结果。但由于二者的差别就是犯罪过失与犯罪故意的分水岭，而刑法向来又以处罚故意为原则，处罚过失为例外，且对过失犯的处罚更轻，正确区分二者也就能够区分犯罪过失与犯罪故意了。

---

❶ [德] 克劳斯·罗克辛：《德国刑法学总论》（第1卷），王世洲译，法律出版社，2005，第720页。

(一) 区分学说介评

迄今为止，为区分犯罪过失与犯罪故意，学界出现过认识说、希望说、动机说、盖然性说、容忍说、同意说、合一说、认真说、客观化说、否定说及综合说等诸种见解，但经整合，过于自信的过失与间接故意的区分标准大致可以归纳为意志说、认识说、综合说与否定说这四种学说。刑法学界对此聚讼纷纭，可以典型的司法疑难案例——平顶山"9·8"矿难案检视已有学说在该案处理中的效用，进而妥善划定二者的应有界限。

2010年11月16日，平顶山市中级人民法院公开审理了平顶山"9·8"矿难案，该院审理查明，涉案新华四矿因处于技改阶段，没有安全生产许可证，且营业执照、煤炭生产许可证均已过期。2009年3月20日，河南省安全生产领导小组下发文件，明确规定该矿为停工停产整改矿井。在长期技改和停工整改期间，被告人李某军（原矿长）、韩某军（原技术副矿长）、侯某（原安全副矿长）、邓某军（原生产副矿长）明知该矿属于煤与瓦斯突出矿井，存在瓦斯严重超标等重大安全隐患，不仅不采取措施消除隐患，反而为应对监管部门的瓦斯监控，多次要求瓦斯检查员确保瓦斯超标时瓦斯传感器不报警；指使检查员将井下瓦斯传感器传输线拔掉或置于风筒新鲜风口处，使其丧失预警防护功能；指使他人填写虚假瓦斯数据报告表，使真实数据不能被准确及时掌握，有意逃避监管，隐瞒重大安全隐患；并擅自开采已组煤层，以罚款相威胁，违规强令大批工人下井采煤。被告人袁某周（原矿长助理）明知井下瓦斯传感器位置不当，不能准确检测瓦斯数据，安全生产存在重大隐患，仍按照李某军、韩某军二人的安排，强行组织工人下井作业。2009年9月5日，新华四矿发生冒顶。9月8日，侯某、袁某周等人在收到限期整改通知书的第二天仍强行组织

93名矿工下井。由于井下冒顶造成局部通风机停止运转,积聚大量高浓度瓦斯,而瓦斯传感器被破坏无法正常预警,煤电钻电缆短路产生高温火源引发瓦斯爆炸,致76人死亡、2人重伤、4人轻伤、9人轻微伤。法院一审认定李某军、韩某军、侯某、邓某军犯以危险方法危害公共安全罪,袁某周犯强令违章冒险作业罪。一审宣判后,5名被告均提出上诉。2010年12月1日,河南省高级人民法院对平顶山"9·8"矿难案二审公开宣判,终审裁定维持一审判决。❶

　　为了遏制频发的矿难,平顶山市在2008年底投入使用了瓦斯监控三级联网系统。每个采面都安有瓦斯探头,一直连到矿上调度室、区县和市煤炭局,管理者可通过监控设施远程进行瓦斯监测分析、越界开采监督、瓦斯隐患监测和通风状态查询等……探头有自动感应装置,超过一定限度就会自动断电。断电则意味着无法挖煤,这无疑触动了矿主们的命根,于是一些矿井不约而同地想出一套逃避监管的办法。由此辩方认为,"矿长的'明知'并不是明知可能死人,而是明知自己违反了规章制度,认为不能对李某军等4名被告人以以危险方法危害公共安全罪论处。"❷

　　在以往的司法实践中,我国对矿难案件都是以重大责任事故罪或者重大劳动安全事故罪定罪。❸然而,平顶山"9·8"矿难案打破了这一定势思维,该案在安全事故的刑事归责中具有极强的标本意义:首次将矿难以危险方法危害公共安全罪定罪处罚,❹且

---

❶ 何靖、陈海发:《平顶山9·8矿难案终审宣判》,载《人民法院报》2012年12月2日。

❷ 黄秀丽、林安镇:《平顶山市:重罪指控意在阻击矿难》,载《安全与健康》2010年第21期(上)。

❸ 赵秉志:《略谈平顶山9·8矿难案的定罪量刑》,载《人民法院报》2012年12月2日。

❹ 李丽静:《我国首次以危害公共安全罪判处4名事故煤矿矿长》,发布日期2011年11月16日,http://news.xinhuanet.com/2010-11/16/c_12782367.htm。

该案中既有间接故意的罪过形式，又有过于自信的过失的罪过形式。同时，此案在学界争议极大，以本案为标本，能够有效明晰犯罪故意与犯罪过失的界分。

1. 意志说：情绪化的危险标准

意志说将二者的区分标准限定在意志的内容上，"有认识之过失则因行为人对于构成犯罪之事实已有认知，……是以其于'知'（即认识）的要件与故意犯并无不同，只在'欲'（即希望）的要件上，与故意犯之'有意'或'容忍'不同，……故有认识之过失与故意之区别，完全在于行为人之'欲'的要件上。"❶ 由于意志说认为二者的意志态度不同，要在二者中进行区分，可以在二者中任意选一种意志态度作为区分的标准，于是出现了容忍说与避免说的主张，但二者并非对立的关系，而是彼此补充、互相印证，可以统一于共同的区分过程。

相对而言，容忍说由来已久，且流传甚广，几乎是刑法学界的通说。❷ 由于对危害结果持消极的容忍态度就被认为是间接故意的意志态度，所以对此不容忍的则是犯罪过失。至于容忍的含义，常被解读为同意或认可危害结果的发生，对其持听之任之之放任态度。然而，这只是简单地罗列各自的意志态度，并没有展开具体的区分。我国有学者立足于整体罪过的立场，认为"直接故意的意志因素是'希望'，与它对应的一极是'不希望'，疏忽大意过失和轻信过失都符合'不希望'的特征，在希望和不希望之间，是听任、放任等摇摆不定的意志因素。"❸ 但"希望"与"不希

---

❶ 廖正豪：《过失犯论》，三民书局，1993，第 123—124 页。
❷ 赵秉志：《过失犯罪的基础理论问题探讨》，载高铭暄、赵秉志主编《过失犯罪的基础理论》，法律出版社，2002，第 18 页。
❸ 周光权：《论放任》，载《政法论坛》2005 年第 5 期。

望"之间是彼此对立的关系,不存在灰色的中间地带,在存在犯罪意识的前提下,行为人的意志要么是希望,要么是不希望,二者之间哪里还会有第三种情形存在的逻辑空间?在平顶山"9·8"矿难案中,李某军等人的目的无非是最大程度地攫取利益,发生矿难不仅得不偿失,还有牢狱之灾,其意志上显然是不希望发生矿难的,不可能在希望与不希望之间摇摆不定。樊崇义、陈兴良和张明楷等学者就本案出具的专家意见,即以76人死亡这样严重的后果和矿主的利益是冲突的为由,认为被告人是出于过于自信和心存侥幸。❶ 但仅此并不能证明李某军等人主观上的犯罪过失。

"希望"本有两层含义:一是作为意志态度的"希望",指行为人控制行为、实现行为目标的心理过程;二是作为情感态度的"希望",指行为人对结果发生是否符合自己意愿的内心体验。犯罪过失与间接故意均没有犯罪的目的,所以在意志态度层面都是不希望,仅此无法对二者进行区分。就情感态度层面而言,"不希望"应该包括"无所谓"与"希望不发生"两种情感态度。"容忍"毕竟是行为人对可能发生的行为目标以外的危害结果所持的意志态度,一般表现为无所谓的态度,但有时候行为人也会希望这种危害结果不要发生,即容忍也包括了希望危害结果不发生的情形,"一个人是否赞同自己考虑过的结果,是否无所谓地面对这种结果,或者甚至对这种结果的发生感到遗憾,对于量刑是很重要的,但是,对于故意的特征来说并没有影响"。❷ 由于过于自信的过失轻信自己能够避免危害结果的发生,所以是避免危害结果

---

❶ 黄秀丽、林安镇:《平顶山市:重罪指控意在阻击矿难》,载《安全与健康》2010年第21期(上)。

❷ [德]克劳斯·罗克辛:《德国刑法学 总论》(第1卷),王世洲译,法律出版社,2005,第296页。

的意志态度，当然不希望危害结果发生。据此，二者在情感态度上存在重合的情形，也就难以通过情感态度进行区分。

避免结果说认为，过于自信过失的意志态度是避免结果发生，因此没有回避意志的就是间接故意，"行为人在实现某种目的时，也会认识到发生一定附随结果的可能性；如果不希望该附随结果的发生，就会变更手段。因此，如果行为人所实施的不是实现附随结果而是回避附随结果的受控制的行为，就缺乏故意的意志因素；反之，如果行为没有因回避附随结果而受到控制，则应认定为故意。要通过对实现结果的意思（实现意思）与回避结果的意思（回避意思）进行比较，看行为人实现了何种意思，来区分未必的故意与有认识的过失"。❶ 这样就需要过于自信过失的行为人在客观上采取一定的防止措施，作为避免结果发生这种意志态度的凭借。在平顶山"9·8"矿难案中，有学者认为李某军等人多次要求瓦斯检查员确保瓦斯超标传感器不报警，指使检查员将井下瓦斯传感器传输线拔掉或置于风筒新鲜风口处，指使他人填写虚假瓦斯数据报告表，据此认定其主观上是放任的心态。❷ 但破坏瓦斯传感器是各个矿井为提高产量的惯用伎俩，李某军等人同时还派出瓦斯检查员下井检测瓦斯数据，也留有真实的瓦斯数据报表，甚至还指派矿长助理等管理人员陪同下井，案发后更是主动报告，积极抢救，李某军等人的回避意思表现得十分明显，但凭此无法认定其主观上是过于自信的过失。

在间接故意的场合，行为人也可能采取一定的防止措施，尽量阻止自己反对的可能发生的危害结果的出现，故仅凭客观上是

---

❶ 张明楷：《刑法学》（第三版），法律出版社，2007，第213页。
❷ 赵秉志：《略谈平顶山9·8矿难案的定罪量刑》，载《人民法院报》2012年12月2日。

否采取了防止措施也难以对二者进行区分,甚至会陷入客观归罪的境地。事实上,即使客观上采取相同的防止措施,二者的主观认识可能也不相同,过于自信的过失中行为人确信该措施足以避免危害结果的发生,而间接故意的行为人则知道这样的措施并不能有效防止危害结果的发生,所以,"在行为人自己不相信自己努力的结果而仍然继续行为之处,所使用的努力也不能排除故意"。❶ 这再次表明,仅以意志状态无法对二者进行准确的区分。

综上所述,意志态度须以认识内容为前提,在离开了认识内容的情形下,无论是以接受结果为标准,还是以避免结果为界限,都无法对过于自信的过失与间接故意进行正确区分。而且,离开了认识的基础,所谓的希望、接受与避免不过是一种情绪的表达,难以为人所认识,亦难以为司法实践所运用,"这种意志因素,除行为人自己的陈述外,几乎没有其他方法加以认识,因此,将意志因素作为区分故意犯罪和过失犯罪的标准,是非常危险的,极有可能导致冤假错案。"❷ 强行以此为标准,容易造成司法认定的随意和公民自由的萎缩,所以,意志说其实是一个情绪化的危险标准。

2. 认识说：客观化的表象标准

犯罪意志以犯罪意识为前提,甚至在一定程度上决定于犯罪意识,认识说即以此为根据,从认识的角度对二者进行区分,认识到行为危害性质的是犯罪故意,对此无认识的则是犯罪过失,"有认识的是为犯罪故意,即明知则为故犯,无认识的是为犯罪过

---

❶ [德]克劳斯·罗克辛：《德国刑法学 总论（第1卷）》,王世洲译,法律出版社,2007,第300页。
❷ 黎宏：《刑法总论问题思考》,中国人民大学出版社,2016,第265—266页。

失，即不知则为误犯"。❶ 认识说在德国被称为想象理论或可能性理论，在二战后由 Schröder 发展起来，认为认定故意不需要考虑意欲要素，故意与过失的区别在于有没有认识行为客体的具体危险：所有的过失都是无认识的过失，而认识到发生实害可能性的，即为间接故意。❷ 但过于自信的过失对犯罪事实并非没有认识，在特定的阶段完全可能与间接故意的认识状态相同。对此不予注意，往往会把有所认识的过于自信的过失纳入犯罪故意的范围之中。为了避免这样的缺陷，有学者提出在最终认识的层面考察行为人是否有认识即可对二者进行区分，"仅根据行为人对结果最终发生的可能性的认识存在与否就足以区分有认识的过失和间接故意"❸。在最终认识的层面上，单纯从认识的外观上的确可以对二者进行区分，但把意志因素排除在罪过之外，无法为刑事归责提供心理基础：对具备正确认识的处罚为什么要重于错误认识？于是有学者提出，在认识基础上再考虑行为人反对动机，"如果从客观上能够判断识别的认识因素的角度出发，说犯罪故意是对犯罪事实有认识而竟然没有形成停止实施违法行为的反对动机，结果实施了违法行为以致受罚，而犯罪过失是因为应当对犯罪事实有认识而没有认识，以致实施了违法行为而受罚的话，那么，间接故意和过于自信的过失就能清楚地区别开来"。❹ 这里的反对动机即为不侵害法益的行为决意，这已经超越了认识的领域，属于意志范畴的要素了。在本案中，有学者认为李某军等人作为高级管理人员，

---

❶ 李居全：《论英国刑法学中的犯罪过失概念——兼论犯罪过失的本质》，载《法学评论》2007 年第 1 期。
❷ 许玉秀：《主观与客观之间——主观理论与客观归责》，法律出版社，2008，第 78 页。
❸ 冯军：《刑事责任论》，法律出版社，1996，第 166 页。
❹ 黎宏：《刑法总论问题思考》，中国人民大学出版社，2016，第 266 页。

对于新华四矿存在瓦斯超标重大隐患，随时可能发生爆炸等重大事故是明知的，即对于自己行为可能引起的结果是有预见的，尽管其主观上或许并没有希望煤矿出事、工人死亡的意思，但至少具有放任该结果发生的间接故意。❶ 被告人李某军、韩某军、侯某、邓某军当然知道可能发生瓦斯爆炸，袁某周也明知该矿井存在发生瓦斯爆炸的重大隐患，依据认识说均应构成以危险方法危害公共安全罪，但法院却对袁某周以强令违章冒险作业罪论处。由于过于自信的过失也曾经认识到了行为可能发生危害结果，此时也没有形成反对动机，后来也实行了违法行为以致受罚，故依然无法与间接故意区分开来。

还有学者将认识说发展为盖然性的观点，以行为人对行为危害性质的认识程度为标准，对二者进行区分，认为"只要现实存在的行为人心理事实具有不同的预见程度，就可以确定哪一个属于轻信过失，哪一个属于犯罪故意（特别是间接故意）"。❷ 如有人认为，本案中如果按照常规情况判断"十有八九不会爆炸"，不料发生了爆炸，便是过于自信的过失；假如井下瓦斯含量已经严重超标，必须停工和采取相应措施，否则可能爆炸，这就是明知可能发生危害，属于"间接故意"。❸ 但现实中要认定行为人的认识程度十分困难，即使能够认定，也不宜作为区分的标准，因为认识程度是以认识为前提，盖然性说通过不同的认识程度对二者进行区分，忽视了过于自信过失在最终阶段对原有认识内容的否定，二者的差异不是量的不同，而是质的差异。而且，在心理事

---

❶ 黎宏：《平顶山9·8矿难案判决的法理分析》，载《人民法院报》2010年12月2日。
❷ 刘宪权、杨兴培：《刑法学专论》，北京大学出版社，2007，第180页。
❸ 黄秀丽、林安镇：《平顶山市：重罪指控意在阻击矿难》，载《安全与健康》2010年第21期（上）。

实上，行为人的认识程度并不能决定行为人的意志态度，仅以其为区分标准，结果只能将意志因素逐出罪过的范畴，也会导致罪过归责依据的迷失。如果行为人对行为危害性质最终有认识，并据此实施了危害行为，无论其认识程度高低，都没有得出危害结果不会发生的结论，无法解释为行为人轻信能够避免危害结果的发生。所以，盖然性说的理由和结论均不妥当。

把认识说这种客观化的区分标准推向极致的是德国的 Puppe 教授，他认为，由于主观认识源于行为危险性质的程度，所以无须意志因素和认识因素，直接根据行为的客观危险程度就可以对二者进行区分，"客观危险程度高，行为人即能认识到有结果发生的高度可能性，如果客观危险程度低，行为人即难以认识到结果发生的可能性。如此一来，甚至可以纯粹依行为人是否采取了一般而言能够导致结果发生的行为，以决定行为人有无故意行为。"❶我国学者也提出类似的主张，认为只要在煤矿安全事故与管理者故意违规之间存在主要的因果关系，就应当推定相关责任人为故意犯罪，除非能够证明责任人为避免事故发生确实施行了客观有效的管理。❷ 这种观点实际上只是进一步将区分标准前置，直接以行为客观上具备危害性的程度推定行为人对其具备的认识程度，进而区分出故意与过失，但过于自信的过失的认识本是一种错误的认识，即使行为的危险性很高，行为人也可能因为自己的认识缺陷轻信能够避免，依此将其以故意论处，也就扩大了犯罪故意的范围；相反，即使行为的客观危害性程度较低，只要行为人对此有正确的认识，在实施行为导致了危害结果的情况下，也不可

---

❶ 许玉秀：《主观与客观之间——主观理论与客观归责》，法律出版社，2008，第126页。
❷ 张克文、齐文远：《责任事故犯罪中故意的推定》，载《法学》2013年第4期。

能是犯罪过失。

因此,认识说只是一个表面的客观化标准,忽视了罪过形式中实质的意志要素,也就使犯罪故意失去了刑事归责的基础,在认识内容的前提下,就应该也必须进一步考虑行为人的意志要素。认识的内容只是意志态度存在的前提,并不决定意志的具体内容,仅凭认识因素难以对二者作出正确的区分,往往会把有认识过失视为间接故意,更不能提供以处罚故意为原则、处罚过失为例外的合理依据。而且,根据允许的危险理论,只要是法律所允许的危险,在发生危害结果的情况下,即使曾经有所预见,但又确信不会发生的,也不承担过失的刑事责任,而按照认识说则要对其以间接故意论处,果真如此,则"人类活动不免停滞难前。要求国家刑罚权应当节制的种种主张,都将成为梦幻泡影"❶。

3. 否定说:无奈的合一标准

由于过于自信与间接故意对行为的危害性质都有所认识,而意志上的态度难以在现实中具体区分,于是有学者反思并否定这种区分的必要性和可能性,并主张对二者作合一的评价。德国学者 Hall 早在 1954 年即鼓吹以轻率取代间接故意和有认识过失,主要理由是:第一,二者的区分完全是虚构、拟制的;第二,过失是一种轻度的故意;第三,其他法域不区分故意、过失;第四,既未遂、正犯和帮助犯可以不被分别对待;第五,高度的有认识过失应当作故意处罚。❷ 但是这五大理由实难成立,二者各有自己的认识、意志因素,是客观存在的心理状态,并非虚幻的存在;故意、过失本有质的区分,不能将对故意的处罚扩展到过失的领

---

❶ 林东茂:《刑法综览》,中国人民大学出版社,2009,第 141 页。
❷ 许玉秀:《主观与客观之间——主观理论与客观归责》,法律出版社,2008,第 86—87 页。

域；其他法域不涉及刑罚惩罚，可以对二者不作区分，意大利刑法即使不区分轻罪和违法行为的故意、过失，但在重罪的情形下则必须区分故意与过失；❶ 刑法中犯罪停止形态、共犯形态与罪过形态有本质的不同，不区分的做法不能简单类比；认识的程度高低本就难以认定，在没有正确认识犯罪过失情况下处理会更加复杂。在 Hall 之后，Weigend、Schünemann 及 Eser 也主张此说，增加的理由是二者区分困难和借鉴英美法系的轻率（recklessness）。❷ 但轻率并非所谓的包括间接故意和过于自信过失的合一形态，在英国是间接故意，在美国是有认识过失。❸ 至于区分困难，是因为没有找到恰当的区分方法。

我国亦有学者以模糊论为基础，提出所谓复合罪过的形式，否定对二者进行区分的必要性，认为复合罪过形式中的认识因素一般表现为已经认识到或预见到自己的行为具有发生危害结果的可能性；其意志因素一般表现为既不希望或追求已预见到的危害结果的发生，又没有为预防该结果的发生而积极采取有效的防范

---

❶ ［意］杜里奥·帕多瓦尼：《意大利刑法学原理（注评版）》，陈忠林译评，中国人民大学出版社，2004，第 195 页。
❷ 许玉秀：《主观与客观之间——主观理论与客观归责》，法律出版社，2008，第 87—88 页。
❸ 英国刑法中的犯罪主观心态依次分为：intention（故意），recklessness（轻率），negligence（过失）；其中的 recklessness 有两种形态，一是由 Cunningham 案确立的主观轻率，强调行为人有意识地冒不合理和不公正之险，目前是主流标准，二是 Caldwell 案确立的客观轻率，如果危险在客观上是明显的，即构成轻率，后者实则是一种推定的轻率（如果被告人能够证明自己行为时存在认为自己行为是合理、正当的认识错误就不会构成轻率），故 recklessness 相当于我国的间接故意。美国的《模范刑法典》将犯罪的主观心态规定为蓄意（purpose）、明知（knowledge）、轻率（recklessness）和疏忽（negligence），这里的轻率（recklessness）往往又被称为有意疏忽（advertent negligence；willful negligence；supine negligence），指行为人对行为的危险虽"有意识"，但最后是"无视"（disregard），即否定了这一危险，当属于我国的过于自信的过失。

措施，危害结果的实际发生往往不合乎行为人的主观意愿。❶ 本案发生后，有学者主张应以重典强力震慑无视职工生命安全的煤矿生产乱象，建议完善生产安全事故的刑事立法，将强令违章冒险作业罪规定为包括故意的情形，并将法定刑提高到死刑。❷ 但模糊论是针对界限模糊、无法区分的事物而言的，过于自信的过失与间接故意彼此有质的差别，能够区分，模糊论并没有适用的余地。从所谓复合罪过的概念分析，该学者没有区分认识的阶段性与终局性状态，以致混淆了二者的界限，轻率地提出合一的主张。如果只是具备阶段性的认识，在最终意义上又否定了曾经的认识，即使客观上还来不及采取防止措施，也是过于自信的过失；相反，如果最终是肯定的认识，即使客观上采取了一定的防止措施，情感上不希望危害结果发生，也是间接故意。

过失与故意的概念，向来彼此排斥、不可共存，因为在作为存在基础的认识内容上，二者最终的认识状态是"有"与"无"的关系，只有在不存在故意的情形下，才有讨论过失的余地。从心理结构上分析，一个人在最终的认识上不可能既认为行为有危害性质，又确信没有危害性质；在意志上既不可能无论如何都要实施危害行为，又决定排除行为的危害性质实施没有危害的行为。即使采取合一说，在量刑的阶段也必须对二者作出区分，以实现刑罚个别化，困难依旧存在，需要面对的问题终究无法逃避。况且，复合罪过理论认为，没有规定为过失的分则罪名也存在过于

---

❶ 杨书文：《复合罪过形式论纲》，中国法制出版社，2004，第115页。关于复合罪过的概念还有另一种含义：基于一个犯罪目的产生的数种罪过的犯罪形态，只按其中的一个罪过定罪的情形（具体参见姜伟：《罪过形式论》，北京大学出版社，2008，第323页），本书中的复合罪过不包括此种情形。

❷ 秦中忠、周英锐：《平顶山"9.8矿难"终审判决的标本意义》，载《天津市工会管理干部学院学报》2011年第1期。

自信的过失的情形，这与《刑法》第十五条第二款的规定不符，也就违背了罪刑法定的基本原则。果真将过于自信的过失与间接故意合一地评价，面临的更大困难是：本属犯罪故意的直接故意与本属犯罪过失的疏忽大意的过失又是否构成复合罪过的犯罪？如何论处才能维护犯罪故意和犯罪过失各自的统一性？

4. 综合说：机械的杂糅标准

既然犯罪意识是犯罪意志的前提，特定情形下还决定了犯罪意志的形式，而犯罪意志体现了刑事归责的依据，二者并非对立的关系，"人们过高地估计了在客观要素和主观要素之间，理智要素和意愿要素之间争论的意义。当所有相互斗争的理论在具体结论方面的差别都不大时，这就不是偶然的"❶，因此，转变单一的区分思路，从认识和意志两个方面对二者进行整体区分应是恰当之选。我国学者也大多从认识因素和意志因素两个方面对二者进行区分，认为"只有从认识因素和意志因素两方面才足以说明过失和故意应受责难的根据和程度。在心理层面上，区分过失和故意时应同时考虑认识因素和意志因素，并认为过失在认识特征上表现为不注意，在意志特征上表现为不希望、排斥危害结果发生的意志态度，只是该意志须借助于不注意来把握。"❷ 但"不注意"只是行为人没有正确认识的原因，该主张并没有指出过于自信过失的特殊认识状态，不利于二者的正确区分。整体而非简单地杂糅各种观点对二者进行区分，需要结合认识因素与意志因素两个方面的内容，一体地建立合理的区分标准。就具体的分析路径而言，有的从实存的进路去区分，有的从假定的角度去甄别。

---

❶ [德] 克劳斯·罗克辛：《德国刑法学 总论（第1卷）》，王世洲译，法律出版社，2013，第307页。
❷ 刘志伟、聂立泽主编：《业务过失犯罪比较研究》，法律出版社，2004，第12页。

就实存的分析进路而言,认为在认识因素方面,二者在认识程度(抽象可能性与现实可能性)、清晰程度(是否支配结果的发生)和认识内容(是否认识到阻止结果发生的因素)等方面存在差别,❶ 这显然是在阶段性的认识上对二者进行区分,而这一阶段的认识是难以在具体程度上做清晰区别的,二者呈现一种交混的关系,不存在固定的类型化联系。在认识因素方面,应该在最终认识的层面上进行分析,此时才是"有"与"无"的对立、排斥关系,界限明显,易于认定,也体现了过于自信过失的认识状态的本质。在意志因素方面,论者认为主要是看行为人是否自觉容忍或主动避免危害结果的发生,但又认为要以客观上是否采取了防止措施来具体认定行为人的意志因素。❷ 就本案而言,有学者认为,李某军等4名被告人明知该矿属于瓦斯浓度较高的矿井,存在瓦斯超标等重大安全隐患,但为追求暴利,不仅不采取措施消除安全隐患以避免危害结果发生,反而采取要求瓦斯检查员在瓦斯超标时不准报警、破坏瓦斯监测安全设施等手段,使井下瓦斯数据不能被及时准确监测,并违反技改矿规定,无视多次被限令整改的通知,实施了强令工人超员下井作业、填写虚假瓦斯报告表逃避监管等行为,客观上使危害后果的发生成为必然,其主观上具有放任危害结果发生的故意。❸ 但该学者的观点并不能解释为何另一被告人袁某周从以危险方法危害公共安全罪改为强令违章冒险作业罪。这种抛开认识因素去认定意志因素的做法并不可取,

---

❶ 韩忠义:《论间接故意犯罪与过于自信过失犯罪的区别》,载赵长青主编《新世纪刑法新观念研究》,人民法院出版社,2001,第122—124页。

❷ 宣炳昭、黄志正:《犯罪构成与刑事责任——刑法学研究综述》,中国政法大学出版社,1993,第235—236页。

❸ 何靖、陈海发:《平顶山9·8矿难案终审宣判》,载《人民法院报》2012年12月2日。

即使行为人客观上采取了防止措施，如果行为人知道这些措施并不足以防止危害结果的发生，依然是间接故意的放任态度；反之，即使行为人来不及实施防止措施，但行为人本打算实施防止措施彻底避免危害结果的发生，应是过于自信的过失。意志因素的区分，应该以认识因素为前提，在最终有认识的状态下，行为人即使没有以此为目的，但只要依然实施行为，就明显背叛了法律，只能是间接故意的放任态度；在最终没有认识的状态下，行为人轻信自己的防止措施会奏效，依然忠诚于法律，所以是避免发生的意志状态。

另一个区分进路是德国学者 Frank 创立的弗兰克公式：如果行为人在行为开始的时候就知道危害结果一定会出现，放弃行为实施的就是过失，仍然继续实施行为的就是故意。❶ 据此，本案中李某军等人如果一开始就知道一定会发生如此重大的矿难，从其案后主动报告并积极抢救的表现来看，应该会放弃强令工人下矿的行为，也就不存在犯罪故意了。然而，已经发生的安全事故无法假设，安全事故必然发生的假定忽略了行为人在可能发生的各种情形下的真实意志态度；虽然要求行为人表述在行为时的意志态度，但是在安全事故发生以后，再给行为人一次重新选择的机会，行为人显然要受到事后情绪的影响；就方法论而言，仅靠行为人的事后表述决定罪过的形式，几乎是不可靠的，也是不应该的，在实践中必然造成重口供的不利局面。所以，弗兰克公式无法区分安全事故中的过于自信的过失与间接故意，是一个无法适用的标准。

---

❶ ［德］克劳斯·罗克辛：《德国刑法学 总论（第 1 卷）》，王世洲译，法律出版社，2013，第 301 页。

(二) 整体性区分标准的提倡

准确区分犯罪故意与犯罪过失，应抛弃假定的分析进路，从实存的分析进路出发，在最终的认识阶段上，结合行为人行为时的认识状态与意志状态整体地予以考察。

1. 在行为时考察行为人的认识状态

行为是一个受意识支配或应当受意识支配的过程，这个过程在时间的维度上存在着一个客观的时段，自有其起点与终点。由于认识状态是以行为人存在相应的认识能力为基础的，而责任与能力同时存在是责任主义的基本内涵，所以罪过也应该与行为同时存在，"行为前或行为后的心理态度只能帮助说明行为时的罪过"❶。而且，也只有在行为的过程中考察行为人的认识状态，才能为阻止法益侵害提供现实的可能性，事前的心理难以考察，事后的心理又于事无补，只有行为时的心理才能为刑罚处罚提供合理的依据，进而实现刑罚预防犯罪的目的。因此，"就犯罪行为而言，如果说对行为人的心理因素的考虑应有所变化的话，这个变化也是应更多地考虑行为时的心理因素，而不是相反"❷。

就故意犯而言，必须在实行行为的过程中考察认识状态，因为这时的认识状态才为其行为决意提供了基础，并进而支配实行行为，造成法益侵害，"单纯的意思决定并不违反刑事义务，只有在意思决定具有实行行为的性质，即意思决定中包含着发生结果的现实的具体的危险性时，才发生违反刑事义务的问题，也正是在这时才要考虑对其归责的问题"❸，也只有此时才具有期待行为

---

❶ 张明楷：《论疏忽大意的过失》，载《法律学习与研究》1989 年第 1 期。
❷ [美] 罗林·M. 珀金斯：《犯罪意图的理论基础》，孙潇洁、刘仁文译，载 [美] 格卢克等主编《哈佛法律评论：刑法学精粹》，法律出版社，2005，第 39 页。
❸ 冯军：《刑事责任论》，法律出版社，1996，第 150—151 页。

人在认识到行为的危害性后,要产生反对法益侵害的行为决意。因此,对故意犯而言,考察行为人的认识状态,必须以行为时为考察的时点,因为事前行为人并没有对法益造成直接的危险,而事后的认识状态又没有为支配行为人行为过程的犯罪意志提供前提条件。

在过失犯的场合,也应当在过失行为的实行过程中考察行为人是否正确预见了行为的危害性质,即使在行为前行为人曾经有过预见,但在行为时忘记了曾有的认识或因轻信某一情状否定了原有的认识,都已转变为没有认识到行为的危害性质的状态,"刑法上所重视的正是在实施行为时行为人的主观认知状态,行为人非实施行为时的主观认知状态只能在一定程度上作为认定行为人实施行为时的主观认知状态的判断资料。"❶ 因此,通说所谓的有认识过失,即过于自信的过失,只是在行为前对行为的危害性质有所认识而已,这种认识的状态并没有持续到行为过程中。同样,行为人在过失行为实施完毕以后,回首发生的法益侵害,对行为的危害性质产生了进一步的认识,即使表现出了无所谓或天遂人愿的情绪,也不能认为行为人在行为时对行为危害性质持放任或希望的态度,不能以故意犯论处。所以,我们不能凭行为人事后的态度来替代行为时的无认识状态,更不能借此确定行为人罪过的有无和类型,虽然这可能也反映了行为人的人格缺陷、主观恶性和改造难易程度。

2. 结合认识因素与意志因素进行整体区分

认识是意志的前提,意志是支配行为的关键。行为人只有在正确认识状态的情形下才能产生符合规范的行为决意,并在行为

---

❶ 冯军:《刑事责任论》,法律出版社,1996,第161页。

过程中执行这一决意，以避免法益侵害的发生。每一个负有避免法益侵害义务的人，都应当正确认识行为的危害性质，产生避免法益侵害的行为决意。对犯罪行为的罪过而言，犯罪意志以存在犯罪意识为前提，并支配着犯罪行为的实施过程。要正确区分间接故意与过于自信的过失，必须同时结合行为人在行为时的认识因素与意志因素。

在认识因素方面，要从最终认识的层面——行为时的认识状态区别间接故意与过于自信的过失的认识状态，即行为人最终是否认识到了行为的危害性质？间接故意的行为人对行为的危害性质是明知的状态，也许行为人对危害结果发生的可能性大小有认识上的误差，但在是否发生危害结果这一点上并无错误认识。过于自信的认识虽然曾经认识到了行为的危害性质，但这只是阶段性认识，行为人最终基于某种条件的考量或通过采取一定的防止措施，轻易地相信能够避免法益侵害的发生，故过于自信过失的意识状态是行为人对行为危害性质的附条件的否定认识。因此，过于自信的认识与间接故意的明知不是同一性质的认识，前者最终是确信危害结果不会发生的错误认识，后者则是明知行为可能发生危害结果的正确认识。但行为人对行为违反相关制度的认识不能等同于对行为可能发生危害结果的认识，这些制度虽然旨在避免这些危害结果的发生，但毕竟前置于刑法保护的法益，故危险驾驶罪的罪过形式是故意，交通肇事罪的罪过形式是过失。在安全事故类犯罪中，行为人对违反生产安全法规和相关制度往往是明知的，但不能将这种前客体的认识等同于对危害公共安全的认识，如果行为人最终基于某种因素相信不会侵害公共安全，在认识状态上依然是没有正确认识。

但是，过于自信过失的认识状态需达到相信的程度，即行为人最终确信行为不会发生危害结果，尽管这种确信是错误的。如果行为人认识到行为有危害性质后，只是依据自己控制能力之外的某种偶然因素（如运气），又心存侥幸地认为危害结果可能不会发生，这种情形是间接故意的认识状态。既然阻止结果发生的因素在行为人控制能力之外，当然存在无法阻止结果发生的情况，行为人主观上无法全部否定结果可能发生的结论，也就存在对行为危害性质的明知，"知而犯之"，自应是犯罪故意的一种情形。

就本案而言，被告人李某军、韩某军、侯某、邓某军四人属于该矿的决策层，组织违规采矿、破坏瓦斯监控三级联网系统，尤其是在矿井冒顶造成局部通风机停止运转、积聚大量高浓度瓦斯的情况下，主观上已经明知强令下井可能发生严重的安全事故，尽管也指派了瓦斯监测人员和管理人员下井，但这并不是防止事故发生的有效措施，仅依此其主观上不可能相信不会发生安全事故，只是侥幸希望平安无事，故李某军等四人主观上存在间接故意的认识状态。而袁某周虽然明知强令下井可能发生严重事故，但他并非决策层人员，只是按照李某军、韩某军二人的安排行事，有理由相信决策层为防止事故的发生会采取有效的防止措施，同时也无证据证明其指使他人破坏瓦斯传感系统，故其主观上是过于自信的认识状态。

在意志因素方面，由于认识状态的不同，间接故意与过于自信的过失在意志状态上也有区别。间接故意是指在行为人对行为的危害性质有认识的前提下，没有阻止或者没有有效阻止危害结果的发生，而是为了其他目的实施这种行为，最终导致了危害结果的发生，说明行为人对危害结果的发生持放任的漠视态度，反映了行为人背叛法律的意志缺陷，对其归责的依据在于行为人对自己行为引起的危害结果不加阻止。而过于自信过失的行为人在最终否定了行为危害性质后才实施危害行为，其轻信的依据往往是阻止危害结果发生的主客观因素或自己准备附加实施的防止措施，故其主观上应当是避免结果发生的意志态度，这体现了行为人对法律的忠诚，故对其归责的依据不是其避免结果发生的意志状态，而是其没有充分发挥自己的注意能力，没有坚持曾经正确的认识，最终没有形成能够有效避免法益侵害的意志状态。

在本案中，被告人李某军等四人在明知矿井积聚了大量高浓度瓦斯随时可能发生爆炸的情况下，没有采取有效的防止措施，为了获取最大利益，依然强令工人下井采矿，以致发生了此次矿难事故，其意志上表现为对明知可能发生的安全事故不加阻止，是间接故意的意志状态。尽管事故发生后主动报告、积极抢救，也只能说明行为人在情感上不希望危害结果的发生，反映了其人身危险性的高低，但并不能改变其听之任之的意志态度。而袁某周在认识到强令下井可能发生严重事故后，又轻易相信决策层为防止事故的发生会采取有效的措施，最终认为强令下井不会发生严重事故，对其归责的依据是没有坚持曾经的正确认识，进而没有放弃强令下井的行为。

二、犯罪过失与犯罪故意的转化

（一）犯罪过失向犯罪故意转化

关于犯罪过失向犯罪故意的转化情形，曾有不同的描述，第一种观点强调同一对象和同一过程，即"过失向故意的转化，并不是两个相互独立的罪过，而是一个密不可分的发展过程。无论是过失行为，还是故意行为，都在客观上指向一个犯罪对象，共同导致一个最终的结果"❶;第二种观点强调心理上的密接性,认为"过失犯罪向故意犯罪的转化,是指行为人在构成过失犯罪之后,以过失犯罪为条件并在过失犯罪的心理基础上,又产生故意犯罪心理,放任或追求新的危害结果发生的犯罪"❷;第三种观点强调刑事义务的关联性,认为过失转化为故意的情况是指"行为人的过失行为导致对某种法益产生危险,但故意不消除危险,希望或者放任结果发生"❸。

但仔细分析,这三种观点所表述的情形都不存在所谓的转化,只是过失与故意有所关联而已。第一种情形下,既然针对同一对象的同一过程,且只造成了一个最终的危害结果,先前的过失行为没有造成最终的结果,而过失犯一般是结果犯,所以不存在犯罪的过失,既然是在后来产生的犯罪故意的支配下,行为造成了最终的危害结果,只需以故意犯罪论处即可,此为所谓"事后的故意"的情形之一。即使在过失危险犯的情形,也不存在转化的情形,而是分别承担责任,如行为人在公共道路上飙车,具有危害公共安全的实质危险,在发现自己的仇人后故意开车将其撞死,此时对行为人须以危险驾驶罪和故意杀人罪并罚。第二种情形实际上是行为人利用了前一个过失犯罪造成的有利条件,另行实施了一个故意犯罪,由于两罪的主观罪过类型不同,不能为一个犯罪目的所统摄,二者之间不可能存在牵连或吸收关系,理当数罪并罚。第三种情形是过失行为为先行行为的故意不作为犯罪,过失是先行行为的过失,故意是不作为犯罪的故意,径直以故意犯罪论处即可,同样不涉及过失与故意的转化问题。

---

❶ 姜伟:《罪过形式论》,北京大学出版社,2008,第316页。
❷ 侯国云:《过失犯罪论》,人民出版社,1996,第152页。
❸ 张明楷:《刑法学(第三版)》,法律出版社,2007,第245页。

事实上，不可能存在犯罪过失向犯罪故意转化的情形，因为所谓转化是指转化前事物的特定因素成了转化后事物的组成部分，而不是特定因素被否定以后重新产生新的要素，即客观上转化前后的事物具有共同的要素，而不是彼此对立相斥的关系。就认识状态而言，犯罪过失对行为的危害性质没有认识或有错误认识，而犯罪故意则是明知行为的危害性质，二者是对立排斥的关系，对行为的同一危害性质有过失的时候不可能存在故意，反之亦然。行为人的主观认识状态从没有正确认识到产生正确的认识，不是一个连续的发展过程，而是否定原有认识之后的另一认识状态，即从整体上考察，行为人前后存在两个认识状态。就意志状态而言，无论是从没有意志因素到有意志因素，还是从避免法益侵害到希望或放任法益侵害，都不是一个前后顺接的转化过程，而是在行为人中断了原有意志状态以后重新产生的犯罪意志。因此，犯罪过失不可能为犯罪故意提供心理基础，犯罪故意也不是犯罪过失的心理升华，所谓犯罪过失向犯罪故意的转化，恰好是行为人另起犯罪故意的过程，与之前的犯罪过失毫无关联。

（二）犯罪故意向犯罪过失的转化

所谓犯罪故意向犯罪过失的转化，相关学者的意见较为一致，认为这种转化是指行为人故意实施某种犯罪行为，又过失地造成另外一种更严重的危害结果。❶ 也就是说，行为人客观上实施了一个行为，但这个行为却造成了两个危害结果，主观上存在着故意和过失两种罪过。但这也不是转化，具体言之，如果该故意犯罪中存在能够评价为更为严重的危害结果的加重法定刑，则属于结

---

❶ 参见姜伟：《罪过形式论》，北京大学出版社，2008，第315页。类似的观点参见侯国云：《过失犯罪论》，人民出版社，1996，第160页。

果加重犯的情形，直接以该故意犯罪论处，如故意伤害他人，却过失致其死亡，直接以故意伤害（致死）罪论处即可；如果该故意犯罪不存在这样的加重刑，则属于想象竞合犯情形，在法律没有特别规定并罚的时候从一重处，如行为人寻衅滋事，却过失致人死亡，则同时构成寻衅滋事罪与过失致人死亡罪，根据具体情节从一重处即可。虽是同一个行为过程，但是同时实现了行为的不同性质，即产生了两个结果，行为人对较轻的危害结果是明知的故意，对较重的结果是不知或误知的过失，两种罪过并行存在，不存在犯罪故意向犯罪过失转化的余地，果真转化，则应以过失犯论处，原有故意行为不论。

有学者认为，"令人称奇的是，在司法实践中似乎形成通例，人们把故意转化为过失的情形按故意犯罪的结果加重犯作为一罪处罚，而对过失转化为故意的情形则视为数罪，实行并罚。……既然故意转化为过失，与过失转化为故意一样，都存在着两种不同性质的罪过形式，并没有本质性区别，那么，就不应、也不必采用不同的处罚原则。对过失转化为故意的情形作为数罪并罚，显然是不合理的"。❶ 这种观点及其理由都是过于专注罪过类型的表象，忽视了犯罪故意与犯罪过失的内涵，也脱离了行为的客观过程，在实施了一个行为的前提下，行为人虽对不同的结果持有不同的罪过，无论是依想象竞合犯的原理，还是依结果加重犯的原理，都只能以一罪论处；在实施了数个行为的前提下，行为人对各行为持有不同的罪过，当然成立数罪，若不属于法定一罪的情形，理应数罪并罚。"令人称奇"的不是司法实践，而是自己拟制的理论本身，犯罪故意与犯罪过失间的转化不过是幻象而已。

---

❶ 姜伟：《罪过形式论》，北京大学出版社，2008，第320页。

CHAPTER 04 >> 第四章

与罪过相关的几个特殊问题

刑法中的主客观相统一原则和责任主义都要求行为人在行为时具有犯罪故意或犯罪过失的主观罪过，否则无须承担刑事责任。但是，行为人在行为时的某些心理状态与主观罪过十分相似，如行为人在不可抗力与犯罪故意中对行为的危害性质及其避免措施均有认识，在意外事件与犯罪过失中都没有认识到行为的危害性及其避免措施，对这些相似的心理状态需要正确地加以区分。同时，基于人性的脆弱往往加大人权保障的力度，即使在行为人具有犯罪过失或犯罪故意的场合，也以行为人在行为时没有选择合法行为的可能性为由，主张放弃将其行为导致的法益侵害归咎于行为人；另外，有时候又基于重大法益的有效保护，在难以证明行为人具有犯罪故意或犯罪过失的前提下，也要求行为人对自己行为导致的法益侵害承担刑事责任。因此，在罪过理论中除了讨论犯罪故意和犯罪过失之外，还需要探讨与罪过相关的几个特殊问题：不可抗力、意外事件、期待可能性、严格责任等。

第一节 不可抗力

我国《刑法》第十六条规定:"行为在客观上虽然造成了损害结果,但不是出于故意或者过失,而是由于不能抗拒或者不能预见的原因所引起的,不是犯罪。"这就是刑法理论中的"不可抗力"和"意外事件",往往也将二者合称为"无罪过事件"。虽然不可抗力是法定的无罪过事件,但在司法实践中以不可抗力作为无罪判决的理由的案例十分罕见,被告人或辩护人提出的不可抗力免责事由几乎都不被采纳,只有个别刑事判决书将其作为量刑情节予以考量。究其原因,一方面固然可能因构成不可抗力而没有立案、不予追诉或撤回起诉,但另一方面也说明人们对不可抗力的认识不足,尤其难以明晰不可抗力与间接故意和胁从犯的界限。

一、不可抗力的概念与特征

(一)不可抗力的概念

刑法理论上关于不可抗力的概念较多。有学者认为,所谓不可抗力事件,是指行为在客观上虽然造成了损害结果,但不是出于行为人的故意或者过失,而是由于不能抗拒的原因所引起的情况。[1] 该观点以《刑法》第十六条为蓝本,直接借用了概念的表

---

[1] 参见贾宇:《刑法学(上册·总论)》,高等教育出版社,2019,第181页;高铭暄、马克昌:《刑法学(第八版)》,北京大学出版社、高等教育出版社,2017,第117页;陈兴良:《规范刑法学》,中国政法大学出版社,2003,第85页。

述,但没有注意到"不是出于故意或者过失"与"而是由于不能抗拒或者不能预见的原因所引起的"的对应关系,质言之,该观点认为前面的故意、过失与后面的不能抗拒、不能预见的关系不是一一对应,而是可以互相交叉的关系,将会导致不可抗力与意外事件的重叠,因为意外事件中的不能预见也是行为人所不能抗拒的。持此种观点的部分学者又进一步认为,所谓不能抗拒,是指行为人虽然认识到自己的行为可能发生损害结果,但由于行为当时的主观与客观条件的限制,而无力排除或阻止损害结果的发生。❶ 这就意味着不能抗拒仅与前面的故意相对应,即以行为人对法益侵害具有事前认识为前提,这与前述的概念表述又自相矛盾了。

也有学者认为,在某些情况下,行为人虽然对结果具有预见的可能性,甚至已经预见,但不可能采取措施避免结果发生,或者虽然采取了避免结果发生的措施,但结果仍然不可避免,由于结果的回避的可能性是故意犯罪与过失犯罪的共同前提,所以对于这种不可抗力既不能认定为过失犯罪,也不能认定为故意犯罪。❷ 该观点将避免结果发生的可能性作为所有犯罪的刑事归责前提,本身就模糊了故意犯罪与过失犯罪追责的不同依据,对过失犯罪而言,固然是在具有结果避免可能性的前提下认定行为人主观懈怠的消极之恶,但对故意犯罪而言,归责的依据在于外化为犯罪行为的积极之恶,与法益侵害的结果能否避免无关。

还有学者认为,不可抗力事件是指行为人在实施行为之际,遇到某种不可抗拒的力量,即使预见或者有可能预见会发生损害结果,但限于自身的力量和当时的环境、条件,不能阻止和排除

---

❶ 贾宇:《刑法学(上册·总论)》,高等教育出版社,2019,第181页。
❷ 张明楷:《刑法学(第五版)》,法律出版社,2016,第294—295页。

损害结果的发生，因而导致事故发生的情形。❶ 该观点虽然强调行为人对阻止和排除损害结果的发生无能为力，但"即使预见或者有可能预见会发生损害结果"的前提包括了行为人事实上没有预见到损害结果发生的情形，此种情形或为意外事件，或为犯罪过失，与不可抗力的本意相去甚远。

本书认为，在《刑法》第16条明确规定了不可抗力和意外事件的前提下，不可抗力和意外事件应是无罪过事件的两种并列情形，二者之间不应存在互相交叉或彼此包容的逻辑关系。因此，所谓刑法中的不可抗力是指行为人在实施行为之际，虽然已经预见自己的行为会发生损害结果，对损害结果没有追求或放任的态度，但由于不可抗拒的条件，因为意志能力或行为能力的缺失，无法阻止或排除损害结果的发生，因而导致损害结果发生的情形。

（二）不可抗力的特征

关于不可抗力的特征，刑法理论上也存在不同的学说。有学者认为，不可抗力具有三个特征：（1）行为在客观上造成了损害结果；（2）行为人主观上没有故意与过失；（3）损害结果是由于不能抗拒的原因所引起的。所谓不能抗拒，是指行为人虽然认识到自己的行为会发生损害结果，但由于当时主客观条件的限制，行为人无力排除或阻止损害结果的发生，具体包括两层含义：在认识因素上，行为人已经认识到自己的行为可能发生危害社会的结果；在意志因素上，行为人反对危害结果的发生，但是受主客观条件的限制，行为人不可能排除或防止危害结果的发生。❷ 该观

---

❶ 赵廷光：《中国刑法原理》，武汉大学出版社，1992，第368页。
❷ 赵秉志、吴振兴：《刑法学通论》，高等教育出版社，1993，第138页。

点对"不能抗拒"的主观认识状态和客观行为过程两个方面进行了较为全面的解释，但与前述的基本特征并不一致，因为根据"不能抗拒"的含义可知，不可抗力以行为人对行为的危害性及其避免措施有正确的认识为前提，这就排除了犯罪过失存在的余地。之所以认定其为无罪过事件，是因为行为人对危害结果的发生没有追求或放任的态度，而是积极反对危害结果的发生。需要甄别的是犯罪故意与不可抗力的界限，故其第二个特征不够准确，实际上是不可抗力与主观罪过的外部关系，并非不可抗力本身的特征。并且，该观点的第一个特征与第三个特征在因果关系的认定上具有重合性，没有突出主观要素与客观要素的不同侧面。

还有学者认为，不可抗力具有三个特征：（1）客观上行为人有其特定的"行为"，这种行为可能表现为积极的"作为"，也可能表现为应当有所为而消极的"不作为"，但通常表现为消极的不作为；（2）行为在客观上导致了一定的损害结果；（3）主观上行为人既无故意也无过失，即行为人没有罪过，具体而言，这种不能抗拒无罪过表现为行为人已经认识到了特定的危害，但对避免该危害后果的发生无能为力。❶ 该观点试图从行为结构、因果关系和主观心态三个方面揭示不可抗力的主要特征，但忽略了"不能抗拒"这一根本性的意志特征，且将犯罪过失纳入其中进行表述，也与所谓"已经认识到了特定的危害"的表述相矛盾，主观心态也只是表明了其与主观罪过的关系，并没有揭示其自身特性。

如前所述，刑法中的不可抗力以行为已经导致了法益侵害事实为前提，行为人在主观上已经认识到了行为的危害性及其避免措施，且意志上对危害结果的发生持反对的态度，即没有积极追

---

❶ 屈学武：《刑法总论》，社会科学文献出版社，2004，第185页。

求或消极放任危害结果发生的意志状态，但未能防止或阻止危害结果发生的条件已经超出了行为人的控制能力范围。因此，根据自身属性进行分析，不可抗力的特征包括危害性特征、客观行为特征和主观心态特征。就不可抗力的危害性特征而言，刑法保护的社会关系已经遭受了现实的损害结果，即从外观审视，已经发生了危害社会的结果，如果没有这一损害结果的发生，只是单纯的行为或危险，就无须启动不可抗力的刑事规范来加以审视。不可抗力的客观行为特征是指行为人的作为或不作为导致了损害结果的发生，但这里的行为并不是行为人具有可控性的行为，而是强调在客观上与危害行为相似的广义行为，如行为人积极实施的身体动作或负有作为义务却没有履行该义务的不作为，与行为人对此过程是否具有可控性或是否具有作为能力无关。不可抗力的主观心态特征是其核心特征，行为人在不可抗力中已经认识到自己的行为可能会发生损害结果，即使行为人对此既不追求，也不放任，也没有出现轻信的心理状态，但在客观上无法阻止损害结果的发生，即行为人对损害结果的发生无能为力。特别需要指出的是，这里的无能为力不考虑行为人突发紧张、惊慌失措等人性弱点，否则不可抗力又会与期待可能性或意志疏忽等情形相重叠。

二、不可抗力的主要来源

刑法理论中对不可抗力的主要来源也存在不同认识。有学者认为，所谓不可抗力，是指在特定的场合下，非人力所能抗拒的力量，它包括自然力和非自然力的强制。自然力通常有：(1) 机械力量；(2) 自然灾害（与人类行为相关）；(3) 动物的侵袭；等等。非自然力主要是指人力。这些自然力和非自然力的强制与作用，致使行为人对于损害结果的发生无能为力，不能加以阻止或排除。❶ 还有学者认为，不可抗力的具体来源多种多样，如动物受惊，他人的捆绑、杀害、威胁等；当不可抗力为他人的强制时，应当注意这种强制是否达到足以使行为人完全丧失意志自由的程度，如果这种强制不足以使行为人完全丧失意志自由，则不能认定为不可抗力事件。❷ 这两种观点都从不可抗力的主观特征入手，强调行为人对其认识到的法益侵害过程无能为力的主观状态，即阻止损害结果的发生完全超出了行为人的意志能力。但上述观点均没有指出不可抗力中的"超出意志能力"是否考虑了人性的普遍脆弱。

在保护法益和保障人权的刑法机能中，不可抗力作为排除主观罪过的无罪过事件，其司法适用必须十分严谨。所谓不可抗力的来源，应当独立于行为人的意志之外，无法受到行为人的意志支配，亦无须考虑人类普遍的人性弱点（这是期待可能性需要考量的要素）。具言之，不可抗力的类型主要有以下三种。

（1）自然因素引发的不可抗力。纯粹的与人无关的自然力量不具有归责可能性，不可能成为不可抗力，但地震、水灾、火灾、泥石流、动物的袭击等自然因素引发了人的后续行为时，则需要用刑法予以评价。如在灾难时的逃生过程中，在他人已经倒地的情况下，明知自己再压下去或再踩上去会造成被害人的伤亡，但在自然力量的作用下仍然踩压上去，造成了被害人的伤亡，此时属于自然因素引发的不可抗力，行为人对此不承担刑事责任。

（2）他人行为引发的不可抗力。他人通过暴力、催眠等方式控制了行为人的身体或意志，强迫行为人为一定行为或不为一定

---

❶ 陈兴良：《论无罪过事件的体系性地位》，载《中国政法大学学报》2008年第3期。

❷ 黄华生：《刑法总论》，厦门大学出版社，2013，第112页。

行为，他人固然涉嫌构成间接正犯，但对于行为人而言，则属于不可抗力。如铁路扳道工被歹徒捆绑，不能履行扳道职责，即使明知进站的两列火车即将相撞，也对此无能为力，最终造成火车相撞的重大事故，此时构成了不可抗力，扳道工对自己不履行扳道义务不承担刑事责任。

（3）行为人自身不可控因素引发的不可抗力。除了外在的自然因素和他人行为，行为人自身也存在不可控的因素，往往表现为行为人的生理或心理的突发疾病等。如公交车司机在开车过程中心脏病突发，双手捂住胸口，知道自己不踩刹车或不打方向盘的后果将造成人员伤亡或财产损失，但因为无法克制突发的心绞痛，最终没有采取制止措施，导致车辆翻滚到路边，造成了人员伤亡，此时也构成不可抗力，该司机对此不应承担刑事责任。

三、不可抗力与相关情形的关系

（一）不可抗力与犯罪构成

如前所述，根据我国《刑法》第十六条的规定，不可抗力根本不是犯罪，只是无罪过事件，但不可抗力在客观上造成了损害结果，又将其规定在刑法之中，显然是因为不可抗力与犯罪之间的界限容易混淆。只有明晰了不可抗力不构成犯罪的依据，才能更好地区分不可抗力与犯罪。有学者认为，虽然行为人在客观上造成了损害结果，但其主观上既不存在犯罪的故意，也不存在犯罪的过失，因而缺乏构成犯罪和负刑事责任的主观依据，不能认定其为犯罪和追究其刑事责任。如果这时对行为人定罪和追究刑事责任，就是"客观归罪"，就有悖于主客观相统一的刑事责任原则。[1] 该

---

[1] 高铭暄、马克昌：《刑法学（第七版）》，北京大学出版社，2016，第118页。

观点与我国《刑法》第十六条的表述和我国刑法坚持的主客观相统一原则相一致,即将不可抗力直接视为无罪过的具体情形,直接予以除罪,但"无行为则无犯罪",刑法评价的对象首先是行为,如果评价对象根本不是行为,就无须以违背主客观相一致原则予以除罪。

还有学者认为,人的任何行为都是在其意识和意志支配下实施的。离开了意识和意志的支配,便不能视为人的行为。在不可抗力的情况下,损害结果发生的原因是不可抗拒,即行为人受到一种外力的冲击或者限制,或者遇到了一种不可克服的困难,无法阻止损害结果的发生。这种"行为"实际上已经超过了"行为人"的意志所能支配的范围,因而不能认为是"行为人"的行为。既然不是"行为人"的"行为",当然也就不能让"行为人"对这种"行为"承担刑事责任。❶ 这种观点将不可抗力纳入行为概念之中进行检视,以其不具有可控性否定其是刑法中的行为,此种思路固然更为简便易行,但并未将其与刑法规定的内容结合起来进行理解,显得较为片面。

也有人认为,不可抗力之所以无罪,是因为行为人缺乏结果避免可能性。有无结果避免可能性的判断标准是看行为人有无避免能力,看客观上有无避免的条件和环境。例如,甲驾驶渡船摆渡客人,突然强台风降临,甲无法正常驾驶帆船,客人溺水身亡。甲虽然自身有一定的避免能力,但是强台风导致的灾难是无法避免的,所以是不可抗力。❷ 但是结果避免可能性往往只是过失犯罪的除罪理由,对故意犯罪而言,即使没有结果避免可能性,行为人也会因为其已经将主观恶性外化为行为,并引发了损害结果而

---

❶ 马克昌:《犯罪通论》,武汉大学出版社,1991,第344—345页。
❷ 柏浪涛:《柏浪涛讲刑法》,中国政法大学出版社,2017,第77页。

承担刑事责任,这往往是结果假定的处理原则。

由此可见,目前的观点主要是从主观方面或客观方面理解不可抗力的除罪根据,未能从整体意义上进行统一理解。犯罪构成的四个方面的构成要件并不是孤立的存在,而是彼此联系的一个整体,不可抗力完全不符合犯罪构成要件,不可能是犯罪行为。从我国《刑法》第十六条观之,确实强调了不可抗力不具有主观罪过,因此不是犯罪,但也没有否定,也不可能否定,不可抗力同时不符合其他犯罪构成要件。如我国《刑法》规定的犯罪主体要求行为人具有刑事责任能力才能构成犯罪,刑事责任能力又包括行为人的辨认能力和控制能力,而不可抗力的行为人显然对所发生的损害结果不具备控制能力,据此,不可抗力的行为人根本不符合任何犯罪的主体要件。同理,从客观方面分析,如前述学者所述,"无行为则无犯罪",危害行为是所有犯罪共同的客观要件要素,而危害行为向来以可控性为本质特征,不可抗力则恰恰缺乏了可控性,故其根本就不是所谓的危害行为,当然也就不符合犯罪客观方面的要件了。从犯罪的客体要件分析,只有与具体危害行为相联系,刑法所保护的社会关系才是所谓的犯罪客体,否则只是一种客观的利益或价值而已。既然不可抗力根本不是危害行为,当然也就不存在被危害行为侵犯的犯罪客体。至此,不可抗力不符合犯罪构成,根本不可能是犯罪。我国《刑法》之所以通过第十六条强调其没有主观罪过,旨在强调或宣示我国的责任主义原则:无罪过,则无犯罪。

(二) 不可抗力与犯罪故意

不可抗力和犯罪故意中行为人在主观上都对行为可能发生危害社会的结果是明知的,其行为在客观上都造成了损害结果,需要予以甄别。有学者认为,不可抗力与犯罪故意的主要区别不在意识因素上，而在意志因素上，犯罪故意是希望或者放任某一特定危害后果发生，不可抗力情况下行为人显然是既不希望也不放任某一危害后果发生，相反，其是竭尽全力也无法避免危害后果发生，因而才称其为不可抗力事件。❶该观点将不可抗力与犯罪故意的区别点集中于意志态度的不同，如果只从行为人对危害结果的态度去进行区分，胁从犯也可能因为其反对损害结果的发生，被认定为不可抗力。也有学者主张，不可抗力不是故意和过失的前提，故意和过失不是不可抗力的构成要素，在通常情况下，只要行为人具有故意或过失的认识和意志因素，就表明他有罪过，应当承担责任，但在特殊情况下，如果行为人当时只能实施该行为，而没有实施合法行为的可能性，即使他认识到了危害结果，也不能认为他具有故意和过失。❷该观点不但将对行为危害性没有认识的状态纳入了不可抗力的范畴，还引入了期待可能性的要素，将不可抗力视为故意或过失的阻却事由，会导致不可抗力与意外事件以及期待可能性的混同。

本书认为，不可抗力与犯罪故意的区别应坚持整体性区分：在客观上，虽然二者都造成了法益损害的事实，但犯罪故意中的行为是在行为人的意志支配下实施的行为，而不可抗力中的行为只是广义上的行为，本身并不具有可控性，实质上并不是刑法中的行为；在主观上，尽管二者的认识状态都认识到行为可能发生损害结果，但不可抗力还认识到自己对如何阻止该损害结果的发生无能为力，而犯罪故意的行为人则知道自己可以阻止损害结果的发生，同时，二者认识状态上的差异必然导致意志态度的不同，

---

❶ 屈学武：《刑法总论》，社会科学文献出版社，2004，第186页。
❷ 龙开祥：《试析不能抗拒的原因》，载《河南警察学院学报》2013年第1期。

不可抗力中的行为人对损害结果的发生可能是希望、放任或反对，但是对阻止损害结果无能为力，即使其具有对法秩序的敌视或蔑视的态度，但都没有实际意义，而持犯罪故意的行为人对损害结果的发生持积极追求或放任的意志态度，是对法秩序的公然敌视或蔑视。

（三）不可抗力与胁从犯

我国《刑法》第28条规定："对于被胁迫参加犯罪的，应当按照他的犯罪情节减轻处罚或者免除处罚。"不可抗力也可能存在与胁从犯一样的反对损害结果发生的意志状态，且很多时候胁从犯也认为自己无法抗拒胁迫者的要求，二者的界限需要厘清。有学者认为，胁从犯和不可抗力有两点是相同的：（1）行为在客观上都受到外部强制力量的影响；（2）行为人都缺乏自由意志。不可抗力和胁从犯的区别在于：胁从犯是共同犯罪人中的一分子，其与共同犯罪并存，是刑法规定的减责事由，不可抗力是刑法规定的免罪事由，与共同犯罪没有必然联系，胁从犯在受到他人威胁或强制时，仍具有一定的自由意志和行为的能力，而不可抗力由他人的强制行为所形成时，必须以这种强制足以使行为人丧失意志自由为前提。❶ 该观点以行为人是否完全丧失意志自由为二者的区分点，但不可抗力不仅限于行为人自身意志能力的丧失，也包括虽有意志能力但无行为能力的情形。如盗窃犯罪分子威胁在保卫室值夜班的行为人对其偷盗行为不要声张，否则对行为人的家人不利，行为人担心家人安危便答应了盗窃犯的要求，但盗窃犯为防万一，趁行为人不注意将其反锁在保卫室，并拿走其通信工具，此

---

❶ 龙开祥：《试析不能抗拒的原因》，载《河南警察学院学报》2013年第1期。

时无论行为人主观上是否有一定的意志自由,在客观上都已经丧失了阻止盗窃行为的行为能力,但按照前述观点,无论因其主观上是否与盗窃犯罪人形成了共同的犯罪故意,都同时构成了胁从犯和不可抗力。

也有学者认为,二者存在强制程度的区别,胁从犯是被迫不完全自愿参加犯罪,刑法上的行为应该是在其意识支配下而为的,"其首先应以意志活动为先决条件。每一个任意行为都是意志活动,与机械的甚至生理上的强制无关",胁从犯在主观方面表现为参加犯罪的不完全自愿性,这是其承担刑事责任的依据;但是如果胁迫达到了一定程度,完全控制被胁迫者的意志,致使被胁迫者不能在其意志支配下实施行为,则可能导致不可抗力。❶虽然这种观点注意到了行为人的行为能力,但依然是以意志能力的丧失来界定行为能力的程度,忽略了意志能力与行为能力的差异性,有时候即使行为人主观上具有意志能力,但客观上并不具有行为能力,或者虽然客观上存在实施行为的能力,但行为人误以为没有行为能力,从而放弃了意志能力的努力。

因此,虽然不可抗力与胁从犯的相同点都是缺乏完全的意志能力和行为能力,但二者的区别是多方面的。

(1)二者的具体来源不同。不可抗力的具体来源包括自然因素、他人的行为和行为人自身的不可控因素,而造成胁从犯不具有完全能力的来源则是他人(即后来的共犯,往往是主犯)的强迫或威胁行为。

(2)二者所受约束的能力类型也不同。不可抗力所受约束的

---

❶ [德]弗兰茨·冯·李斯特:《德国刑法教科书》,徐久生译,法律出版社,2000,第176页。

能力可能是意志能力,也可能是行为能力,但胁从犯所受约束的能力则是意志能力,而非行为能力。

(3)二者的意志能力所受到的限制程度不同。胁从犯的意志虽受限制,但仍具有一定的行为能力,而在不可抗力的情况下,行为人要么完全没有意志能力,要么完全没有行为能力,其作为行为或不作为行为并不受其意志支配。

(4)二者是否存在共同实行人不同。不可抗力往往是行为人面对特殊情形无能为力,并不存在与之形成意思联络的其他人,而胁从犯在被胁迫下虽不完全自由,但其与胁迫他的行为人在主观上存在意思联络,在客观上共同实施了侵犯法益的行为,且对发生损害结果持希望或放任心理。

(5)二者面临的刑事处遇不同。对于胁从犯,与胁迫他的人一起构成共同犯罪,只是根据我国《刑法》第二十八条的规定,应当按照他的犯罪情节减轻处罚或免除处罚,而不可抗力则是法定的无罪过事件,根本不需要行为人承担刑事责任。

第二节 意外事件

意外事件是我国《刑法》第十六条在宣示责任主义时规定的另一种法定无罪过情形。在司法实务中发生了大量的行为人致被害人死亡案件,对于这些案件如何定性和处理,到底是意外事件致死,还是过失致人死亡,不同法官对于相似案件往往得出不同的裁判结果。这需要确定意外事件的概念内涵,并全面梳理意外事件在刑法中的体系性地位,根据意外事件的内涵重新厘定意外事件与过失犯罪的界限,以切实解决司法实务过程中准确区分二者的疑难问题。

一、意外事件的概念与特征

(一) 意外事件的概念

学界关于"意外事件"有以下几种不同的定义。

(1) 所谓意外事件，是指行为人的行为在客观上虽然造成了损害结果，但不是出于行为人的故意或者过失，而是由于不能预见的原因所引起的情况。[1] 这是传统教材对于意外事件所下的定义，旨在说明意外事件是不能预见引起的无罪过事件，强调在此过程中行为人在意志因素上对危害结果的发生持排斥、反对态度，缺乏犯罪构成要件的主观方面。

(2) 行为人无法预见、没有预见会发生危害结果，以致发生危害结果的是意外事件。[2] 该定义除了肯定了意外事件是行为人主观上的无罪过事件，还指出了其无法预见的客观性和不能预见的要素。

(3) 而刑法理论一般将《刑法》第十六条规定的情况统称为意外事件。《刑法》第十六条规定："行为在客观上虽然造成了损害结果，但是不是出于故意或者过失，而是由于不能抗拒或者不能预见的原因所引起的，不是犯罪。"由于"意"可兼具"意料""意志""意识"等多重含义，所以，换言之，此条款既包括不能预见的意料之外的事件，也包括不可抗拒的意志以外的情况，是广义上意外事件的概念。[3]

---

[1] 贾宇：《刑法学（上册·总论）》，高等教育出版社，2019，第180页；高铭暄、马克昌：《刑法学（第七版）》，北京大学出版社，2016，第118页。
[2] 柏浪涛：《刑法攻略（第十版）》，中国法制出版社，2017，第74页。
[3] 张明楷：《刑法学（第五版）》，法律出版社，2016，第289—290页。

（4）也有学者认为，从与其他法律的协调性来看，意外事件并不包括不可抗力。该观点认为，由于刑法特有的刑罚制度的严厉性和不可逆转性，且刑罚制度不仅限于财产罚，一旦触犯刑法，可能会对犯罪分子剥夺自由甚至是生命，所以，相对于其他部门法，刑法上概念的厘定等理论研究应当更严谨。将《刑法》第十六条统称为意外事件条款有其合理性，但这种做法将"意"这个词作不同的解释，容易误解法条本身包含的内容，也违背了法律解释稳定性的特征。事实上《刑法》第十六条也分别规定了"不能抗拒"和"不能预见"两种不同的情形。❶

上述对于意外事件的界定，第一种概念侧重意识因素，从行为人主观上是否排除故意、过失来认定是否意外事件；第二种概念侧重客观性，从客观上有没有认识的可能性来认定是否是意外事件；第三种和第四种概念则是分别从广义、狭义范围界定意外事件。这些概念都没有以过失犯刑事归责的依据来定义意外事件的构成要素，没有提及客观上是否存在避免法益侵害的可能性，更没有正面指出行为人主观上是否具有形成避免法益侵害的意志状态的可能性。

过失犯罪的行为人主观上对法益并不存在积极的恶，只是消极地没有避免本可避免的法益侵害。与此相对，意外事件是指虽然造成了法益损害的危害结果，但该危害结果在客观上不具备避免可能性，且行为人主观上也无法预见法益侵害发生过程的无罪过事件。具体而言，在认识因素上行为人无法认识到其行为会发生危害社会的结果，在意志因素上行为人对危害结果的发生无法形成可控的意志态度。

---

❶ 张明楷：《刑法学（第五版）》，法律出版社，2016，第 290 页。

(二) 意外事件的特征

就意外事件的具体特征而言，一般认为有三个，即行为在客观上造成了损害结果、行为人没有故意与过失、损害结果由不能预见的原因引起，并认为不能预见是意外事件的本质特征。❶ 这实际上是意外事件的两个特征，后面的两个特征旨在说明主观上不存在罪过，但这种观点忽视了意外事件与犯罪的界限在于其与犯罪过失，尤其是与疏忽大意的犯罪过失的区分。由于犯罪过失是一种消极的主观恶性，犯罪过失的归责以存在避免可能性为前提，而意外事件则因为行为人没有预见可能性，故不存在避免损害结果发生的可能性。

据此，意外事件的三个特征应该为：其一，客观上的危害性。行为在客观上引发了损害结果，这种损害结果实际上就是刑法保护的法益被损害的状态，即行为人的行为具有客观危害性。其二，主观上的无法预见性。行为人在主观上没有犯罪故意或犯罪过失的心理状态，即行为人对法益的侵害不具备主观罪过性，客观的损害结果只是由于行为人"不能预见"的原因造成的。其三，法益损害的不可避免性。意外事件中的不能预见应理解为行为人没有预见，且无法预见，也无须预见，因为这种法益损害根本不是行为人所能够避免的，也正因为其不具有避免可能性，才从本质上表明了意外事件与疏忽大意的过失犯罪的区别。若行为人虽然没有预见，但其具有可以预见的能力，说明损害结果是可以为行为人所避免的，此时行为人主观上则是疏忽大意的犯罪过失，应以过失犯罪论处。

需要说明的是，如果行为人已经预见到了自己的行为可能发

---

❶ 参见贾宇：《刑法学（上册·总论）》，高等教育出版社，2019，第180页；张明楷：《刑法学（第五版）》，法律出版社，2016，第290页。

生损害结果,则彻底排除了意外事件的可能,要么构成犯罪故意,要么是不可抗力。这里的预见对象是已经发生的法益侵害过程,这种危害结果的发生过程要具备具体性,而不能是抽象的、概括的危险或危惧感。如某汽车司机在雨夜行车,从农民放在公路上的稻草上驶过,轧死了睡在稻草下的一名瘦小的精神病人。有的学者认为,此时因司机不能预见到有人雨夜睡在稻草下,构成意外事件。❶ 之所以会构成意外事件,是因为虽然驾驶行为本身就具备一定的危险和风险性,但这种危险是法律允许的危险,不能因为行为人作为司机认识到自己的驾驶行为有概括的、抽象的危险,就推定行为人能预见受害人被轧死这一具体的危害结果,法律会将允许的风险的注意义务进行分配,本案中的死亡结果实际上是信赖原则下分配给被害人的注意义务违反导致的。

二、意外事件在刑法中的体系性地位

(一)意外事件地位的论争

意外事件的体系性地位一直没有定论,这使得"意外事件"在刑法体系中一直是一个"无家可归的流浪者",目前主要存在"因果关系说""非行为说""责任类型说"等三种学说。

(1)"因果关系说"主张,意外事件应属于因果关系研究的问题,判断一个案件是否意外事件,关键在于判断行为与结果之间有没有关系,行为前或行为时的偶然因素可以排除刑法上的因果关系,这可成为意外事件的解释路径。❷ 这显然是不合理的。该学

---

❶ 参见贾宇:《刑法学(上册·总论)》,高等教育出版社,2019,第180页;张明楷:《刑法学(第五版)》,法律出版社,2016,第290页。
❷ [意]杜里奥·帕多瓦尼:《意大利刑法学原理(注评版)》,陈忠林译评,中国人民大学出版社,2004,第225页。

说主张意外事件属于因果关系范畴中应当研究的问题，这就肯定了是否存在因果关系关系到意外事件的成立与否。首先，无论是根据"条件说""相当因果关系说"还是客观归责理论，都不能否认行为人的行为与实害结果之间的因果关系。其次，意外事件并不需要承担刑事责任，在阶层犯罪论体系下不符合有责性的判断，在齐合填充的平面犯罪论体系中不具有主观罪过，完全不需要否定因果关系来阻断其入刑评价过程。该学说显然将因果关系视同刑事归责，赋予了刑法因果关系太多的判断条件。

（2）"非行为说"主张，意外事件应属于研究行为是否出于主体意志与意识时所探讨的范畴，❶ 认为"意外事件"中的行为，离开了意识和意志的支配，便不能视为人的行为。❷ 由于意外事件的危害结果不是在行为人主观意志支配下实施的，因而不是真正意义的行为，而是刑法评价的非行为事实❸。行为人对危害结果既无预见的可能性，也无认识的可能性，行为的发展过程也不是行为人能够控制或应该控制的。意外事件是一个责任问题，并不否认行为的存在。❹ 因此，意外事件中的行为应当被视为刑法中的行为，原因在于，刑法事实上已经将缺乏自由意志的行为排除在犯罪之外。❺ 意外事件中的行为应当从广义上进行理解，行为人对于体现法益侵害的危害结果的发生过程不可预见，即行为人对危害结果的不能预见是导致该危害结果发生的原因，但是在此过程中，行为人往往会有其他方面的认识和意志状态，该行为过程仍然是

---

❶ 陈兴良：《论无罪过事件的体系性地位》，载《中国政法大学学报》2008年第3期。
❷ 马克昌：《犯罪通论》，武汉大学出版社，1991，第344—345页。
❸ 刘霜：《刑法中的行为概念研究》，博士学位论文，西南政法大学法学院，2006，第44页。
❹ 陈兴良：《犯罪论体系的位阶性研究》，载《法学研究》2010年第4期。
❺ 张明楷：《责任论的基本问题》，载《比较法研究》2018年第3期。

具有意志支配的过程。例如上文所述的例子，汽车司机在雨夜行驶，在当时的情况下他不可能预见到有精神病人睡在高速公路的一堆稻草下，虽然司机对于危害结果的发生不可预见，但是司机对自身正在开车的驾驶行为是有清醒认识的，即司机的驾驶行为是在自我认识和意志支配下完成的。

（3）"责任类型说"主张，意外事件是应当在具备了该当性、违法性后在有责阶段探讨研究的问题。意外事件与犯罪过失具有共同性，因而难以在行为范畴内排除意外事件，进入构成要件以后，从客观上来看，构成要件该当的行为、结果及其因果关系都是存在的。❶ 在阶层犯罪论体系中，意外事件中包含法益侵害的结果和造成这一结果的具体行为，且无正当性事由，已然符合构成要件的该当性和违法性，只是在有责性的评价阶段缺乏主观认识能力，没有故意或过失，不具有有责性。由此可见，"责任类型说"在阶层犯罪论体系中是可以被接受的。但在齐合填充的平面犯罪论体系中，因没有故意或过失固然是缺乏主观方面构成要件，同时由于行为人主观上根本不可能预见，更谈不上控制，说明行为人对该法益侵害过程也没有认识能力和控制能力，实际上是缺乏刑事责任能力（尤其是辨认能力）。

（二）意外事件是无罪过事件

意外事件之所以不认为是犯罪，是由我国刑法所坚持的主客观相统一的定罪原则所决定的。通常来说，在定罪方面判断犯罪的成立标准是先判断客观违法阶层，即行为在客观上是否具有法益的侵害性，然后判断主观责任阶层，即行为人对造成该客观上法益侵害事实是否具有主观上的罪过。具体而言，首先事实判断

---

❶ 陈兴良：《刑法行为论的体系性构造》，载《中山大学法律评论》2010年第1期。

过程中，意外事件一定是客观上具有法益侵害性的，换言之，意外事件具备行为主体、危害行为、行为对象、危害结果等全部犯罪客观要件。意外事件的行为人虽然在客观上造成了危害结果，但行为人主观上既不存在故意，也不存在过失的罪过心理，因而缺乏构成犯罪的主观依据，缺少负刑事责任的主观条件，是无罪过事件，所以不能将意外事件中的行为人的行为认定为犯罪，无须追究其刑事责任。

应该注意的是，意外事件本身也是行为过程，是在该当性、违法性之后探讨有责部分的问题，但将意外事件视为责任阻却事由显然是不合理的。责任阻却是指在行为人具有犯罪故意和犯罪过失的前提下，基于不同寻常的客观情形而不能期待行为人在此种情况下选择合法的决议与行为，由此也就不能对行为人这一场合的不法决意与行为予以责难。[1] 在这种情况下，阻却事由并不能否定行为人主观上存在故意或过失，即行为人主观上仍然存在故意或者过失的罪过态度，此时因为不具备期待可能性等阻却事由的存在，不能对行为人的不法选择予以主观责难。这种责任的阻却是主观归责的阻却，其阻却事由的存在阻却了责任，但行为人的故意与过失自始存在。所以，不宜将意外事件与期待可能性、紧急避险等视为责任阻却事由，而应当视为责任缺乏事由。在意外事件中，由于异常的客观事由而使行为人不能预见具体危害结果，或者说在此特殊场合行为人不具有注意义务，从而使故意、过失成立的认识因素缺乏，其主观罪过是自始不存在、不成立的，也就谈不上故意与过失的排除问题，是典型的无罪过事件。

需要说明的是，在齐合填充的平面犯罪论体系中，意外事件

---

[1] 张小虎：《论期待可能性的阻却事由及其在我国刑法中的表现》，载《比较法研究》2014年第1期。

是因为行为人对该具体法益侵害发生的过程不具有刑事责任能力，在主观上也无法预见该法益侵害发生的过程，根本不符合特定犯罪的犯罪构成要件，自然也是无罪过事件。但其造成法益侵害的过程依然是一种危害行为，才会进入刑法的视野进行评价，但这种刑事评价的结果并非唯一的入罪结论，也完全可能是不构成犯罪的结论。刑法向来以处罚故意犯罪为原则，以处罚过失犯罪为例外，无论是罪刑法定原则，还是主客观相统一的原则，都需要行为人具备特定犯罪的主观要件才可能构成犯罪，而意外事件不存在犯罪故意或犯罪过失，不能对其以犯罪论处，在平面犯罪论体系下也应认定为无罪过事件。

三、意外事件与疏忽大意过失的界限厘定

依照《刑法》第十五条的规定，从产生原因上区分，犯罪过失包括过于自信的过失与疏忽大意的过失，由于过于自信的过失的行为人曾经认识到了行为的危害性，与意外事件具有显著的区别，故意外事件与犯罪过失的区分就表现为意外事件与疏忽大意的过失的区别。疏忽大意的过失是指行为人应当预见自己的行为可能发生危害社会的结果，因为疏忽大意而没有预见，致使危害社会的结果发生。意外事件和疏忽大意的犯罪过失有以下几个相同点：虽然行为人都没有预见危害结果的发生，但客观上都有危害结果的发生；意志因素上，行为人都没有追求危害结果的发生，但由于二者都没有对行为的危害性及其避免措施有任何认识，所以无法确定其在意志上对法益侵害的具体态度，不宜认为"对后来发生的危害结果，行为人都持否定的态度"❶。只是从证成刑事

---

❶ 贾宇：《刑法学（上册·总论）》，高等教育出版社，2019，第180页。

归责正当性的目的出发，可以假定疏忽大意的过失行为人在知道了自己的行为具有危害性后，会基于反对危害结果发生的态度积极阻止危害结果的发生，从而证实已经发生的危害结果具有避免可能性，进而对主观上并无"积极的恶"的疏忽大意的过失行为人追究刑事责任。此外，同样是结果上没有预见，相较于意外事件，疏忽大意的过失是行为人对行为发生危害结果的可能性应当预见且能够预见，最终没有预见是出于行为人自身疏忽大意的心理，即疏忽大意的过失的本质是行为人未履行注意义务。

在对两者的区分判断过程中，第一步应当判断行为人是否预见到自己的行为造成了法益的侵害，在已经预见的情况下则彻底排除意外事件，要么是犯罪故意，要么是不可抗力，或者属于过于自信的过失；如果没有预见，第二步则要考虑应否预见、能否预见，如果是应该预见且能够预见而没有预见则是疏忽大意的过失，反之则是意外事件。在具体的区分过程中，行为在客观上是否造成损害结果是一种客观事实判断，对此我们很容易得出结论，如是否造成了人身伤害、是否造成了死亡结果等，但这只是预见的对象；行为人在主观上应否、能否预见法益侵害的结果则属于规范的、心理的判断，且判断标准具有开放的特征，在司法实践中往往难以把握。据此，在确认符合刑法分则规定的特定犯罪的实行行为已经造成了法益侵害的前提下，正确区分意外事件与疏忽大意的过失应从两个路径入手：行为人能否预见和应否预见法益侵害的结果。

（一）基于预见能力的区分

对危害结果的发生是否有预见能力，是衡量行为人能否预见危害结果的应有之义，也是确定行为人是否有预见义务的前提。换言之，如果行为人不能预见危害结果的发生，根据"法不强人所难"的法谚，行为人也就没有预见的义务，进而没有主观罪过，也就不能构成过失犯罪。例如，行为人事先不知晓自身存在某种生理缺陷或者疾病，因突发疾病实施了某种行为导致危害结果的发生，对此，行为人没有预见能力，应属于意外事件；但若行为人事先知晓自身存在某种生理缺陷或者疾病，但一时大意或冲动，忘记了自己的特殊情况，实施了某种危险行为，并导致危害结果的发生，则是疏忽大意的过失，虽然行为人不可预见到发病的具体时间和地点，但行为人对自己的疾病或生理缺陷在客观上是存在预见能力的。

对于"预见能力"的具体判断标准，学术上存在着不同的观点，分别是客观标准说、主观标准说和折中说。客观标准说又称抽象说、通常人（一般人或理性人）标准说或社会标准说，主张行为人在行为时是否存在注意能力，应以社会上一般人或理性人的认识能力和水平为标准，一般人有注意能力，行为人就有注意能力，反之亦然。"法是社会的规范，所以注意义务是法的义务，作为其前提的能力，应当以社会上一般人的能力为标准。"❶ 主观标准说以道义责任论为基础，认为对行为人注意能力的判断，应以具体的行为者个人的注意能力为标准，与一般人的注意能力没有关系。该说不仅是我国的通说，也是德国与日本的通说。❷ 折中说的具体类型不一，常见的观点是主张注意能力的上限为客观标准，下限为主观标准；也有的认为注意能力的上限为主观标准，

---

❶ ［日］木村龟二：《刑法总论》，日本有斐阁，1984，第250页。
❷ 参见胡鹰：《过失犯罪的定罪与量刑》，人民法院出版社，2008，第82页；赵秉志：《过失犯罪的基础理论问题探讨》，载高铭暄、赵秉志主编《过失犯罪的基础理论》，法律出版社，2002，第26页；周光权：《注意义务研究》，中国政法大学出版社，1998，第107—109页；林亚刚：《犯罪过失研究》，武汉大学出版社，2000，第77页。

下限为客观标准。[1] 这实际上是双重认定标准,简单地将主观标准与客观标准堆砌在一起,并没有克服彼此的缺陷,反而缺乏统一的理论基础。

三种学说都有各自的合理性,但这三种学说都存在共同的缺陷,混淆了预见能力的判断对象和判断标准,且没有区分应然与实然的状态,要么罪及无辜,要么放纵犯罪。主观标准说将评价的标准确定为行为人行为时自身的能力状况,得出的结论自然是无法预见,因为行为人总有自己不能预见的原因,将这些原因合理化也就会得出无法预见的结论,显然会放纵犯罪。客观标准说评价对象虽然将评价的标准确定为社会一般人的能力水平,但忽略了评价对象的特殊性,如果评价对象与一般人水平相当,自然能够得出正确的结论,但在评价对象的水平低于一般人时,会将行为人无法预见的情况认定为能够预见,这就会罪及无辜;反之亦然,在评价对象的水平高于一般人时,又会将行为人本可预见的情形认定为无法预见,这又放纵了犯罪人。折中说意识到上述缺陷之后,试图调和二者的矛盾,但在没有区分判断对象和判断标准的前提下,兼顾二者的结果必然是变相的客观标准说或主观标准说。

在预见能力的判断过程中,评价主体是具备理性思维的社会一般人,判断的标准是该评价主体所形成的包括法学在内的各种知识和所具备的生活经验,判断对象是具体案件中的行为人在行为时的环境中能否预见法益侵害的过程,判断的过程是评价主体结合行为人的个体特征、案发环境、法益侵害发生的具体过程,

---

[1] 参见黎宏:《刑法总论问题思考》,中国人民大学出版社,2007,第280页;[德]克劳斯·罗克辛:《德国刑法学总论(第1卷)》,王世洲译,法律出版社,2005,第724—725页。

运用逻辑推理能力进行三段式的符合性判断并得出结论：行为人在案发时究竟能否预见法益侵害的过程。但需说明的是，这里所谓行为人的个体特征不包括行为人因过错自陷的能力减损情形，如因醉酒、吸毒等导致的能力丧失或减弱，此时应根据原因自由行为理论认定行为人依然具备相应预见能力。因此，关于"预见能力"的判断标准，不能单纯选择主观标准说、客观标准说或折中说，而是作为评价主体的一般人首先判断该法益侵害是否具有避免的可能性，如果客观上存在避免的可能性，再基于行为人的案发环境，判断其能否预见法益侵害的结果。这既要考量行为人的能力，也要参照行为时的具体情况和环境，不能因为行为人的行为造成的危害结果足够严重，就将其推定为行为人行为时有能力预见损害结果发生，也不能因为行为人实施的是不道德、一般违法甚至是犯罪行为，就断定他有能力预见自己行为的一切后果，❶ 需要在评价的过程中将评价主体、评价对象、评价标准区分开来。

（二）基于预见义务的区分

预见能力是预见义务的前提，当行为人具备预见能力时，就应该考量行为人是否具备预见的义务。但是，即使自己有预见能力且客观上自己的行为造成了法益侵害的结果，也并非一定有预见义务。如在基于信赖原则的注意义务分配后，尽管行为人的行为也是造成法益侵害的原因之一，但行为人并没有违反分配给自己的注意义务，而是相对方违反了注意义务引发了侵害法益的风险，那么行为人对此风险的实现过程并无预见义务。在意外事件中，危害结果也是由行为人没有预见的原因造成的，所以没有预

---

❶ 张明楷：《以违法与责任为支柱构建犯罪论体系》，载《现代法学》2009年第6期。

见不是疏忽大意的犯罪过失的本质特征,而之所以称为疏忽大意的过失,是因为行为人违反了自身的注意义务,此时行为人本应当预见、能够预见而因注意义务之违反而没有预见。行为人的注意义务通常包括法律法规规定的义务、业务职务制度确定的义务以及基于日常生活准则所要求预见的义务,这些义务需要行为人予以切实履行,首先需要在主观上予以预见,行为人因为疏忽大意没有预见并引发法益侵害的,就成立犯罪过失,而非意外事件。

在意外事件中,行为人不具有预见能力,所以不可能具有预见的义务,行为人与受害人之间大多素不相识,日常生活中几乎没有任何交集,行为人不熟悉被害人的身体状况以及其他导致法益侵害的因素,因此不能苛求行为人背负这种预见义务,否则有客观归罪之嫌。因此,特别需要注意的是,对于判断意外事件中行为人的预见义务时,要严格区分预见义务的具体内容和程度,不能用行为人对行为其他方面的抽象危险性的预见等同法益侵害结果的预见,也不能要求行为人预见到法益侵害发生的具体细节,行为人只需预见到法益侵害的属性即可。例如,行为人与妻子吵架,屋外聚集了很多人围观,此时妻子拿出农药打开瓶盖,扬言要喝农药自杀,行为人一把夺过农药洒向屋外,结果农药被洒到被害人脸上并立即流入被害人口中,导致被害人死亡。此案中,行为人虽然不能预见被害人因自己的顺手洒农药行为导致口中流入农药而亡,但是当时屋外聚集了大量围观群众,行为人知道瓶中是能够致人死亡的农药,正常发挥其注意能力,是能够预见到将农药洒向人群可能会导致他人的人身法益遭受侵害的,但行为人救人心切,思虑不周,违反了自己的注意义务,主观上存在疏忽大意的犯罪过失。因此,基于预见义务对意外事件和犯罪过失进行区分时,不仅要考虑行为人的义务来源,更要考量行为人注意义务的内容和程度，行为人的注意义务与行为人本身行为的危险程度成正比，行为人本身行为的危险程度越高，行为人的注意义务范围就越大；行为人的行为在通常环境下或特定环境下发生的概率越高，行为人的注意义务范围就越大。

四、意外事件与犯罪过失界限的典型案例分析

区分意外事件和犯罪过失的关键在于行为人是否具有预见义务和预见能力。预见义务以行为人具有预见能力为前提，预见能力的判断应将评价主体、评价对象、评价标准区分开来，准确认定行为人对已经发生的法益损害是否具有认识的必要性和可能性；预见义务应综合考虑义务来源和行为人注意义务的程度。2018年8月一段内容为摩托车司机（吴某）与出租车司机（滕某）发生争执的视频流传于网络，频频登上热搜，本来只是社会新闻的事件却一时间引起了网友的热议。据有限的视频内容显示，骑摩托车的男子将驾驶的摩托车停靠在出租车旁，对司机连续辱骂、多次斗狠，双方发生争执持续约两分钟。视频末尾显示，当摩托车司机准备离开时突然倒地，旁边的妻子大声喊："他有心脏病。"据证人表示，驾驶摩托车的黑衣男子倒地后，出租车司机滕某积极参与施救，但黑衣男子仍然不幸离世。经调查，事情起因是出租车司机滕某在驾驶出租车过程中，两次超越吴某，吴某认为滕某的行为影响其驾驶，遂对其进行追赶。案件发生后，出租车司机滕某因涉嫌过失致人死亡被刑拘，事隔三个月之后，哈尔滨市南岗区人民检察院批准逮捕出租车司机滕某。❶

在本案中，出租车司机滕某对危害结果的发生没有预见的义

---

❶ 《摩托司机与的哥因别车吵架，竟突然一头栽倒身亡！的哥被批捕！》，https：//www.sohu.com/a/260326633_100081921，发布日期：2018年10月18日。

务：滕某既不负有法定预见义务，也不能根据日常生活经验要求滕某预见到被害人具有心脏病，毕竟生活中我们没有义务也没有权利探知他人的身体健康状况。由于滕某不能预见到被害人有心脏病，也就无法预见到相互争吵会导致被害人死亡的危害结果。滕某和被害人吴某既不是左邻右舍，也不是相互知悉的远朋近友，在案件发生之前两人素不相识，生活上没有任何交集，所以不可能对吴某因情绪激动导致心脏病突发离世有预见能力。所以在本案中，虽然客观上滕某的行为也是造成危害结果的原因之一，但导致这一结果发生的主要原因是被害人所患心脏病，被害人在明知自己患有心脏病的情形下依然主动挑衅，争强斗狠，最终导致了死亡结果的发生，这实际上是被害人自陷风险，不应由滕某承担刑事责任。故本案中滕某主观上不存在预见可能性，也就没有疏忽大意的过失，被害人吴某的突然离世，是滕某无法预见的意外事件。但是，如果被害人吴某的妻子在他们的吵架过程中说吴某有心脏病，则滕某就具备了预见可能性，应当克制自己的行为，如果不以为然，继续争吵，则其主观上具有犯罪过失甚至犯罪故意。

第三节　期待可能性问题

期待可能性理论发源于德国，兴盛于日本、韩国等大陆法系国家，得到了理论界的普遍认可，也逐步得到了司法实践的认可。基于"法不强人所难"的期待可能性理论彰显了刑法对脆弱人性的怜悯与关怀，如行为人处于保证人的地位对危险的发生负有作为义务，则其因慌张没有避免想避免的危害结果，就不具备对行为人归责的期待可能性,此时行为人客观上具有的防止能力会"因为惊恐、混乱或者类同的情形完全地或者暂时地消失"❶。期待可能性理论在我国自引进以来,也受到了较为普遍的认可,有学者认为,虽然我国《刑法》第十六条没有明确使用"期待可能性"一词,但也可以将其解释为有关期待可能性的规定,将"不能抗拒"扩大理解为精神强制状态即可,并认为"期待可能性理论普遍的合理性来源于人性中普遍存在的脆弱,倘若法律不对人性的脆弱表现相当的尊重,便会背离人类所应有的怜悯之心"❷。而在司法实践中,也往往将亲属间盗窃、因生活无着落而盗窃、遭难逃荒或被拐卖时重婚、迫于生活困难而出卖子女等不具有期待可能性的情形认定为无罪。

一、期待可能性的概念

期待可能性理论作为大陆法系中的一个刑法学理论,发端于德国法院对"癖马案"的判决。1897年,被告人驾驶马车在路上,适逢烈马以马尾缠绕缰绳的特殊癖好发作,被告人无法有效控制马车,导致一名行人受伤。被告人在案发前就已知该烈马的癖好,曾向雇主反映更换马匹,雇主拒绝,被告人担心生计,也未再提出异议。该案经过两审皆判为无罪,二审的德国帝国法院的判决理由如下:肯定基于违反义务之过失责任(即不注意之责任),如仅凭被告曾认识驾驭有恶癖之马或将伤及行人这一点来看,则不能确定其违反注意义务;更应考量被告当时是否仅凭其认识该马的特殊癖好,就期待其向雇主提出拒绝驾驭此马?这种期待在当

---

❶ [德]约翰内斯·韦塞尔斯:《德国刑法总论》,李昌珂译,法律出版社,2008,第415页。
❷ 冯军:《刑事责任论》,法律出版社,1996,第240—245页。

时的社会背景下将直接导致其失业,进而无法生活,故这种期待不具有事实上的可能性。因此,本案被告不应负过失责任。❶ 在这份判决中,法官肯定了被告人主观方面的过失和危害结果之间的因果关系,但并没有判定被告人应当就此承担责任,其中,就是期待可能性在起作用。也就是判决中所说的,以被告人所处之状况来看,不存在以丢弃工作为代价来换取危害事故不发生的期待可能性,这是人之常情,不能强人所难。

此时,德国的责任学说以心理责任论为主流观点,认为责任以故意和过失等心理为事实要素。1901 年,学者迈耶(M. E. Mayer)基于癖马案,将规范层面引入责任内容的范畴,发表《有责行为及其种类》一文,规范责任论由此开始兴起。1907 年,德国学者莱茵加尔德·弗兰克(Reinhard Frank)发表题为《关于责任概念的构成》的论文,将附随情况作为要素纳入责任的范畴,指出责任的本质是非难可能性。后来,学者格尔德施米特(Goldschmidt)认为"附随情况"不具有评价上的意义,"违反义务性"才是责任的基础要素。第一次世界大战后,期待可能性理论由弗洛登塔尔(Freudenthal)等人进一步完善,但"只被学说接受作为过失犯和不作为犯的超法规罪责阻却事由。"❷ 因为过失犯与不作为犯中的规范评价的氛围十分浓重,需要用期待可能性这一超法规事由来限缩其适用范围。在日本,期待可能性理论得到了更大的发展和适用,日本刑法学界以规范责任论为主流观点,将心理事实、规范评价和期待可能性均列为责任内容,以期在不同的方面确定责任与否,如有人认为《预防及处罚盗窃犯等的法律》第 1

---

❶ 马克昌:《马克昌文集》,武汉大学出版社,2012,第 780—781 页。
❷ 许玉秀:《犯罪阶层体系及其方法论》,成阳印刷股份有限公司,2000,第 28 页。

条第2项规定:"在前项各款的情形下,虽然并不存在针对自己或他人的生命、身体或贞操的现实危险,如果行为人因恐怖、惊愕、兴奋或狼狈在现场杀伤犯人时,不予处罚"。这就是因为缺乏期待可能性而阻却责任。❶

就期待可能性概念的外延而言,存在广义的期待可能性和狭义的期待可能性之分,前者强调对行为时的内部和外部的一切事情进行考察,后者则仅仅对行为时的外部四周进行考察;就期待可能性的定义方法而言,有期待行为人实施合法行为不可能的消极界定法、期待行为人可能实施合法行为的积极界定法和同时正反结合起来确定概念的综合界定法。❷ 我国通说将期待可能性称为"无期待可能性",指从行为时的具体情况看,可以期待行为人不实施违法行为,而应实施合法行为的情形。❸ 这些观点从各个角度强调期待可能性对责任认定的影响,但并没有从根本上指出这一理论的实质内核是刑法对人类普遍存在的脆弱人性的同情与怜悯。

"期待可能性是基于人性的弱点进行法律意义上的救济而出现的理论"。❹ 期待可能性理论以"法不强人所难"的原则为基石,根据行为人在行为时特殊的附随情状充分宽宥人们普遍存在的脆弱人性,再期待行为人作出合法行为就违背了普遍人性,尽管刑法没有明文规定,也应当放弃追究行为人的刑事责任或对其予以量刑从宽的刑法理论。换言之,刑法不能强人所难,不能依据圣人或完人的标准去要求甚至逼迫社会中的人们遵守法律规范,更不能逼迫人们当舍生取义的英雄,期待可能性实为超法规或抽象

---

❶ [日] 立石二六:《刑法总论27讲》,日本成文堂,2004,第176页。
❷ 童德华:《刑法中的期待可能性》,中国政法大学出版社,2003,第19—20页。
❸ 贾宇:《刑法学(上册·总论)》,高等教育出版社,2019,第181页。
❹ 郑泽善:《刑法总论争议问题研究》,北京大学出版社,2013,第326页。

法规的出罪事由和从宽事由。但是，这里的期待可能性对故意犯罪的宽宥在于，在不违背人性的情况下不存在期待行为人实施合法行为的可能性，而对过失犯罪的宽宥而言，即使能够期待行为人在不违反人性的情形下实施合法行为，也不能仅此就认定其具有期待可能性，继而构成过失犯罪，还应考察是否存在避免法益侵害的可能性，虽有可能实施合法行为，但法益侵害仍必然发生，则依然不存在期待可能性，也不构成过失犯罪。

二、期待可能性的判断

（一）期待可能性的判断标准之争

行为人在实施符合构成要件的违法行为时，是否具有适法行为的期待可能性的判断标准通常有以下三种。

第一种是行为人标准说或修正的行为人标准说。例如，日本学者大塚仁认为，"刑法中的责任就是对实施了符合构成要件的违法行为的行为人所施加的'人格非难'，应该从行为人个人的立场来加以考虑"。❶ 具体来说，行为人标准说就是指在某一特殊的具体情况下，以行为人自身能力的高低为标准来判断其实施适法行为可能性的有无，亦即能否期待行为人在行为时的具体情况下不实施违法行为而实施其他适法行为，能实施其他适法行为则有期待可能性，不能实施其他适法行为则无期待可能性。日本学者植田重正提出了一种修正的行为人标准说，即"将行为人理解为行为人所属的类型人，进行某种程度的客观化、类型化，行为人标准应该以行为人本人所属的类型人（由本人的年龄、性别、经历

---

❶ 陈家林：《外国刑法：基础理论与研究动向》，华中科技大学出版社，2013，第186页。

等构成）为标准"。❶ 我国也有学者坚持修正的行为人标准说，认为其比平均人标准更客观、更具体、更明确，又比行为人标准抽象，能够反映该类型人的共性和共同地位。❷ 但类型人标准一直在行为人标准和平均人标准之间摇摆，太具体了就是行为人标准，太抽象了就是平均人标准，并没有摆脱平均人标准和行为人标准的缺陷，反而更不具有稳定性。

第二种是法规范标准说，又被称为国家标准说（因为国家是期待的主体，行为人是被期待的对象，国家对公民抱有守法的期待应当根据行为人在特定处境下应采取的态度确定）。该学说认为："法律规范体现着国家意志，应根据国家利益和法律秩序的要求，确定行为人当时是否有实施合法行为的可能。"❸ 该学说立足于国家立场，认为应当兼顾个人与社会需要之间的平等关系，依照国家法律规范来决定行为人是否具有期待可能性，从而保护行为人期待可能性在确保国家法秩序统一的基础上得以实现。

第三种是平均人标准说，也就是通常人标准说，目前在日本学界占通说地位。平均人标准说认为："刑法既不是相对于圣人、贤人的规范，也不区别勇者与怯懦者，而是相对于社会的一般人的规范。在这个意义上，以社会的一般人为标准，根据社会的一般人若处在行为人的立场上是否可能作出合法行为的决意来判断期待可能性的有无才是恰当的。"❹ 平均人标准说认为判断期待可能性应立足于一般人、平均人的立场，以他们在行为时的能力作为判断标准。

---

❶ 陈家林：《外国刑法：基础理论与研究动向》，华中科技大学出版社，2013，第187页。
❷ 童德华：《刑法中的期待可能性》，中国政法大学出版社，2003，第118—127页。
❸ 陈朴生：《实用刑法》，三民书局，1993，第218页。
❹ 李海东：《日本刑事法学者（下）》，法律出版社，1999，第139页。

上述三种观点，各有其优点，亦有其不足之处，究其原因，是依然混淆了判断对象、判断主体和判断依据。行为人标准说关注了行为人的具体情况，但背离了法秩序的统一要求，过分强调以行为人为标准，就会造成多重标准。如同样的一件事，甲、乙、丙三个人同时去做，由于都要从行为人的角度出发，就会造成有多少个人就有多少个标准，有多少个行为就会有多少个标准，甚至会因为每个人的行为都事出有因而得出都构成期待可能性的结论。法规范标准说虽然注重了评价标准的统一性，但忽略了期待者与被期待者之间存在着对立关系，而被期待者的实际能力往往与国家期望值有差距，甚至非常大，如果完全站在国家的立场，对被期待者进行要求，就很容易造成国家期望值高而被期待者能力低的情况，这样很容易导致法律规范无法与每个人的具体情形相一致的结果，从而出现法律强人所难的现象，也就与期待可能性的意旨相悖了。平均人标准说的主要缺陷在于，平均人是一个抽象概念，难以界定；且平均人与个人毕竟是有差别的，如果个人的实际能力与平均人相差悬殊，那么以平均人来判断期待可能性的有无是否显失公平，在能力高于平均人的情形下，显然会将具有期待可能性的情形认定为没有期待可能性。

此外，我国还有学者提出了所谓的"客观标准说"，认为只能根据行为时的具体环境来判断是否存在期待可能性，因为期待可能性以人的意志自由受客观必然性的决定和制约为前提的。❶ 行为时的环境或者附随情状固然是判断期待可能性时必须考虑的因素，但只是判断的材料，并非判断的标准，且期待可能性旨在考察行为人在行为时的脆弱人性，外界的异常环境是通过对行为人的心

---

❶ 张智辉：《刑事责任通论》，警官教育出版社，1995，第177页。

理影响来左右其意志自由程度的,每个人的主观能力并不完全相同,仅从客观外在的环境考量行为人是否具有期待可能性,实质上是无视行为人主体性的表现,与期待可能性理论体谅具体行为人的初衷相去甚远。

(二)期待可能性的判断过程

期待可能性的判断是一个复杂的要素融合的过程,其中任何一个单独的标准都无法完成这一任务,需要有机结合判断主体、判断对象和判断依据来认定行为人在行为时是否存在期待可能性。在期待可能性的判断过程中,前述的各种标准将起到不同的作用,从多个角度判断期待可能性的实际情况:平均人标准实际上是判断主体所具备的生活经验和法则,是实现判断过程的现实路径;行为人标准实际上是强调注重行为人的具体情况,确定具体的判断对象及其外在的行为环境,以保障行为人的基本权利;法规范标准则是判断主体内化判断标准的规范依据,确保判断的结果符合法秩序的基本要义。

期待可能性的判断需要结合行为时的具体情况分步进行。首先,期待可能性是在行为附随情况不正常的情况下才予以考虑的,如果不是这样的情况,则不需要考虑期待可能性的问题。这也是出于国家意志和法律意志的当然要求,只有在非常规的情形下缺乏期待可能性的行为才能为法律和国家所接受。其次,要弄清行为人在行为实施过程中的具体情况,尤其是超出了一般人所能认识到的通常情形之外的情状,既包括行为的客观外部环境,也包括行为人的主体特征和内心状态,以确定判断的对象。因为判断行为人有无期待可能性时,当然不能脱离行为人自身,即便能够说明期待一般人实施合法行为,只要不能期待行为人实施合法行为，就不能对行为人进行谴责。❶ 再次，在行为附随情况不正常的情况下，在充分考虑行为人的具体情况后，从判断主体所具备的常识、常理、常情着手，根据其感知到的普通人都认同的基本规则和经验法则进行判断。如果普通人处于与行为人相同的情况，不具备行为的可选择性，则应认为对行为人不存在期待可能性。最后，需要站在法秩序的立场上对这种不具有期待可能性的情况予以考量，究竟是直接认定其不构成犯罪，还是在定罪之后的量刑过程中予以宽宥，以充分实现法律效果与社会效果的统一。

三、期待可能性的地位

期待可能性在大陆法系中向来被视为是责任阶段的规范要素，但期待可能性在有责性判断阶段的具体地位却存在三种不同学说。第一种是第三责任要素说，即将期待可能性与故意、过失并列，作为责任的第三个要素；第二种是故意、过失要素说，即把期待可能性作为故意、过失本身的要素加以确立；第三种是责任例外说，即把期待可能性视为消极的责任要素，是一种责任阻却事由。❷

如前所述，对于责任的内容，存在心理责任论和规范责任论两种不同的学说。心理责任论由德国法学家费尔巴哈提出，以行为人的心理状态为责难的主体，分为故意和过失。在此观点中，只要行为人对危害结果持故意或过失的罪过心理，责任即可成立。规范责任论则始于莱因加尔德·弗兰克（Reinhard Frank），他将心理事实与规范结合起来，不仅将责任能力和故意、过失列为责任的要素，而且将附随情状的正常性对行为人实施合法行为的可能

---

❶ 刘宪权：《刑法学专题理论研究》，上海人民出版社，2012，第83页。
❷ ［日］立石二六：《刑法总论27讲》，日本成文堂，2004，第177页。

性作为第三要素，即期待可能性。将期待可能性与故意、过失并列，作为责任的第三个要素，无论是作为积极的责任要素，还是作为消极的责任要素，都忽略了责任阶段的主观属性，难以与客观属性的期待可能性相容，且期待可能性是对象评价的责任，而故意和过失则是责任评价的对象，彼此并列，混淆了对象评价与评价对象，同时，作为责任的独立要素，本有影响责任有无和轻重的不同，与该主张的仅影响责任有无并不一致，况且也会造成控方几乎不能证明被告人具有期待可能性的窘境。❶ 故意、过失要素说把期待可能性作为故意、过失本身的要素，同样混淆了对象评价与评价对象，会造成评价的结果竟成为评价的前提的逻辑困境，也会造成规范责任论的落空或虚置。❷ 责任例外说则在责任阶段将期待可能性与禁止性错误的不可避免性、个人无能力一起视为超法规的责任阻却事由。❸ 基于心理责任主体的故意或过失的正常形成过程，一般可以直接推动其具有实施合法行为的可能性，只是在例外的场合才需要考虑例外的情形。此种虽为大陆法系的通说，但在期待可能性的作用发挥上依然存在无法体现其在决定责任有无之外的轻重衡量功能，以客观属性之要素栖身于主观责任判断阶层亦属不妥。

在我国刑法传统的犯罪构成四要件说中，故意及过失是犯罪主观方面必备的构成要件要素，不可能存在无故意或过失的情形下需要承担刑事责任的犯罪情形，而存在故意和过失，就说明行

---

❶ 黄丁全：《论刑事责任理论中的危机理论——期待可能性》，载陈兴良主编《刑事法评论》第 4 卷，中国政法大学出版社，1999，第 162 页。
❷ 黄丁全：《论刑事责任理论中的危机理论——期待可能性》，载陈兴良主编《刑事法评论》第 4 卷，中国政法大学出版社，1999，第 163 页。
❸ [德] 克劳斯·罗克辛：《德国刑法学总论（第 1 卷）》，王世洲译，法律出版社，2005，第 715—742 页。

为人主观上具有意志自由，应当具有选择适法行为的可能性。因此，较多学者认为，期待可能性就是意志自由程度的外在形式，是评价行为人认识能力和意志能力大小的根据，是罪过产生的前提，没有期待可能性就是没有意志自由，期待可能性是确定故意犯罪责任和过失犯罪责任的共同前提。❶ 这显然将期待可能性与不可抗力或意外事件混为一谈了。如前所述，不可抗力是指完全超出了行为人的意志能力之外的情形；意外事件则是指完全超出了行为人的意识能力之外的情形。而在期待可能性的情形下，行为人具备实施合法行为的意识能力和意志能力，只是要求行为人发挥这样的能力与人类普遍存在的脆弱人性相悖，实在强人所难，基于对人类普遍存在的脆弱人性的同情和怜悯，才对行为人予以宽宥的情形。

因此，在我国刑法中，期待可能性实际上是在行为符合犯罪构成的定性之后，再基于普遍人性的脆弱考虑出罪的罪量因素。需要考量行为人是否具有期待可能性的时间是行为人的行为符合特定犯罪的犯罪构成之后，强调在附随情状异常的情况下结合人性的普遍脆弱，慎重考量后，再决定是否将其认定为特定犯罪。就法律依据而言，期待可能性理论的意蕴涵摄于我国《刑法》第十三条但书之中，"但书的出罪功能不容否定，它是刑法明确规定的认定犯罪必须具备的要素"❷。事实上，早在我国的第一例安乐死案例中，就已经基于期待可能性的合理内核否定了其构成犯罪。

---

❶ 参见游伟、肖晚祥：《"期待可能性"与我国刑法理论的借鉴》，载《政治与法律》1999年第5期；欧锦雄：《期待可能性理论的继承与批判》，载《法律科学》2000年第5期；童德华：《刑法中的期待可能性》，中国政法大学出版社，2003，第54页。

❷ 彭文华：《刑法第13条但书与刑事制裁的界限》，中国人民大学出版社，2019，第20页。

被告人王某成之母夏某文长期患病，1984年10月被医院诊断为"肝硬化腹水"。1987年年初，夏某文病情加重，同年6月23日，王某成将其母送汉中市传染病医院住院治疗，被告人蒲某升为主管医生。6月28日，夏某文病情加重，要求尽快结束生命，后来昏迷不醒，王某成要求主管医生蒲某升给其母施用某种药物，让其母无痛苦地死亡，遭到蒲某升的拒绝。在王某成再三要求并表示愿意签字承担责任后，蒲某升给夏某文开了100毫克复方冬眠灵，并在处方上注明是家属要求，且由护士注射。当日下午1时至3时，王某成见其母未死，便两次去找值班李医生，李医生又给夏某文开了100毫克复方冬眠灵，由值班护士赵某注射，后夏某文死亡。陕西省汉中市人民法院于1990年3月15日至17日对本案进行了公开审理，一审开庭审理后，陕西省高级人民法院于1990年8月7日给最高人民法院写了请示报告，最高人民法院于1991年2月28日批复："你院请示的蒲某升、王某成故意杀人一案，经最高法讨论认为，'安乐死'的定性问题有待立法解决，就本案的具体情节，不提'安乐死'问题，可以依照刑法第十条（后修改为第十三条）的规定，对蒲、王的行为不作犯罪处理。"1991年4月6日陕西省汉中市人民法院作出一审判决，宣告被告人蒲某升、王某成无罪。1992年3月25日陕西省汉中地区中级人民法院二审审理后依法裁定：驳回汉中市人民检察院的抗诉和蒲某升、王某成的上诉；维持汉中市人民法院的判决。❶ 我国第一例安乐死案中之所以认定蒲某升、王某成无罪，并非轻视绝症病人的生命权，乃是对王某成一片孝心和蒲某升医者仁心的同情和怜悯，虽然两人

---

❶ 贾潇：《蒲连升、王明成故意杀人案——我国首例"安乐死"案（1990—1992）》，http://www.jcrb.com/xztpd/ZT2018/fogang/fzjs/dayaoan/201812/t20181218_4869924.html，发布日期：2018年12月18日。

当时认识到行为会剥夺夏某文的生命，也具有选择适法行为的意志自由和客观可能性，但基于孝心和仁心最大程度地减轻自愿结束生命的夏某文所遭受的痛苦，其主观危害性尚未达到需要刑法予以规制的程度，对其完全符合故意杀人罪的行为予以出罪，是典型的基于期待可能性合理内核宣告无罪的案例。

四、期待可能性对我国刑法的启示与借鉴

期待可能性理论自源于德国以来，在日本、韩国等国家和地区迅速发展并得到了较为广泛的司法运用，但随着刑法的不断修正和完善，相关超法规事由陆续被纳入了刑法规范之中，期待可能性理论日渐式微。在我国刑法目前缺少体谅行为人的脆弱人性的明确规定的情况下，相关的超法规事由大量存在，期待可能性理论具有借鉴价值。但是，如前所述，期待可能性在我国传统的平面犯罪论体系中，理应是定性之后的出罪因素，将其纳入我国《刑法》第十三条但书的规定之中，结合各种法定从宽情节或酌定从宽情节，在行为附随情状特殊时予以考量，充分坚守刑法面对人们普遍的脆弱人性时的谦抑品格。

期待可能性理论在大陆法系犯罪论体系中主要是作为责任阻却事由进入责任评价的，许多学者据此提出了期待可能性理论的中国化，主要理由有三。其一，这是社会形势发展的需要。我国当下有些地方贫富差距扩大迅速，收入差距拉大，贫困人口增多，引入期待可能性可以更好地为社会弱势群体提供法律救济。其二，这是充实刑法理论的需要。引入期待可能性理论，能够帮助我们用普遍性原理去解释一些特殊的刑法条文，也能让许多无法化解的矛盾命题迎刃而解，有利于保持我国刑法理论体系的协调统一。其三，这是个案正义的需要。适用期待可能性理论能够实现具体案件中的特殊情况特殊对待，案件与案件中的同案同判，达到法律正义的要求。❶ 就具体主张而言，有的主张将期待可能性纳入故意和过失之中，让它成为故意或过失的内容之一；❷ 有的主张将期待可能性作为刑事责任能力的一个构成要素，作为评价意志自由有无的法哲学范畴；❸ 有的主张将期待可能性作为罪过中的评价要素或独立的第三责任要素，与故意和过失这样的责任要素并列；❹ 有的主张根据期待可能性的具体功能在责任范畴内分阶段考察；❺ 还有的主张将期待可能性与认识可能性并列，作为刑事责任的下位概念。❻

同时，也有学者认为期待可能性理论虽有其价值，但若要引入我国刑法中具体适用，还存在许多不足之处，需要谨慎对待，主要理由有三。其一，我国刑法现有的理论已经足够替代期待可能性理论所体现的功能和价值，即使在某些具体规范上存在一些瑕疵，也可以通过自身的理论发展不断完善，而没有必要引入一个全新的理论。❼ 其二，期待可能性理论是大陆法系三阶层犯罪构成中的有责性要素，是判断犯罪是否成立的重要内容，而我国判

---

❶ 李靖妍：《期待可能性理论的中国化及其实践研究》，硕士学位论文，河北大学法学院，2016，第9页。

❷ 龙立豪、马六生：《论期待可能性理论在我国刑法中适用》，载《湖南省政法管理干部学院学报》2000年第2期。

❸ 参见游伟、肖晚祥：《"期待可能性"与我国刑法理论的借鉴》，载《政治与法律》1999年第5期；欧锦雄：《期待可能性理论的继承与批判》，载《法律科学》2000年第5期。

❹ 参见冯军：《刑事责任论》，法律出版社，1996，第252页；丁银舟、郑鹤瑜：《期待可能性与我国犯罪理论的完善》，载《法商研究》1997年第4期。

❺ 林亚刚：《犯罪过失研究》，武汉大学出版社，2000，第212—213页。

❻ 童德华：《刑法中的期待可能性论》，中国政法大学出版社，2003，第228—229页。

❼ 李佳波：《期待可能性理论的刑法实践批评》，载《华中师范大学研究生学报》2018年第2期。

断犯罪是否成立是以四要件为标准的,两种判断标准之间虽然具有共通的内容,但也存在不同之处,期待可能性在我国的犯罪构成理论中无法找到对应的位置。其三,期待可能性在司法实践中缺乏可操作性,评价标准模糊,难以形成具体的操作规范,贸然引进容易导致法官的自由裁量权过大以及司法权的滥用,同时也为行为人利用无期待可能性的抗辩理由来逃脱法律制裁提供方便。❶

如前所述,期待可能性理论集中体现在我国《刑法》第十三条但书之中,这是基于朴素的"法律不强人所难"的法律观念。前述各种引进期待可能性的观点要么忽视期待可能性的正当性内核,将我国的意外事件和不可抗力视为不具备期待可能性的情形,要么将期待可能性与责任能力、认识能力、意志能力混为一谈,要么将大陆法系的阶层犯罪论中的有责性等同于我国的刑事责任,都对我国《刑法》第十三条但书的出罪功能视而不见,更未对二者进行实质上的关联分析。事实上,法律不强人所难、法外用情的思想早在古代中国就已经萌芽,如汉代的"亲亲相隐"制度,规定了儿子为父母隐瞒犯罪是不受处罚的,因为不能强求为人子者为了遵守法律而违背人伦。我国《刑法》第十三条的但书规定包含了虽然构成刑法分则规定的特定行为,但不需要刑罚处罚的各种情形,大部分期待可能性的责任阻却的情形亦在其中;同时,我国刑法中防卫过当,紧急避险,未成年人、老年人、聋哑人、尚未完全丧失刑事责任能力的精神病人犯罪等法定从宽情节以及各种司法解释中的从宽量刑情节与期待可能性的责任减免功能相一致,酌定量刑情节也包括了期待可能性的减轻责任情形。

---

❶ 曹美英:《期待可能性理论与我国刑法的借鉴》,硕士学位论文,苏州大学法学院,2015,第13页。

但是，期待可能性为我们开启了崭新的出罪视角和从宽路径，即在对法益的保护过程中要充分体现对脆弱人性的充分关怀。据此，期待可能性实际上是指导我们理解适用我国《刑法》第十三条和相关从宽情节的一种刑事理念，这也是其为何在司法实践中一直在运用，但无法在刑法典中进行明确规定的原因，其作为一种理念深入人心，但并不具有精确性和可操作性，只能借助相关法律规定或司法制度，将其贯彻在刑事法治的过程中。我们应当在案件出现特殊附随情状的时候积极从期待可能性角度思考是否出罪、是否予以从宽处罚，着力防止出现忽略人性考量的机械司法，因为"这样作出的判决虽然能达到逻辑上的自足，却缺少人性上的温暖。既失去了道德感召力，也因此失去了司法的震撼力和教化作用"[1]。

五、期待可能性的司法运用

2018年8月27日21时30分许，刘某龙酒驾（经检测，血液酒精含量为87毫克/100毫升），载朋友三人沿昆山市震川路西行至顺帆路路口时，向右强行闯入非机动车道，与正常骑自行车的于某明险些碰擦，双方遂发生争执。刘某龙先下车与于某明发生争执，经同行人员劝解返回车辆时，刘某龙突然下车，上前推搡、踢打于某明。虽经劝架，刘某龙仍持续追打，后返回宝马轿车取出一把砍刀（经鉴定，该刀为尖角双面开刃，全长59厘米，其中刀身长43厘米、宽5厘米，系管制刀具），连续用刀击打于某明的颈部、腰部、腿部。击打中砍刀甩脱，于某明抢到砍刀，并在争夺中捅刺刘某龙腹部、臀部，砍击右胸、左肩、左肘，刺砍过程

---

[1] 肖晚祥：《期待可能性理论研究》，上海人民出版社，2012，第268页。

持续7秒。刘某龙受伤后跑向宝马轿车，于某明继续追砍2刀均未砍中，其中1刀砍中汽车（经勘查，汽车左后窗下沿有7厘米长的刀痕）。刘某龙跑向宝马轿车东北侧，于某明返回宝马轿车，将车内刘某龙的手机取出放入自己的口袋。民警到达现场后，于某明将手机和砍刀主动交给出警民警（于某明称，拿走刘某龙手机是为了防止对方打电话召集人员报复）。刘某龙逃离后，倒在距宝马轿车东北侧30余米处的绿化带内，后经送医抢救无效于当日死亡，死因为失血性休克。2018年8月27日晚，昆山市公安机关对于某明立案侦查，检察机关对本案高度重视，当即派员依法提前介入侦查活动，查阅案件证据材料，对侦查取证和法律适用提出意见和建议，并依法履行法律监督职责。2018年9月1日，昆山市公安机关以于某明的行为属于正当防卫、不负刑事责任为由，对本案作出撤销案件决定。❶

（一）基于期待可能性对本案的分析

本案中的于某明因成立正当防卫而被释放。本案中于某明的防卫行为的司法处理充分体现了期待可能性在中国的适用图景，与阶层犯罪论体系中的期待可能性适用相比并无劣势。从阶层犯罪论体系中的期待可能性适用观之，首先要考虑于某明的行为是否具有该当性。在本案中，于某明主体适格，同时也在有意志自由的情况下，有意实施了捡起砍刀回砍的危害行为，犯罪对象就是遭到砍伤的刘某龙，最后是于某明砍杀的行为导致了刘某龙失血过多死亡的结果，危害行为与危害结果之间具有明显的因果关系，于某明所为之行为是法律明令禁止的故意伤害行为，损害了

---

❶ 《关于昆山市"8.27"于海明致刘海龙死亡案的通报》，http://www.jsjc.gov.cn/toutiao/201809/t20180901_623904.shtml，发布日期：2018年9月1日。

他人的人身权益，具备该当性。就违法性判断而言，虽然本案因刘某龙不法侵害所引发，于某明的反抗行为实为防卫行为，似乎具有阻却违法性的作用，但于某明在刘某龙已经被捅刺后逃跑时，仍然追上去对其进行追砍，此时的不法侵害已经结束，是典型的延长防卫的情形。分析至此，于某明的行为似乎能够被看作犯罪行为，构成故意伤害罪。然而从阶层犯罪论体系的有责性考察，于某明是不具有期待可能性的。从客观情况来看，于某明在与侵害者刘某龙发生争执后，客观上一直处于被侵害者刘某龙及其同伙的言语及肢体的威胁压制之中，直至刘某龙拿出砍刀，四次挥刀打击于某明颈部等要害部位，此时侵害状态升级，即便于某明没有遭受到明显的人身损害，但已经达到了前文所说的非常规情况或者是紧急情况。德国学者汉斯-海因里希·耶赛克（Hans-Heinrich Jescheck）认为："我们不能期待被侵害人'不光彩地逃走'，不仅如此，甚至也不能期待仅仅避免攻击……"❶ 在我们的现实生活中，人们面对危险时的防卫行为是人性本能，但同时，人也是理智的动物，当其经过权衡思考后（无论时间长短），确定进行防卫才是最好的自保手段，否则就会危及生命时，其在防卫中的具体行为很可能因为情绪激动、惶恐或紧张而不具有期待可能性。从于某明的主观上看，刘某龙及其同伙之前的侵害行为具有明显的暴力性，已经使于某明产生了恐慌、惊惧等巨大的心理压迫感，这种基于暴力行为而产生的心理压迫与其他危及生命的方式不同，呈现给受害人极其直观的恐吓和害怕感，使其选择以相同暴力的方式防卫自身的可能性大大增强，在这种情况下其具有的期待可能性被压低甚至完全失去期待可能性。综合主客观方面，

---

❶ [德] 汉斯-海因里希·耶赛克、托马斯·魏根特：《德国刑法教科书（总论）》，徐久生译，中国法制出版社，2001，第403页。

可以判断出于某明后续的追砍行为是不具有期待可能性的，这使其于责任的成立有了阻却的事由，故于某明的行为是不构成犯罪的。

（二）基于我国犯罪构成理论的分析

结合我国的犯罪构成理论、正当防卫制度以及我国《刑法》第十三条但书来分析此案件，同样可以得到与上述相同的结论吗？从犯罪客观方面来看，于某明的确作出了用砍刀砍刺刘某龙的多次行为，并且因前四次的砍刺动作造成了刘某龙死亡的结果；从犯罪客体来看，于某明侵犯了刘某龙的人身权益，不论是谁的人身权益都是刑法所保护的对象；从犯罪主观方面来看，长43厘米、宽5厘米的管制刀具以常识评价是有造成他人受伤甚至死亡的可能性的，于某明也不例外，具有这种判断的能力，但于某明却仍然持此管制刀具对刘某龙进行反击，可以看出其追求某种危害结果的故意心态；从犯罪主体来看，于某明是达到完全刑事责任年龄且无精神或身体等影响刑事责任能力成立因素的自然人。从这个思维路径来看，很容易得出于某明构成犯罪的结论。

然而本案因刘某龙前期的侵害行为而起，于某明的行为属于我国正当防卫制度评价的内容，即使防卫行为在客观上造成了危害结果，形式上也符合了故意伤害的犯罪客观要件，但只要没有明显超过必要限度，都是没有危害性的正当行为。而且，我国正当防卫制度对于正在进行的行凶等危及人身安全的暴力犯罪，规定防卫人享有无限防卫权。结合案件中于某明所处的客观情况，刘某龙处于醉酒后的控制行为能力有所减弱的状态，且持有刑法所禁止的能够致人受伤甚至死亡的管制刀具，对于某明的要害部位发起攻击，这个情形完全可以判断为法条所规定的"在进行行凶、杀人、抢劫、强奸、绑架以及其他严重危及人身安全的犯罪",此种状态不能单纯地以防卫人实际所受损害程度来判定,应当以其不进行制止可能造成的侵害程度进行认定,何况在人身安全遭到严重侵犯或威胁的紧急时刻,无论防卫人是否遭受损害,都可以行使无限防卫权。要具体判断行为是否属于正当防卫,需要从防卫意图和防卫行为两个方面进行具体分析。从防卫意图来看,防卫人于某明清楚地认识到了刘某龙对其的不法侵害已经损害到了自身的合法人身权益,且有损害扩大的趋势,为了保护自身合法权益、防止损害扩大,于某明采取了反击行为,这种故意心态是刑法所不排斥的。格劳秀斯曾解释说:"自然法主要是指这几方面,不欲求他人的东西,归还属于他人的东西……赔偿因自己的过错而给他人造成的任何损失……对侵犯自身利益的行为给予反击。"❶ 可以说这种行为甚至是法律允许的。从防卫行为来看,于某明的防卫行为的对象只有不法侵害者刘某龙,并且防卫行为在不法侵害发生时进行,有效地阻止了侵害的进一步发生。至于于某明选择用砍刀反击的行为,可以从主体的辨认能力和控制能力来解读,于某明能够认识和辨认到自己利用砍刀伤人的行为应当是法律禁止的行为,可能会产生刑法上的否定后果,但当时刘某龙的侵害行为连续不断,可供于某明权衡选择的时间很短,即便主观上其认识到了行为可能的危害性,且其内心真意是不欲为法律所禁止的行为,但情势逼人,不得已而为之。从这个角度来说,于某明是因控制自己不去触犯刑法的能力受到了压制而实施了形式上刑法所禁止的行为。因此,于某明致刘某龙死亡的行为完全符合我国关于正当防卫的规定。

就于某明后续的追砍而言,虽然此时于某明没有受到刘某龙

---

❶ [美]博登海默:《法理学:法律哲学与法律方法》,邓正来译,中国政法大学出版社,1998,第43页。

的不法侵害，甚至可以判断不法侵害已经结束，但当时的行为环境特殊，于某明主观上难以判明刘某龙是否丧失了侵害能力，更不能判断刘某龙是朝车的方向逃跑，还是去车里拿其他杀伤性工具。为了彻底消除自己遭受的不法侵害，此时于某明对其继续进行追砍。依据通常的观念，在此种情况下实施该种行为力求保全自己，实在是在所难免，如果对其行为追究刑事责任就强人所难了。同时，考虑到刘某龙死于之前的捅砍行为，且后续的行为造成的结果较轻，对于某明后续的追砍行为可以根据我国《刑法》第十三条但书的规定，认定其为"情节显著轻微危害不大"的情形，从而不认为是犯罪。

作为彰显人性关怀的期待可能性理论，在我国刑法适用中自当重视，于我国司法实务解决疑难刑事案件具有重要的指导价值。但期待可能性理论与我国传统的四要件犯罪构成体系难以兼容，且在司法实践中不具有可规范操作的标准，要使其在我国刑法中扮演重要角色还不具有可实现性。但这并不妨碍我们从期待可能性的角度来看待法律与社会、法律与人情之间的关系。期待可能性理论虽不能成为刑法规范，但其价值观念可以作为刑法思想或精神在司法领域加以运用，以鼓励法官在评价案件时在按照法律规范评价犯罪构成的基础上，遵循人文关怀的司法原则，发扬刑法的谦抑性和宽容精神。

第四节 严格责任问题

刑法一直在保护法益和保障人权之间平衡，对基于普遍的人性弱点实施的犯罪行为固然会适用期待可能性理论考量行为人的刑事责任，对行为人予以出罪或减免处罚，以实现刑法的公正价值。但刑法对于需要特殊保护的公众利益等重要法益，或者需要提高刑事诉讼效率，基于功利主义立场预防类似行为的后续发生，也会加大行为人的注意义务，甚至突破主观罪过理论，或降低主观要件的证明标准，实行举证责任倒置，以惩处该危害行为。刑法中19世纪末发展而来的严格责任即如此。

严格责任于19世纪末起源于英美法系。当时资本主义工业较为发达，危害公共健康和社会安全的犯罪具有较强的专业性，尽管刑事归责已经从结果责任发展到了罪过责任阶段，但在刑事诉讼中有时难以证明其主观上的具体罪过，英美国家开始突破罪过责任原则，对于某些特殊犯罪不要求其存在犯意，或者将是否存在犯意的证明责任转移给行为人。从刑事归责的历程观之，罪过责任并不是原始的归责原则，在进入资本主义时代之前实行的几乎都是无罪过的结果归责原则。但无罪过的客观归责原则的弊端日益凸显，遭到了近代刑法学家们的激烈抨击，正如贝卡里亚所言："罪孽的轻重取决于内心堕落的程度"❶，犯意的重视形成了对客观归责强烈的冲击。"故意"等主观要素纳入犯罪构成要件滥觞于近代行为目的理论的兴起，行为的特性是目的性，"故意"被视为目的行为的本质要素，是主观的违法要素。❷ 其后，随着人格行为论的进一步发展，过失逐渐作为主观的违法要素被确定了下来。❸ 主观归责原则逐渐代替客观归责原则成为判断特定行为是否构成犯罪的主要依据，封建社会的客观归责原则就此宣告终结：

---

❶ ［意］贝卡里亚：《论犯罪与刑罚》，黄风译，中国大百科全书出版社，1993，第68页。
❷ 武小凤：《对我国刑法中严格责任立法现状及未来的比较分析》，载《法学家》2005年第3期。
❸ 赵秉志主编：《外国刑法原理》，中国人民大学出版社，2003，第83—84页。

"刑法的基本原则体现在这样一个格言中,没有犯意的行为不能构成犯罪,一个行为,如果在法律上没有应受责备的意图,就不能使一个人成为法律意义上的罪犯。"❶ 但随着资本主义工商业的快速发展,危害公共健康与社会安全的犯罪急剧增加,而这类犯罪的主观方面都很难证明,完全遵循刑事归责的罪过原则,就很难有效打击犯罪和维护社会公共利益,此时严格责任理论应运而生。如罗斯科·庞德在评论严格责任的公正性时指出:"法院的良知为个人带来了某些法律犯罪的危险,这种危险表达了社会的需要。这样的目的并不是处罚邪恶,而仅仅是对那些粗心者和无效率者施加压力,以使他们尽全力履行维护公共健康、安全或道德利益的义务。"❷ 严格责任的适用看似扩大了犯罪的认定范围,但在一定程度上能够更为有效地规范人们的行为,促使其全面履行保护特殊法益的注意义务。

一、严格责任的概念

刑法中的严格责任(strict liability),又被称为绝对责任(absolute liability),至今也没有一个明确的统一定义,在刑事司法实践过程中较为混乱,不同学者对严格责任的理解往往也存在较大的差异。"关于严格责任,最麻烦的问题是,没有人说得清楚它到底有多严格。"❸ 但通常认为,在某些犯罪中,"只要具备了犯罪行为方面的某些特定要素,那么,被告人对事实的无知或认识的错误(不管

---

❶ [英] 鲁珀特·克罗斯、菲利普·A. 琼斯:《英国刑法导论》,赵秉志等译,中国人民大学出版社,1991,第24页。
❷ [英] J. C. 史密斯、B. 霍根:《英国刑法》,李贵方等译,法律出版社,2000,第135页。
❸ [英] 鲁珀特·克罗斯、菲利普·A. 琼斯:《英国刑法导论》,赵秉志等译,中国人民大学出版社,1991,第77页。

这些错误多么合理），就不能成为辩护的理由"。❶ 质言之，对特定行为而言，即使没有故意、轻率甚至疏忽，也会被认定为犯罪，又被称为"绝对禁止之罪"，这种犯罪几乎全部来自制定法，在普通法中仅存在于公共妨害、刑事诽谤、蔑视法庭和渎圣罪中。❷ 据此，英美法系的严格责任是不问主观罪过的实体意义上的严格责任，且主要集中在公共福利方面的犯罪（如食品药品犯罪）和道德方面的犯罪（如与未成年少女发生性关系）。❸ 这种严格责任等同于绝对责任，我国学者也有类似观点，有人认为严格责任是"没有故意或过失，但又触犯刑律的责任"，❹ 也有人认为"严格责任是被告人虽然没有任何过错，却要承担的刑事责任"❺。就这种实体法意义上的严格责任而言，其存在的合理性诚如伍得罗（Woodrow）案的帕克（Parke）法官所言："由于要求明知而给公众带来的危害远远大于因不要求明知而给被告本人带来的不公正性，被告已尽了合理注意的事实并不能使被告免除责任"。❻ 这显然是基于功利主义的立场演绎其存在合理性，旨在发挥刑罚的威慑功能以预防犯罪，"两害相权取其轻"，为保护公共利益等特殊法益和提高诉讼效率，放弃对刑法公正价值的坚守。

但严格责任的内涵因犯意证明责任的承担而丰富起来。发端于谢拉斯诉德·鲁案（Sherras v. De Rutzen）的"被告承担犯意的

---

❶ ［英］鲁珀特·克罗斯、菲利普·A. 琼斯：《英国刑法导论》，赵秉志等译，中国人民大学出版社，1991，第68页。
❷ ［英］J. C. 史密斯、B. 霍根：《英国刑法》，李贵方等译，法律出版社，2000，第114—115页。
❸ 刘仁文：《严格责任论》，中国政法大学出版社，2000，第22—23页。
❹ 杨春洗等：《香港刑法与罪案》，人民法院出版社，1996，第31页。
❺ 陈兴良：《刑法哲学》，中国政法大学出版社，1992，第195页。
❻ ［英］J. C. 史密斯、B. 霍根：《英国刑法》，李贵方等译，法律出版社，2000，第116—117页。

证明责任"主张在 1905 年的伊沃特案（R. v. Ewart）中固定下来：尽管控方不需要证明被告人的行为是出于"明知"或"意图"，或者受某种犯罪心态支配，但被告人仍可通过向法院证明他事实上不存在犯罪心态而免除责任。后来进一步降低了被告人的证明责任：只需证明他是在合理的背景下正当地相信他的行为不是犯罪即可，无须达到事实上不存在的证明程度。❶ 据此，严格责任成为一种程序性的罪过推定理论，我国也有学者认为："刑法中的严格责任是指在行为人主观罪过具体形式不明确时，仍然对其危害社会并触犯刑律的行为追究刑事责任的制度。"❷ 因此，这种意义上的严格责任并不完全等同于绝对责任，因为绝对责任中被告人不享有任何辩护理由，而此时的严格责任则可能享有强迫、自卫和无意识行为等辩护理由。❸ 但在美国，即使在平等对抗的诉讼模式下，由于"任何人不得被迫在刑事案件中自证其罪"的原则，也难以实现证明责任的转移，"尽管少数学者把严格责任当作文明的、科学的法律制度来赞扬，但几乎所有的权威学者都对此持保留意见"❹。

就严格责任的种类而言，其一，根据其保护的法益种类，可以分为公共福利犯罪的严格责任和道德犯罪的严格责任。前者是指违反公共福利法规的行政犯，出于职业的专业性和司法效率的考量，往往不需要控方证明被告人的主观过错；后者是指违反性风俗或其他方面道德准则的犯罪，一方面是因为法益具有特殊性，另一方面则是因为具有明显的危害性表征，易于认识，所以无须

---

❶ 赵秉志：《英美刑法学（第二版）》，科学出版社，2010，第 60 页。
❷ 李文燕、邓子滨：《论我国刑法中的严格责任》，载《中国法学》1999 年第 5 期。
❸ 赵秉志：《英美刑法学（第二版）》，科学出版社，2010，第 61 页。
❹ [美] 道格拉斯·胡萨克：《刑法哲学》，谢望原等译，中国人民公安大学出版社，2004，第 212 页。

证明。如英国的亵渎性诽谤，大多数议员认为没有必要证实亵渎的故意，所需的只是发布这些文字是出于故意就可以了。❶ 其二，根据是否存在辩护理由，可以分为绝对的严格责任（实体的或纯粹的严格责任）和相对的严格责任（程序的或修正的严格责任）。相较于前者，后者仅仅是证明责任的转移而已，并没有偏离罪过责任的轨道，因此获得了越来越多的支持。其三，根据严格责任的效力，可以分为广义的严格责任和狭义的严格责任。前者在法律或事实错误时影响罪过，只是不减免其罪责；后者在起诉和定罪时则不问主观罪过。其四，根据法源的不同，可以分为普通法上的严格责任和制定法上的严格责任。如前所述，绝大部分严格责任都来源于制定法，在普通法上严格责任只是例外存在，尤其是在法典化程度较高的美国，很多州事实上已经不存在普通法上的严格责任了。❷

由于相对严格责任允许被告人享有辩护理由，降低了绝对严格责任的不公正程度，所以英美法系国家逐渐由绝对的严格责任向相对的严格责任转向。"善意辩护"开始在严格责任案件中逐渐推广，它为把严格责任与刑罚的可责性原则调和到一起起到了有效的作用，它为严格责任的适用找到了一个切实可行的替代办法。❸ 英国上议院（最高审判机关）在 2000 年的一个猥亵幼女的案件中指出，除非国会通过的法律明示对某种犯罪实行严格责任，否则普通法将适当的主观要件视为每一种犯罪所必须具备的内容。❹

---

❶ 何勤华：《英国法律发达史》，法律出版社，1999，第 425—427 页。
❷ 赵秉志：《英美刑法学（第二版）》，科学出版社，2010，第 62—63 页。
❸ Laurie L. Levenson, Good Faith Defenses: Reshaping Strict Liability Crimes, Cornell Law Review, March, 1993.
❹ Andrew Ashworth, Principles of Criminal Law (forth edition), Oxford University Press, 2003, p. 171.

在美国，坎托尔案开辟的"善意辩护"路径也被不断认可，比起要么将法律解释为有过错而要求控方举证，要么将法律解释为无过错而实行无过错定罪的传统模式来，相对的严格责任可以更好地将控方的利益和被告人的利益协调起来。❶ 但是，从大陆法系国家的刑法理论来看，基本上都反对刑法上的结果责任和客观责任，认为主观罪过是刑事责任的基础，在此前提下，所谓严格责任并不受推崇。❷

二、关于我国刑法中是否存在严格责任的争议

关于我国刑法中是否存在严格责任的问题，一直存在着较大的争议：肯定说认为，我国存在绝对的严格责任；折中说则认为我国只可能存在相对的严格责任；但否定说认为，我国从来都不存在所谓严格责任。2003 年 1 月 17 日发布的《最高人民法院关于行为人不明知是不满十四周岁的幼女双方自愿发生性关系是否构成强奸罪问题的批复》（以下简称《批复》）规定："行为人明知是不满十四周岁的幼女而与其发生性关系，不论幼女是否自愿，均应依照刑法第二百三十六条第二款的规定，以强奸罪定罪处罚；行为人确实不知对方是不满十四周岁的幼女，双方自愿发生性关系，未造成严重后果，情节显著轻微的，不认为是犯罪。"尽管该《批复》已在 2013 年 2 月 26 日被废止，但自《批复》出台以后，以"奸淫幼女型强奸罪是否要求明知对方幼女"为中心的严格责任争议变得更加激烈。

---

❶ Laurie L. Levenson, Good Faith Defenses: Reshaping Strict Liability Crimes, Cornell Law Review, March, 1993.

❷ 王晨：《刑事责任的一般理论》，武汉大学出版社，1998，第 218 页。

(一) 肯定说

肯定说认为,我国刑法的立法规定及其司法实践中存在适用英美法系严格责任的情形。有的学者认为,"无论是1979年刑法还是1997年刑法,以及在此期间颁布的一些单行刑事法规,都涉及严格责任的适用",❶ 更有学者直接指出,奸淫幼女犯罪在刑事责任问题上采取的是严格责任,主要理由为刑法未明确规定要求行为人明知对方为幼女。❷ 这显然将没有明示罪过的相关条款直接视为严格责任的适用情形,忽视了主客观相统一这一刑法基本原则的体系地位。也有学者认为:"从我国犯罪构成理论看,是否定严格责任的,但从我国刑事立法与司法实践看,实际上存在着追究严格责任的情况。"❸ 该观点虽然从犯罪构成理论出发,认为不存在严格责任,并注重司法实践中的运用情况,但忽视了刑法中明确否认严格责任的法律条文,且在罪过责任原则贯彻过程中,往往存在实践异化的不良现象,不宜以此证成应然层面的价值理念。

苏力教授针对《批复》认为,我国刑法在奸淫幼女的规定中设立了"法定强奸"的立法模式,对严格责任之犯罪,诸如法定强奸,予以惩罚会有所收益;这种惩罚之威胁会促使潜在违法者更好绕开受到保护的那一类人,因此也就更有效地保护了这类人;如果以"明知是幼女"为条件,被告人就可能以不知被害人是幼女为借口而逃避制裁,从而不能有效地保护幼女。❹ 该观点孤立理

---

❶ 张中:《浅析我国刑法中的严格责任》,载《研究生法学》1999年第2期。
❷ 参见刘生荣:《论刑法中的严格责任》,载《法学研究》1991年第1期;胡杨成:《试论严格责任的主观心态》,载《人民检察》1997年第10期。
❸ 张文等:《刑事责任要义》,北京大学出版社,1997,第91—92页。
❹ 苏力:《司法解释、公共政策和最高法院——从最高法院有关"奸淫幼女"的司法解释切入》,载《法学》2003年第8期。

解了奸淫幼女型强奸罪的主观罪过,过于注重刑法的一般预防功能,违背了主客观相统一的基本原则,忽视了犯罪嫌疑人的人权保障,有损刑法的谦抑性和公正性,一旦罪及无辜,刑法维护社会安宁和保障人权的价值都将大打折扣。更为重要的是,严格责任突破"法不强人所难"的格言,没有任何过错的行为人也要承担刑事责任,这对于特殊预防而言毫无意义,并且,在实质上也会影响一般预防的效果,毕竟谁都无法保证自己在没有过错的情况下不发生任何法益损害。

(二) 否定说

更多的学者遵循罪刑法定原则,根据《刑法》第十六条的规定和相关的刑法基本理论,认为我国刑法中不存在严格责任的情形。我国《刑法》第十六条明确规定:"行为在客观上虽然造成了损害结果,但是不是出于故意或者过失,而是由于不能抗拒或者不能预见的原因所引起的,不是犯罪。"据此,有学者认为,"我国刑法理论一贯坚持主客观相统一的定罪原则,即行为人仅对其故意和过失的行为负刑事责任,不允许适用严格责任,我国刑法对于'不是出于故意或过失'的行为不认为是犯罪的规定明确排除了严格责任"。❶ 更有学者认为,"在当前我国刑事立法与司法实践中不存在严格责任,而且将来也不应采用严格责任,罪过责任始终是我国刑事责任的原则"。❷ 还有学者从刑事政策的层面分析严格责任的不相容性:在刑事政策必须受制于刑事法律规范的整体框架下,严格责任撇开主观认知的做法难以为我国刑事归责理论所接纳,此"为了保护而保护"或者"为了惩罚而惩罚"的极

---

❶ 张明楷:《刑事责任论》,中国政法大学出版社,1992,第64页。
❷ 陈兴良:《刑法哲学》,中国政法大学出版社,1993,第200页。

端化主张不是也不应该是理性刑罚在现代社会的应然存在。❶

事实上,我国在认定奸淫幼女犯罪的刑事司法实践过程中也长期坚守主客观相一致的罪过原则。2001 年 6 月 11 日发布的《最高人民检察院关于构成嫖宿幼女罪主观上是否需要具备明知要件的解释》规定:"行为人知道被害人是或者可能是不满十四周岁幼女而嫖宿的,适用刑法第三百六十条第二款的规定,以嫖宿幼女罪追究刑事责任。"❷ 前述《批复》更是强调:行为人确实不知对方是不满十四周岁的幼女,双方自愿发生性关系,未造成严重后果,情节显著轻微的,不认为是犯罪。最高人民法院、最高人民检察院、公安部、司法部 2013 年 10 月 23 日联合印发的《关于依法惩治性侵害未成年人犯罪的意见》第 19 条再次明确规定:"知道或者应当知道对方是不满十四周岁的幼女,而实施奸淫等性侵害行为的,应当认定行为人'明知'对方是幼女。"但是,同样是该条内容,又明确规定:"对于不满十二周岁的被害人实施奸淫等性侵害行为的,应当认定行为人'明知'对方是幼女。"该条内容在最高人民法院、最高人民检察院、公安部、司法部 2023 年 5 月 24 日联合印发的《关于办理性侵害未成年人刑事案件的意见》第十七条中得以保留,这似乎又是对严格责任的认可,需要予以甄别和澄清。

(三)折中说

持这种观点的学者认为,我国不可能存在绝对的严格责任,

---

❶ 陈伟:《"严格责任"抑或"推定责任"——性侵未满 12 周岁幼女的责任类型辨识》,载《法学家》2014 年第 2 期。
❷ 2015 年 11 月 1 日起施行的《中华人民共和国刑法修正案(九)》第四十三条规定:"删去刑法第三百六十条第二款。"自此嫖宿幼女罪并入奸淫幼女型强奸罪中论处。

但是存在相对的严格责任。绝对的严格责任在我国没有存在的余地，相对的严格责任推定行为人有过错，没有与我国主客观相统一原则相矛盾，不仅为我国刑法所允许，而且也能为我国刑事诉讼法所允许。❶ 相对的严格责任认可罪过原则，虽然没有违背罪刑法定原则和主客观相一致的原则，但实际上突破了刑事诉讼法中控方承担证明责任的原则，而且必须达到"证据确实、充分"的程度，《刑事诉讼法》第五十五条还明确规定了"证据确实、充分"的具体条件：定罪量刑的事实都有证据证明；据以定案的证据均经法定程序查证属实；综合全案证据，对所认定的事实已排除合理怀疑。该法第二百条规定："证据不足，不能认定被告人有罪的，应当作出证据不足、指控的犯罪不能成立的无罪判决。"据此，证明被告人有罪的证明责任由控方（公诉人或自诉人）承担，不能转移给被告人承担，即使所谓持有型犯罪，控方虽然不需要证明作为原因行为的作为行为，但也要对持有状态和行为人对持有状态的心理状态进行证明。据此，在我国刑法中也不存在所谓相对的严格责任。

至于前述《关于办理性侵害未成年人刑事案件的意见》第十七条规定的"对于不满十二周岁的被害人实施奸淫等性侵害行为的，应当认定行为人'明知'对方是幼女"，也没有改变奸淫幼女型强奸罪的罪过证明责任，这里的"应当认定"是指在遵循罪过责任原则和证明责任的前提下，对相关犯罪事实进行认定，不仅需要控方证明行为人对未满12周岁的被害人实施了奸淫行为，还需要根据被害人的身体发育状况、言谈举止、衣着特征、生活作息规律等特征判断行为人是否知道被害人为幼女，只是因为未满

---

❶ 刘仁文：《刑法中的严格责任研究》，载《比较法研究》2001年第1期。

12周岁的幼女更容易为人所识别,所以才在该司法文件中强调"应当认定行为人'明知'对方是幼女"。有学者认为,把性侵未满12周岁的幼女的刑事归责确立为推定责任,具有较之严格责任更为明显的理论优势,推定责任是通过前提性的客观事实进行的责任推定,需要结合行为人的自我认识与现实客观情形予以具体推定。❶ 然而,"没有哪个学说像推定学说这样,用语不规范,概念混乱。可以肯定地说,迄今为止还不能成功地阐明推定的概念"❷。也有学者认为,推定过错是基于相对严格责任的举证责任倒置,是过错责任和主客观相统一原则在刑事诉讼程序上的特殊体现,但举证责任倒置并不适用于我国刑法。❸ 因此,需要对刑事法中的推定认真甄别,才能更好地适用刑法规范和刑事司法解释。

三、严格责任的启示

美国刑法中的犯罪构成表现为双层次模式:第一层次为犯罪的本体要件,包括犯罪行为与犯罪心态,体现出规范行为和保护社会公共利益的刑法功能;第二层次为责任充足要件,内含诸种合法辩护的排除,体现出国家权力自我约束和保障公民权利的刑法功能。❹ 相对的严格责任与这种犯罪成立模式及其诉讼模式较为契合,并不断得到发展。但这种严格责任在我国刑法中没有存在的根基,倒是其注重特殊法益的保护立场值得我们深思,尤其是

---

❶ 陈伟:《"严格责任"抑或"推定责任"——性侵未满12周岁幼女的责任类型辨识》,载《法学家》2014年第2期。
❷ [德]莱奥·罗森贝克:《证明责任论》,庄敬华译,中国法制出版社,2018,第240页。
❸ 赵秉志:《主客观相统一:刑法现代化的坐标——以奸淫幼女型强奸罪为视角》,中国人民公安大学出版社,2004,第42—43页。
❹ 储槐植:《美国刑法(第二版)》,北京大学出版社,1996,第3页。

在奸淫幼女型强奸罪中如何认定行为人对幼女的"明知"。

我国《刑法》第十六条的规定明确宣示了我国刑事归责的罪过原则，根据罪刑法定的基本原则可知，与此对立的严格责任固然没有存在的余地，但在司法实践中如何认定行为人的主观罪过却是不得不深入探讨的问题。与犯罪客观要件的证明过程不同，行为人主观心态的证明离不开判断主体的主观心证过程。只要承认裁判者的主观心证过程，就必须承认事实推定这一概念，如在认定故意杀人的案件中，即使被告人不承认有杀人的故意，审判人员也会根据被告人使用的凶器、打击的部位等事实推定其是否有杀人的故意。❶ 而推定本质上为一项实质性法律规则，指通过对另一项事实存在的必要推理来证明某一特定事实的成立。❷ 就推定的价值而言，推定能够减少不必要的证明或避免难以完成的证明，具有降低诉讼成本、加速诉讼进程与确保司法公正与效率的功能。❸

刑事推定与法律拟制不同，法律拟制不允许反驳，直接作为规范进行适用，如推定未满 14 周岁的人不具有刑事责任能力，不允许有任何的例外情形；刑事推定只是认定犯罪事实的补充证明方法而已，其证明标准依然要求达到确实、充分的程度，当然允许反驳。与直接或间接证明的证明方式直接指向待证事实也即裁判事实所不同，推定证明的对象通常为基础事实，其证明本身是基于两种事实之间的相随共现关系：通过对基础事实的证明即可完成对待证事实的证明，基础事实可以内在地表征待证事

---

❶ 李玉华：《刑事诉讼证明中事实推定之运用》，载《现代法学》2005 年第 3 期。
❷ [美] 阿维娃·奥伦斯坦：《证据法要义》，汪诸豪、黄燕妮译，中国政法大学出版社，2018，第 220 页。
❸ 何家弘：《论司法证明中的推定》，载《国家检察官学院学报》2001 年第 2 期。

实之存在。❶ 同样地，反驳推定，即推翻推定事实仅需符合相对较低的证明要求：其一，反驳不是简单地否定推定事实；其二，反驳需有具体明确的证据支撑或可调查的证据线索；其三，反驳的证据或证据线索经查是真实的，并已构成对推定事实的合理怀疑，推定事实存在被推翻的很大可能性。❷

就前述《关于办理性侵害未成年人刑事案件的意见》第十七条的规定而言，所谓应当知道对方是不满14周岁的幼女，固然是一种刑事推定，这里的"应当"并非一种规范要求，而是基于通常的立场，以生活中的常识、常理和常情等经验法则为标准，结合相关案件事实对行为时的行为人主观心态进行推定：行为人"应当（可能）"知道对方为幼女，此时当然可以认定行为人在主观上"明知"对方为幼女。而"对于不满12周岁的被害人实施奸淫等性侵害行为的，应当认定行为人'明知'对方是幼女"，只是突出了被害人年龄过低特征的推定作用，未满12周岁，往往小学尚未毕业，不仅从体型等生理特征可以明显感知对方为幼女，从举止谈吐、社会阅历等方面更容易判断对方为幼女，该条规定中的"对已满12周岁不满14周岁的被害人，从其身体发育状况、言谈举止、衣着特征、生活作息规律等观察可能是幼女，而实施奸淫等性侵害行为的，应当认定行为人'明知'对方是幼女。"也从侧面反映了这一观点，即不能仅从逻辑上找寻行为人可能不明知的情形，否则无论将年龄降低到何种程度，都可能存在逻辑的不明知情形，这明显又偏离了法律人学法用法的初衷。

---

❶ 赵俊甫：《刑事推定论》，知识产权出版社，2009，第60页。
❷ 张旭、张曙：《也论刑事推定》，载《法学评论》2009年第1期。

CHAPTER 05 >>

第五章
刑法中的认识错误

刑法中的认识错误是指行为人对自己的行为在法律上的意义或者对与自己的行为有关客观事实存在的不正确认识。由于这种认识错误属于犯罪主观方面的内容,因而也就直接影响到行为人罪过的有无与罪过的形式,同时还可能影响到行为人所实施犯罪的既遂与未遂,从而影响到定罪量刑。因此,研究刑法中的认识错误具有十分重要的意义。在刑法理论上通常刑法中的认识错误分为两种情况:一是行为人对法律的认识错误;二是行为人对事实的认识错误。本书除了对刑法中认识错误的定义和范围进行了介绍之外,还指出了刑法中错误的主要特征,紧接着对行为人对法律认识错误的概念、行为人对法律认识错误的分类、国外刑法和国内刑法对行为人对法律认识错误的处理原则等方面的问题进行了较为具体细致的解读。继此之后,对行为人对事实认识错误的概念、特征、种类、国外与国内关于行为人对事实认识错误的立法及理论研究进行了较为深入的研究和分析,最后对我国刑法对行为人的事实认识错误论的构建提出了本书的设想。

第一节　刑法中的认识错误的概念

一、刑法中认识错误的定义和范围

（一）刑法中认识错误的定义

关于刑法中认识错误的定义，学者们的表述不一。外国刑法学者一般认为，错误"是指主观认识与客观现实之间的不一致"，❶或者说"是指行为人的认识和发生的事实不一致"。❷ 我国刑法学者中，有的学者认为："刑法上所说的错误，是指行为人对于自己的行为在法律上和事实上认识的错误。"❸ 也有的学者认为，"刑法上的错误是指行为人在实施危害社会行为的过程中，对于自己行为的刑事法律性质和犯罪事实情况的错误认识。"❹ 还有的学者认为，"刑法中的认识错误是指行为人实施直接故意犯罪时，对与其行为相关的犯罪情况的不完全（或曰不准确）反映"。❺

（二）刑法中认识错误的范围

从以上几种定义可以看出，如何界定刑法中认识错误的外延

---

❶ ［日］木村龟二主编：《刑法学词典》，顾肖荣等译，上海翻译出版公司，1991，第257页。
❷ 欧阳涛等：《英美刑法刑事诉讼法概论》，中国社会科学出版社，1984，第50页。
❸ 高铭暄主编：《刑法学》，法律出版社，1982，第158页。
❹ 中国法学会刑法学研究会组织编写：《全国刑法硕士论文荟萃》，中国人民公安大学出版社，1989，第270页。
❺ 中国法学会刑法学研究会组织编写：《全国刑法硕士论文荟萃》，中国人民公安大学出版社，1989，第283页。

（范围），是分歧的焦点，也是我们判断定义是否准确的关键，而要界定刑法中认识错误的外延（范围），又必须先澄清几个有争议的问题。

1. 刑法中的认识错误是否只能存在于故意犯罪之中

有些学者认为，刑法中的认识错误只能发生在故意犯罪过程中，过失犯罪不可能出现刑法意义上的认识错误问题。其中部分学者认为："错误与过失不同，错误系认识与事实相左，而过失系认识与事实相符合，仅因不注意及缺乏其认识而已。"❶ 另有学者认为，虽然疏忽大意的过失中"也存在认识错误问题，但法律规定已将这种认识错误的内容固定化、明确化了，从而形成了一种具有自己特点的认识错误，……所以，我们在对刑法上认识错误进行研究时，可以而且应当将这种具有法律明确规定，已自成体系的特殊认识错误排除在外"。而"在过于自信的过失犯罪中，行为人具有对危害结果出现的可能性的认识，并且这种认识与客观现实之间并无矛盾。……所以，刑法上的认识错误，并不产生于过于自信过失犯罪的场合"。❷ 还有的学者认为，"过失永远都是以错误为前提的，如果没有错误，过失就不存在了。但这种错误已为刑法规定为过失了，错误理论不予研究"。❸

本书认为，过失是认识与事实相符合，因而不存在错误问题的观点是难以令人信服的。仅以疏忽大意的过失为例，行为人不知道自己的行为会引起危害社会的结果发生，而事实上造成了严重危害结果，其主观认识与客观现实之间有如此大的差异，怎么能说二者是符合的呢？至于过于自信的过失者对危害结果可能发

---

❶ 张灏：《中国刑法理论及实用》，三民书局，1980，第169页。
❷ 甘雨沛等主编：《犯罪与刑罚新论》，北京大学出版社，1991，第201、203页。
❸ 李新建：《刑法错误论》，硕士学位论文，中国政法大学法律系，1988，第18页。

生已有的认识，这也不能成为否定其存在认识错误现象的理由。因为行为人虽然认识到自己的行为有可能引起危害社会的结果发生，但同时又确信这种结果可以避免，也就是说，其主观认识的主流是相信危害结果不会发生，并且也希望危害结果不发生，而实际上危害结果最终还是发生了。其主观认识与客观现实之间的差异也是显而易见的，不能说二者之间不存在错误。另外，以刑法已对过失犯罪作了规定为由，将其排除在错误论的研究范围之外，也是不妥当的。诚然，犯罪过失是由刑法总则作了明确规定，并需要在理论上予以专门研究的问题，但是，理论研究具有交叉性，对同一问题从不同角度加以研究是很正常也是十分必要的。例如，刑法对共同犯罪有明确规定，从共同犯罪理论上对其进行专门研究当然重要，但这并不排斥我们从犯罪构成理论上对其予以研究。实际上，刑法之中的许多专门问题之间都具有紧密的内在联系，要把它们分割开来孤立地研究，不仅有害无益，而且不大可能。就拿错误与过失来说，二者就有着十分紧密的联系。在通常情况下，认识错误是产生过失的重要原因，而负过失责任又是存在错误的行为人所应承担的一种法律后果。并且，在司法实践中，要把过失犯罪完全排除在错误问题的考察范围之外，也是不可能的。因为，司法人员在处理涉及错误问题的案件时，一般先要运用犯罪构成和其他有关刑法理论，分析判断行为人主观上的错误是否影响其犯罪故意的成立，在此基础上，才能确定行为人是构成故意犯罪，还是构成过失犯罪，抑或不构成犯罪。在此之前，行为人犯的是故意罪、过失罪，还是根本不构成犯罪，尚处于未定状态，要把其中的过失犯罪部分先行排除出去，然后再来研究错误对刑事责任的影响，这当然是不可能的。

2. 刑法中的认识错误是否可能存在于非犯罪行为之中

有的学者认为，刑法中的认识错误虽然既可能发生在故意犯罪之中，也可能出现在过失犯罪的场合，但不可能存在于非犯罪行为之中。因为刑法是规定什么是犯罪以及犯了罪应给予何种刑罚处罚的法律，所以，刑法中的错误只能是行为人对自己的犯罪行为在法律上的意义和犯罪事实方面的错误认识。但是，本书认为，刑法中的错误虽然绝大部分发生在犯罪过程之中，可是，也有极少部分发生在非犯罪场合。实际上，刑法所规定的行为也并非只有犯罪行为，相反，还包括非犯罪行为与排除社会危害性和刑事违法性的行为。如我国《刑法》第二十条规定："……正当防卫，不负刑事责任。"《刑法》第二十一条规定："……紧急避险行为，造成损害的，不负刑事责任。"因为正当防卫行为和紧急避险行为，都是排除社会危害性的非罪行为。[1] 所以，关于正当防卫和紧急避险的错误，当然不能排除在刑法错误论的范围之外。而正当防卫和紧急避险错误中，又包含行为人误把正当防卫和紧急避险行为当作犯罪行为的情形。另外，在"假想防卫""假想避险"等场合，还可能是由于行为人不能预见的原因而引起错误及危害结果发生的，此时应属意外事件，行为人不负刑事责任。由此可见，误把正当行为（或不道德行为）视为犯罪行为的"假想犯罪"以及意外事件，虽然都不是犯罪行为，但也是刑法错误论所要研究的问题，而不应将其排除在外。再说，司法人员在处理这类涉及错误问题的非罪案件时，还得运用刑法错误论的基本原理，才可能准确认定行为的非罪性质，要想一开始就将其排除在错误论的范围之外，也是不可能的。

不过，应该指出，并非所有关于行为的法律意义和事实情况的错误，都是刑法错误论所应包括的内容。事实上，只有那些与

---

[1] 喻伟主编：《刑法学专题研究》，武汉大学出版社，1992，第9页。

犯罪有关的行为的法律意义和事实情况的错误，才属于刑法错误论的范畴。因为，归根结底刑法错误论所要解决的问题是，在行为人主观上发生错误的场合，他是否应该对自己的行为负刑事责任以及是负故意责任还是负过失责任。如果是与犯罪和刑事责任毫不相关的错误，当然也就不在刑法错误论的研究范围之内。

3. 刑法中的错误是否以认识错误为限

我国和苏联刑法论著中通常把刑法中的错误称为"行为人在法律上或事实上认识的错误"或"行为人对法律与事实的认识错误"。在给这种错误所下的定义中，一般也是说行为人对自己行为的法律性质和事实情况产生了错误认识、不正确认识或歪曲反映。而西方刑法论著往往把刑法中的错误表述为行为人的主观认识与客观现实不一致。表面上看，二者只是表述形式不同，并无实质差异。但实际上有较大差异。西方刑法学者给错误所下的定义中不仅包括认识错误，而且还包括行为错误，其范围比我国刑法理论上所说的认识错误要广。例如，关于打击错误（德、日刑法理论上称为方法错误），按照西方刑法学者给错误所下的定义，显然也属于行为人主观认识与客观现实发生的事实不一致的情形。因此，是错误论所应研究的重要问题。但是，按照我国的通说对错误所作的解释，由于打击错误是行为人对意欲侵害的对象实施侵害行为时，发生行为偏差，而对另一对象造成了危害结果，其主观上并未对行为对象、行为手段等事实情况发生错误认识，所以，打击错误不属于刑法上错误的范畴。

究竟哪一种表述更为妥当，确有研究的必要。我国有的论者指出："在刑法上，能够造成主观认识的事实与实际发生的事实不相一致的原因有很多，并不仅仅是行为人认识上的错误，其他的，如在未遂罪中，因被害人的反抗或第三人的阻止、自然力的阻碍、客观上对行为人精神的威胁等,都可以成为认识与现实不一致的原因。如果要说'方法的错误'属于一种认识上的错误,那么,一切未遂犯罪也都应当属于认识上的错误了。所以,仅仅用'不一致'来表述认识错误是不准确的,显然范围过宽。"[1]

本书认为,刑法中的错误并不以认识错误为限,而应该包括行为错误。因此,把错误定义归结为主观认识与客观现实不一致,是可取的。理由是:其一,从哲学意义而言,"错误是与客观规律相违背的认识和行动。认识上的错误是对客观事物本来面目的歪曲反映,是人的认识与这种认识所反映的实际状况不相符合,是没有正确地揭示客观规律。行动上的错误是与客观规律相背离的行动。"[2] "把错误局限于认识错误加以界说,把实践错误(即行动上的错误或行为错误——笔者注)排除在外,这不能说是关于错误的完整定义。"[3] 其二,从刑法理论上讲,也应该把行为错误包括在刑法错误论的研究范围之中。以打击错误为例,行为人虽然对行为的对象、行为的手段等客观事实均有正确认识,其行为也是针对其意欲侵害的对象实施的,只是行为失误,才导致实际侵害对象与意欲侵害对象不一致。那么,行为人对实际造成的危害结果应不应该负刑事责任,以及是负故意罪的责任还是负过失罪的责任,就应该从错误论的角度加以认真研究,否则,就找不到处理这类案件的科学的理论依据。其三,把刑法中错误定义的落脚点放在认识与现实"不一致"这一点上,不仅能够准确地揭示错误现象的实质,而且也不会造成不适当地扩大刑法中错误范围的不良后果。至于有的论者提出,如果用认识的事实与实际发生

---

[1] 简明:《论刑法上的错误》,硕士学位论文,武汉大学法律系,1985,第21页。
[2] 文清源:《错误论》,辽宁人民出版社,1991,第18页。
[3] 文清源:《错误论》,辽宁人民出版社,1991,第16页。

的事实不一致来表述错误概念,就会把所有未遂犯罪都包括在错误的范围之中,在我们看来,这未免有些言过其实。因为,在未实行终了的未遂的场合,行为人由于遇到某种障碍,未能将其认为完成犯罪所必要的行为实行终了,因而使犯罪未能得逞,在通常情况下,行为人对此是有清醒认识的,根本不存在主观认识的事实与现实发生的事实不一致的错误问题。

综上所述,刑法中的认识错误应该是指行为人实施与犯罪相关的行为时,对其行为的事实情况和法律意义的认识与现实不一致的情况。

二、刑法中认识错误的特征

从上述定义可以看出,刑法中的认识错误具有以下几个特征。

(一)刑法中的认识错误是行为人的主观认识与客观现实不一致

司法人员、被害人以及其他公民,对行为人的行为所作的判断,或对其行为事实情况的认识,虽然可能与现实不符,也会发生错误,但这不属于刑法中的认识错误。刑法中认识错误的主体只能是行为人,而不可能是第三者。这是因为,研究刑法上认识错误的宗旨,是要弄清错误对行为人主观罪过及刑事责任有无影响,以及有何程度的影响,以便确定行为人是否应该负刑事责任,以及是负故意罪的责任还是负过失罪的责任。而第三者的认识错误,对行为人刑事责任的有无及责任程度的轻重,不会也不应产生任何影响。

(二)刑法中的认识错误是行为人对自己行为的主观认识与客观现实不一致

这种错误是建立在行为人行为的基础之上的,与行为具有十分紧密的联系。如果不是对行为的法律意义和事实情况产生了错误认识，而是对其他客观事物存在不正确的观念，这虽然也是一种错误，但不是刑法意义上的认识错误。例如，某人以为甲是杀害其父亲的凶手，但实际上杀害其父亲的是乙，这也未尝不是一种认识与现实不一致的错误。但在此人没有对甲实施报复行为的情况下，还不能说是刑法上的错误。另外，如果行为人不是对自己实施的行为，而是对与自己行为无关的他人的行为发生错误认识，比如，行为人以为某人向领导告发了自己的盗窃犯罪事实，而对其实行报复陷害，但实际上此人告发的是其他人的盗窃犯罪事实。这就不属于刑法上的认识错误的范畴。应该注意的是，当行为人误认他人的行为是正在进行的不法侵害行为，而对其实行"正当防卫"时，那就不是一种单纯的对他人行为的认识错误，而是在此基础上，行为人把自己所实施的行为误认为是正当防卫，即对自己行为的性质产生了错误认识，所以，这是一种刑法上的错误，与那种单纯的对他人行为的认识错误有实质差别。

（三）刑法中的认识错误是行为人对自己所实施的同犯罪相关的行为的主观认识与客观现实不一致

如前所述，刑法上的认识错误并不以行为人的行为构成犯罪为限制条件，但也不是说所有关于行为的法律意义和事实情况的认识错误，都是刑法上的认识错误，相反，只有行为人实施了与犯罪相关的行为，才有可能出现刑法上的认识错误。这里所说的与犯罪相关的行为，是指除犯罪行为之外，还包括行为本来不构成犯罪而行为人误认为是犯罪，以及行为在通常情况下构成犯罪，但行为人主观上的错误，导致其无罪过而不负刑事责任的情形。如果行为人的行为与犯罪毫不相干（如学生看书学习），对此行为的法律意义和事实情况的认识错误，当然不可能是刑法上的认识错误。另外,还应该指出,刑法中的认识错误虽然不以行为人的行为构成故意犯罪为限,但是,其实施的行为必须是故意行为(包括一般生活中的故意),则是毋庸置疑的。因为研究错误问题的目的,就是解决行为人故意实施某种行为,而主观认识与客观事实情况或法律规定不一致时,是否阻却犯罪故意,以及在阻却犯罪故意的情况下,是否存在犯罪过失的问题,从而为确定行为人的刑事责任奠定主观基础。如果某种行为本身不是故意行为,例如,公安人员把没有关上保险的手枪装在口袋里乘公共汽车,因车上人多拥挤而使枪支走火打死了乘客。在此案中,由于子弹打死乘客,并不是行为人故意开枪所致,不存在考察其主观上有无犯罪故意的问题。所以,不在刑法认识错误论的研究范围之内。但是,如果行为人故意开枪打野兽而误杀了他人,则由于其开枪行为是故意的,就有必要考察这种故意是不是杀人的故意(是否因错误而阻却故意),这就是刑法认识错误论所要研究的问题。

(四)刑法中的认识错误是行为人对自己所实施的与犯罪相关的行为的法律意义和事实情况的主观认识与客观现实不一致

从错误的内容来看,它包括两方面:一是关于行为事实情况的错误;二是关于行为的法律评价的错误。关于行为事实情况的错误,既可以表现为行为人认为自己的行为可能造成某种危害社会的结果,但实际上不可能造成;也可以表现为行为人误以为自己的行为不可能造成危害社会的结果,而实际上已经造成;还可以表现为行为人虽然认识到自己的行为能够引起某种危害社会的结果,并且实际上也发生了该种危害结果,但实际发生的结果与行为人所认识的因果经过不一致。关于行为的法律评价错误,则是行为人对自己行为的法律性质的认识与法律的规定不一致。这既可能表现为行为在法律上本来不构成犯罪，而行为人误认为构成犯罪；也可能表现为行为在法律上本来就被规定为犯罪，而行为人由于不知法律或误解法律而误认为不是犯罪；还可能表现为行为人对自己行为应定的罪名或应处刑罚轻重的认识与法律规定不一致。此外，有必要指出，行为人对自己行为的主观认识与客观现实之间的不一致，必须达到一定严重程度，才能视为刑法上的认识错误。如果二者之间只有微小的不一致，例如，行为人意图打断某人的右腿，结果打断了其左腿；行为人以为自己将被判10年有期徒刑，结果被判了9年有期徒刑，这些微小的差别，就不具有刑法上的意义。

第二节　行为人对法律的认识错误

一、行为人对法律认识错误的概念

刑法中的认识错误是行为人对法律认识错误的上位概念，因此界定刑法中的认识错误是进一步研究法律认识错误的前提。我国刑法理论的通说认为，刑法中的认识错误是指行为人对自己的行为的刑法性质、后果和有关事实情况的不正确认识，也就是行为人对自己实施的行为的法律意义或者事实情况发生认识错误。根据这种理解，刑法学中的法律认识错误是指行为人对自己实施的行为在有关法律性质和法律意义的评价上的不正确认识，又称为法律上的认识错误，简称法律错误。它与德日刑法中的"违法性错误"或"禁止的错误"不同，不同之处主要表现在外延上。"违法性错误"或"禁止的错误"是行为人对自己行为是否违法，是否为法律所禁止存在不正确的认识；而法律错误除了对这种"违"或"禁"的认识错误，还包括在已经明知违法或被禁止之后，对应受惩罚的认识错误，所以法律错误应比其他二者范围更宽、外延更广。

二、行为人对法律认识错误的分类

关于行为人对法律认识错误的分类在中外学者中存在争议，我们认为，传统的行为人对法律认识错误的三分法准确地包含了法律认识错误的各种情形，排除了应作为事实认识错误的情况，在体系上更为完备，因而更为可取。按通行教科书的表述，行为人对法律的认识错误包括以下三种类型。

（一）误无罪为有罪

这种情况在刑法理论上通常被称为"假想犯罪"或"幻觉犯"，也有学者称为法律的积极错误。这种法律错误一般包括两种情形：一是把不具有社会危害性的正当合法行为误认为是犯罪行为，如把正当防卫行为当作犯罪的行为；二是把具有一般社会危害性但不构成犯罪的行为误认为是犯罪行为，如把盗窃价值不足500元人民币财物的行为当作构成盗窃罪的行为。

（二）误有罪为无罪

这种情况即通常所说的"假想不犯罪"或"错觉犯"，也有学者称之为法律的消极错误。这种法律错误一般也包括两种情形：一是行为人认识到自己的行为是具有社会危害性的违法行为或不道德行为，但认为尚未达到犯罪程度，不是犯罪。例如，行为人与军人配偶同居，行为人认为这只是违反《中华人民共和国婚姻法》或违反道德的行为，并不是犯罪，而实际上其行为已构成《刑法》第二百五十九条规定的破坏军婚罪。二是行为人把自己实施的通常情况下构成犯罪的行为误认为是合法行为。例如，行为人明知对方是不满14周岁的幼女而与之发生性关系，认为只要对方同意就不构成犯罪，而实际上其行为已构成《刑法》第二百三十六条规定的强奸罪。

（三）对定罪量刑的误认

这种法律错误也包括两种情形：一是对自己行为应成立罪名的误解，如盗窃后被失主发现，为逃逸对失主使用暴力的，行为人认为是盗窃罪，实应定抢劫罪；二是对行为应处刑罚轻重的误解，如行为人不知刑法对加重或减轻情节有从重或从轻处罚的规定而受到与自己预想不同的刑罚。对于后一种情形，有学者认为在实践中不会产生刑法适用的问题，因此理论上没有必要将其列为法律认识错误的一种。但本书认为，这种观点不妥。第一，理论研究和司法实践是两个既相互联系又相互区别的领域，其联系表现在理论源于实践，又指导实践，并通过实践使自身得到丰富和发展，其区别则是二者所处领域不同，方法自然不同，如果实践中无意义的问题在理论上也放弃，虽不影响指导实践，但对于理论自身的完备却是一个损失。有缺陷的理论用哲学标准来衡量就不是科学。况且，我们的法学理论基本秉承了大陆法系重视理论自身建设的传统，不能因为实践中无疑问就放弃理论上的研究。第二，如前所述，刑法上的认识错误是行为人对自己实施的行为的法律意义或事实情况的认识错误，对刑罚轻重的错误虽不影响行为人的刑事责任，但仍是具有法律意义的错误。因为，刑罚是最严厉的法律制裁方式，关系受刑人的切身权益，特别是人身自由权等权利的行使，怎能说在理论和实践上没有意义。

三、行为人法律认识错误的处理原则

在上述三种法律认识错误中,第一种法律认识错误一般均认为不改变行为本身的非犯罪性。根据主客观相统一原则,对行为人定罪量刑时要求行为人必须具备主客观相统一的犯罪构成要件。而在假想犯罪中,行为人主观上虽具有"罪过",但在客观上却不具有危害行为或危害行为未达到严重程度,也就是说行为人的主客观并不统一,不符合犯罪构成,因而不能定罪。而且,刑法中也无假想犯罪的规定,对其定罪也是违反罪刑法定原则的。第三种法律错误是行为人已经认识到其行为的犯罪性质,只是对应定罪名或应处刑罚存在误解。在主观上,行为人对犯罪已有清楚认识,并进而实施该行为,而且他所实施的行为也已达到了严重的危害程度,构成了刑法规定的犯罪,所以行为人的行为已具备了犯罪构成的主客观要件,犯罪已经成立。至于对罪名或刑罚的误解,因不属于故意的认识内容,既不影响主观罪过,也不改变犯罪行为的客观性质,因而对其刑事责任不产生任何影响。

对上述两种行为人对法律认识错误的处理,理论界已形成共识,只是对第二种法律认识错误的处理存在较大的争议。这种法律认识错误的第一种情形,行为人对其行为的危害性、违法性也有所认识,主观恶性已较明显,一般认为该情形不影响故意的成立。至于第二种情形,即行为人对自己犯罪行为的违法性和危害性完全缺乏认识的情况,日本学者称为狭义的法律错误。对这种认识错误的处理才是争论的焦点。

(一)国外刑法的处理原则

英美刑法一贯坚持"不知法律不赦"的古老原则,对于不知或者误解法律而犯罪者,采取不减免刑事责任的做法。但是,进入20世纪后,"不知法律不赦"的原则在美国开始动摇,出现了承认这一原则有例外的判例,而且1962年公布的《模范刑法典》以及各州参照此法典制定的州刑法都对这一原则作出了例外规定。然而,与美国不同,英国的立法与司法仍然恪守这一原则,几乎完全否认该原则有例外。虽然英国刑法学界极力主张仿效美国,但这种努力没有得到实务界的回应。在大陆法系,在德日的刑法理论上,对最狭义的法律认识错误的处理,形成了各种学说,而各学说间争议的主要问题就是有关故意与违法性认识的关系问题,即违法性认识究竟是不是故意的认识内容。对此,可以将各种学说概括为以下三大类。

第一类是违法性认识不要说。该说认为,违法性认识不是故意的要件,法律的错误不阻却故意,即对法律的不知或误解不影响刑事责任。

第二类是违法性认识必要说。该说认为,故意的内容中包含着对现实违法性的认识,缺乏对法律的必要认识,应阻却故意,免除刑事责任。该说中又有严格故意和准故意说的区别。

第三类是违法性认识可能性说。该说认为,作为故意责任的要件,至少需要违法性认识的可能性,缺乏违法性认识可能性时,不成立故意犯。该说细分为限制故意说和责任说两种意见。

上述三种学说各有利弊,不存在谁是正确的而另两种就是错误的情况。在大陆法系各国的立法中,《德国刑法典》第17条规定:"行为人行为时没有认识其违法性,如该错误认识不可避免,则对其行为不负责任。如该错误认识可以避免,则依第49条第1款减轻处罚。"《日本刑法典》第38条第3款规定:"即使不知法律,也不能据此认为没有犯罪的故意,但可以根据情节减轻刑罚。"可见,德国刑法是将最狭义的法律错误分为可避免和不可避免两种,对前者一般不减免刑事责任,对后者则减轻处罚;而日本刑法则主张违法性不要说,但将法律错误作为减轻处罚的情节。

(二) 我国刑法的处理原则

在我国,关于法律认识错误是否阻却故意的问题,通说意见是违法性认识不是故意的内容,法律认识错误不阻却故意;但是,在特殊情况下也存在例外,根据行为人的具体情况,如果其行为时确实不知道有这种法律而且也不可能知道,因而认为自己的行为是合法的,那就不应该认为具有犯罪故意。如果行为人在不知法律上存在过失,则可能构成过失犯罪,否则不应作为犯罪来处理。

通说的这种意见在理论上可概括为限制否定说或折中说,另外我国刑法理论上也有否定说(违法性不要说)和肯定说(违法性必要说)之分。但在我国1979年和1997年颁布的两部刑法典中,对此问题却未作规定,使得理论上的争论日趋激烈。

(三) 问题的解决

对最狭义的法律认识错误,通说在解决司法实践中的问题时不会遇到困难,但这并不能表明通说就是最合理的。相反,从理论的角度来看,本书认为肯定说的观点更具合理性,也与刑法相关理论更统一。其理由有二。

首先,从故意的内容看,故意不仅是对犯罪构成要件事实的认识。因为《刑法》第十四条第一款规定:"明知自己的行为会发生危害社会的结果,并且希望或者放任这种结果发生,因而构成犯罪的,是故意犯罪。"这一故意犯罪的概念已表明,行为人只对行为事实本身有认识,还不足以成立犯罪故意,只有当他认识到其行为是危害社会的,在作出了这种规范评价的基础上仍然继续实施该行为,才能说明他具有犯罪故意。"之所以如此,是因为犯罪故意是一种罪过心理,它是反映行为人主观恶性的一个重要因素,也是其行为应受否定评价和责难的根据所在。"所以,规范评价是成立犯罪故意不可缺少的内容。

其次,看社会危害性认识与违法性认识的关系。按通说观点,违法性认识不是故意的内容,行为人在实施行为时只需对行为的社会危害性有认识即可构成故意,即社会危害性认识是故意的内容,这显然是矛盾的。因为社会危害性与违法性虽然是犯罪的两个基本特征,但是两者的这种分离只限于说明犯罪概念的场合,在其他场合,二者是有机联系、相互依存的关系,是一个问题的两个方面,不可分割。社会危害性是违法性的实质内容,违法性是社会危害性的法律形式,割裂二者的内在联系,将其分解成两个因素,要求行为人分别加以认识是不正确的。脱离对社会危害性的认识,违法性认识也就成了无源之水、无本之木;反之,脱离违法性认识,社会危害性也就不具有法律意义,不可能成为犯罪故意的内容。犯罪故意既然是一种法律观念,其规范评价的内容当然应以法律形式表现出来,所以,以社会危害性认识为内容的违法性认识才是故意所必需的认识内容。将二者割裂开来,认为故意的内容只包括社会危害性认识或分别包括社会危害性认识和违法性认识的做法都是不足取的。

基于上述认识,本书主张,违法性认识是故意成立的必备要素,违法性认识错误,即最狭义的法律错误阻却故意的成立。如果客观上存在违法性认识的可能性,只是由于行为人主观上的过失而未认识,且刑法有处罚此类过失犯的规定的,则构成过失犯罪;如果不存在违法性认识的可能性或刑法上无处罚此类过失犯的规定,则行为不构成犯罪。

第三节 行为人对事实认识错误

一、行为人对事实认识错误概述

行为人对事实认识错误的问题是犯罪主观方面的一个特殊而重要的问题。因为这种认识错误可能影响到行为人主观上是否存有犯罪故意，进而影响到行为人是负故意责任还是负过失责任，抑或不负责任。事实认识错误论的宗旨就是解决发生事实认识错误是否排除行为人对于所发生事实成立犯罪故意，是否承担故意罪责的问题。它对于保证刑事责任的正确归结，有效地排除主观归罪和客观归罪，合理地解决行为人犯罪和刑事责任问题，从而使罪刑法定、罪刑相适应等原则得到切实有效的贯彻，有着重要的意义。

（一）行为人对事实认识错误的概念

对任何问题的研究首先都要明确其概念，行为人对事实的认识错误论也不例外。那么，我们如何给行为人对事实的认识错误下一个比较科学的定义呢？国内外学者对此有不同的界定：对于行为人对事实的认识错误，大陆法系国家的学者们倾向于认为，行为人对事实的认识错误即行为人的主观认识和客观现实不一致。这种局限于构成要件的事实认识错误是比较狭义的一类概念。因为根据这一定义，行为性质的认识错误就只能被单独列为一类错误而被排除在事实认识错误的范畴之外。关于事实认识错误的概念，我国学者也有诸多表述。一种观点认为，事实认识错误是指"行为人对其所实施的危害社会的行为的犯罪构成客观方面的事实因素的不完全反映"。❶ 一种观点认为,事实认识错误是指"行为人在实施危害行为的过程中对犯罪的实施情况的歪曲反映"。❷ 一种观点认为,事实认识错误是指"行为人所认识的事实与现实发生的事实在刑法评价上有重大差别"。❸ 还有观点认为,事实认识错误,是指"对与刑法有关的一切客观存在的事实情况所产生的不正确的、模糊的、混淆的、歪曲的或者颠倒的观念"。❹ 关于行为人对事实认识错误,国内外学者的论述可谓林林总总。我们认为,要对行为人对事实的认识错误下一个比较科学合理的定义,必须确定一个标准,这个标准就是要涵盖事实认识错误的特征和范围。同时,这里论述的是具有刑法意义的认识错误,是有关行为的主观因素。与行为无关的事实认识错误,如仅误把甲对象当作乙对象,则不是我们所关注的问题,也是毫无刑法意义的。只有误把甲当作乙并实施了杀害行为,此时的认识错误才是刑法意义上的事实认识错误。借鉴以上中外学者对事实认识错误的各种定义,我们认为,所谓行为人对事实的认识错误,是指在行为人故意实施某行为的过程中,行为人对客观方面的事实存在不正确的认识,并且这种错误认识影响到行为人是否构成犯罪故意的情形。这一定义比较有效地克服了以上学者所提出的广义和狭义概念存在的局限性。

(二)行为人对事实认识错误的特征

1. 行为人对事实的认识错误发生在故意行为的过程中

首先,我们要明确一般意义上的事实认识错误和刑法意义上

---

❶ 甘雨沛等主编:《犯罪与刑罚新论》,北京大学出版社,1991,第224页。
❷ 《中国刑法词典》编委会:《中国刑法词典》,中国学林出版社,1989,第221页。
❸ 刘明祥:《刑法中错误论》,中国检察出版社,1999,第51页。
❹ 时春明:《刑法上错误的理论与实践》,兰州大学出版社,1989,第69页。

的事实认识错误。前者发生在日常生活中，而且，这种认识错误并不影响刑事责任的认定；而后者则是在故意实施某行为过程中产生，并且与行为人的罪责认定有关。其次，我们要认识到刑法意义上的事实认识错误和过失犯罪的界限。"认识错误从其社会评价意义上看，可以发生在两种不同的行为过程中。一是发生于行为人无动机和目的而实施的行为过程，另一种是发生于行为人基于一定的动机和目的而实施的行为过程。前者因认识错误造成严重危害社会结果的，有可能构成犯罪过失；而后者的认识错误，不构成刑法中的犯罪过失。这种认识错误正是刑法理论上要单独研究的错误"。❶ 虽然从本质上说，犯罪过失也是一种认识错误，但是对这种认识错误的处理一般由过失犯罪理论解决即可。我们所论述的刑法上的认识错误就是指这种认识错误能否阻却行为人的犯罪故意，是否影响对行为人的罪责认定。因此，刑法意义上的事实认识错误只能是发生在故意实施某行为过程中的认识错误。

2. 行为人对事实的认识错误是影响刑事责任有无的错误

研究事实认识错误就是为了确定这种认识错误是否阻却行为人的犯罪故意，并最终确定是否影响行为人的罪责大小。在犯罪行为中，行为人的认识很少能和现实情况完全吻合。但是，对于一些和刑事责任的追究无关的事实认识错误并不在刑法的事实认识错误论的研究之列。对此，有学者把事实认识错误分为有关的错误和无关的错误。我们所要探讨的是有关的错误。即对这些有关的错误，首先要看它们是否阻却犯罪故意。如果不阻却，就追究行为人故意犯罪的刑事责任；如果阻却，则看行为人是否存有

---

❶ 张翔飞、汪海军：《论刑法上的错误》，载《宁波大学学报（人文科学版）》1996年第4期。

过失,有过失就要承担过失犯罪的责任,否则,则不承担刑事责任。

3. 行为人对事实的认识错误是认识论上的错误

错误有两方面含义:一是从规范评价的角度看,人的思想或行为与社会的规范要求不符。比如行为人的行为违反社会规范,我们就可以说该行为人犯错。这就是规范意义上的错误。二是从认识论的角度看,错误指行为人的主观认识和客观情况不一致。依照这一划分标准,事实认识错误无疑属于认识论中的错误。虽然人的主观认识是对现实的反映,但是由于人的认识能力有限以及受客观因素的影响,行为人可能会对现实有歪曲的认识。事实认识错误就是行为人对现实的危害行为及危害对象等的错误认识,并基于这一错误认识使实际结果和行为人意图达到的结果出现背离。

(三)行为人对事实的认识错误的类型

对于行为人对事实的认识错误的种类划分,采用不同的分类标准就能得出不同的种类。但种类划分是否科学的关键是标准的选择是否得当、合理。我们简要介绍理论上几种常见的分类方法。

(1)构成要件的事实错误、违法性的事实错误和有责性的事实错误。这种分类法是以错误与犯罪成立的要件之间的联系为标准。这也是一种较为宏观的分类法。构成要件的事实错误是指对构成要件的因素的认识错误,如主体的错误、对象的错误和因果关系的错误等;违法性的事实错误是指行为人对于其行为是否违法的前提性事实有着错误认识,如假想防卫,本来不存在客观的不法侵害,但是行为人却误以为存在不法侵害而进行防卫;而有责性的事实错误是指行为人对于是否存在责任阻却事由有着错误的认识,比如期待可能性,事实上存在期待可能性而行为人却以为不存在,或者事实上不存在期待可能性,而行为人却误认为存在。

(2)同一构成要件之内的错误和不同构成要件之间的错误。该分类法是以认识错误是否发生在同一构成要件为标准。还有学者把这种分类称为具体事实认识错误和抽象事实认识错误。同一构成要件之内的认识错误指对某一犯罪构成内的事实发生的认识错误。例如,甲想杀仇人乙,由于误认丙为乙而把丙杀害,就属于同一构成要件内的错误;不同构成要件之间的错误指行为人所认识的危害结果与实际造成的危害结果属于不同构成要件的情形。比如行为人误以为被害人甲是濒危野生动物而进行射杀的,对象错误就是不同构成要件之间的认识错误。

(3)对象错误、打击错误和因果关系错误。这是以客观方面的事实认识错误的具体表现形式为标准进行的分类。对象错误是指行为人误把某个对象当作自己意欲侵害的对象而对其进行侵害。对象错误又可分为同一构成要件之内的对象错误和不同构成要件之间的对象错误;打击错误,有的学者又称为方法错误,指行为人对其意欲侵害的对象进行侵害时,由于发生行为偏差而对预想之外的对象造成了侵害的情况;因果关系错误是指行为人所意欲侵害的结果实现,但是行为人对于其危害行为和危害结果之间的因果关系存在不正确的认识。

对于以上行为人对事实的认识错误的分类,学者们褒贬不一。有学者倾向于认为第一种分类法要科学。他们认为该分类法比较完整,既涵盖构成要件的事实错误,又包括违法阻却事由错误和责任阻却事由错误;有的学者则认为第二种分类法较为科学。他们认为只有构成要件内的事实错误对于错误论才具有意义。而且,这种分类法在体系上也显得更为科学、合理。另有一些学者则认为第三种分类法较为直观、具体，更有利于指导司法实践。同时，有的学者还提出了其他分类方法，如贾宇教授以对罪责的影响为标准把认识错误分为应负故意罪责的认识错误、应负过失罪责的认识错误和不应负刑事责任的认识错误。对于事物的分类，如果我们仅从它所依据的特有标准看，都存在一定合理性。但如果我们换一个视角看，它们又都存在着一定的局限性。事实认识错误的分类亦是如此。所以，我们采用何种事实认识错误的分类法应着眼于我们研究的范畴，即我们应认同与我们所要研究的问题比较密切的分类法。结合本书写作的设想，我们比较认同第三种分类法。

二、国外关于行为人对事实认识错误的立法及理论研究

在我们了解了有关行为人对事实认识错误的概念和种类划分后，这一认识错误到底对刑法有什么意义呢？"这种错误对犯罪故意的成立以及行为人的刑事责任的影响如何？应根据什么原理处理？这是形式立法和刑法理论要解决的问题。"❶ 下面我们首先介绍下国外有关行为人对事实认识错误的立法规定及理论研究。

（一）国外有关行为人对事实认识错误的立法例

基于事实认识错误在司法实践中对行为人罪责认定的影响，许多国家在理论研究成果的推动下纷纷进行立法，以指导司法实践。我们这里简要介绍一些国家有关事实认识错误的典型立法例。

《日本刑法典》第38条第2项规定："犯重罪而于犯罪时不知其重者不得从其重罪处断。"

《德国刑法典》第16条规定："（1）如果行为人对依法属于犯

---

❶ 何秉松、于齐生：《论刑法上的错误》，载《政法论坛》1994年第4期。

罪构成的情节不认识，则他的行为不是故意的。对过失实施的行为仍然应该归罪。（2）如果行为人在实施行为时错误理解可能实现更轻法律规定的犯罪构成的情节，则他只能按照更轻的法律受到故意犯罪的刑罚。"

美国的《模范刑法典》第204（1）条规定："对事实或者法律的无知或者错误是一种辩护，只要这种无知或者错误否定了建立该种犯罪的一种实质性因素所要求的那种目的、明知、相信、轻率或者疏忽。"

《意大利刑法典》第47条规定："对构成犯罪的事实的认识错误排除行为人的可罚性，但因过失引起的错误在实施的行为被法律规定为过失重罪时，不排除可罚性；关于构成某种犯罪的事实的认识错误不排除对另一犯罪的可罚性；在引起对构成犯罪的事实的认识错误时，对非刑法性法律的认识错误排除可罚性。"第59条第4款规定："如果行为人因错误而认为存在排除刑罚的情节，应作出有利于他的评价。但是，如果属于因过失而引起的错误，在其行为被法律规定为过失重罪时，不排除可罚性。"

《法国刑法典》第59条规定："犯人于犯罪遇有不知犯罪构成事实或不知犯罪加重特别条款之情形时，不得以故意论。"

《瑞士联邦刑法典》第19条规定："行为人因事实错误而行为时，法官应依行为人所了解之事实为有利于行为人之裁判。"

《韩国刑法典》第15条规定："（一）未认识到应特别加重处罚的犯罪之事实者，不以重罪处罚。（二）对行为所引起的应加重处罚之严重结果无法预见者，不以重罪处罚。"

现行《俄罗斯联邦刑法典》没有认识错误的规定，但是1845年《俄罗斯刑法典》第1456条却有规定："谁要是有意造成某人死亡，却错误地剥夺了不是该人而是另一人的生命，则他应该受到杀死他有意杀死的那个人应受的刑罚。"

综观以上各国刑法关于行为人对事实认识错误的处理规定,大多数国家认为,对于行为人基于认识错误而引起的未曾预料的犯罪结果的情形都阻却故意,或者不以犯罪论,或者以过失犯罪论。虽然上述各国关于事实认识错误的法律规定比较简单,但是对于指导司法实践,正确地认定罪责却有着重大的意义。同时,这种立法规定也有利于推动事实认识错误理论研究的进一步深入。

(二) 国外有关事实认识错误的理论研究

相比较各国刑法关于行为人对事实认识错误的立法例,学者们的理论研究显得更加丰富、更加深入。"事实认识错误就是行为人具有预想犯罪的危害结果,但发生了事实认识错误,导致出现了非预想的犯罪结果。在这种情况下,既包括出现了预想的危害结果没有出现,只出现了非预想的危害结果的情况,也包括既出现了预想的危害结果,也出现了非预想的危害结果的情况。但只有第一类错误才是事实认识错误要研究的对象。因为只有这样限定事实认识错误的范围才能使理论研究既不重复又具有相对的独立性。实际上事实认识错误的出现就对预想的犯罪事实的犯意进行了修正,这种修正使行为人发出的行为造成了非预想的犯罪事实。如何认定非预想的犯罪事实的罪过形式,如何确定未发生的预想的犯罪事实的罪责,就是事实认识错误研究的核心。"[1]

对此,国外刑法学者尤其是以德、日为代表的大陆法系国家

---

[1] 张萍:《论刑法中的错误》,载于志刚主编《刑法问题与争鸣》(第五辑),中国方正出版社,2002,第123页。

刑法学者进行了比较深入的研究并提出了诸多学说。

1. 英美法系国家有关行为人对事实认识错误的研究现状

作为有着判例法传统的英美法系国家，它们对行为人对事实认识错误的研究主要着眼于司法实践中的应用，英美法系国家对事实认识错误的理论研究主要起源于古罗马法"法的不知不得抗辩，事实的不知得以抗辩"的原则。但是在普通法上，作为一种抗辩理由的认识错误必须具备一定的条件：a. 在程序上，必须有被告人的请求。因为对这种事实认识错误的认可是为了减免其罪责，所以应由被告承担举证责任。b. 在法律上，事实认识错误要具备这样的条件：这种事实认识错误必须是真实的，即这种认识错误的真实性能够排除把所指控的罪责归于行为人；这种错误必须是合理的，被告人要提出证据证明他对事实认识错误的辩护是真实的，并被合理接受。如果这种辩护理由不能为一般人所接受和认同，那么法庭将以此为由驳回其请求；这些认识错误必须是事实的错误，而不是法律或者是有关法律评价的事实的认识错误；在实行严格责任的犯罪中不能以认识错误作为辩护理由，"在实行严格责任的绝大部分情况下，通行的观点是只要具备了犯罪行为方面的某些特定因素，那么被告人对事实的无知或认识的错误（不管这种错误多么合理）就不能成为辩护的理由。这是因为，对于具备这种特定因素的案件来说，被告人的犯罪意图如何，是不需要证明的。"❶

2. 大陆法系国家有关行为人对事实认识错误的理论研究

以德、日为代表的大陆法系国家的刑法学者对事实认识错误

---

❶ ［英］鲁珀特·克罗斯、菲利普·A. 琼斯：《英国刑法导论》，赵秉志等译，中国人民大学出版社，1991，第 77 页。

的理论研究主要是围绕构成要件的事实认识错误展开的。对于事实认识错误及其处理,有以下代表性学说:

(1)同一构成要件之内的事实错误。对于同一构成要件之内的事实错误及其处理,有以下四种有代表性的学说。

一是具体符合说。具体符合说认为行为人所认识的事实只有与现实发生的事实完全一致才能认定故意成立,否则阻却故意成立。例如,行为人意欲杀甲,而错把乙当作甲杀掉;或者行为人把其仇人从桥上推下,意图淹死他,可事实上其仇人却是被桥墩撞死的。根据具体符合说,对于以上案例,由于现实发生的事实和行为人所预想的事实并非具体一致,所以阻却行为人的故意,只能以故意杀人未遂和过失致死的想象竞合从一重罪处断。

对于该学说,有学者提出了批判。这种要求行为人的认识和客观发生的事实完全一致的观点是不切合实际的,在实践中也缩小了故意的适用范围。所以,这种严格意义上的具体符合说如今已很少被采纳。

二是具体的法定符合说。考虑到具体符合说不符合现实中的案件的错综复杂性以及过度缩小故意范围的弊端,有学者吸收了法定符合说的构成要件标准,提出了具体的法定符合说。该说认为,故意的成立以对构成要件的事实认识为限,但只要对重要的事实认识即可,对于不重要的事实的认识则不需予以考虑。即只有对重要事实的认识错误才阻却故意。如对于故意杀人,不要求所杀的是某种属性的人,只要人被杀了,即使行为人对于杀的是谁或者是否具有某种属性不了解也不阻却故意的成立。此外,该说对于对象错误和打击错误进行了区别对待:对于对象错误,因为所欲侵害的对象和实际侵害的对象具有刑法上的价值相等性,所以不阻却故意,即同一构成要件内的对象错误不阻却故意的成立；但打击错误则不同，在打击错误中，考虑到攻击对象的复数性，以及故意的内容包括的是对构成要件中有着重要性的对象的认识，行为人对未认识的对象造成的危害结果则与其认识的事实不具有法定的符合，所以不成立犯罪故意，行为人只能对现实发生的结果成立过失犯，对预见的事实成立未遂犯，以想象竞合犯处断。

对于该学说，有学者批判其认为对象错误不阻却故意与其所持的基本立场相矛盾，而且对于打击错误和对象错误的认定标准不一，缺乏理论上的一贯性。"在对象错误的场合（如把甲当作乙杀死了），其实际侵害的对象与自己主观上所预见的不是具体一致。如果他知道是与自己没有什么关系的乙，就不可能杀害他。"❶尽管批评如潮，但现实是该学说已成为一些大陆法系国家的通说。即使是主张"法定符合说"的日本，该学说也正在其国内成为一种有力的学说。

三是法定符合说。法定符合说认为行为人所认识的事实和现实发生的事实只要在构成要件范围内符合就认为故意成立。所以该说也被学者们称为构成要件符合说。法定符合说认为，行为人对构成要件内的事实有认识，而实际发生的事实并没有超出构成要件的范围，即这种认识的错误只要是构成要件范围内的错误，无论是客体的错误、方法的错误还是因果关系的错误都不阻却故意的成立。这种学说是建立在这样一种认识基础之上，即认识的事实和发生的事实在构成要件上相同，因而在法律上是符合的。但是，基于对构成要件事实理解的不同，持法定符合说的学者在观点上又存有一定分歧：有的学者认为，故意的成立不以有具体

---

❶ 张明楷：《刑法学》，法律出版社，1999，第166页。

的认识为必要，只要对抽象化的构成要件事实有认识即成立故意，并且一个故意可能成立复数故意犯。例如，甲以杀乙的故意朝其开枪，结果却误杀丙，则甲对乙、丙都负有杀人的故意。对前者成立杀人未遂，对后者成立杀人既遂。这种观点也是法定符合说比较传统的观点，也被学者称为复数故意犯说。对这种观点，有学者认为不应该这么抽象地认识构成要件的事实。而且，这种观点违背了责任主义原则，应做恰当的限制，即我们要从构成要件评价的故意类型性角度认识事实。这样，在上述案例中就只能成立对乙的故意杀人既遂。这就是一故意犯说，也有学者称之为新法定符合说。

对于该学说，持具体符合说或者具体法定符合说的论者对其进行了批评。他们认为，法定符合说认为方法错误不阻却故意成立是没有道理的，故意的问题是"有"或"无"的问题，而不应把故意当作一种规范性概念理解，把实际上没有故意的场合评价为有故意；还有学者认为，法定符合说认为构成要件内的事实认识错误都不阻却故意，有无限扩大故意范围之嫌。

四是折中说。基于以上学说的局限性，日本学者开始在具体法定符合说和法定符合说之间走中间路线，提出了一些折中的主张。我们这里简要介绍几种比较有影响的观点：井田良主张故意是否成立是实行行为阶段判断的问题，而错误则是对结果能否归责为故意，这是主观归责的问题。作为归责的标准是有无结果预见可能性。即使行为人没有想到有其他人的出现，但是如果存在这种预见的可能性，就有主观归责的余地。例如，行为人想杀甲，结果却杀了乙，如果行为人认识到了乙也在场，就可以把杀人的故意归责于乙，构成对乙的故意杀人；但是，如果行为人没有也不可能预见到乙的出现，意外地造成了乙被杀害，这时我们就无法认定对乙的故意杀人。这里故意的成立必须是认识到结果的发生，如果只是有认识的可能性，而对结果无认识，亦不能认为是故意，只能成立过失。伊东研佑认为，如果对行为的结果有潜在的认识，就被认为有故意。例如，行为人意图杀甲并对其开枪射击，结果射杀了乙，如果行为人认识到乙就在附近，就认为行为人对乙的死亡负有故意。即是说，只要对乙的死有未必的认识就构成故意。该说有把"没有故意"的情形解释为"有故意"的情形之嫌，会导致故意概念的不适当扩张。所以该说一提出就为一些学者所诟病。西田典之认为，我们应对具体的法定符合说作适当的修正，比如对具体法定符合说主张的打击错误阻却故意，就要只承认其相对性，即对阻却故意的范围作一定的限制。我们知道，通过刑罚处罚去设定反对动机，是以具体的法益主体为单位的，所以只要对同一法益主体产生了相同的构成要件的结果，打击错误就不阻却故意。根据此种主张，损坏财物所有权的保护法益都是财物所有权，所以只要是在所有者的限度内就可以认为故意成立。例如，行为人以损坏财物的意图用石块砸某人的物品，结果却损坏了其他人的物品。这种错误就不阻却故意。还有，行为人本打算用火烧甲的房屋，结果由于风向改变而烧了乙的房屋。但是由于放火侵犯的法益是公共安全，所以不影响放火罪既遂的成立。

（2）不同构成要件之间的事实认识错误。不同构成要件之间的事实认识错误，又被学者称为抽象事实认识错误，指行为人认识的事实与现实发生的事实不一致发生在不同构成要件之间。具体说，这种认识错误包括以下三种类型：一是以犯重罪的意图却导致了轻罪的实现的情形。如以杀人的意图，却把狗误认为要杀的人而杀害；二是以犯轻罪的意图却导致了重罪结果的出现。如行为人意图杀狗却把人误认为狗而杀害的情形;三是行为人认识的罪和最终实现的罪属于不同的罪,但是其法定刑却是相同的。对于以上不同构成要件之间事实认识错误的情形如何处理,学者提出了不同的观点,包括具体符合说、法定符合说和抽象符合说等。但我们知道,具体符合说虽然适用明确,运用简单,但是其在解决同一构成要件内的认识错误时就显得十分苍白,对于处理不同构成要件间的事实认识错误就更得不到大多学者的支持。所以,该说在解决不同构成要件间的认识错误上不为大多数学者所认同。对于处理不同构成要件之间的事实认识错误,法定符合说和抽象符合说是影响力比较大的两种学说。

一是法定符合说。法定符合说在论述不同构成要件之间的事实认识错误时有个理论前提,即把不同构成要件间的事实认识错误分为同质错误和不同质错误。对于不同质错误,持法定符合说的学者的观点是一致的。即他们都认为,对行为人意图实现的事实负有未遂责任,而对现实发生的事实不存在故意,要么负过失责任,要么不负责任。两者是想象的竞合。例如,行为人以毁坏财物的故意开枪射击,结果却误杀了他人。这样,行为人就构成故意毁坏财物罪的未遂和过失致人死亡罪的竞合。但由于刑法没有毁坏财物罪的未遂的规定,只能定过失致人死亡罪。支持法定符合说的学者在不同质的认识错误处理上的观点之所以这样一致,是因为他们认为,故意的成立以行为人有认识为条件。而对于不同质的事实认识错误,不可能期待行为人对此有认识,所以阻却故意的成立。

但是对于同质的事实认识错误的罪责认定,持法定符合说的学者分歧较大。对于行为人认识的事实和实际发生的事实在多大程度上符合,且在这一符合的限度内,行为人是否存在故意的确是处理不同构成要件之间事实认识错误的一大难题。对此，学者们又形成了不同的观点。

第一种是构成要件符合说。该说把构成要件看作法定符合说的标准，即在不同构成要件重合的限度内认定故意的成立。但是如何理解这种"重合"呢？学者们有着进一步的分歧：持严格符合说的观点主张从严格意义上理解构成要件间的重合，即这种重合仅限于刑法法条之间存在法条竞合的场合。比如，法条规定有加重或者减轻事由的情形可以被认为是构成要件的重合，持形式符合说观点的学者主张从形式上理解这种重合。比如，恐吓和强盗、伤害和杀人、盗窃和强盗，根据形式符合说都可以在前者的限度内被认定为符合。但是要是根据严格符合说的观点，则无法认定前者和后者在构成要件上是重合的。持实质符合说的观点认为，应从实质上，即从法益和行为的共同性上去理解构成要件之间的重合。虽然两种罪的构成要件规定存在于不同的法条，但如果两者在本质上是同一类型的行为形态，就可认为两者的构成要件是同一罪质。对于构成要件同质的判断标准，有学者指出，在构成要件的内涵和外延上存在包容，就认为构成要件是符合的。所谓内涵的包容，是指一罪的构成要件为另一罪的构成要件所包容的情形。比如伤害和杀人，虽然侵害的法益分别是身体和生命，但是杀人势必会伤害到他人的身体。那么，在伤害的构成要件上，伤害和杀人是同质的；而外延上的包容，是指同一构成要件中的择一规定或因立法技术的原因被规定在不同的法条中的情形。比如，对公文文书的有形伪造和无形伪造，虽然被规定在不同的条文，但都是伪造公文文书，只是由于立法技术的原因才被规定在不同的条文。这种情形就是外延上的包容，所以理应被认为构成要件的符合。

第二种是罪质符合说。该学说从罪质符合的角度去理解法定符合说。该说指出，行为人认识的事实和现实发生的事实是同一构成要件之内的不一致，自然不阻却故意；但是即使在不同的构成要件之间，只要两者罪质相同或者在罪质相同的限度内，无论何种认识错误均不阻却故意的成立。由于该说在对罪质的判断上从行为人预想事实有关的法益和现实发生的事实的法益存在认定上的不一致，因此又称为法益符合说。由于对"罪质"这一概念可以有不同的理解，学者对这一概念的理解分歧较大。有学者认为，该学说和构成要件符合说的实质符合说没有什么区别，因为构成要件的实质符合说认为只要罪质具有同一性，就认为构成要件是实质重合，从而阻却故意的成立；但是有学者反驳说，这两种学说的立足点不同，即罪质符合说是从法益的角度予以论述，而构成要件的实质符合说则是在构成要件的范畴内进行的理论探讨。还有学者认为，无论是把罪质符合说看作构成要件实质符合说还是看作法益符合说都不妥当。即便是构成要件之间不相符，法益不同，也可能存在罪质同一的情况，仍能阻却犯罪故意的成立。

第三种是不法、责任符合说。该说认为，前面所述的构成要件说的实质符合说是对构成要件概念无原则地扩张，是对罪刑法定原则的否定。实际上，故意的成立并不是必须要求对构成要件的该当性有认识，只要行为人对有关构成要件的事实的违法性有认识即可。所以，行为人认识的事实和现实发生的事实并非只在构成要件相符的范围内才成立故意，只要在构成要件的违法和责任的内容上符合就成立故意。此说并不是要反对通说，只是对实质重合说存有异议。并且该说不认为故意和构成要件之间具有关联性，进而对故意的概念加以变更，最后得出与通说相同的结论。

持不法、责任说的学者主张,判断这种不法、责任是否符合要从质、量两方面予以认定。即是说,行为人认识的不法、责任的内容要在质、量两方面都和构成要件的不法、责任内容相一致才能被认定为故意。比如,对于幻觉剂输入罪和麻药输入罪,由于这两种罪在不法、责任的质、量两方面一致,所以误认麻药为幻觉剂或者误认幻觉剂为麻药而输入者都不阻却犯罪故意的成立;而对于故意杀人罪和损坏财物罪,由于两者的质不相符,所以不能认为两罪相符,从而阻却故意的成立。

第四种是规范违反说。该说认为,法定符合并不是要求构成要件的符合,而是要求行为规范上的符合。刑法作为一种裁判规范,从国民遵守的角度看就成为一种行为规范。只要行为人对这种属于构成要件的内容有认识,就不阻却故意的成立。举例如下:对侵占脱离占有物罪和盗窃罪两种罪名,如果从裁判规范的角度看,两者互相排斥;但就两者所认识的内容看,从违反行为规范的角度看则相重合。如果在重合的限度内轻罪成立,虽然客观上可能是重罪的实现,也应该只认为行为人对轻罪有故意。即是说,尽管没有轻罪成立的客观事实,但只要行为人有故意,就可以作出轻罪成立的处理。这种处理的依据就是裁判规范和行为规范之间存在的差异。

二是抽象符合说。该说认为,行为人认识的事实和现实发生的事实不受构成要件的束缚。只要两者抽象地符合就成立故意。抽象符合说和法定符合说在对同一构成要件内的事实认识错误的处理上一致。即使是对不同构成要件间的同质的事实认识错误的处理,抽象符合说也与法定符合说的罪质符合说及不法责任说等学说的主张大体一致。两者的分歧主要表现在对不同质的构成要件间事实认识错误的处理上。对于不同质的构成要件间的事实认识错误的处理，抽象符合说主张，行为人认识的事实和现实发生的事实即使是发生在不同质的构成要件间，也可能不阻却故意，只要两者抽象地相符合，就认定故意成立。该说起初是以主观主义为立论依据，后来一些学者改为以客观主义为立论基础。大多持抽象符合说的学者认为，不同种类的犯罪仅有量上的差别，对于超出构成要件范围的故意加以抽象化，至少可以在轻罪范围内成立故意既遂。但是对于如何进行抽象，由于学者所持的理论依据不一，他们在理论构成和结论上又形成了不同的观点。

第一种是牧野英一说。这种学说是由日本刑法学者牧野英一提出的。该说指出，行为人只要有犯罪的意思，并在此意思支配下实施了犯罪行为，就应当追究行为人故意既遂的责任。但是考虑到"犯重罪而于犯罪时不知其重者不得从其重罪处断"的刑法规定，如果实际发生的犯罪比行为人想象的犯罪重时，不得以重罪处断。比如意图损害他人的财物却导致了误伤他人的结果，就不能以伤害既遂论处，只能以轻的损害器物罪既遂处断。对于伤害罪则看行为人有无过失，如果存在过失则以观念的竞合处理；反过来，行为人以重罪的意图实现了轻罪结果的发生，行为人则成立重罪的未遂和轻罪的既遂的竞合。如行为人以杀人的意思朝人开枪，结果却损坏了他人的器物，则成立杀人未遂和损坏器物罪既遂的竞合，以故意杀人未遂论处。该说是以主观主义为立场并以犯罪征表说为基础展开论述的一种抽象符合说。依此说，不管行为人是以轻罪的意思而引发了重罪的结果，还是以重罪的意思导致轻罪结果的出现，至少可以在轻罪的范围内认定故意既遂成立。而对于既遂的标准要看社会是否现实地受到损害。因此，行为人只要有犯意，实行了具有反社会性的征表行为，并导致了现实危害的发生，对其按既遂论处则是无可厚非。

第二种是宫本英修说。该说又被学者称为可罚的符合说，是由日本刑法学者宫本英修首倡的。该说认为，我们应该把一般意义上故意的概念和具有刑法上可罚性评价的故意的概念进行严格区分。对于一般意义上的故意，要求行为人对事实的认识和现实发生的事实具体符合。如果出现认识错误，使行为人主观认识的事实和现实发生的事实不相符合，就能够阻却行为人对现实发生的犯罪事实的故意的成立。而在刑法上，只要行为人预见的事实和现实发生的事实具备可罚性，即使两者在具体上不符合，对于现实发生的事实也不阻却故意的成立。此学说有三个理论前提：（1）对认识的事实假想为故意未遂；（2）对现实发生的事实假想为过失既遂；（3）行为人基于可罚的意图，引起可罚的结果，所以对现实发生的事实假想为具有可罚的故意，成立故意既遂。该说主张，对于以上三个命题，第一个命题和第二个命题构成观念上的竞合。第三个命题的故意既遂和第一命题的未遂、第二命题的过失犯存在择一关系，最终以三者刑罚最重者处罚。例如，当行为人以损害财物的故意实施犯罪，结果却导致了误杀他人，该行为人就被假想为损坏器物罪的未遂和过失致死罪，两罪成立观念竞合。但是由于前者无刑法处罚的规定，只能成立过失致死罪。只是由于刑法对该罪的处罚较轻，所以引入第三个命题的可罚的故意就变成故意杀人既遂。又由于"犯重罪而于犯罪时不知其重者不得从其重罪处断"的刑法规定的限制，只能以故意损坏器物罪的法定刑处罚，但是罪名仍是故意杀人罪。

第三种是草野豹一郎说。这是由日本刑法学者草野豹一郎所主张的一种抽象符合说。该说的核心思想是即使刑法没有规定处罚未遂的规定，也可以以未遂处罚。具体而言，行为人以犯轻的甲罪的意图实现了较重的乙罪的结果时，对较轻的甲罪以未遂论处,而对较重的乙罪则认定为过失犯。如果法律对该过失犯有规定,则与甲罪构成观念竞合;如果法律没有规定,则只按照甲罪的未遂处断。在这种情况下,尽管刑法没有关于甲罪的未遂的规定,也要以犯罪未遂予以处罚。如行为人以毁坏财物的故意实施犯罪,结果却误杀了他人。尽管刑法没有关于损坏财物罪的未遂的规定,也应视之为未遂,并与现实发生的过失致死罪构成观念竞合。同理,在行为人以较重的乙罪的意图实现了较轻的甲罪的情形下,对较重的乙罪应认定为未遂,而对较轻的甲罪则成立过失犯。如果刑法有规定,则构成观念竞合;如果没有规定,则只以较重的乙罪处罚。例如,行为人以杀人的意图实施犯罪,结果却导致了器物被损坏的结果。此时就成立故意杀人未遂和损坏器物的过失竞合。但是,因为刑法没有有关过失损坏器物的规定,所以只能以故意杀人未遂处断。如果较轻的甲罪的过失和较重的乙罪的未遂在刑法中都没有规定,就按照较重的乙罪的未遂给予处罚。但是根据日本刑法的有关规定,应在较轻的甲罪的故意犯的刑罚幅度内予以量刑。

第四种是植松正说。这一学说是由日本刑法学者植松正首倡的一种抽象符合说。该学说认为,对错误论的研究就是为了解决刑罚的均衡问题。因此,对轻的犯罪的故意进行抽象化,在实践中进行罪名适用和刑罚处断时,要排除观念的竞合,而进行合一的评价,按照一个重罪进行处罚即可。所以,该学说也被称为合一的评价说。具体而言,行为人以较轻的甲罪的意图实现了较重的乙罪的结果时,较轻的甲罪的未遂被假想为既遂,较重的乙罪的过失被假想为故意。把二者进行合一的评价,从而认定较重的乙罪的故意既遂成立,即成立乙罪。但是由于日本刑法有关规定的限制,要按照较轻的既遂的甲罪的法定刑处罚。举例说明,行为人以损坏器物的故意实施犯罪,却导致了误杀他人的结果。此时,损坏器物的未遂视为既遂,而杀人的过失被看作故意,对两者作合一的评价,以故意杀人罪定罪,以损坏器物罪的法定刑予以量刑处罚。综观以上观点,我们可以看出该说有两大特点:一是罪名和处断刑相分离。即在预见较轻的罪却实际发生较重的罪的情形下,成立发生事实的故意既遂,而按照预见事实所构成的犯罪的法定刑处罚;二是在行为人预见重罪却发生轻罪的场合,对发生的事实假想为故意,并与预见的未发生的未遂事实进行合一评价,以其中的重罪论处。

抽象符合说曾经是日本刑法有关认识错误认定的比较有力的学说,但是目前支持该说的学者越来越少。这主要源于该说的理论依据不明确以及某些观点与通行的刑法原则相违背。对此,日本刑法学者大塚仁教授就认为:"抽象符合说,其思考的根底上明显潜在着想不拘于构成要件以追求合理性处罚的意图。但是这与尊重罪刑法定主义的今日的刑法学是很难协调的。"❶

以上是对日本学者对事实认识错误的研究及其提出的学说的概述。对于事实认识错误的处理,学者们针对不同的立论基础提出了不同的学说。我们不难发现,每一种学说都有着一定的局限性,我们不可能期待用一种理论、一个学说去解决各种复杂多样的具体形态的事实认识错误。比如,从以上学说介绍中我们得知,法定符合说是解决事实认识错误问题的各种学说中处于支配地位的学说。但是,该说认为同一构成要件内的对象错误、打击错误和因果关系错误都不影响故意的成立,就不能为大多数学者所接受,尤其是该说对打击错误的处理显然与犯罪的实际情况不相符。

---

❶ 冯军:《刑事责任论》,法律出版社,1996,第184页。

这同时也使得理论上对同一构成要件内的事实认识错误的研究不具有实际意义。而对于不同构成要件之间的事实认识错误如何处理，在法定符合说内部又形成了诸多不同的学说。到底哪一种学说能合理、圆满地解决这些认识错误？显然现在没有一个定论。但是，每一种学说的提出，不管它对认识错误的处理是否科学，都为我们提供了一个研究认识错误问题的思路，并推动了对事实认识错误研究的进一步深入。因此，对于刑法中事实认识错误的研究，我们的思路不应局限于哪一种学说，而应具体案情具体分析，吸取以上诸学说的合理成分，从我国的法制现实出发，结合我国刑法主客观相统一的基本原则对各种具体的事实认识错误的罪责作出较准确的认定，进而科学地指导我国的司法实践。

三、我国有关行为人对事实认识错误的理论研究

（一）中华人民共和国成立前有关行为人对事实认识错误的理论研究

中华人民共和国成立之前，我国对事实认识错误的研究主要体现在一些制度和法律规定当中。在西周时期，《周礼》提出了"三宥"，其中有一宥曰"不识"。它告诉我们如果行为人对自己的行为是否构成犯罪，以及对危害对象和危害结果都不了解或了解不全面，此时可以减轻行为人的刑罚。这应该是我国有关事实认识错误的罪责认定的最早记述。在汉代，不识、遗忘和误认对象都被概括为"误"，即对对象不认识或认识的情况与实际不相符。西晋的张斐总结以往经验提出了法律上的错误的概念，即"意以为然谓之失"。以后的各个朝代都沿用了这一概念。其中，唐朝、宋朝和明朝还在法律中明确规定，基于错误认识的犯罪的法定刑轻于故意犯罪；后来到了中华民国时期，《暂行新刑律》第十三条

规定:"犯罪之事实与犯人所知有异者,依下列处断:第一,所犯重于犯人所知或相等者从其所知;第二,所犯轻于所知者从其所犯。"1935年《中华民国刑法》第17条也作了相关的规定:"因犯罪致发生一定之结果,而有加重其刑之规定者,如行为人不能预见其发生时,不适用之。"❶

(二)中华人民共和国成立后我国对事实认识错误的理论研究

中华人民共和国成立以后,由于我们的犯罪构成理论是在借鉴苏联刑法理论的基础上形成的,所以,在对行为人的罪责认定上,我们采取了主客观相结合的一体化的认定原则。认识错误只是作为犯罪构成主观方面的一个因素而被研究。应该说,对事实认识错误的理论进行系统的研究,我国起步较晚。在中华人民共和国成立后的几十年里,很少有人涉及对认识错误的理论研究。只是到了20世纪末才逐渐有学者开始关注刑法上的错误问题,对之进行研究并发表一些专著和文章。早期,时春明老师的《刑法上错误的理论与实践》一书对认识错误进行了比较详细的论述。之后,越来越多的国内学者开始关注认识错误问题,如我国著名的刑法学者何秉松教授和阮齐林教授都对事实认识错误给予关注并发表了相关文章,对事实认识错误进行较深入的研究,但是直到刘明祥教授的《刑法中错误论》一书的面世才把我国对认识错误的研究推向高潮。随后,一些中青年刑法学者相继在各刊物上发表了许多有关事实认识错误的文章,更有一些研究生以错误或者认识错误为主题进行毕业论文的创作。他们或是详细地介绍了德、日等国有关认识错误的各种理论学说,或是在引进各种学说

---

❶ 刘明祥:《刑法中错误论》,中国检察出版社,1999,第25页。

的基础上提出自己的种种观点,对事实认识错误进行比较深入的研究,不断地推动我国的事实认识错误理论向前发展。不过总体而言,由于错误理论的先天不足,以及我国刑法又没有对事实认识错误作出规定,我国大陆学者对认识错误的理论研究还相对薄弱,事实认识错误论还有进一步发展的空间。不过,我们认为这一现状会激励我们更加深入地研究事实认识错误,并最终构建出具有中国特色的事实认识错误论。

我国台湾地区学界比较注重理论上的逻辑研究,当然也包括对事实认识错误的研究。但是台湾地区的理论研究主要也是借鉴和吸收日本学界的一些观点。而且,台湾地区所谓"刑法"对事实认识错误也没有明确的规定。对此,有学者给出这样的理由:事实认识错误问题是行为人认识的事实和现实发生的事实不符的情况,关键在于是否应认定行为人是故意或者是过失,如果刑法中没有故意或过失的有关规定,就要有认识错误的明确规定。但是如果刑法中对故意和过失有明确的规定,就可以按照当然解释对待有关事实认识错误的问题,而无须另行规定事实认识错误。香港特别行政区刑法在渊源上属于英美法系,无论从内容上还是从形式上都受英国刑法影响较深。所以,对事实认识错误的罪责认定上也采用了"对事实的不知阻却故意"的原则。澳门特别行政区刑法是大陆法系模式,起初在澳门实行葡萄牙刑法,后来澳门制定了自己的刑法典,但是在刑法典中一直没有事实认识错误的明确规定。

通过以上对我国古今有关事实认识错误的理论沿革的介绍可以得知,我国对事实认识错误的关注虽然古已有之,但是直到近些年,我们对事实认识错误的研究仍相对比较薄弱,不够系统。这与我国法律上没有对事实认识错误的规定有一定的联系。可喜的是，这些年，已有一些学者在引进和借鉴国外有关事实认识错误的理论学说的基础上进行比较深入和有创造性的研究。这对于推动我国刑法理论的进一步发展和完善有着比较重大的意义。

四、构建我国刑法关于事实认识错误论的设想

通过对以上国内外刑法学者有关事实认识错误的研究现状的介绍，我们不难发现，与国外，尤其是以德、日为代表的大陆法系国家相比，我们不仅在现行刑法中没有明确规定事实认识错误及其罪责认定，而且理论上对事实认识错误的研究也没形成自己的体系，大多数文献只是介绍国外有关事实认识错误的理论学说，对事实认识错误在我国司法实践的应用关注较少，能够提出符合我国法制现实的独创性观点的学者也不多。虽然我国学者对事实认识错误的理论研究起步较晚，但这并不意味着我们在对事实认识错误及其处理的理论研究上总是要亦步亦趋。我们应该立足于我国的刑法原则和相关的理论，借鉴国外尤其是日本学者提出的各种理论学说的合理之处，从而对各种具体事实认识错误的罪责进行正确认定。如上文所述，法定符合说虽然是大陆法系一些国家对事实认识错误处理的通说，但仍然受到诸多学者的批评。尤其是它不能很好地解决有关行为性质的认识错误，这一问题更为许多学者所诟病。所以说，不照搬以上对事实认识错误诸学说已为我国大多数学者所认同。那么，我们应该采用什么样的罪责认定原则呢？本书认为，科学地处理各类事实认识错误首先需要我们坚持主客观相统一的刑法基本原则，同时需要我们借鉴以上各种有关事实认识错误学说的合理因素。主客观相统一是我国认定犯罪的一个基本原则。因此，对于行为人的事实认识错误是否阻却犯罪故意，我们仍要结合行为人客观上的行为表现予以综合认

定。但是对于如何进行具体罪责认定，以上各学说为我们提供了解决思路。

借鉴国内外学者的研究成果，着眼我国的法制现状，本书认为，要构建我国刑法关于事实认识错误的理论，首先，我们应当明确事实认识错误论所要研究的范围，即哪些具体事实认识错误应该属于我国刑法事实认识错误论研究的范畴，这是建立事实认识错误理论要关注的首要问题。其次，对于各种具体的事实认识错误，怎样才能在相关刑法原则和理论的指导下进行较合理的罪责认定。最后，尝试提出有关事实认识错误的立法建议。

作为成文法国家，如果我国刑法没有事实认识错误的立法规定，就有损刑法体系的完整性，同时还可能会引起司法实践中对有关事实认识错误的案件适用标准的混乱，进而影响司法的公正。

（一）行为人对事实认识错误论探讨的范围

如前所述，依据不同的标准，我们可以对事实认识错误进行不同种类的划分，如构成要件之内的事实认识错误和构成要件之外的事实认识错误、同一构成要件的事实认识错误和不同构成要件间的事实认识错误等。那么，我们应该选择哪种标准来确立的认识错误的种类作为我们研究的对象？我们认为，不管是哪种分类，最终都表现为各种具体形态的事实认识错误。而我们的关注点就是能够运用事实错误论正确地认定各种具体形态的事实认识错误。根据上文对国内外有关事实认识错误理论的介绍，事实认识错误大致包括以下几种具体形态：对象错误、客体错误、打击错误（方法错误）、主体错误、手段错误、因果关系错误、违法阻却事由错误、责任阻却事由错误和共犯认识错误等。本书认为，要构建我国的事实认识错误论，首先探讨的事实认识错误要符合我国的实际，要符合我国的法制原则和相关法律规定，并具有一定的司法实践指导意义；其次必须是能够运用事实认识错误理论对事实认识错误予以科学有效地解决。根据这两项原则，我们应该排除以下几种具体事实认识错误。

1. 打击错误

打击错误又称行为失误、行为误差或者行为偏差。是指认识之犯罪事实与发生之犯罪事实不相符合，而其不符原因，由于行为之实施有错误。❶ 打击错误也被一些学者称为方法错误，它具有以下特征：（1）打击错误只能是一个行为上的错误。在打击错误中，行为人只是基于故意朝意图侵害的对象实施了一个危害行为。而且，这一行为是指向意图侵害的对象，否则就不能称为打击错误。如果误把甲当作乙进行杀害就是对象错误，而非打击错误。（2）对于行为人意欲侵害的对象，其主观上是直接故意。如果行为人对其意图侵害的对象缺乏直接故意，就谈不上打击错误。只是由于这种直接故意受制于客观因素而未得逞，构成犯罪未遂。（3）行为人意图侵害的对象和现实侵害的对象不一致。行为人现实侵害的对象并不是行为人行为指向的对象，而是行为人意图侵害的对象以外的其他对象。即是说，首先要有实际侵害结果的出现，如果没有结果的出现就不会有打击错误的问题；其次行为人要有明确的侵害对象，如果没有明确的侵害对象，同样不会存在打击错误的问题。在刑法理论界，许多学者总是把打击错误划入认识错误的范畴。他们认为，打击错误虽是一种行为错误，但是行为错误的发生和认识错误是密切相关的，无认识错误就不会有行为错误。"因对象辨认错误而误中非预想的对象，固然是事实认识错误，因其他方面的认识错误（能力、方法、工具、环境等）

---

❶ 韩忠谟：《刑法原理》，雨利美术印刷有限公司，1981，第225页。

而误中非预想的对象,并非是与认识无关的纯客观性的行为差误。"❶ 还有学者认为,行为人之所以会出现打击错误是因为行为人对自己打击的技术和周围的环境出现认识错误,才导致打击错误结果的出现。另有学者认为,事实认识错误就是行为人认识的事实和现实发生的事实不一致。而打击错误就是行为人意欲侵害的对象和实际侵害的对象发生了不一致,这符合事实认识错误的定义。对于以上观点,我们很难认同。如前文所述,我们知道事实认识错误是行为人在故意实施某行为的过程中对客观方面的事实存在错误认识。而根据打击错误的定义及特征,行为人在对象的选择和认定上并没有出现认识错误,行为人所要侵害的对象正是他想要侵害的对象,只是在攻击的时候由于方法和手段出现了误差,才使得实际发生的结果和行为人所意欲追求的结果出现了不一致。确切地说,它是事实错误,但它只是一种行为错误,而不是认识错误。所以说,打击错误并不属于事实认识错误理论所探讨的范畴。概言之,我们探讨的刑法上的事实认识错误是由认识因素引起的,而打击错误的发生则与非认识因素有关。所以,把打击错误看作事实认识错误的一种形态则显得有些牵强。我们不否认打击错误是具有重要刑法意义的一种错误,但它只是事实错误中的行为错误,而不属于认识错误。在这一点上,我们的立场是鲜明的。

2. 主体认识错误

主体认识错误是指行为人对主体状况的认识与客观实际情况不符。具体包括两种情况:一是对一般主体的认识错误,即行为人对自己是否具有刑事责任能力的认识错误;二是对特殊主体的

---

❶ 阮齐林:《论刑法中的认识错误》,载《法学研究》1996 年第 1 期。

认识错误，即行为人对自己是否具有某种身份的认识错误。对于主体认识错误是否属于认识错误理论研究的范围，在学者中间存有争论。我们认为，判断主体错误是否属于事实认识错误理论研究的范围，关键看主体的认识错误是否为犯罪故意所认识的内容。我们对认识错误的研究就是为了确定行为人的事实认识错误是否阻却对现实发生的危害结果的故意。如果某种认识错误不是犯罪故意的内容，即使存在错误认识也不影响故意犯罪的成立。依据以上主体认识错误的两种情形，对于不具有刑事责任能力或者不具有某种身份而行为人误以为自己具有这样的能力或身份而实施犯罪行为的，构成事实欠缺，是不能犯所研究的范畴；而对于本来具有刑事责任能力或者某种身份而行为人却误以为不具备的情况，根据我国《刑法》第十四条关于故意犯罪的规定，故意的内容并不包括这种认识错误情形，即这种对主体身份的认识错误不影响故意犯罪的成立，是一种不影响犯罪性质的无关的认识错误。所以，主体认识错误也不属于事实认识错误理论所研究的范畴。

3. 客体认识错误

对这一认识错误作出判定之前，我们首先必须明确"客体"在国内外刑法理论中含义的区别，要学会在具体的语义环境里认识"客体"。在国外的刑法理论中，客体等同于对象。所谓的客体认识错误就是对象认识错误；而在我国，犯罪客体与犯罪对象的含义显然不同。"犯罪客体是我国刑法所保护的、为犯罪行为所侵害的社会关系。"❶ 由此定义可以看出，我国刑法中的犯罪客体是一个比较抽象的概念，它一般通过犯罪对象表现出来。而客体认识错误也相应地寓于具体的对象认识错误之中。我们要探讨的是

---

❶ 高铭暄、马克昌主编：《刑法学》，北京大学出版社，2001，第55页。

对具体形态的事实认识错误的罪责认定,所以,客体的认识错误也不是我们关注的认识错误。

4. 手段认识错误

手段认识错误指行为人对自己行为的手段或工具存在不正确的认识。具体而言,行为人以为自己所使用的工具或手段能完成犯罪意图,而实际上该工具和手段不能完成犯罪任务;或者行为人所使用的工具或者手段能够完成犯罪任务,而行为人误以为不能完成,结果却出现了犯罪结果。对于第一种情形,由于行为人预想的犯罪结果没有发生,也未出现实际危害结果,这是属于未遂论所研究的不能犯问题或者是事实欠缺的迷信犯问题。手段认识错误的第二种情形表明行为人主观上存在过失,直接依过失犯论处即可,无须纳入事实认识错误论的范畴。所以,手段认识错误也不是事实认识错误理论所要研究的内容。

5. 责任阻却事由认识错误

责任阻却事由认识错误是指行为人对自己实行的犯罪行为有认识,但对自己是否承担刑事责任有不正确的认识。责任阻却事由的认识错误是与期待可能性理论密切相关的。具体而言,责任阻却事由认识错误包括积极的错误和消极的错误。前者指作为责任阻却事由的无期待可能性的事实客观上不存在,但行为人误以为存在的情形;后者指阻却责任事由的无期待可能性的事实客观存在,但行为人对此不知而故意实施违法行为的情形。对于第一种情形,有学者认为行为人构成故意犯罪,是否追究其责任关键看其认识错误是否能够避免,如果能避免则不阻却责任的承担;对第二种情形,大多数学者认为不阻却故意,也不阻却责任。由于有些国家在法律中有规定或者在判例中承认期待可能性,所以对责任阻却事由认识错误进行研究在情理之中。而我国法律没有规定期待可能性，考虑到我国这一法制现实，本书暂不探讨责任阻却事由的认识错误问题。

6. 共犯认识错误

共犯认识错误指在共同犯罪过程中，共同犯罪人对共同犯罪行为的事实情形的认识和现实情形不一致。共犯的认识错误虽然具有一些与单独犯罪的认识错误不一样的特点，但是，在刑法理论上对事实认识错误的探讨主要是以单独犯罪为研究对象。而且，共犯的认识错误在具体形态上也表现为对象错误、因果关系错误等。所以，共犯认识错误亦不是本书论述的重点。一门学科的理论体系要做到科学合理，每一种理论都应有它独立的研究范围，而且各个理论探讨的范围要尽量避免交叉。同时，理论研究的范畴要具有一定的研究意义，能够对司法实践起到一定的指导作用。通过上述分析，我们看到上述各类事实错误或者已有相关刑法理论予以解决，或者已不具有理论研究意义。所以，我们认为，我国的事实认识错误论所要探讨的范围仅包括对象认识错误、因果关系认识错误、行为性质认识错误三种错误形态。有学者认为，行为性质的认识错误，如假想防卫等，应属于法律认识错误论研究的范畴。我们对此不以为然。行为性质的认识错误，就是对所从事的行为是否具有社会危害性的前提性事实有认识错误。虽然与构成要件的事实认识错误有所不同，但它们都是有关事实的认识错误。这是不容置疑的。对于这三种认识错误是否阻却犯罪故意，理论界学者争论较多。并且，由于我国还没有有关处理事实认识错误的法律规定，也容易导致司法实践应用中的适用不统一的问题。这也是吸引我们进行研究的原因所在。因此，我们在借鉴国内外学者的研究及相关理论学说的基础上，对上述三种认识错误的罪责认定问题进行初步探讨。

（二）各种具体事实认识错误的罪责认定

1. 对象认识错误

对象认识错误，就是行为人所意欲侵害的对象和实际侵害的对象不一致。即是说，首先，行为人要有认识明确的行为对象。如果行为人无明确的认识对象，也就无所谓认识错误；其次，行为人认识的明确的对象和现实侵害的对象不一致。根据以上对对象认识错误的定义和本书研究的目的，我们认为，对象认识错误包括以下三种情况：行为人想要侵害的对象和现实侵害的对象不一致，但是两者都属于同一构成要件内的对象；行为人所认识的对象和现实侵害的对象不一致，且两者在犯罪构成要件上也不完全相符的情形；行为人认识的对象和现实中行为人侵害的对象不一致，而且两者在犯罪构成要件上也完全不相符合。对以上三种情形，有学者把第一种情形称作等价的对象认识错误，把第二、三种情形称为不等价的对象认识错误。对于不等价的对象认识错误，有学者又进一步把第二种情形称为相容的对象认识错误，把第三种情形称为不相容的对象认识错误。基于论述的方便，本书也采用以上称谓。

（1）等价对象认识错误。针对等价对象认识错误的罪责认定，学者们提出了具体符合说、具体法定符合说和法定符合说等学说。但在对等价对象认识错误的处理上，具体法定符合说实际上是站在法定符合说的立场对等价对象认识错误进行解释和处理，所以其实质上仍持法定符合说的立场。对于等价的对象认识错误，具体符合说强调主观认识的事实和所发生的事实必须达到具体的一致，才能成立故意。否则，这种认识错误就阻却故意的成立。对于这种严格的近乎苛刻的学说，支持的学者已越来越少。因为现实中发生的案件的情节大都很复杂，要求行为人的认识和现实发生的事实完全相一致是不切实际的。依据常理，发生少许的不一致就阻却故意的成立也是难以让人接受的。举一常见案例，行为人意欲杀甲，实际上误以为乙是甲而杀害。根据具体符合说的观点，我们只能认为行为人对乙的死负过失杀人的责任。对于这样的结果，不仅于法不容，亦于情不通。

其实，对于等价的对象认识错误，依行为人的认识，行为人对错误的结果对象已经具有侵害的意志。也就是说，行为人对于等价的错误对象仍具备一定的意志关系，因为行为人的意志必须通过外在的行为表现出来。当实际发生的结果对象被行为人误认为是他所想象的对象时，由于想象对象的内容和实际发生对象的内容根据规范的标准互相重叠，所以行为人对想象对象的意志也同样投射到实际感知的侵害对象上。基于此，对于等价的对象认识错误，即同一构成要件内的对象认识错误的处理，我们倾向于赞成学者们主张的法定符合说。在对象认识错误中，行为人所认识的对象应该是构成要件中规定的对象，只要行为人对对象的认识达到了构成要件中设定的对象的程度，我们就可以认定行为人有了有关对象的事实性认识，而不必苛求行为人对构成要件内所设定的对象的细微之处有深入的认知。法定符合说正是对行为人对这种构成要件所设定的事实认识的反映。在故意杀人罪中，我们在认定认识错误时，不必理会要杀的是张三还是李四，只要抽象到"人"，即只要行为人认识到所要杀的是人，仍然实施杀害行为，就不阻却杀人故意的成立。我们认为，在对等价的对象认识错误罪责认定上，法定符合说在罪责认定上较为合理，并契合了现代法治精神。

（2）相容的不等价对象认识错误。相容的不等价对象认识错误就是行为人认识的对象和实际侵害的对象不一致，在构成要件范围内也不完全重合,但是存在一定范围的重合的情形。上文已经述及,认定这类认识错误的一大难题就是行为人认识的事实和实际发生的事实在多大程度内符合,在这一符合的限度内,行为人是否存在故意。对于该认识错误的处理,我们首先要明确"相容",即一定范围内重合的标准。对此,学者提出了各种具体的学说。我们倾向于认同法定符合说的实质构成要件说,但又不完全赞成。持实质符合说的学者认为,应从法益和行为的共同性上去理解构成要件间的重合,只要在构成要件的内涵和外延上存在包容,就认为构成要件相符合。我们认为,对于重合的认定坚持构成要件说符合我国法制实际,它正契合了我国刑法的明文规定。但是,对于相容的不等价的认识错误的对象,我们只需从内涵上认定对象的重合,而不必考虑外延上是否重合。比如以盗窃为目的盗掘古墓葬和盗掘一般墓葬,我们只需从内涵上认识其行为对象都属于"墓葬"即可。

其次,对该认识错误,我们如何进行罪责认定?学者们提出了不同的主张。有学者主张,不管是否存在重合,只要是不同构成要件间的对象认识错误,就成立对认识的犯罪事实的未遂或未认识而现实发生的犯罪事实的过失的竞合。如果法律对此都有规定,则以想象竞合按一罪处断;还有学者认为,只要存在不同构成要件间的对象认识错误,只要这种对象认识存在重合,无论是以重罪的故意实现了轻罪的结果还是以轻罪的故意实现了重罪的结果,都在轻罪范围内成立故意犯罪。对此,我们不敢苟同。既然我们探讨这一不同构成要件间的对象的重合性,那么我们进行罪责认定就应该着眼于这种重合性,即在这种重合的限度内认定行为人的故意成立。例如,行为人以盗窃枪支的故意实施盗窃,结果却发现是普通财物;或者行为人以盗窃一般财物的故意而结果却发现是枪支弹药。从定义的内涵进行理解,枪支也属于财物,所以应在财物的限度内认定故意成立,即成立盗窃罪。至于盗窃枪支的故意或者出现盗窃枪支的结果构成量刑时考虑的情节,但这不是本书探讨的范围。一言以蔽之,对于相容的不等价的对象认识错误的处理,我们应在构成要件实质重合的限度内认定故意成立,而不是考虑罪的轻重,在轻罪的限度内认定故意成立。

(3) 不相容的不等价对象认识错误。由于该认识错误发生在互相排斥的两构成要件间,该错误认识的对象体现不同的法益,所以,我们无法用相容的不等价对象认识错误的处理原则进行认定。从心理学的角度着眼,对于不等价的对象认识错误,行为人对想象对象的想象内容和实际侵犯对象的内容不相符。因此,行为人对想象对象的意志并没有投射到实际侵犯的对象上。实际侵犯的对象的内容如果和想象对象的主观方面的内容不相同,在想象对象中透过认识形成了意志就无法投射到在客观上具有不同认识内容的现实对象上。所以,对于不相容的不等价对象认识错误,当行为人所认识的对象和现实侵害的对象不相符时,即存在质的差别时,我们不可能期待他对该对象有认识,所以阻却故意的成立。即对于行为人意欲侵害的对象,成立犯罪未遂或者不能犯。而对于现实侵害的对象,如果行为人有过失并且刑法对此有规定时,构成过失犯罪,否则不成立犯罪。例如,行为人以杀人的故意施行,结果却误把对方养的宠物狗当作人杀掉。在这一案例中,由于行为人有杀人的故意,但由于客观情况导致未遂从而成立杀人未遂,而对宠物狗的杀害在性质上是过失损坏财物。但由于我国刑法无过失损坏财物的罪名,所以最后只能成立故意杀人未遂。总之,对于该类对象认识错误,如果行为人对想象的对象的侵害和现实对象的侵害在刑法上都规定为犯罪,则成立未遂犯和过失犯的想象竞合,以想象竞合的原则进行处断。如果刑法没有将过失行为规定为犯罪,则只成立故意未遂。

2. 因果关系的认识错误

何谓因果关系的认识错误?有国外学者下了这样的定义:行为人对他所实施的行为(不作为)与发生的危害社会的后果之间的因果依赖关系理解不正确。❶ 对这一定义,我们如何理解所谓的因果依赖关系?这让人有些费解,有违通俗易懂的要求。同时,从严格界定的角度而言,理解不正确与认识错误还存在一定的区别。所以,本书不太赞成以上定义。我国有学者认为,因果关系的认识错误就是行为人对自己的行为和危害结果之间的因果关系存在不正确的认识。❷ 从这一定义出发,该学者认为因果关系的错误包括有以下三种情形:行为人对结果认识有误,即行为人认识的结果和实际发生的结果不一致,比如行为人想杀甲并朝其开枪,以为已经把甲打死,其实甲只是受了重伤,行为人对导致结果发生的原因存在错误的认识,例如,行为人以毒死某甲的故意在某甲的食物中下毒,某甲吃完食物后倒地身亡。行为人以为某甲是中毒身亡,其实经法医鉴定,某甲系食物进入气管导致窒息而死。行为人预期的结果出现,但是行为人对导致结果产生的因果流程存在错误的认识。其实,对第一、二两种情形,行为人实施了危害行为,危害结果没有发生而行为人以为发生了或者危害结果发生是其他原因造成的,而行为人误以为是自己的行为所致,根据因果关系的理论,行为人只成立未遂。行为人对因果关系的认识错误与罪责认定无关。所以这两种认识错误的情形不属于认识错

---

❶ [俄] H. Ф. 库兹涅佐娃、И. M. 佳日科娃:《俄罗斯刑法教程(总论)上卷·犯罪论》,黄道秀译,中国法制出版社,1999年,第354页。
❷ 陈泽宪:《因果关系错误与刑事责任浅析》,载《河北法学》1984年第1期。

误理论研讨的范畴。根据上述我们对事实认识错误的定义，我们认为因果关系的认识错误仅包括上述第三种情形。

至此，我们可以给因果关系的认识错误下这样一个定义：行为人对危害行为导致的危害结果有认识，但是对两者因果关系的发展过程有错误的认识。我们对因果关系认识错误进行研究的目的就是合理判定这种错误认识能否阻却行为人对结果发生具有故意。概而言之，因果关系的认识错误主要包括以下两种情形：行为人实施了一个行为，也发生了预想的结果，但因果关系的发展流程和行为人设想的不一致；行为人实施的第一个行为并没有导致结果的发生，而行为人却误以为结果已经实现，接着在其他目的的指引下实施第二个行为，从而导致了结果的出现。对于第一种类型的认识错误的罪责认定，学者的观点大体一致，即行为人对因果关系的具体进程的认识错误不影响行为人对结果发生的故意。只要行为人对结果的发生有预见，即对因果关系的进程有大致的认识，即成立犯罪故意。如行为人以淹死的意图把仇人甲从桥上推下河，结果甲在坠入河中时头撞在桥墩上死亡。对此案例，虽然行为人对甲死亡的因果进程的认识有错误，但是只要行为人对把甲从桥上推下致死有预见，就不能阻却行为人杀人的故意。在复杂多变的现实世界里，对因果关系的具体进程发生一定的认识错误不可避免。我们不能因为对不具有刑法评价意义的事实认识不一致就否认行为人故意的成立。虽然这类因果关系认识错误也是我们研究的范畴，但是这种具体认识并不排斥行为人对结果的预见，不阻却行为人对危害结果发生的故意，所以这类认识错误在刑法理论上已无多大研究意义。接下来我们重点谈谈另一种类型的因果关系认识错误。

对这一类型的因果关系认识错误的处理，学者们的争论较大并形成了各自不同的观点。我们简要介绍几种比较有影响力的主张。第一种观点把行为人为追求结果实现实行的第一个行为和以为结果已经发生进而实施的第二个行为看作两个行为。第一个行为成立故意犯罪未遂,第二个行为构成过失犯罪。在此前提下,学者又产生了分歧:有学者认为两行为独立成罪,应该数罪并罚;另有学者则认为两行为是想象竞合,应从一重罪处理。第二种观点认为,由于前后两个行为是密切相关的,那么,作为后一种行为在主观上当然也应受前一种行为主观故意的支配。所以,行为人对于结果的发生应当成立故意犯罪既遂。第三种观点认为,对于这一因果关系的认识错误,应该作具体问题具体分析:如果行为人实施第二个行为的时候,意识到自己追求的结果可能没有发生,这样就存有间接故意,就可以认为第二个行为和第一个行为是一个整体,从而仅成立一罪的既遂;如果当时行为人由于过失认为结果已经发生而实施的第二个行为,此种情形就应以故意未遂和过失罪两罪并罚。第四种观点也认为应该作具体问题具体分析:即行为人在实施危害行为之前就计划在实施第一个行为之后再实施第二个行为,那么就应当看作一罪,按犯罪既遂处理;但是如果行为人在实施完第一个行为后才想到去实施第二个行为,则按前罪的未遂和后罪的过失合并处罚。❶

对以上诸说,我们倾向于第二种观点。我们知道,在该类因果关系的认识错误中,发生了两个行为,而想象竞合犯的成立是一个行为同时触犯了两个罪名。所以,第一种观点以想象竞合原则认定这类认识错误在法理上是站不住脚的;第三种观点认为在实施第二个行为时如果意识到结果可能没有发生就成立间接故意,

---

❶ 刘明祥:《论刑法中的因果关系错误》,载《法学评论》1999 年第 4 期。

最终成立一罪既遂。我们是从认识错误论的角度论述因果关系的认识错误，如果行为人认识到结果可能没有发生，则说明行为人不存在认识错误。我们在这里也就不存在讨论的必要。所以该说也不科学。那么，我们是否可以认为两个行为独立成罪呢？与以想象竞合认定的观点相比，把两个行为独立成罪则又似乎显得过于机械并缺乏科学性。刑法原理告诉我们，罪的成立是以构成要件为标准而不是以行为为标准。所以，我们应该立足于刑法原理，从构成要件的角度去认定罪的个数，而不是以行为的个数去认定是否成立数罪。因此，对这一因果关系的认识错误认定一个犯罪既遂较为合理。

  首先，从主观而言，行为人具有犯罪的故意，并积极追求结果的发生。实际上结果也如其所料的发生，只是实际因果的流程和行为人想象的因果流程不一致而已。但这不能否认行为人对结果的发生不存在故意。对此，我们可以借鉴德国学者韦伯提出的"概括的故意"这一概念。概括的故意，指行为人明知自己的行为会发生危害社会的后果，只是对侵害的范围、侵害的性质等客观事实存在不明确的心理态度。对于这一因果关系的认识错误，行为人具有犯罪的故意，并在这一故意的支配下实施了两个密切相关的行为。虽然行为人对因果进程存有错误认识，但是我们可以认为这两行为都涵盖在同一个概括故意当中。其次，从客观而言，行为人实施的两个行为具有内在的联系性且时空上存在连续性。因此，可以看作统一的整体。第二个行为只是整个犯罪行为的一个有机组成部分。结合以上分析，我们认为，以故意犯罪既遂来认定这类因果关系认识错误比较科学，同时也符合刑法罪刑相适应的原则。这里还需说明一点，即上述因果关系认识错误的罪责认定是建立在第二个行为和第一个行为属于同一构成要件内的行为，或者第二个行为是第一个行为的附属行为。如果前后两个行为都是独立受刑法评价的行为，即行为人在实施第一行为后出于其他目的又实施了第二个行为，且第二个行为独立成罪，此种情形宜依照数罪并罚处理。比如行为人误以为已把人杀死，又采用放火的方式进行焚尸，结果却造成了多处房屋被烧，大量财产受损的后果。在这种因果关系的认识错误中，就宜对行为人以故意杀人未遂和放火罪进行并罚。

还有学者主张，因果关系的认识错误包括这样一种情形，即行为人的第一个行为已经导致危害结果的发生，而行为人却误以为结果没有发生进而实施第二个行为，从而以为是第二个行为引起结果的发生。对这一观点，本书不能赞同。因果关系的认识错误就是行为人意图追求的结果已经实现，只是现实结果发生的流程和行为人想象的流程存在不一致。而在该情形下，由于行为人的第一个行为在行为人没有认识到结果出现的情况下抢先引起了结果的发生，这就造成了行为人在实施第二个行为时根本无法实现行为人所预见的结果，即行为人在着手实行第二个行为时就处于不能犯未遂的状态。所以说结果提前发生的情形与因果关系的认识错误概念不符，不应属于我们研究的因果关系的认识错误。对于该情形的认识错误，有学者也主张成立故意犯罪既遂。

3. 行为性质的认识错误

行为性质的认识错误，是指行为人对某种客观事实产生误解，而导致其对自己所实施的行为是否具有危害社会的性质的主观认识与客观实际不符的错误。❶ 那么，行为性质的认识错误具体包括哪些情形呢？对此，有学者认为行为性质的认识错误应包括以下

---

❶ 刘明祥：《刑法中错误论》，中国检察出版社，1999，第95页。

两类情形：一是积极的行为性质认识错误，如假想防卫、假想避险；一是消极的行为性质认识错误，如偶然防卫、偶然避险。第一类行为性质认识错误系指本来不存在不法侵害或者避险的事由，但是行为人由于过失或者意外情况以为存在这样的事由而进行了防卫或者避险，所以假想防卫和假想避险属于认识错误的范畴。对此，我们不难理解。但是对于第二类情形，本来存在正当防卫或者紧急避险的事由，只是行为人并没有认识到这一现实情形，仍然在其既定的犯罪故意的支配下实施危害行为。把这类偶然防卫或偶然避险的情形纳入认识错误论的范畴则不能让我们接受。我们所探讨的事实认识错误以对事实有认识为前提，只是这种认识是对事实的歪曲的、不正确的反映，是错误的认识。但是在偶然防卫和偶然避险的情形下，行为人对既定的事实根本就没有认识，没有意识到有不法侵害或者危险情况的发生，那么何谈认识错误？所以，对于有的学者把偶然防卫和偶然避险看作消极的行为性质认识错误，本书认为不妥。

本书认为，行为性质的认识错误应包括两种情形：一种情形是把本来具有危害社会的行为误认为不具有社会危害性的行为。下面这个案例就属于这种情形。罪犯李某盗窃王某的一辆轿车，然后找到修理汽车的张某，谎称是朋友委托其转让，请张某代为销售，并许诺给其一笔费用。张某信以为真，最终把汽车销售出去。不巧的是，买主在后来开车时被失主发现并告发。在此案中，张某在客观上销售赃物，但是由于其听信李某的话，从而对自己实行行为的性质存在不正确的认识，所以应排除其犯罪故意，不能认定为销赃罪。又由于我国没有有关销赃罪的过失犯的规定，所以张某最终被宣判无罪。行为性质的认识错误的另一种情形是行为人把本来不具有社会危害性的行为误认为具有社会危害性的行为。有这样一个案例：甲与乙有仇。一日，甲见乙开车外出，便在自己家中扎了稻草人进行诅咒。结果，乙果然在山路的拐弯处不慎落下悬崖摔死。当甲知道消息后惶惶不可终日，以为是自己的诅咒导致了乙的死亡。最后，甲去派出所投案自首。根据刑法的犯罪构成理论，虽然行为人甲主观上希望乙死亡，但是其客观上的行为并非刑法上危害社会的行为，其行为与乙的死亡不存在因果关系。所以，甲的行为不构成犯罪，他对自己行为性质的认识错误也不具有刑法上的意义。从事实认识错误和法律认识错误的划分而言，甲的认识错误应属于法律认识错误的范畴。因此，本书对这一行为性质认识错误不予论述。由于假想防卫和假想避险是行为性质认识错误第一种情形的典型，接下来，我们将结合假想防卫和假想避险论述这一行为性质认识错误的罪责认定。但是，由于假想防卫和假想避险在原理以及罪责认定上存在较大的一致性，为了避免论述的重复性，本书重点论述假想防卫的罪责认定。

假想防卫，是指一个人由于认识上的错误，把实际不存在的侵害行为，误认为存在，因而错误地实行"正当防卫"，造成他人无辜的损害。❶ 它具有以下特征。

第一，客观上并不存在不法侵害。这是假想防卫成立的前提条件，也是假想防卫区别于其他类型的防卫的重要标志。我们知道，在刑法理论上除了正当防卫，还有事前防卫、事后防卫等各种形式的防卫。但这些防卫形式的存在是以不法侵害确实存在为要件。这是它们与假想防卫的最大不同之处。

第二，行为人主观上误以为存在不法侵害并进行防卫，具有

---

❶ 马克昌主编：《犯罪通论》，武汉大学出版社，2005，第725页。

防卫意图。防卫意图不仅存在于正当防卫中,也存在于假想防卫中。如果行为人已确切地知道没有不法侵害的存在,也不可能产生防卫意图,更谈不上进行假想防卫。如果行为人误以为存在不法侵害,不是出于防卫的意图,而是出于伤害的故意实施一定的行为,这种情况下也不成立假想防卫,应按故意犯罪论处。

第三,假想防卫带给无辜者现实的伤害。假想防卫必须在客观上对未实施不法侵害或者未正在实施不法侵害的他人的人身权利或者其他权利带来现实的伤害,存在一定社会危害性。如果仅是误以为不法侵害存在并进行防卫,但是没有给他人带来伤害,就不具有刑法研究意义,更不会成立假想防卫。

有学者认为,如果行为人对不法侵害的存在有不确定的认识,从而进行"防卫"。这也属于假想防卫的情形。本书不赞成这种观点。结合以上有关假想防卫的定义和特征分析,假想防卫的成立要求行为人主观上误以为存在不法侵害。并且这种错误认识是确定的,即防卫意图是坚定和明确的。如果行为人持的是一种不确定的判断,即对其行为造成的危害结果持放任态度,那么危害结果的发生并没有违背行为人的主观意志,所以也就无所谓认识错误,谈不上假想防卫。对于这种情形,由于行为人放任危害结果的发生,所以应按照间接故意犯罪进行处罚。

对于假想防卫的处理,中外刑法学者提出了以下几种观点。第一种观点认为,假想防卫如果构成犯罪,应该按照故意犯罪处理;第二种观点认为,假想防卫是不具有罪过的行为,不应负刑事责任;第三种观点认为,假想防卫既可能构成故意犯罪,也可能构成过失犯罪,或者不负刑事责任;第四种观点认为,假想防卫不可能构成故意犯罪,但是可能构成过失犯罪,个别情况下也

可能不负刑事责任。❶

对于这四种对假想防卫处理的观点，本书比较赞成第四种观点。"只有不应受谴责的错误才能作为出罪的基础。一种不合理的或者有毛病的错误本身，就是应受谴责的，因而，它不能否定行为人的应受谴责性"。❷

首先，假想防卫无法成立故意犯罪。我国刑法规定，明知行为会发生危害社会的结果，而追求或者放任结果的发生是故意犯罪。而在假想防卫中，行为人是在对不法侵害有错误认识的情况下，在主观上认为自己具有防卫意图，认为自己的行为是对社会有益的行为。他并没有认识到自己是在实施危害社会的行为。虽然行为人在实施"防卫"时是故意的，但是由于该故意是建立在错误认识的基础之上，所以，我们不能把这种假想防卫的故意与犯罪故意相等同。"事实认识错误阻却的是犯罪故意，而不是行为故意。事实错误是以存在行为故意为前提的，即行为意图为前提的"。❸ 这句话能较好地说明假想防卫行为人的主观意图，即防卫人的行为阻却犯罪故意。

其次，假想防卫虽然没有犯罪故意，但是，在行为人误以为不法侵害存在而进行防卫时，在大多数情况下主观上存在过失。在假想防卫中，只要行为人冷静地稍加注意，就能明白不法侵害是否存在，从而避免不应发生的危害结果出现。遗憾的是，行为人却缺少这一注意义务并导致了危害结果的发生。所以，追究行为人的过失责任符合刑法规定。但在特殊情况下，假想防卫人也

---

❶ 刘明祥：《错误论》，中国法律出版社、日本成文堂出版社，1998，第228页。

❷ [美] 乔治·P. 弗莱彻：《刑法的基本概念》，蔡爱惠译，中国政法大学出版社，2004，第213页。

❸ 丁玉玲、宋伟卫：《刑法事实认识错误分析》，载《长春工程学院学报（社会科学版）》2004年第4期。

可不负刑事责任。当不法侵害不存在，而行为人误认为存在。对于这种错误认识，如果从客观情况考察不可避免，即依据一般人的认识水平，并结合行为人自身的认识水平进行判定这种认识错误无法避免，则说明行为人不具有主观罪过，所以不应追究假想防卫人的刑事责任。对假想防卫的处理，有些国家的刑法有类似的规定，如1962年《德国刑法草案》第20条第一项规定：如果行为人在犯罪中误认为某种事实状态存在，而这个事实状态能够阻却犯罪行为的违法性，则行为人不得被认定为故意犯罪；第二项进一步规定：如果行为人对于该错误具有过错，且法律对于该犯罪也按过失行为处罚的话，则行为人可以被认定为过失犯。可以看出，该法律规定恰好支持了本书的观点。

正如在探讨正当防卫时我们不能不谈到防卫过当，我们在谈假想防卫时，就不得不论述假想防卫过当。假想防卫过当是指行为人误以为存在不法侵害并进行"防卫"，但这一"防卫"却超出了行为人自认为的"正当防卫"限度的情形。在此情形下，我们如何认定行为人对"过当"的罪过形式？我们认为，行为人主观上可能存在过失，也可能存在间接故意，但不可能存在直接故意。理由如下：假想防卫过当是以假想防卫的情形作为前提，而假想防卫是具有防卫意图的，即为国家、社会、他人或者自己的利益而进行防卫，虽然这种防卫意图是建立在错误认识的基础之上。而直接故意犯罪则具有积极追求犯罪的目的，这与假想防卫的防卫意图是存在矛盾的。所以说，假想防卫过当不可能构成直接故意犯罪。不过，防卫人在假想防卫过当的情况下，其过当行为可能成立间接故意，也可能成立认识上的过失。相对于假想防卫的过失，假想防卫过当在认识错误的基础上又存有间接故意或者过失，在程度上更为严重，所以对后者的处罚也理应比前者稍重。

理论的论证只有辅之以案例分析才能更有说服力。接下来我们拟结合具体案例来论述一下假想防卫的罪责认定。有这样一个案例：某天中午，甲放在居住地楼下的一辆摩托车被盗，盗车人被甲抓获并扭送到派出所。当天晚上10时左右，甲又与单位经理乙来到居住地楼下查看单位的摩托车，发现他们用铁锁锁着的摩托车又不见了，二人随即分头寻找。恰好当地派出所联防队员丙、丁在巡逻，他们见甲形迹可疑，于是上前盘查。可甲却将联防队员的行为误认为是白天被抓获的盗车人前来寻机报复自己，当联防队员丙用胳膊夹住他的脖子时，甲先发制人，用拳头使劲打丙的头部，导致丙面部多处受伤。甲在殴打丙的时候，还喊来了经理乙。乙见甲和丙扭打在一起，就拿起被盗车辆上的铁锁，打了丙一下。甲趁机脱身跑上楼去，喊来了多名同事。此时，联防队员丁也叫来其他联防队员赶到现场。在讲明丙是联防队员后，甲等人就不再动手。后来联防队员报了警，民警赶到现场将甲和乙带至派出所。丙的伤情经法医鉴定为重伤。

在此案例中，甲将联防队员丙的行为误以为是盗贼前来报复从而进行攻击，误认为遭遇到不法侵害从而进行"防卫"，成立假想防卫。结合具体案情，我们进一步考察，甲的误认确有让人相信的理由，而且只是造成联防队员丙脸部受伤。所以，甲的行为主观上不存在过失，在客观后果上亦无过当，属于无过失的假想防卫。由于刑法并不处罚无罪过的行为，因此，甲的行为不具有可罚性，不可按犯罪处理。值得我们注意的是，尽管从被"防卫"人脸部受到打击从而发生受伤的损害后果的整件事来看，可能是意外事件，但甲的行为却并非意外事件，毕竟事件与行为并不是一回事。

那么，对于经理乙的行为该如何认定呢？乙用铁锁击打丙从而致其重伤,根据上述论证,无疑首先成立假想防卫,但其"防卫"是否超过了必要限度?我们知道防卫过当存在有两种情形:一是行为人对过当行为有认识,二是行为人对过当行为无认识。如果行为人存有认识,就不阻却行为故意,承担故意罪责。如果行为人对其过当行为无认识,但存在过失,则成立过失犯。那么,乙的假想防卫是否过当?如果过当,乙对此是否存有认识?由案情我们不难发现,依当时的情形,针对联防员丙的行为,乙用铁锁击打进行"防卫",并导致丙重伤。成立"防卫"过当毫无争议。但是,在案件中,很明显防卫人乙对损害后果超过防卫限度的程度没有认识,属于刑法意义上的"无认识";乙只是没有完全尽到注意义务,从而造成超过防卫限度的损害后果。行为人乙客观上造成了超越防卫限度的伤害,主观上存在过失,符合过失犯罪的本质特征,所以构成过失致人重伤罪。

(三)有关我国刑法关于事实认识错误的立法建议

由上文我们可以看出许多国家的刑法都对事实认识错误作了规定。而作为有着成文法传统的我国则没有有关事实认识错误认定的明确规定,这不能说不是一个遗憾。同时,面对司法实践中经常出现的有关事实认识错误的案例,我们的司法人员在进行罪责认定时也会面临无法可依的尴尬。因此,我们认为把事实认识错误写入我国刑法是刑法体系科学化、现代化的必然要求。目前,世界各国关于事实认识错误的立法模式主要有以下几种:第一种是对事实认识错误的多种具体表现形态作列举规定。如《泰国刑法典》第60条规定:以故意行为对人犯罪,因失误致其结果发生于他人者,应认定系对被害人之故意行为;第61条规定:以故意行为对人犯罪,因错误而对他人为之者,不得以错误为非故意之抗辩;第62条规定:有足以阻却犯罪,或免除或减轻刑罚之事实,或事实不存在而行为人误认为存在者，应按案件之情形，宣示行为人无罪，免除或减轻其刑罚。我们看出以上泰国刑法规定是对打击错误、对象错误和违法阻却事由认识错误的罪责认定。第二种只对事实认识错误的某一种形态作了明确规定。如韩国刑法只对"对特别加重处罚之事实欠缺认识者"作了规定。据《韩国刑法典》第 15 条规定：未认识到应特别加重处罚的犯罪之事实者，不以重罪处罚；对行为所引起的应加重处罚之严重结果无法预见者，不以重罪论处。第三种只对事实认识错误处理原则作概括规定，而没有列举具体表现形态。如《德国刑法典》第 16 条规定：行为人行为时对法定构成要件缺乏认识，不认为是故意犯罪，对其过失犯罪要处罚。❶

那么，我国刑法应如何对事实认识错误作出规定并实现体系协调呢？借鉴以上各国有关事实认识错误的立法模式，我们作以下设想：首先，对相关基础理论形成统一的认识。对于事实认识错误是否阻却故意及其罪责的认定，借鉴以上法定符合说和抽象符合说的观点，我们应坚持构成要件符合说。即行为人的认识错误在构成要件内相符合则不阻却犯罪故意；如果不相符合则阻却犯罪故意。其次，在刑法的犯罪故意和犯罪过失条款后对事实认识错误进行规定。我们对事实认识错误进行研究就是正确地认定行为人的认识错误是否阻却犯罪故意。如果不阻却，则行为人具有犯罪故意；如果阻却，行为人就可能构成犯罪过失或者无主观罪过。所以，我们认为在犯罪故意和犯罪过失规定之后对事实认识错误作出规定不会破坏原有的刑法体系，同时，又使我国的刑法体系更加完备、科学。最后，在该条款中，我们应明确事实认

---

❶ 张萍：《论刑法中的错误》，载于志刚主编《刑法问题与争鸣（第五辑）》，中国方正出版社，2002，第 124 页。

识错误的定义以及在行为人认识错误情况下的罪责认定。由于我国在事实认识错误的理论研究上还不像德、日等国那样系统和深入，所以在立法上宜对事实认识错误及其认定作原则性的规定。基于以上设想，在我国刑法中可对事实认识错误作这样的规定："对与行为有关的影响其罪责的客观事实的歪曲的反映，是事实认识错误。事实认识错误不阻却犯罪故意的，成立故意犯罪。阻却犯罪故意的，成立过失犯罪或者不构成犯罪。"

不可否认，我国现有的刑法体系能较好地适应和服务社会的发展，并在惩治和预防犯罪方面发挥了积极作用。而且法律所固有的稳定性也要求我们在法律的修改和完善上应当慎之又慎，须进行严格的科学论证。但经济和社会的发展又要求各项事业与时俱进，法律也不例外。在照顾到法律体系稳定性的前提下对法律进行适时变革，从而使其更加适应时代的发展和司法实践的新形势，是十分必要的。结合以上论述，我们认为在刑法中对事实认识错误及其认定作这一设置比较可行。通过这一设置可以更好地完善我国现有的刑法体系，从而有效地指导我国司法机关在司法实践中合理解决有关事实认识错误的疑难案件，以实现我国法治的统一和司法的公正。

主要参考文献

一、著作类

[1] 高铭暄. 刑法学 [M]. 北京：法律出版社，1982：148.

[2] 高铭暄. 中国刑法学 [M]. 北京：中国人民大学出版社，1992：122.

[3] 高铭暄，赵秉志. 犯罪总论比较研究 [M]. 北京：北京大学出版社，2008：78—79.

[4] 高铭暄. 刑法专论 [M]. 北京：高等教育出版社，2002：244.

[5] 高铭暄，马克昌. 刑法学：上编 [M]. 北京：中国法制出版社，1999：196.

[6] 马克昌. 犯罪通论 [M]. 武汉：武汉大学出版社，1999：304.

[7] 马克昌等. 刑法学全书 [M]. 上海：上海科学技术文献出版社，1993：645.

[8] 马克昌. 外国刑法学导论 [M]. 北京：中国人民大学出版社，2009：135.

[9] 马克昌. 比较刑法原理——外国刑法学总

论［M］. 武汉：武汉大学出版社，2002：244—245.

［10］马克昌. 近代西方刑法学说史略［M］. 北京：中国检察出版社，2000：72—73.

［11］王作富. 中国刑法研究［M］. 北京：中国人民大学出版社，1988：154.

［12］赵长青. 中国刑法教程［M］. 北京：中国政法大学出版社，1994：84.

［13］苏惠渔. 刑法学［M］. 北京：中国政法大学出版社，2016：172—193.

［14］甘雨沛，何鹏. 外国刑法学：上册［M］. 北京：北京大学出版社，1984：368.

［15］甘雨沛. 刑法学专论［M］. 北京：北京大学出版社，1989：66.

［16］甘雨沛，杨春洗，张文. 犯罪与刑罚新论［M］. 北京：北京大学出版社，1992：127.

［17］赵秉志. 刑法总论：第二版［M］. 北京：中国人民大学出版社，2012：137.

［18］赵秉志. 刑法总则问题专论：第二卷［M］. 北京：法律出版社，2003：222.

［19］陈兴良. 刑法哲学［M］. 北京：中国政法大学出版社，2000：307—308.

［20］陈兴良. 刑法案例教程［M］. 北京：中国法制出版社，2003：62.

［21］陈兴良. 本体刑法学［M］. 北京：商务印书馆，2005：379.

［22］陈兴良. 刑法适用总论：上卷［M］. 北京：中国人民

大学出版社，2006：145.

［23］陈兴良. 教义刑法学［M］. 北京：中国人民大学出版社，2014：477.

［24］陈兴良，周光权. 刑法学的现代展开［M］. 北京：中国人民大学出版社，2006：213.

［25］陈忠林. 刑法学：上［M］. 北京：法律出版社，2006：117.

［26］陈忠林. 刑法（总论）［M］. 北京：中国人民大学出版社，2003：157.

［27］陈忠林. 刑法散得集［M］. 北京：法律出版社，2003：260.

［28］李晓明. 中国刑法基本原理［M］. 北京：法律出版社，2005：272.

［29］陈明华. 刑法学［M］. 北京：中国政法大学出版社，1999：130.

［30］张明楷. 刑法学：上［M］. 北京：法律出版社，1997：189.

［31］张明楷. 刑法学：第三版［M］. 北京：法律出版社，2007：239.

［32］张明楷. 刑法学：上［M］. 北京：法律出版社，2021：331.

［33］张明楷. 外国刑法纲要［M］. 北京：清华大学出版社，2007：212.

［34］张明楷. 刑法格言的展开：第二版［M］. 北京：法律出版社，2003：218.

［35］张明楷. 刑法原理［M］. 北京：商务印书馆，2011：266.

［36］何勤华．英国法律发达史［M］．北京：法律出版社，1999：425—427.

［37］齐文远．刑法学［M］．北京：北京大学出版社，2007：122.

［38］阮齐林．刑法学［M］．北京：中国政法大学出版社，2008：129—130.

［39］姜伟．犯罪故意与犯罪过失［M］．北京：群众出版社，1992：140—147.

［40］姜伟．罪过形式论［M］．北京：北京大学出版社，2008：153.

［41］张炳明，熊志海，孙渝，吴中林．过失犯罪的理论与实践［M］．北京：中国人民公安大学出版社，1988：5—6.

［42］孙国祥，余向栋，张晓陵．过失犯罪导论［M］．南京：南京大学出版社，1991：79.

［43］林亚刚．犯罪过失研究［M］．武汉：武汉大学出版社，2000：17.

［44］孙国祥．刑法基本问题［M］．北京：法律出版社，2007：197—200.

［45］鲜铁可．新刑法中的危险犯［M］．北京：中国检察出版社，1998：91—92.

［46］黎宏．刑法总论问题思考［M］．北京：中国人民大学出版社，2009：248—249.

［47］张小虎．犯罪论比较与建构［M］．北京：北京大学出版社，2006：264—269.

［48］冯军．刑事责任论［M］．北京：法律出版社，1996：234.

[49] 张智辉. 刑事责任通论 [M]. 北京：警官教育出版社，1995：177.

[50] 刘仁文. 严格责任论 [M]. 北京：中国政法大学出版社，2000：18—19.

[51] 陈磊. 犯罪故意论 [M]. 北京：中国人民公安大学出版社，2012：13.

[52] 杨兴培. 刑法新理念 [M]. 上海：上海交通大学出版社，2000：119.

[53] 刘建清. 犯罪动机与人格 [M]. 北京：中国政法大学出版社，2009：14.

[54] 刘志伟，聂立泽. 业务过失犯罪比较研究 [M]. 北京：法律出版社，2004：18—19.

[55] 胡鹰. 过失犯罪的定罪与量刑 [M]. 北京：人民法院出版社，2008，69—70.

[56] 李永升. 刑法学的基本范畴研究 [M]. 重庆：重庆大学出版社，2000：129—130.

[57] 周光权. 注意义务研究 [M]. 北京：中国政法大学出版社，1998：96.

[58] 何秉松. 刑法教程 [M]. 北京：法律出版社，1987：55.

[59] 张文，苗生明，刘生荣，李卫红. 刑事责任要义 [M]. 北京：北京大学出版社，1997：91—92.

[60] 周其华. 刑事责任解读 [M]. 北京：中国方正出版社，2004：119.

[61] 刘宪权，杨兴培. 刑法学专论 [M]. 北京：北京大学出版社，2004：177.

[62] 赵慧. 刑法上的信赖原则研究 [M]. 武汉：武汉大学

出版社，2007：68—69.

［63］向朝阳．中国刑法学教程［M］．成都：四川大学出版社，2002：66.

［64］贾宇．刑法学：上册·总论［M］．北京：高等教育出版社，2019：180.

［65］梅传强．犯罪心理生成机制研究［M］．北京：中国检察出版社，2004：74.

［66］赵俊甫．刑事推定论［M］．北京：知识产权出版社，2009：60.

［67］童德华．刑法中的期待可能性论［M］．北京：中国政法大学出版社，2003：228—229.

［68］刘丁炳．监督管理过失犯罪研究［M］．北京：中国人民公安大学出版社，2009：45—46.

［69］宣炳昭，黄志正．犯罪构成与刑事责任——刑法学研究综述［M］．北京：中国政法大学出版社，1993：235—236.

［70］侯国云．过失犯罪论［M］．北京：人民出版社，1996：152.

［71］赵廷光．中国刑法原理［M］．武汉：武汉大学出版社，1992：368.

［72］赵秉志，吴振兴．刑法学通论［M］．北京：高等教育出版社，1993：138.

［73］屈学武．刑法总论［M］．北京：社会科学文献出版社，2004：185.

［74］黄华生．刑法总论［M］．厦门：厦门大学出版社，2013：112.

［75］郑泽善．刑法总论争议问题研究［M］．北京：北京大

学出版社，2013：326.

[76] 肖晚祥. 期待可能性理论研究 [M]. 北京：上海人民出版社，2012：268.

[77] 王晨. 刑事责任的一般理论 [M]. 武汉：武汉大学出版社，1998：218.

[78] 时春明. 刑法上错误的理论与实践 [M]. 兰州：兰州大学出版社，1989：69.

[79] 文清源. 错误论 [M]. 沈阳：辽宁人民出版社，1991：18.

[80] 刘明祥. 刑法中错误论 [M]. 北京：中国检察出版社，1999：51.

[81] 林东茂. 刑法综览 [M]. 北京：中国人民大学出版社，2009：141.

[82] 许玉秀. 主观与客观之间——主观理论与客观归责 [M]. 北京：法律出版社，2008：86—87.

二、论文类

[1] 李韧夫，张英霞. 论英美刑法犯罪故意观 [J]. 吉林大学社会科学学报，2003（3）：49.

[2] 张永红. 概括故意研究 [J]. 法律科学，2008（1）：81.

[3] 贾宇. 犯罪故意类型新论 [J]. 法律科学，2002（3）：56.

[4] 贾宇. 刑法学应创制行为故意概念 [J]. 法学，2002（7）：37—38.

[5] 陈兴良. "应当知道"的刑法界说 [J]. 法学，2005（7）：83.

[6] 皮勇，黄琰. 论刑法中的"应当知道"——兼论刑法边

界的扩张［J］．法学评论，2012（1）：54．

［7］刘艳红．主观要素在阶层犯罪论体系的位阶［J］．法学，2014（2）：49—50．

［8］简永发．犯罪故意的认识因素［J］．学术论坛，2005（9）：101．

［9］梅传强．犯罪故意中"明知"的涵义与内容——根据罪过实质的考察［J］．四川师范大学学报（社会科学版），2005（1）：24．

［10］梅传强．论直接故意中的犯罪意志［J］．重庆大学学报（社会科学版），2004（3）：100．

［11］张明楷．论故意的体系地位［J］．法商研究，2022（2）：5．

［12］夏卫民．间接故意浅析［J］．法学季刊，1982（3）：52．

［13］李兰英．对"放任"的考究［J］．中国刑事法杂志，2001（2）：32．

［14］刘为波，牛克乾．放任的心理定性［J］．政治与法律，2002（4）：29．

［15］何通胜，吉罗洪．试论间接故意犯罪与过于自信过失犯罪的异同［J］．法学杂志，1989（1）：30—31．

［16］陈建清．论我国刑法中的犯罪动机与犯罪目的［J］．法学评论，2007（5）：128．

［17］杨兴培．疏忽过失的认定依据及心理本质［J］．法律科学，1997（5）：48．

［18］林亚刚．论过失中的违法性意识［J］．中国法学，2000（2）：130．

［19］李希慧，刘期湘．论犯罪过失中注意义务的实质标准

[J]．现代法学，2007（1）：110．

[20] 张明楷．论疏忽大意的过失［J］．法律学习与研究，1989（1）：46．

[21] 周光权．结果假定发生与过失犯——履行注意义务损害仍可能发生时的归责［J］．法学研究，2005（2）：57．

[22] 杨兴培．论犯罪过失的形式与内容［J］．河南公安高等专科学校学报，2003（3）：8．

[23] 李居全．论英国刑法学中的犯罪过失概念——兼论犯罪过失的本质［J］．法学评论，2007（1）：125．

[24] 张纪寒．论有认识犯罪过失的要素及构造［J］．中南大学学报（社会科学版），2010（1）：63．

[25] 李海东．共同过失行为的分类及刑事责任［J］．法学季刊，1987（4）33．

[26] 李昌林．论共同过失犯罪［J］．现代法学，1994（3）：32．

[27] 童德华．共同过失犯初论［J］．法律科学，2002（2）：61．

[28] 林亚刚．论过失共同正犯及刑事责任的实现（下）［J］．江西公安专科学校学报，2001（3）：15．

[29] 张明楷．共同过失与共同犯罪［J］．吉林大学社会科学学报，2003（2）：45．

[30] 马荣春．论共同过失犯罪［J］．河北法学，2003（5）：116．

[31] 周光权．论放任［J］．政法论坛，2005（5）：78．

[32] 张克文，齐文远．责任事故犯罪中故意的推定［J］．法学，2013（4）：142．

[33] 武小凤．对我国刑法中严格责任立法现状及未来的比较分析［J］．法学家，2005（3）：114．

[34] 陈伟．"严格责任"抑或"推定责任"——性侵未满12

周岁幼女的责任类型辨识［J］．法学家，2014（2）：113．

［35］游伟，肖晚祥．"期待可能性"与我国刑法理论的借鉴［J］．政治与法律，1999（5）：24．

［36］陈兴良．论无罪过事件的体系性地位［J］．中国政法大学学报，2008（3）：33．

［37］陈兴良．犯罪论体系的位阶性研究［J］．法学研究，2010（4）：110—111．

［38］龙开祥．试析不能抗拒的原因［J］．河南警察学院学报，2013（1）：92．

［39］张小虎．论期待可能性的阻却事由及其在我国刑法中的表现［J］．比较法研究，2014（1）：70．

［40］欧锦雄．期待可能性理论的继承与批判［J］．法律科学，2000（5）：50—51、56．

［41］丁银舟，郑鹤瑜．期待可能性与我国犯罪理论的完善［J］．法商研究，1997（4）：58—59．

［42］李文燕，邓子滨．论我国刑法中的严格责任［J］．中国法学，1999（5）：90．

［43］刘生荣．论刑法中的严格责任［J］．法学研究，1991（1）：44．

［44］胡杨成．试论严格责任的主观心态［J］．人民检察，1997（10）：41．

［45］刘仁文．刑法中的严格责任研究［J］．比较法研究，2001（1）：56—58．

［46］张明楷．以违法与责任为支柱构建犯罪论体系［J］．现代法学，2009（6）：46—56．

［47］许章润．法律的实质理性——兼论法律从业者的职业伦

理[J]. 中国社会科学, 2003 (1): 154.

[48] 张翔飞, 汪海军. 论刑法上的错误[J]. 宁波大学学报 (人文科学版), 1996 (4): 107—111.

[49] 阮齐林. 论刑法中的认识错误[J]. 法学研究, 1996 (1): 65—80.

[50] 陈泽宪. 因果关系错误与刑事责任浅析[J]. 河北法学, 1984 (1): 10—11.

[51] 刘明祥. 论刑法中的因果关系错误[J]. 法学评论, 1994 (4): 19—23.

后　记

我和我的博士生张瑜、苏雄华、龚义年同学合作撰写的《揭开刑法的斯芬克斯之谜——犯罪主观要件论》一书即将面世，值此书付梓之际，略述数语，权作后记。

本人之所以在今年推出这部专著，主要原因有以下三个方面：

一是今年是1979年《中华人民共和国刑法》颁布实施46周年，借此机会，特向为我国刑法的孕育诞生与发展完善作出杰出贡献的刑法学界的前辈、同辈与晚辈同人致以最崇高的敬意。这是因为，没有你们的艰辛努力和奋力拼搏，就没有我国刑事立法与司法所取得的重大成就。

二是今年是本人研究生毕业暨任教36周年。虽然36年来，在科研方面不敢妄称成绩斐然，但自感没有落伍于时代，这也是出版本书的一大动机。自任教36年以来，本人在董鑫教授、邓又天教授、高绍先教授、赵长青教授等老一辈刑法学家的亲切关怀、教研室各位同人的鼎力协助以及各位研究生的共同努力下，撰写个人专著《刑法学的基本范畴研究》、《犯罪论前沿问题研究》、《犯罪构成集合论》、《廉政建设与刑事法治研究》、《刑法的功能与价值》、《犯罪学基本理论与实践叙说》、《刑法学基本范畴研究》(修订版)、《犯罪构成集合论》(修订版)、《中国刑法邻界问题集合研究》、《刑法揭示的教学命题与真相——常见多发型犯罪集合研究》、《刑法智慧树的内部构造及其展开》11 部,合著《和谐社会语境下的刑法观沉思》《生命刑法与环境刑法研究》《侵犯妇女权益的犯罪研究》《刑法中罪刑关系新论》《我国刑法中的诸原则研究》5 部,主编或参撰《中国特别刑法通论》、《刑法学》(高等学校法学核心课程教材)、《刑法总论》(新阶梯卓越法律人才培养系列教材)、《经济犯罪学》(21 世纪法学规划教材)、《经济刑法学》、《金融刑法学教程》(21 世纪法学规划教材)等教材 40 余部,在《中国法学》《法学研究》《现代法学》《法律科学》等刊物发表论文 250 多篇,其中被中国人民大学复印报刊资料《法学》《刑事法学》和中国社科院法学研究所《中国法学研究年鉴》全文转载和摘登的论文有 10 余篇。以上成果有十多项荣获司法部、四川省、重庆市和西南政法大学社会科学优秀成果奖一、二、三等奖和优秀成果奖。这些成就的取得,除前述原因之外,作为一个中国刑法学人,与自身与生俱来的历史使命感和对学术无止境的追求精神亦有着千丝万缕的联系。因此,出版此书,以作 36 年学海求索之印记。

三是借此书的出版为培养和造就刑法学界的学术新人尽为师之责。我的博士生张瑜、苏雄华、龚义年同学自攻读博士研究生以来,在完成繁忙的本职工作之余,一直潜心于学术研究,充分发挥了中青年刑法学者应有的主力军作用,从其研究成果可以看出他们不仅具有较为深厚的学术功底,而且具有突出的科研能力。因此,出版此书,借以向刑法学界推出学术新秀。

本书的写作分工如下:第一章由西南政法大学法学院李永升

教授写作；第二章由石河子大学法学院张瑜副教授写作；第三章、第四章由江西理工大学法学院苏雄华教授写作；第五章由阜阳师范大学法学院龚义年教授写作。

如同出版其他专著一样，每当自己在学术上有些许进步，我觉得应该感谢在学术道路上对我给过帮助和关注的所有专家学者。故借此书出版之际，特向西南政法大学校长、全国著名刑法学家、博士生导师林维教授，重庆大学法学院原院长、全国著名刑法学家、博士生导师陈忠林教授，西南政法大学法学院原院长、全国知名刑法学家、博士生导师梅传强教授，全国知名刑法学家、西南政法大学刑法教研室博士生导师朱建华教授、王利荣教授、石经海教授、袁林教授等人表示衷心感谢，本人30余年来在科研方面所取得的每一点进步，都与他们的亲切教诲有着十分重要的关系。此外，本人还要特别向国家荣誉称号获得者、人民教育家、全国刑法学泰斗高铭暄教授，中国刑法学研究会原会长赵秉志教授，中国犯罪学会原会长王牧教授以及全国著名刑法学家陈兴良教授、王新教授、张明楷教授、胡云腾教授、冯军教授、黄京平教授、莫洪宪教授、康均心教授、曾粤兴教授、唐大森教授、李晓明教授等人表示衷心感谢，正因为有了他们的大力鼓励、支持和帮助，才使得本人的治学之路没有过于艰辛和孤寂。为此，本人要感谢西南政法大学给予本人这么好的学术环境和学术氛围。最后，本人还要特别感谢知识产权出版社的彭小华编辑，如果没有他的无私帮助和鼎力支持，恐怕此书就不可能如此顺利地出版，在本书出版之际，对他所倾注的心血和艰辛的劳动表示衷心的感谢！

李永升谨识
2025年5月于重庆陋室